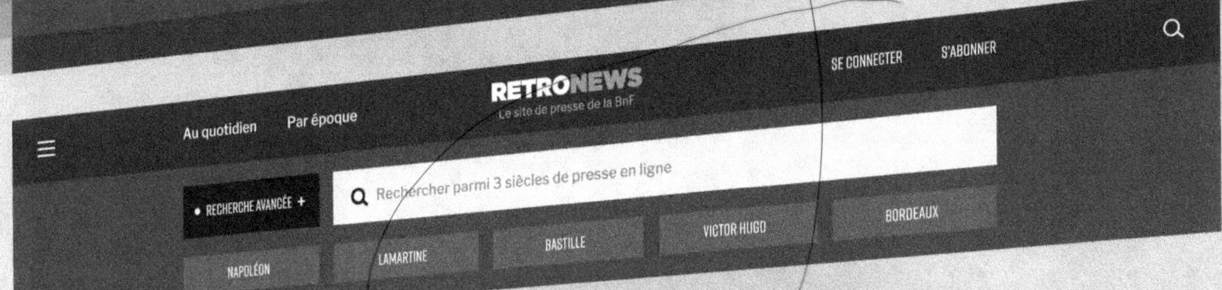

RETRONEWS

Le site de presse de la BnF

www.retronews.fr

NOUVELLE SÉRIE — 9ᵉ ANNÉE
1ᵉʳ SEMESTRE

LE
TOUR DU MONDE

JOURNAL

DES VOYAGES ET DES VOYAGEURS

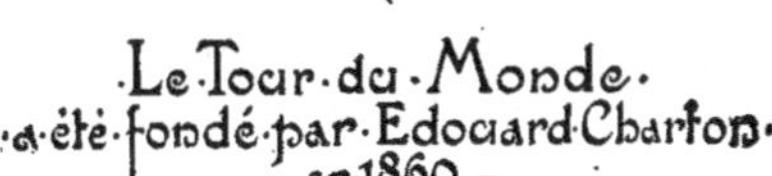

PARIS

LIBRAIRIE HACHETTE ET Cⁱᵉ

79, BOULEVARD SAINT-GERMAIN, 79
LONDRES, 18, KING WILLIAM STREET, STRAND

1903

LE NIGER

VOIE OUVERTE A NOTRE EMPIRE AFRICAIN

PAR M. LE CAPITAINE LENFANT.

I. — Préliminaires. — Historique. — Toutée. — Hourst. — L'Occupation française au Niger. — L'Acte de navigation du Niger du Traité de Berlin. —Voyage par mer. — Passage de la Barre de Forcados. — Nos Pilotes.

LANCINÉ GUIRÉ, SOUS-CHEF PILOTE DE LA FLOTTILLE, D'APRÈS UNE PHOTOGRAPHIE.

L A France possède depuis peu en Afrique d'immenses terri- toires, un très vaste empire qu'elle a acquis au prix de sacrifices considérables et qu'elle cherche à mettre en valeur avec une louable persévérance. L'œuvre de conquête ou de diplomatie est accomplie aujourd'hui; nos couleurs flottent pacifiquement sur le sol qui fut arrosé du sang français; nos droits ont été défendus par une belle pléiade d'héroïques explo- rateurs.... Aujourd'hui, c'est une œuvre nouvelle et non moins importante qui s'offre à notre activité. Nos fonctionnaires et nos officiers doivent consacrer leurs efforts à la pacification et à l'organisation de ces pays; les missions scientifiques et com- merciales vont y trouver un vaste champ d'études; il faudra bien aussi que nous décidions nos commerçants et nos colons à diriger de ce côté leur énergie et leurs capitaux. La France, du reste, multiplie ses efforts pour développer les contrées afri- caines soumises à son influence, et pour assurer leur progrès incessant.

C'est ainsi qu'il y a deux ans, elle résolut de faire étudier par la Mission dont la direction me fut confiée, la question importante de la navigabilité du Bas-Niger. Jusqu'alors, en effet, le ravitaillement des régions soudanaises se faisait exclusivement par le Sénégal, d'où l'on gagnait le cours du Haut-Niger que l'on descendait ensuite. Était-il possible de procéder à ce ravitaillement en opérant d'un autre côté, c'est-à-dire en remontant le grand fleuve africain depuis son embouchure jusqu'au cœur de notre empire? Était-il possible de faire franchir à une flottille les fameux rapides de Boussa, qui passaient pour être un obstacle absolu à la navi- gation? Tel est le problème que j'avais à résoudre et à la solution duquel je m'attachai avec la plus vive ardeur.

C'est au XIXᵉ siècle que se sont révélés les premiers navigateurs du Niger. Je citerai pour mémoire avec le regret de ne pouvoir m'étendre davantage sur leurs missions : Mungo Park (1806), Denham Oudney, Clapperton (1820 à 1824), Lander (1830), puis Mage et Quintin (1863), Caron (1887), Jayme (1888). Tous nos glorieux devanciers, à qui revient l'honneur d'avoir décrit, étudié, suivi la route du Niger, n'ont pas sacrifié leurs existences en infructueux efforts. Leurs travaux furent étudiés, leurs idées mises en pratique, leurs tentatives reprises avec ardeur; il serait injuste de ne pas reconnaître la part qui leur revient dans la connaissance du Niger.

Parmi les explorations du fleuve, il en est deux qui nous intéressent plus directement : celle du capitaine d'artillerie Toutée et celle du lieutenant de vaisseau Hourst.

Dès l'année 1895, diverses missions sillonnèrent l'Afrique occidentale : Decœur partait de la côte dahoméenne et rejoignait le Niger à Say; pendant ce temps, M. Ballot, gouverneur du Dahomey, s'installait et prenait position à Boussa. A la même époque, le capitaine d'artillerie Toutée débarquait à Porto-Novo, se dirigeait sur Tchaki, puis, arrivé vers le neuvième degré de latitude, se repliait sur l'Est pour atteindre le Niger. Les Anglais prétendaient à l'occupation effective du royaume de Boussa, et revendiquaient déjà pour leur compte le titre de possession de ces territoires. Toutée arrivait en mars 1895, à Badjibo, exténué de fatigue; sur la route longue et pénible qu'il venait de suivre, il avait signé des traités avec les chefs des régions traversées. De prime abord, il se rendit compte de ce fait que les Anglais n'exerçaient aucune influence sur cette partie du fleuve, à telle enseigne qu'il signait, peu de temps après, un traité avec le roi de Boussa.

Les ordres ministériels lui prescrivaient d'explorer le fleuve et de vérifier les assertions de la diplomatie britannique. Badjibo est le premier village que l'on rencontre au pied des rapides. Toutée s'installa sur la rive droite, en face du village. Il y construisit le fort d'Arenberg, y laissa garnison, y répara ses forces épuisées, puis organisa le convoi de pirogues avec lequel il devait s'engager sur le fleuve, et accomplir ainsi la première exploration réelle du Niger. A cette époque de l'année, les eaux étaient fort basses, les rapides dangereux : Toutée ne s'arrêta pas devant ces obstacles; il franchit les rapides sans hésiter, arriva à Say miné par la fièvre et affaibli par la dysenterie; puis il continua sa route vers le Nord, passa les rapides de Tillaberi, jusqu'à ce que, arrivé à Tibi-Farca, il considérât sa tâche accomplie et fit demi-tour pour redescendre à Boussa.

Le fleuve avait continuellement baissé, les chutes étaient au maximum de violence; le Niger, couvert de roches, ne présentait partout que des écueils et des difficultés. La petite flottille s'engagea dans le couloir de Garafiri et passa la première chute. Surpris par ces obstacles, qu'il n'avait pu voir à la montée parce que l'eau les recouvrait, Toutée se lança résolument à travers les deux grandes chutes, chavira et fut assez heureux pour regagner la berge. Quelques jours après, il rentrait à Fort-Arenberg, et revenait en France par le Niger et la rivière Forcados. Malgré les péripéties du voyage, Toutée affirmait à son retour que la montée du Niger, avec un convoi de pirogues chargées, est une partie de plaisir à côté des tribulations incessantes que cause une colonne de nègres portant, en file indienne, des caisses sur la tête.

En 1896, le lieutenant de vaisseau Hourst descendait le Niger et tentait l'expérience en sens inverse. Cet officier de marine montait trois mauvais bateaux, tout à

EN RADE DE FORCADOS. UN NAVIRE DÉBARQUANT SON CHARGEMENT SUR DEUX BRANCH-BOATS.
DESSIN DE MASSIAS.

fait impropres à la navigation des rapides. En avril, il arrivait à Say après avoir franchi les rapides de Labezenga; il hivernait à Fort-Archinard où il attendait la crue; puis il se lançait courageusement, en octobre, à l'époque des hautes eaux, dans les rapides de Boussa, dont les roches étaient submergées.

La mission hydrographique de M. Hourst fut heureuse: Elle franchit tous les obstacles sans le moindre accident, et continua la descente du Niger pour rentrer en France par l'embouchure de la rivière Forcados.

Contrairement à ce que l'on était en droit d'attendre, étant donnés les résultats satisfaisants de sa tentative, le lieutenant de vaisseau Hourst, se mettant en contradiction manifeste avec Toutée, prétendit, que la voie du Niger était inaccessible à toute entreprise de navigation, tout au moins d'une façon pratique et continue.

Ce conflit d'opinions entre les deux derniers explorateurs du Niger demandait à être éclairci. En tout cas, il y avait un réel intérêt à reprendre les efforts de Toutée et à créer une voie de ravitaillement par le fleuve ; il y avait aussi une œuvre d'humanité à accomplir en suspendant les convois de porteurs qui transformaient les indigènes en bêtes de somme. Ces deux considérations réunies firent décider l'envoi de notre mission.

Conventions internationales. — L'utilité du ravitaillement du Soudan par le Bas-Niger est évidente. Le Gouvernement français se devait à lui-même de s'en occuper. L'envoi de notre mission cependant souleva la mauvaise humeur de quelques journaux britanniques et notamment de la *Pall Mall Gazette*, qui écrivit à propos du ravitaillement de nos possessions soudanaises par la voie du Niger : « Ce ravitaillement comporte l'envoi de munitions, chose qui ne peut être qu'une nouvelle et courtoise concession de notre part. Puisse cette courtoisie ne pas se retourner contre nous! » Mais cette mauvaise humeur de quelques organes britanniques dura peu. Il suffira d'ailleurs de citer quelques articles des conventions internationales en vigueur pour établir

LA MISSION DU NIGER. — D'APRÈS UNE PHOTOGRAPHIE.
LE LIEUTENANT ANTHOINE, LE CAPITAINE LENFANT, LE LIEUTENANT DE PEYRONNET,
LES SOUS-OFFICIERS BOURY, GROISNE, MESSÉANT.

combien était légitime notre droit de porter nos couleurs sur le Niger et sur ses affluents. C'est, on le sait, le Traité de Berlin, du 21 février 1885, qui a réglé la question de la navigation du Niger. Certains de ces articles sont donc intéressants à reproduire.

Article 26. — La navigation du Niger, sans exception d'aucun des embranchements ni issues de ce fleuve, est et demeurera entièrement libre pour les navires marchands, en charge ou sur lest, de toutes les nations, tant pour le transport des marchandises que pour celui des voyageurs.

.....En conséquence, sur tout le parcours et aux embouchures du Niger, il ne sera fait aucune distinction entre les sujets des états riverains et ceux des non-riverains, et il ne sera concédé aucun privilège exclusif de navigation, soit à des sociétés ou corporations quelconques, soit à des particuliers.....

Article 27. — La navigation du Niger ne pourra être assujettie à aucune entrave ni redevance basées uniquement sur le fait de la navigation.

Elle ne subira aucune obligation d'échelle d'étape, de dépôt, de rompre-charge ou de relâche forcée.

Dans toute l'étendue du Niger, les navires et les marchandises transitant sur le fleuve ne seront soumis à aucun droit de transit, quelles que soient leur provenance ou leur destination...

Pourront seuls être perçus des taxes ou droits qui auront le caractère de rétribution pour services rendus à la navigation même.

Article 28. — Les affluents du Niger seront, à tous égards, soumis au même régime que le fleuve dont ils sont tributaires.

Article 29. — Les routes, chemins de fer ou canaux latéraux qui pourront être établis dans le but de suppléer à l'innavigabilité ou aux imperfections de la route fluviale sur certaines sections de la voie du Niger, de ses affluents, embranchements et issues, seront considérés en leur qualité de moyens de communication, comme des dépendances de ce fleuve et seront également ouverts au trafic de toutes les nations.....

Article 30. — La Grande-Bretagne s'engage à appliquer les principes de la liberté de navigation énoncés dans les articles 26, 27, 28, 29 en tant que les eaux du Niger, de ses affluents, embranchements ou issues, sont et seront sous sa souveraineté ou sous son protectorat.

La Grande-Bretagne s'engage à protéger les négociants étrangers de toutes les nations comme s'ils étaient ses propres sujets.

Article 33. — Les dispositions du présent Acte de navigation demeureront en vigueur en temps de guerre. En conséquence, la navigation de toutes les nations neutres ou belligérantes sera libre en tout temps pour les usages du commerce sur le Niger, ses embranchements et affluents, ses embouchures et issues.

Malgré les stipulations de cet Acte, une compagnie commerciale anglaise, qui avait reçu l'octroi d'une charte royale pour l'exploitation des territoires du bassin du Niger et qui était devenue ainsi la Compagnie royale du Niger, ne tarda pas à s'arroger un monopole de fait, et, préoccupée d'acquérir à l'Angleterre la région haoussa autant que d'y faire du commerce, elle opposa une résistance constante aux efforts de la France qui, s'appuyant sur les dispositions de l'Acte de Berlin, tentait de naviguer sur le Niger ou son affluent principal la Bénoué et d'y établir des comptoirs.

On n'a pas oublié les difficultés qu'éprouva M. le lieutenant de vaisseau Mizon dans l'accomplissement de ses deux missions de 1890 et de 1892 : les agents de la compagnie anglaise prétendirent l'empêcher de débarquer sur leurs territoires et allèrent jusqu'à saisir un de ses vapeurs. Ces difficultés reprirent en 1895, en même temps que s'affirmait notre action dans le Bas-Niger, lorsque la Compagnie constata les résultats de la première mission Toutée, c'est-à-dire la fondation d'un poste à Badjibo-Arenberg et la signature d'un traité avec le roi de Boussa. La lutte ouverte ainsi engagée par la Compagnie royale contre les efforts de la

France, appelait une discussion diplomatique propre à régler les points en litige.

Les négociations furent donc reprises avec l'Angleterre à la fin d'octobre 1897. Elles aboutirent à une convention franco-anglaise signée à Paris le 14 juin 1898. Boussa était rétrocédé aux Anglais, mais en vertu de l'art. 8, deux enclaves nous étaient concédées dans le Bas-Niger, l'une devant être située « en un endroit convenable sur la rive droite du Niger, entre Léaba et le confluent de la rivière Moussa (Mochi) avec le fleuve, et l'autre sur l'une des embouchures du Niger ». La concession de ces deux enclaves impliquait naturellement pour nous un droit de transit et de circulation et nous ouvrait la voie du Niger. De plus, il était dit, dans les annexes de la Convention, que la Grande-Bretagne examinait « de concert avec le Gouvernement français, les règlements de navigation du Niger et de ses tributaires existant actuellement, en vue de supprimer toute restriction préjudiciable au commerce français qui serait reconnue par les deux pays comme étant en désaccord avec l'Acte de Berlin ».

La lecture de ces textes prouve suffisamment combien était fondé notre droit de navigation sur le Niger.....

En 1900, M. le commandant Toutée, envoyé de nouveau en mission, délimitait les enclaves et en traçait les plans : l'une était située sur le rio Forcados près du village de Goula, l'autre sur la rive droite du fleuve en face et à 1 kilomètre en aval du village de Badjibo. C'est peu après que le Gouvernement français, ayant résolu de ravitailler ses troupes des territoires militaires de l'Afrique occidentale et du Haut-Dahomey, en s'appuyant sur ces enclaves comme bases d'opérations, forma la mission dont le voyage fait l'objet de ce récit.

Organisation de la flottille du Bas-Niger. — En octobre 1900, je recevais les ordres et les attributions nécessaires pour l'organisation de cette expérience de ravitaillement par la voie fluviale du Bas-Niger.

En raison de la réputation dont jouissaient les rapides de Boussa que l'on présentait, de plusieurs parts, comme infranchissables, il fallait s'organiser de manière à n'éprouver aucun échec du fait même de l'armement et de l'outillage de la flottille. Rien ne fut négligé. Sur nos indications, le département des Colonies fit construire vingt bateaux : cinq en acier, longs de 17 mètres, larges de 2m30 et profonds de 1m20 ; quinze en pitchpin, solidement étayés par des membrures en chêne, mesurant 15 mètres de longueur, 2 mètres de largeur et 1m30 de profondeur. Les chalands en bois pouvaient porter de six à douze tonnes et les chalands en acier de huit à vingt tonnes, selon l'encombrement du matériel pris en charge.

A la montée, pour lutter contre les courants, nos moyens de propulsion de-

LES PALÉTUVIERS
DE LA RIVIÈRE FORCADOS.

vaient être de longs bambous armés de crochets, des gaffes et des avirons. A la descente, nous devions marcher à la rame pour gagner de vitesse sur les rapides et manœuvrer avec plus de facilité. Nos chalands portaient deux systèmes de direction : un gouvernail en tôle d'acier ou bien un aviron-barre, long de 6 mètres, placé dans un tolet et d'une force considérable.

Le gouvernail est un engin en quelque sorte passif, qui transmet seulement une impulsion, bien diffé-

LA FORÊT NIGÉRIENNE : UN ARBRE DE 30 MÈTRES.

rent en cela de l'aviron-barre qui donne, chaque fois qu'on le manie, une nouvelle poussée. Lorsqu'il s'agit de contourner des roches et des troncs d'arbres, lorsqu'une embarcation doit exécuter une évolution brusque et se présenter constamment en pointe dans des courants tournants, il est facile de comprendre que l'aviron-barre, énergiquement ramené plusieurs fois de suite très rapidement dans la direction voulue, replace l'étrave dans le courant et fait virer l'embarcation du côté de la rive. Aussi arrivâmes-nous à l'employer sans cesse, de préférence au gouvernail.

L'outillage de la flottille était des plus complets : il comportait tous les instruments des ouvriers en fer, des charpentiers, des menuisiers, des calfats, puis une provision sérieuse de pitchpin, des bordages, de l'étoupe, du brai, des cordes, des rechanges, des avirons et des câbles d'une force de deux tonnes et demie à la traction.

Mes compagnons de route étaient : le lieutenant de Peyronnet de l'artillerie coloniale, aujourd'hui capitaine, qui sert sous mes ordres depuis quatre années. Ce jeune et brillant officier m'accompagnait autant en qualité d'ami que de collaborateur. Le lieutenant Anthoine, officier de cavalerie, tout jeune et plein d'avenir; puis trois sous-officiers d'artillerie coloniale, Boury, Groisne et Messéant, sujets exceptionnels, véritables types du soldat modeste et résolu, que j'avais eus sous mes ordres au Soudan.

Nous formions un ensemble très uni, véritable famille dont j'avais l'honneur d'être le chef. Notre bonne entente était une chance de plus pour le succès de la mission. Hélas! nous avons subi de rudes épreuves, supporté de terribles fatigues, et la mort a fauché parmi nous!... Lorsqu'au départ de France, ma pensée se portait vers l'avenir probable, c'est avec un serrement de cœur que je me demandais combien parmi nous reviendraient sains et saufs réparer leurs forces à l'air vivifiant de la Patrie. Nous n'avons pas eu le bonheur de nous retrouver au complet : à son retour en France, Anthoine tomba épuisé par les fatigues de la route et nous cûmes la douleur de le perdre.

Affrètement d'un vapeur. — Par suite de l'encombrement énorme de notre cargaison, le ministre des Colonies fit affréter un vapeur suffisamment vaste pour embarquer nos chalands et nos approvisionnements.

Des pourparlers, engagés avec diverses compagnies de navigation, échouèrent successivement. Les unes prétendaient avec raison que l'escale de Forcados retarderait leur service postal; les autres refusaient, alléguant que l'exiguité du pont de leurs navires ne permettait pas d'y placer les quinze embarcations en bois que nous emportions toutes montées.

Pendant ce temps, le Niger, qui baissait depuis le mois d'octobre, mettait de jour en jour ses roches à nu. Tout retard rendait donc notre tâche plus difficile.

Notre départ devait avoir lieu le 15 décembre, et j'appréhendais de le voir remis à une date indéterminée, lorsqu'un arrangement survint entre le département des Colonies et l'armateur du vapeur *Conseil*, cargo-boat de trois mille tonnes, qui vint au Havre pour nous embarquer. Nous partions avec dix mille caisses, dont environ neuf mille de ravitaillement qui remplissaient tout un hangar.

Les quinze embarcations en bois qu'il ne fallait pas songer à mettre dans la cale formaient une pontée très volumineuse. Le département des Colonies exigeait que ces embarcations, placées sur le pont, fussent étayées par des poutres et mises à l'abri des coups de mer par de fortes saisines en cordes. Il fallut huit jours pour les arrimer.

Voyage par mer. — Le 23 janvier 1901, nous étions prêts à gagner le large, lorsque survint une violente tempête qui causa de nombreux sinistres sur nos côtes; il nous fallut attendre qu'elle cessât, et c'est le 29 seulement, par un calme très relatif, que nous quittions le Havre pour la côte d'Afrique. Et déjà les sujets de préoccupations semblaient ne pas nous faire défaut :

1° Le *Conseil* calait 6m85 et d'après les renseignements que nous possédions, il n'y avait que 6m90 (23 pieds) d'eau sur la barre de Forcados. 2° La tempête sévissait toujours dans l'Atlantique et pouvait arracher nos chalands sur le pont. 3° Nous avions un retard considérable. Allions-nous encore trouver de l'eau dans les rapides? 4° Le débarquement à Forcados, en pleine rade,

NOS PIROGUIERS TONIÉ ET LANCINÉ AVEC LEURS FEMMES. — DESSIN DE J. LAVÉE.

serait-il possible? 5° Les Anglais feraient-ils un accueil sympathique à cette première tentative de convois en transit libre sur le Niger? etc.

Mais à quoi bon s'inquiéter? Quel remède pouvions-nous apporter à la situation? Aucun. Pourquoi dès lors se tourmenter d'avance en face d'événements si lointains?

ARRIVÉE D'UNE CHALOUPE A FORCADOS. — RASSEMBLEMENT DE LA FLOTTILLE POUR LE DÉPART. — DESSINS DE GOTORBE.

Le capitaine Leriche, commandant du *Conseil*, nous avait offert, avant le départ du Havre, une hospitalité si parfaite que les soucis s'étaient envolés. M. Salles, armateur du navire, s'était ingénié à nous rendre la traversée agréable ; aussi l'avenir nous apparaissait-il plein d'heureuses promesses.

Cependant, au large, les vagues faisaient rage et s'abattaient lourdement sur le pont ; le vapeur était tellement chargé que nous étions constamment au niveau de l'eau ; lorsque le mauvais temps redoublait d'intensité, nous entendions distinctement le craquement des saisines qui retenaient nos chalands. Fort heureusement, nous doublâmes Ouessant entre deux tempêtes. Nous longeâmes ensuite les côtes de Portugal par un grand vent de nord-ouest ; la mer grossit de nouveau, et ne se calma que deux jours après.

Le 6 février, le *Conseil*, faisant escale à Ténérife, remplissait ses water-ballast et prenait des vivres frais pour continuer sa route. Nous étions enfin dans la région des eaux calmes. A partir de ce moment notre voyage devint plein de charme et d'agrément, sur un navire où nous étions tranquilles, où nous jouissions de toutes les commodités désirables. En raison du beau temps, la table était dressée sur la dunette, à côté de la chambre de veille du capitaine. Parfois un coup de roulis renversait le potage sur nos effets ; M. Leriche n'y comprenait rien, jamais son navire n'avait manifesté de pareils instincts d'indiscipline. Aussi l'invectivait-il sévèrement comme un vieux serviteur que l'on a depuis dix-huit ans sous ses ordres. Le maître d'hôtel était un brave matelot, gauche, honnête et complaisant ; il avait conservé pour nous nommer, ayant oublié les noms, les anciennes appellations de la marine ; il appelait de Peyronnet le grand capitaine, pour le distinguer d'Anthoine qui devenait le petit capitaine, à cause de son apparence moins robuste. Ce brave homme avait des expressions typiques. Le soir, il s'empressait de « gréer » la lampe, et lorsque ses jambes se trouvaient prises dans les cordages du pont, il était « engagé » avec le bitord. Il avait beaucoup d'admiration pour ces marins qui, aussitôt débarqués, se promènent avec une femme à chaque bras, « l'une à bâbord, l'autre à tribord.... »

Le 10 février, nous étions en vue de Dakar ; à deux heures de l'après-midi, le même jour, le *Conseil* jetait l'ancre à l'entrée de la rade, et nos occupations coloniales commençaient aussitôt.

Le ministre des Colonies avait demandé à son collègue de la Marine de vouloir bien recruter pour nous, à la station navale du Sénégal, trente-deux laptots, huit charpentiers, deux forgerons, un infirmier. De mon côté, j'avais fait demander à un de mes camarades de Koulikoro, siège de mon ancien commandement, de rechercher les huit piroguiers bambaras du Niger, qui, précédemment, avaient fait avec moi, en 1899, un raid de 3 700 kilomètres sur le fleuve. Ces braves gens ne se firent pas prier, ils prirent immédiatement la route du Sénégal ; de sorte que, le 10 février, tout le personnel indigène était au complet à Dakar, interné dans le sanatorium, à cause de l'épidémie de fièvre jaune que l'on disait terminée, mais que nous craignions

LES PILOTES BAMBARAS DE LA MISSION. — DESSIN DE J. LAVÉE.

d'apporter et de propager avec nous dans les colonies anglaises de l'Ouest africain.

Il serait difficile de dépeindre l'état d'esprit de ces braves gens que l'on tint enfermés durant dix jours. Seuls, les Bambaras conservèrent leur calme, grâce au caractère pacifique de leur race ; mais les Sénégalais n'étaient plus tenables, il était temps de les embarquer. Une fois à bord, nous payâmes à chacun son arriéré de solde, puis nous fîmes appel aux maisons de commerce et tout notre monde se pourvut, sur le champ, des objets les plus variés : malles en fer, souliers jaunes, vestes rouges, ceintures multicolores, chapeaux marrons, ombrelles vertes, sucre, biscuits, etc. Le 12 février, à huit heures du soir, tout étant prêt, le *Conseil* continuait sa route vers Forcados.

La chaleur commençait à se faire sentir, car nous voguions vent arrière, et la brise, qui suivait la même route, n'existait pas pour nous. Durant neuf jours, la côte d'Afrique se déroula sous nos yeux, quoique d'une façon très interrompue. Dès le matin, nous la suivions de très près, distinguant les factoreries et les villages nègres; puis, le soir, nous reprenions le large pour éviter les récifs, car ces écueils ne sont signalés par

aucun feu; aussi, à défaut de phares, cette côte est-elle balisée par les nombreux navires, dont les pilotes n'ont pas usé de la même précaution que le nôtre. Il est donc très regrettable que les nations européennes, qui possèdent des colonies tout le long de ce littoral inhospitalier, n'aient pas encore pris les mesures nécessaires pour y placer des feux capables d'indiquer la route aux navires; il en résulte que ceux-ci se trouvent parfois dans la nécessité de pro-

longer inutilement leurs escales pour arriver de jour au point de relâche le plus voisin : d'où pertes de temps et d'argent.

Les passagers sont les seules personnes qui bénéficient de cette absence de phares, car il est fort intéressant de visiter sur la côte, au petit bonheur des points d'atterrissement, des villes qui se créent, d'autres qui se développent, des colonies qui s'organisent.

Un jour, le vapeur touche à Bérébi : à l'approche du navire, d'innombrables pirogues longues et légères sortent des rochers, lancées à toute vitesse par des kroumen, ces hardis matelots noirs que l'on rencontre sur tout ce littoral.

Ou bien encore le navire fait escale à Sekondi : c'est une cité neuve, géométriquement tracée, d'où la voie ferrée s'élance vers les placers et les filons, vers ce pays où la terrible fièvre de l'or tue presque aussi sûrement (et sans recours possible à la quinine) que la fièvre des bois ou des marais; les voitures et les pousse-pousse aux vives allures s'y croisent au milieu d'un encombrement d'indigènes, terrassiers Yorubas, venus du Lagos.

Un autre jour, c'est le warf de Grand-Bassam qui est choisi. Ici règne une activité surprenante, le pays s'ouvre à la colonisation; c'est encore la fièvre de l'or qui crée ce mouvement de baleinières débarquant ou ramenant des prospecteurs sous les ondées violentes d'un ciel inclément. Les uns s'embarquent satisfaits ou tout au moins confiants en la réussite, les autres rentrent en France, le visage ravagé par la fièvre, les déceptions et les soucis.

Le 20 février, le *Conseil* voguait dans le golfe du Bénin, le point nous portait en bonne direction, mais sur ces immenses étendues de l'Océan, les erreurs sont possibles, et quoique souvent très faibles, elles peuvent donner lieu à des hésitations. Vers cinq heures du soir, balancés par une forte houle, nous aperçûmes un point noir qui émergeait des vagues.

« C'est une embarcation », dit l'un de nous. Aussitôt, les lunettes de se braquer vers l'objet signalé pour distinguer sa nature. « C'est un rocher » dit un autre. Mais cette terre ne figurait sur aucun document : nos cartes, nos index de navigation n'en faisaient pas mention. Nous étions tout simplement en présence d'une balise, en forme d'un énorme tonneau ovoïde, ce qui nous mettait à deux milles à peine de la bouée extérieure de la barre de Forcados. Nous n'avions pas de pilote et notre tirant d'eau étant, d'après les renseignements, égal ou supérieur à celui de la barre, le plus prudent était de stopper et d'attendre. C'est ce que nous fîmes.

Nous voici donc à la nuit tombante mouillés par trente pieds d'eau, presque à destination. Aussitôt les conjectures reprennent leur cours parmi mes compagnons de route.

« La mer est bien trouble, le Niger est tout près, nous sommes au large de la barre et nous avons à peine 10 mètres de fond, nous ne passerons pas, dit l'un.

— Ce serait fâcheux, répond un homme d'équipage, car le *Conseil* a des formes anciennes et s'il touche il va se renverser de côté.

— Laissez donc, reprit M. Leriche, ce bon vieux navire a talonné sur toutes les barres, sur bien des cailloux, mais il est solide et ce n'est pas cette fois qu'il y restera. »

Pendant ce temps, je restais silencieux et méditatif à l'écart, cachant à tous mes préoccupations.

Le lendemain matin, M. Leriche envoyait son second à terre avec une baleinière pour chercher un pilote en rivière.

Cette embarcation était partie depuis deux heures à peine, lorsqu'un vapeur de 4 000 tonnes, le *Jebba* de la Compagnie anglaise Elder Dempster, venait mouiller à côté de nous. Notre pavillon de pilote était hissé. Aussitôt un surf-boat du *Jebba* amenait à bord un officier de service qui prit arrangement pour nous diriger sur la barre.

Ces surf-boat (bateaux de surface), sont des baleinières destinées à passer sur la crête des lames et des volutes que forment les barres si dangereuses du littoral africain ; ce sont des embarcations très solides relevées aux deux extrémités et manœuvrées par des kroumen, armés de pagaies dentées, qui ressemblent à des mains démoniaques.

Voici comment les surf-boat passent les barres : les pagayeurs se présentent devant la première volute et retiennent l'embarcation ; ils attendent qu'une grosse lame très dangereuse forme le premier rouleau, puis dès qu'elle est passée, jugeant que la lame suivante doit être moins forte, ils se lancent sur la barre en poussant des cris stridents. S'ils ont mal choisi leur vague, ils se précipitent sur les passagers qu'ils tirent comme ils peuvent par un bras ou par une jambe en dehors de l'embarcation et se mettent à nager dans les volutes jusqu'à terre. Malheur à celui qui ne saute pas à l'eau : la baleinière l'écrase en se retournant sur lui. Les débarquements sur ces côtes, d'ailleurs infestées de requins, sont très difficiles. Les transbordements s'effectuent le plus souvent en pleine mer, d'un navire à l'autre, par surf-boat. Les mouvements de roulis et de tangage de ces maudites embarcations sont des plus violents : une forte dose d'ipéca rend moins malade que le plus court trajet dans ces bateaux.

Donc, le 21 février, à quatre heures du soir, le pilote montait à bord. A toute vitesse, les chaudières à plein tirage, le *Conseil* se mettait en route. Les pompes aspiraient un mélange d'eau et de vase, indiquant nettement que nous avions peu d'eau sous la quille ; mais cependant, à la faveur de la marée, nous passions sans incident sur la barre et nous pénétrions dans la rivière.

Je ne saurais dire quel soulagement ce fut pour nous. Combien nous eussions éprouvé d'ennuis et de difficultés s'il nous avait fallu opérer au large, sur cet océan houleux et tourmenté, le déchargement de nos 10 000 colis et de nos 20 chalands! Nous voici donc en rade, la nuit tombe, mais nous apercevons la côte. Devant nous est le village de Goula avec le pavillon français qui flotte au-dessus de l'enclave et qui s'abaisse pour nous saluer.

Nous répondons à son salut, pensant à la joie que doivent éprouver les douze laptots, qu'en juin 1900, le colonel Toutée a débarqués sur ce coin de terre française et qui sont toujours là pour le garder et le défricher.

A six heures, le *Conseil* jette l'ancre au fond de la rade, à proximité du ponton de la douane. Une baleinière nous aborde immédiate-

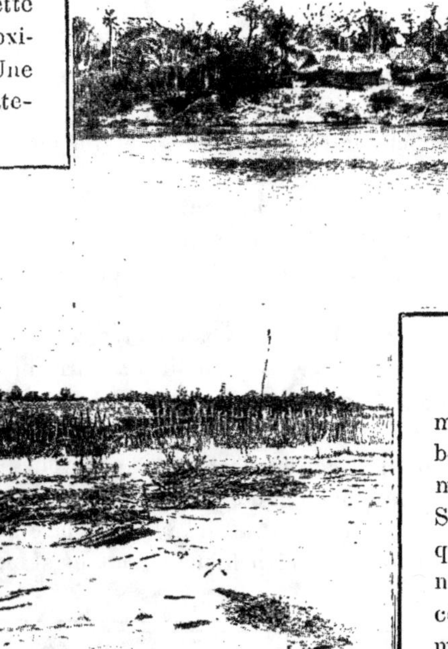

UN VILLAGE DE LA RIVIÈRE FORCADOS.

ment et ses passagers montent à bord. C'était le second maître Suleyman, puis Master Davis, un noir de Sierra-Leone, directeur des douanes, qui nous amenait un de ses officiers, noir également, pour vérifier nos connaissements. Une fois les premiers saluts échangés, M. Davis nous exposa le but de sa visite, ce qu'il fit d'ailleurs avec beaucoup de courtoisie. Nous n'avons eu qu'à nous louer de ses bons procédés à notre égard....

L'ENCLAVE FRANÇAISE DE FORCADOS. — D'APRÈS DES PHOTOGRAPHIES.

Cette fois, le sort en jeté! Nous sommes définitivement arrivés à destination. Nous nous trouvions sur notre champ d'action, sur le théâtre même de notre mission.

Avant d'entreprendre le récit détaillé de notre navigation du Niger, je voudrais exposer rapidement la besogne qui nous incombait. Nous devions débarquer du *Conseil* et transborder sur l'enclave de Forcados un grand nombre de caisses, 7 000 environ; régler les affaires de douane en nous conformant à la convention de 1898; monter à Badjibo; y construire sur l'enclave d'Arenberg les bâtiments nécessaires, y déposer une garnison et des ouvriers; puis remonter le fleuve et franchir ses rapides, afin de porter aux troupes du troisième territoire militaire les caisses d'approvisionnements dont elles avaient besoin.

A cette fin, la flottille entreprit trois convois qui s'organisèrent à Badjibo : le premier convoi passait les rapides de Boussa le 15 avril 1901, séjournait à Say et redescendait en août à Badjibo, effectuant un trajet de 1 700 kilomètres avec 60 tonnes de matériel; le second convoi montait les rapides en octobre à la saison des hautes eaux, atteignait Say le 3 décembre, Ansongo le 1er janvier 1902, puis redescendait à Badjibo le 4 février après une marche ininterrompue de 119 jours sur le fleuve, effectuant un parcours de 2 500 kilomètres avec 97 tonnes de chargement; le troisième convoi remontait les rapides en mars 1902 à l'époque des eaux moyennes, avec 83 tonnes de ravitaillement.

Ces voyages successifs souvent périlleux, toujours fatigants, nous les avons entrepris avec une ardeur qui confinait à l'enthousiasme. Nous avions tous la volonté de réussir, et c'est sans aucun doute la raison qui nous a permis de mener à bien notre entreprise.

Nos piroguiers. — Ce résumé de nos travaux établi, il me reste encore à faire connaître au lecteur les braves gens qui allaient sans mesure et sans hésitation partager nos peines et nos dangers, et qui devaient ainsi contribuer dans une large mesure à notre succès.

Ce sont, je l'ai dit, les mêmes piroguiers, des Somonos-Bambaras de Koulikoro, qui firent avec moi le raid de 1899 et la mission du Bas-Niger. Serviteurs exceptionnels, navigateurs incomparables, rien n'est plus simple que de se les attacher et de s'en faire aimer; dès lors leur dévouement ne connaît plus de limites et l'on peut tout attendre de leur zèle.

Voici d'abord Tonié Taraoré, le chef de tous les laptots, un jeune homme de vingt-cinq à vingt-six ans, froid, résolu. C'est lui qui conduisait mon embarcation et qui nous dirigeait dans les rapides à la recherche des passages. Dans les cônes de Garafiri, un tourbillon a réagi sur sa barre et l'a jeté dans le fleuve, la poignée de l'aviron l'a frappé en pleine poitrine et l'a grièvement blessé. Nous avons passé des jours et des heures côte à côte à l'arrière du chaland, luttant contre le fleuve, causant rarement, mais nous comprenant à souhait. Lanciné Guiré, le plus fort, le plus gai, le plus habile de tous, d'une bravoure admirable, d'un dévouement de toutes les minutes; Baniessé Couloubaly, un brave cœur, une nature énergique; Sibry Couloubaly et Oumarou Kané, deux amis inséparables; Koloba Samaké, Amadi Diara, Ousman Sangaré, tous serviteurs d'élite, qui supportaient les privations, les fatigues et les intempéries, sans jamais se plaindre, sans en paraître affectés.

Quel éloge ne pourrais-je pas faire de ces braves gens, honnêtes et laborieux, qui plaçaient en nous toute leur confiance! Dans les passages dangereux, ils se jetaient à l'eau résolument pour sauver les embarcations, et si nous nous trouvions en péril, tous venaient à notre aide. Ces hommes modèles ne méritèrent jamais la moindre observation, le moindre reproche.

J'éprouvai un serrement de cœur en les quittant. Nous leur devions notre existence. Ils étaient venus à nous, désintéressés : en gens simples ne connaissant pas les satisfactions, qui chez nous, exaltent l'amour-propre et servent de récompense morale à nos actions.

Durant le cours de cette campagne toute pacifique, j'ai comparé leur bravoure avec celle de nos tirailleurs qui se distinguent au feu, et j'ai dû convenir qu'il y avait autant de courage chez les uns que chez les autres. Il faut de la crânerie pour affronter les balles ennemies; mais il faut aussi du calme et du sang-froid pour diriger une pirogue au milieu des eaux tumultueuses prêtes à vous engloutir.

Les indigènes qui prennent part à des missions comme la nôtre n'ont pas leurs noms inscrits à côté de ceux qu'exaltent les combats, aucun Livre d'Or n'existe pour eux. C'est pourquoi je suis heureux de pouvoir les citer ici et d'exprimer l'affectueuse sympathie que je leur ai gardée.

(A suivre.)   Lenfant.

UN CHALAND SUR LA BERGE. — D'APRÈS UNE PHOTOGRAPHIE.

UN COIN DU MARCHÉ DE PORTO NOVO. — DESSIN DE J. LAVÉE.

LE NIGER[1]

VOIE OUVERTE A NOTRE EMPIRE AFRICAIN

PAR M. LE CAPITAINE LENFANT.

II. — Débarquement en rade de Forcados. — Voyage à Lagos et au Dahomey. — A la recherche d'un remorqueur. — Le port de la Niger Company à Bouroutou. — La rivière Forcados et ses méandres. — En route. — Nous arrivons sur le Niger. — Les trois bassins du Niger : le Kouarra, l'Issa, le Djoliba.

PIROGUIER COURTÉBÉ.
DESSIN DE MIGNON.

LE 22 février de bon matin, sur la rade de Forcados, le travail de débarquement de tout notre matériel commençait à bord du *Conseil*, et nous procédions à la mise à l'eau de nos chalands en bois, qui étaient solidement arrimés sur le pont.

Dès l'aube, je partis en canot pour Bouroutou, le port que la Niger Company possède et qui est construit au fond de la rade. L'une de nos plus importantes préoccupations était de chercher un vapeur dont le tirant d'eau ne dépassât pas 1^m50 et qui fût capable de nous remorquer jusqu'à Jebba. Nous étions très vaguement fixés à ce sujet, je ne savais où m'adresser. La Niger Company en possédait plusieurs, mais ses prix et ses tarifs ne seraient-ils pas excessifs? D'autre part, le département des Colonies devait faire à Lagos les recherches nécessaires; mais nous étions sans communications et sans courrier depuis notre départ de France, nous ne pouvions posséder aucun renseignement précis, à moins d'aller à Lagos.

M. Watts, agent général de la Niger Company, se trouvait alors en tournée sur le fleuve, ce qui ne simplifiait pas notre besogne, puisque seul, il pouvait traiter avec nous. Je résolus donc d'aller à Lagos par le premier navire en partance, à la recherche de nouvelles. De Peyronnet m'accompagna. Pendant ce temps, suivant les ordres immédiatement donnés, le débarquement continuait sous la direction du lieutenant Anthoine.

Voyage à Lagos. — Les navires qui font le service entre Forcados et Lagos s'appellent des branch-boats

1. *Suite. Voyez page 1.*

autrement dit : bateaux de petite ligne. Ils calent environ 3m50, portent 1 000 tonnes et prennent des passagers.

Les courriers, les navires de fort tonnage calant plus de douze pieds, ne peuvent franchir la barre de Lagos, de sorte que toutes les marchandises à destination de cette colonie sont déchargées en rade de Forcados, sur des branch-boats, qui viennent en eau calme s'accoler aux flancs du paquebot. Forcados est donc en réalité le port commercial de Lagos, capitale du Yoruba.

Nous voici embarqués, le 25 février, sur le *Dodo*, l'un des sept ou huit branch-boats qui font le service Forcados-Lagos, irrégulièrement, mais fréquemment. Le *Dodo* nous porta au large de la barre de Forcados et vint mouiller à 200 mètres de l'*Oron*, un courrier de la compagnie Elder Dempster, qui rentrait en Europe en faisant escale à Lagos. Nous débarquons en surf-boat et grimpons sur l'*Oron*. La baleinière qui nous portait avait servi au transit de l'huile de palme; les ponchons (énormes barriques d'huile), s'étaient probablement ouverts, en sorte que le roulis, jetant les passagers les uns sur les autres, à la façon dont on triture une salade, nos vêtements et nos bagages n'attendaient plus que le vinaigre pour être tout à fait assaisonnés.

Le lendemain de très bonne heure, nous étions en vue de Lagos : un branch-boat, l'*Eko*, sortit du port, franchit la barre et vint mouiller à faible distance du grand navire, puis nous dûmes subir un nouveau transbordement aussi peu agréable que le premier.

La barre de Lagos est un canal peu profond, très variable, qui se déplace et se modifie tous les jours et qui forme un Z entre de longs bancs de sable; elle est une des plus dangereuses de la côte. Autrefois, on la franchissait en surf-boat, mais les sinistres furent tellement nombreux, que c'est un sport maintenant interdit. Le moindre coup de vent, la grosse houle de l'hivernage et les tornades empêchent le franchisse-

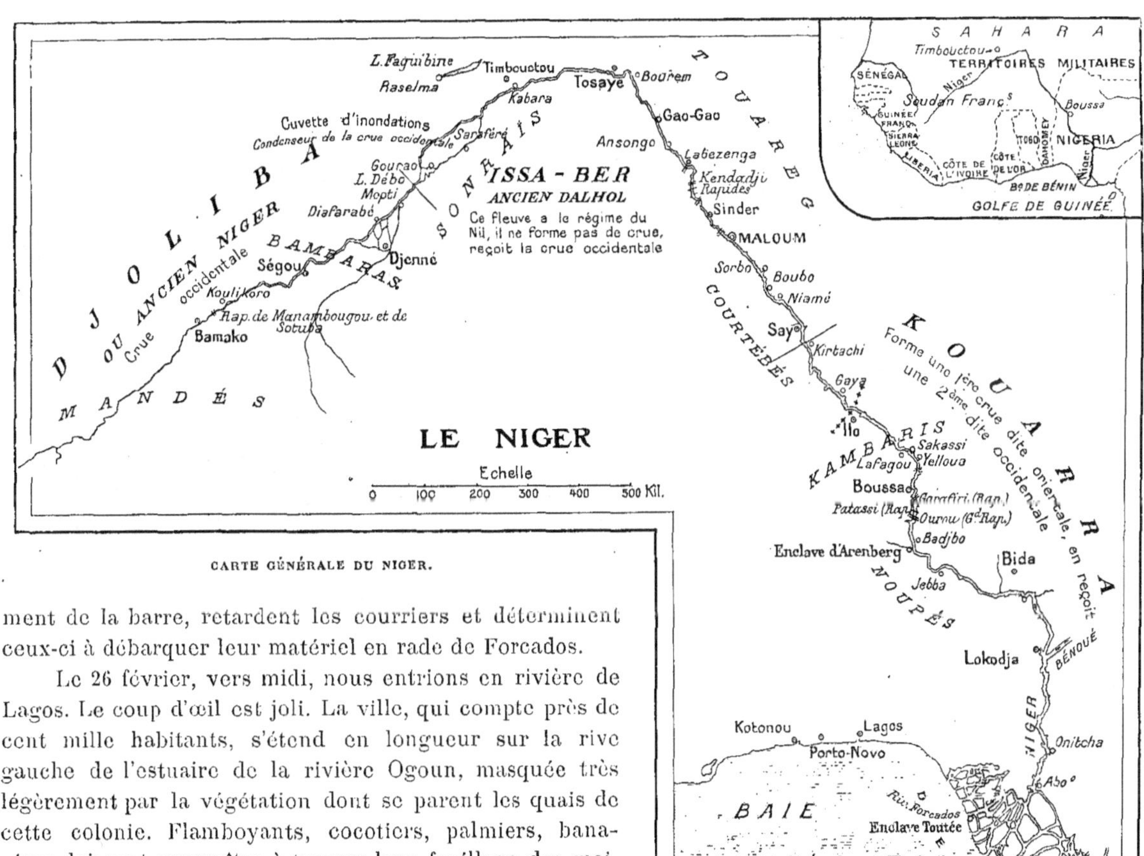

CARTE GÉNÉRALE DU NIGER.

ment de la barre, retardent les courriers et déterminent ceux-ci à débarquer leur matériel en rade de Forcados.

Le 26 février, vers midi, nous entrions en rivière de Lagos. Le coup d'œil est joli. La ville, qui compte près de cent mille habitants, s'étend en longueur sur la rive gauche de l'estuaire de la rivière Ogoun, masquée très légèrement par la végétation dont se parent les quais de cette colonie. Flamboyants, cocotiers, palmiers, bananiers, laissent apparaître à travers leur feuillage des maisons assez coquettes, aux couleurs orientales, du sein desquelles émergent les tours des églises protestantes et les clochers de la cathédrale. Les quais sont bien construits, entretenus d'une façon régulière. Une multitude d'indigènes y circulent, chargés de colis, des marchands dorment à proximité de leurs éventaires, tandis que les kroumen[1] déchargent les nombreux vapeurs accostés aux appontements des maisons de commerce.

1. L'expression anglaise *kroumen* qui a été plusieurs fois employée, signifie littéralement « hommes de Krou. » Elle désigne des noirs habitant la côte de Krou, qui s'étend des deux côtés du cap des Palmes, depuis le territoire de Liberia jusqu'à la rivière de Lahou. Les Krous, probablement de race mandingue, sont de haute taille et d'une grande vigueur. Ils fournissent dans ces régions, aux équipages des navires de guerre et de commerce, des matelots d'une valeur exceptionnelle et d'une fidélité rare.

Nous cherchons un logis : le capitaine de l'*Eko* nous enseigne l'hôtel Williams comme étant le seul asile des passagers. Deux porteurs saisissent nos cantines et nous conduisent à travers des rues sablonneuses, vers la demeure de notre hôte. Nous nous trouvons en présence d'un nègre plantureux, orné des

VUES DE LAGOS : PONT SUR LA LAGUNE. — L'HÔPITAL. — LA MOSQUÉE.
DESSINS DE BOUDIER.

étoffes les plus bizarres et flanqué de trois ou quatre vénus yorubas qui nous dévisagent avec complaisance. Pendant que notre hôte nous sert un « two o'clock tea » des moins appétissants, des gémissements s'élèvent d'une pièce voisine Je vais voir ce qui se passe, croyant que l'on étrangle une des jeunes femmes qui nous étaient apparues, et quelle n'est pas ma stupéfaction de voir, dans une chambre voisine de la nôtre, un cadavre de nègre, auprès duquel se lamentait une vieille femme éplorée !

Nous changeons de vêtements, et dix minutes plus tard nous franchissons le perron de Government House. Un milicien fort bien équipé, tout de blanc vêtu, nous introduit. Le gouverneur est en plein Conseil, mais le capitaine Elgee, son officier d'ordonnance, vient nous tenir compagnie. C'est un homme très jeune qui s'exprime d'une façon fort agréable et nous expose en français, le sourire aux lèvres, l'excellente série de souvenirs qu'il a conservés d'un séjour à Paris ; notre impression est même qu'il ne s'y est pas ennuyé du tout. Il nous fait visiter les jardins et en particulier son colombier où l'on dresse des pigeons voyageurs, destinés au service télégraphique Forcados-Lagos, en attendant que l'on ait installé, dans ces régions de vase et de palétuviers, un fil aérien.

Quelques instants après, Sir William Mac Gregor, gouverneur de Lagos, vient à nous. Docteur en médecine, botaniste, géologue, astronome des plus distingués, économiste et praticien, dispensateur prudent, paraît-il, d'un budget mobile des plus délicats à manier, Sir William est une des physionomies les plus fines et les plus sympathiques que nous ayons observées, durant notre séjour en territoire anglais ; c'est un homme simple, qui place toute sa coquetterie dans l'ameublement de son cerveau. Chaque jour de la semaine, il écrit son journal dans une langue différente : le russe, l'allemand, l'italien, le français, l'espagnol, le latin et le grec étalent leurs fleurs de rhétorique sur les pages de son album, à tour de rôle, sans oubli, sans lacune. Entre ses occupations officielles, Sir William lit attentivement, en les annotant, toutes les revues étrangères, et c'est principalement à nos journaux, à nos bulletins, à nos revues, à nos publications africaines, qu'il consacre ses loisirs. Une fois les paroles de bienvenue échangées de part et d'autre, le gouverneur nous fait préparer de superbes appartements, puis nous causons de la France et de ses colonies. Notre empire africain le fait rêver, il le trouve immense et superbe. Sir William s'intéresse à notre tentative à travers les rapides de Boussa ; elle nous attire sa sympathie et, tout de suite, il nous offre son appui pour trouver un remorqueur, si nos recherches n'aboutissent pas. Nous voici donc pour quelques jours à Lagos, nous goûtons à Government House la plus cordiale hospitalité. Ce palais est confortable. C'est une vaste construction rectangulaire, entourée à tous les étages d'une véranda spacieuse et close de volets mobiles. Un hall immense sert aux réceptions; les appartements sont spacieux, bien aérés, ventilés, éclairés à l'électricité, meublés d'une façon très simple, mais très riche en même temps.

Nous eussions passé là six journées délicieuses, si l'inanité de nos recherches, au sujet du remorqueur, n'avait jeté l'inquiétude dans nos esprits.

Le jour même de notre débarquement à Lagos, je rencontrai le gérant d'une factorerie de Porto-Novo qui, sur la demande du département des Colonies, venait de louer un remorqueur pour la mission. Ce vapeur, le *Puffin*, ne remplissait pas les conditions, à cause de son fort tirant d'eau; il eut d'ailleurs toutes les difficultés possibles pour nous conduire à Porto-Novo, bien qu'il y ait presque toujours six pieds d'eau dans la lagune. Le bail de location étant signé pour un mois, je l'utilisai de mon mieux et me rendis sur lui au Dahomey pour y régler quelques affaires. Le *Puffin* avait pour propriétaire un parfait ivrogne, anglais de modeste condition, dont nous dûmes subir plusieurs fois la présence et dont les titubements étaient fort gênants pour ses voisins. Il n'avait retenu, de la langue française, que ces deux expressions : « à votre bon santé » et « il est temps d'aller déjeuner », probablement apprises dans une société d'intempérance.

Voyage au Dahomey. — Le voyage est des plus faciles et des plus calmes; il suffit de suivre la lagune à l'intérieur des terres et parallèlement à la mer. Ce canal irrégulier longe la côte, depuis le Togo jusqu'à la rivière Forcados et même jusqu'à la rivière de Brass; malheureusement, il présente des solutions de continuité. Entre Lagos et Forcados, les herbes et les bancs de sable le rendent presque impraticable sur de longues étendues.

Toute la richesse du Dahomey se trouve à proximité de la lagune. La forêt impénétrable et touffue de la rivière Forcados et des criques du Lagos fait place aux vastes futaies de palmiers, et des villages nombreux apparaissent çà et là cachés dans la verdure. L'indigène, le Nagot comme on l'appelle, habite des cases rectangulaires, cloisonnées et murées par des lattes de bambous; il élève des poulets, des porcs, des bœufs lilliputiens; mais sa principale, ou pour mieux dire, son unique richesse est le palmier.

Le commerce des amandes de palme est très fructueux; ces fruits produisent un corps gras avec lequel sont fabriqués les savons de Marseille et des bougies; ils donnent en outre des tourteaux, que les éleveurs destinent à leur bétail. La colonie du Dahomey est la plus riche et la plus prospère de la côte; son gouverneur, M. Liotard, en a constamment accru les bénéfices, de sorte que, non seulement les frais d'organisation et d'occupation se trouvent couverts, mais encore la caisse du Trésor amasse des économies respectables, qui augmentent de jour en jour.

La capitale est Porto-Novo, ville de quarante mille âmes, grand village indigène, pourvu de factoreries très vastes, qui constituent, avec le clocher, le seul luxe architectural de la ville. Trois ou quatre rues sont assez bien tracées, mais les autres voies de communication sont des ruelles ravinées et tortueuses.

Le gouverneur est logé dans une véritable roulotte à deux étages, très confortable et bien distribuée, mais dont l'aspect contraste d'une façon singulière avec le somptueux palais de Lagos.

La ville est entourée de marécages qui s'étendent à perte de vue de tous côtés. Toute cette partie de la côte est malsaine; seul le village de Kotonou, construit sur le sable à proximité de la mer,

ASPECT DES RIVES DE LA LAGUNE ALLANT DE LAGOS AU DAHOMEY.

présente quelques garanties de salubrité. C'est là que se trouve le terminus du chemin de fer.

Ce railway dessert la côte vers l'ouest jusqu'à Ouidah, puis remonte au nord, se dirigeant sur Abomey. Les études du tracé de la voie s'étendent fort loin dans l'intérieur, il est même question de pousser le rail jusqu'au Niger vers Say ou vers Gaya. Ce projet sera de longue haleine et nécessitera des capitaux considérables; mais il est raisonnable, car la vallée du Niger est digne d'intérêt, remplie de richesses à exploiter et capable de donner à la France, dans un avenir prochain, les récoltes de coton qui lui deviendront nécessaires pour lutter contre les produits étrangers. En attendant que le rail atteigne le Niger, c'est notre flottille qui doit être chargée des transports, à travers les rapides de Boussa.

Nous voici donc au Dahomey, réglant quelques affaires urgentes, grâce à l'accueil bienveillant et sympathique du gouverneur. Nous avons toujours trouvé chez lui un appui sûr, une aide efficace. Cet homme actif, qui sut se prodiguer et se dévouer en Afrique sur les territoires de l'Oubanghi et du Congo, explorant des routes, franchissant des

VUE DE PORTO NOVO

LE RUDIMENTAIRE HÔTEL DU GOUVERNEUR DU DAHOMEY.

rapides, savait d'avance combien il nous faudrait vaincre de difficultés pour mener à bien la tâche qui nous était confiée; sa sollicitude ne s'est jamais lassée. Chaque fois qu'il en a trouvé l'occasion, M. Liotard encouragea nos travaux par d'affectueux conseils, par son appui généreux: nous lui en sommes restés tous infiniment reconnaissants.

Nous étions de retour à Lagos le 1er mars. J'avais en vain porté mes recherches dans toutes les maisons de cette capitale, sans obtenir le moindre navire. Nous n'avions plus qu'à rejoindre Forcados pour louer un remorqueur à la Niger Company. Nous nous y rendîmes aussitôt.

Anthoine avait fort bien exécuté mes ordres; le débarquement était très avancé; tous les chalands, abrités dans une crique du Delta nigérien, attendaient le jour du départ. Nos laptots commençaient à se connaître, l'activité régnait parmi notre personnel, qui luttait d'ardeur et d'entrain.

Mes braves Bambaras, qui n'avaient jamais vu de navires à vapeur, étaient stupéfaits du roulement des treuils servant au déchargement. Tonié, si alerte et si débrouillard d'ordinaire, n'y comprenait plus rien et restait ébahi devant ces machines et ces appareils dont le bruit l'étonnait. J'avais trouvé sur l'enclave, parmi les douze laptots qu'y laissa Toutée, son brave Suleyman, second maître de la marine, un vieux serviteur, âgé de quarante-deux ans, qui s'était distingué tout aussi bien dans les combats du Dahomey que sur les petits croiseurs de notre station navale du Sénégal. Suleyman était un enthousiaste : il voyait tout en rose, et il avait le don de communiquer son ardeur aux noirs qui l'entouraient. Nous le trouvâmes déjà fatigué par son séjour à Forcados, par le climat pernicieux, par la mauvaise nourriture et les privations. Tous les matins, en qualité de chef piroguier, il venait rendre l'appel, puis conduisait ses hommes au travail dans la cale du *Conseil.* Il signalait les mauvaises têtes et me disait : « Vois-tu, mon Supérior, dans tous ces hommes-là qui viennent du Sénégal, il y en a qui beaucoup bon, mais il y en a aussi qui bon un peu ». Ce « bon un peu » était une appréciation très sévère de la part de Suleyman.

Le débarquement continue. — Aussitôt de retour à Forcados, je me rendis à Bouroutou et trouvai M. Watts récemment arrivé. L'agent général de la Niger Company était autrefois second officier sur un des premiers voiliers qui vinrent au Niger. Sa haute intelligence et ses aptitudes commerciales l'ont élevé au rang qu'il occupe, et c'est, ma foi, une fort jolie situation. Nous n'avons qu'à nous louer de sa droiture en affaires et de sa complaisance à notre égard. Il fut convenu que les transports du Gouvernement français seraient effectués au même tarif que ceux du Gouvernement britannique. M. Watts s'engageait à nous louer un grand stern-wheeler (bateau plat à roues-arrière indépendantes), le *Liberty*, sur lequel nous devions être à l'aise et nous loger commodément. De plus, la Niger Company prenait à sa charge l'assurance de notre matériel, condition des plus rassurantes, car il faut tout prévoir et les accidents sont toujours à redouter.

Le *Liberty* remorquait en lège sur ses flancs les huit premiers chalands; les autres devaient suivre à quelques jours d'intervalle, remorqués par des vapeurs en partance de Bouroutou pour Jebba. Le pont inférieur était réservé aux indigènes. Le spardeck, divisé très commodément, formait des logements aérés très confortables, abrités du soleil par une toiture double et par des rideaux latéraux. Je dus payer les frais de transport. Le versement de cette somme, 17500 francs, n'avait pas été prévu dans les fonds qui me furent confiés au départ de France : cela faisait donc une grosse brèche dans notre capital.

Nos transactions avec la douane. — D'un autre côté, nos affaires de douane restaient en litige. Master Davis, directeur des douanes de Forcados, venait fréquemment sur le *Conseil* pour nous rendre visite. Il nous apprit que Sir Ralph Moore, gouverneur de la « Nigeria Sud », avait reçu de son Gouvernement, non pas la copie même de la convention de 1898, mais un projet de convention entre les deux nations, qui permettait de discuter notre liberté de passage et notre exonération des tarifs douaniers. Il exigeait de prime abord le paiement des frais de douane qui s'élevaient à 45000 francs; en outre, il voulait confisquer les armes et les munitions qui m'avaient été confiées pour la défense des convois en cas d'attaque. Il y avait certainement un malentendu regrettable.

M. Davis se montrait courtois et serviable; de mon côté, j'évitais de brusquer les événements. Je lui fis lire, avant toute chose l'annexe du Livre Jaune, relative à l'Acte de navigation, et lui représentai que nous étions décidés à conserver les armes avec nous dans des caisses plombées jusqu'à notre arrivée en territoire français. Les pourparlers durèrent plusieurs jours, sir Moore tenait bon, et moi de même. Son yacht vint plusieurs fois de Old Calabar[1] porter des ordres à M. Davis, profitant de l'occasion pour tourner autour du *Conseil* et voir où nous en étions. Heureusement, les relations ne cessèrent pas d'être courtoises. Je proposai

1. Capitale du Southern-Nigeria.

LES TROIS NIGER : LE DJOLIBA PENDANT LA CRUE. HALTE DE LA FLOTTILLE. — DESSIN DE GOTORBE.

LES TROIS NIGER : L'ISSA-BER A NIAMÉ. — LES OBSTACLES DU KOUARRA, LES RAPIDES D'OUROU. — DESSINS DE MASSIAS.

un arrangement qui conservait nos droits intacts sans créer de précédents vis-à-vis des tarifs douaniers.

Je déclarai : 1° que le matériel du Gouvernement français, étant en transit libre sur le Niger, ne pouvait être soumis au tarif douanier de Forcados; 2° que je faisais part immédiatement au ministre des Colonies des revendications de sir Ralph Moore, ajoutant que notre ravitaillement produirait 45 000 francs de redevances si les taxes lui pouvaient être appliquées, mais que mes attributions ne m'autorisaient à prendre aucun engagement ni à faire aucun versement à ce sujet; 3° quant aux armes et munitions, je consentais à les conduire à bord du ponton de la douane pour les y déposer jusqu'à la veille de notre départ pour Jebba, mais, à cette date, ce matériel devait nous être restitué.

Cet arrangement convint de part et d'autre; sir Ralph Moore devint plus accommodant et M. Davis nous aida de toute son amabilité, en sorte que le 9 mars nous étions prêts à quitter Forcados.

Il y avait exactement dix-sept jours que nous étions sur rade au grand désespoir du commandant du *Conseil*, M. Leriche, qui n'avait pas prévu un arrêt aussi long, et qui voyait ses vivres diminuer et ses réservoirs d'eau douce se vider. Plusieurs chefs de village, sortis des marécages environnants, vinrent nous faire des démonstrations de sympathie et des offres de service, se disant amis de la France et des Français. Le seul moyen de nous en débarrasser fut de leur offrir une rasade d'alcool, qui ne faisait, d'ailleurs, que s'ajouter à celles qu'ils avaient bues avant de monter à bord. Ces gens nous déplaisaient beaucoup, ce sont de véritables brutes, incapables de fournir un travail assidu et de tenir une promesse.

Organisation de l'enclave de Forcados. — On a vu que l'une des tâches assignées à notre mission était d'organiser les deux enclaves que nous avait concédées sur le Niger la Convention franco-anglaise de 1898. Nous n'avions pas négligé ce devoir et, depuis plusieurs jours, nous procédions à l'organisation de l'enclave de Forcados. Au moment de partir pour l'intérieur, je confiai le soin de terminer cette installation au sous-officier Boury, consciencieux, honnête et d'une énergie à toute épreuve. Je lui laissai huit laptots, quatre charpentiers, des outils, des vivres, tout le matériel nécessaire, ainsi que des caisses de médicaments et enfin une somme de 4 000 francs déposée à la Banque de la Niger Company pour subvenir à ses besoins. Toutéc-Ville, l'enclave de Forcados, est le seul terrain à peu près habitable de toute cette région. Elle mesure en littoral sur la rivière 400 mètres de longueur et 800 mètres de profondeur. Un terrain d'un hectare est réservé au transit; une palissade de troncs d'arbre de 3 mètres de hauteur l'entoure complètement. Je fis les dessins des cases et des magasins; je donnai également à Boury le plan d'un appontement et le tracé des chemins qu'on pouvait utiliser pour les transports de bois. L'enclave est coupée par des criques vaseuses, elle est recouverte d'une forêt enchevêtrée de palétuviers et d'arbustes grimpants. Ce coin de terre doit devenir un jour le relai commercial de la France à l'entrée des territoires britanniques. Si l'on y monte une scierie, si l'on y fait les travaux de comblement nécessaires, une petite ville s'élèvera bientôt sur pilotis, comme le port de Bouroutou que les Anglais ont gagné sur la vase du Delta. Le système d'habitation le plus pratique en ces régions est la case démontable qui vient directement d'Europe. Le port de la Niger Company comprend ainsi plusieurs grandes maisons spacieuses, entourées de larges vérandas, couvertes en tôle, organisées, montées, construites et distribuées d'une façon très ingénieuse. Notre rôle étant surtout de faire acte d'occupation, de créer un transit à Forcados, nous n'avions pas à élever des bâtiments coûteux, d'autant que nos ressources budgétaires ne nous l'auraient pas permis; aussi fîmes-nous là le strict nécessaire. Mais si, comme il faut

l'espérer, nos efforts tendent plus tard vers le Niger, le commerce français utilisera cette route et les enclaves deviendront ainsi de petites villes où nos compatriotes pourront s'installer et se développer à l'aise.

Les ressources de la rivière Forcados ne sont pas abondantes à l'heure actuelle; le pays est à peine organisé; de plus, l'élevage des animaux de boucherie ou de basse-cour est à peu près impossible dans le Delta : les serpents y pullulent et détruisent poulets et canards; l'humidité tue les chèvres; c'est en semant dans des caisses qu'on tire quelque chose des jardins. Mais il passe tous les jours deux, trois et même quatre navires venant d'Europe, qui cèdent des vivres à qui prend arrangement avec eux; de plus, il est toujours possible de charger les branch-boats de commissions pour Lagos. Et c'est ainsi qu'on arrive à subvenir à la vie matérielle.

Le 9 mars, à quatre heures du soir, nous quittions le *Conseil* et faisions nos adieux au commandant, M. Leriche, sans nous douter de tous les malheurs qui l'attendaient au cours de son voyage de retour; il avait épuisé ses ressources pendant ce pénible séjour à Forcados, il s'était sacrifié pour nous donner tout ce qui devait nous manquer pendant de longs mois. Ce brave marin, qui commande depuis trente-quatre ans, devait s'échouer sur le Congo quelques jours plus tard. Son équipage, soumis aux plus dures épreuves, fut décimé par la maladie; enfin, en rade de Lisbonne, un croiseur portugais éperonna le *Conseil*, qui n'est plus aujourd'hui qu'une sinistre épave.

En route pour le Niger. — Le capitaine du *Liberty* s'appelait Master Price. C'était un vieux jamaïcais, souvent ivre la nuit, toujours solide à la besogne le jour et qui connaissait admirablement le Niger et la manœuvre de son bateau.

Suleyman, en marabout fervent, se serait bien gardé de boire une goutte d'alcool ; aussi professait-il un profond mépris pour le personnel indigène des Anglais que la boisson rendait souvent impropre à tout service. « Tous les hommes des Anguelés, disait-il, mon Supérior, y dépenser sou du l'argent pour boisson et quand y trop vieux y gagner grand serpent qui mange le ventre. » M. Price souffrait déjà de son serpent, surtout la nuit ; mais le matin de très bonne heure il était à son poste, et nous donnait sur les villages, sur les factoreries, sur les races et le fleuve des indications intéressantes et précises.

Le Delta nigérien. La rivière Forcados. — C'est en amont d'Abo que le Niger se divise en plusieurs bras pour former son delta. L'une des branches, celle de gauche, se déverse au sud vers la rivière de Brass ; l'autre, celle de droite, forme la rivière Forcados dont la direction générale court de l'est à l'ouest, en dessinant toutefois de nombreuses sinuosités.

Le Delta nigérien est un pays récent, c'est un amas de vase et de boue liquide sillonné de rigoles. Tous les bras du Niger, rivières de Brass, de Forcados, d'Escravos, etc., peuvent être considérés comme les rayons d'un secteur, et les criques comme des cercles concentriques, faisant communiquer les rayons entre eux. L'une de ces rigoles longe la côte d'une manière continue, les navires à vapeur la suivent à partir d'Akassa jusqu'à la rivière Bénin.

TOUCOULEUR DU FOUTA. — DESSIN DE MIGNON.

La rade de Forcados est bordée d'une verdure épaisse, rideau impénétrable d'arbres qui poussent dans la vase. Ce sont des palétuviers d'une essence spéciale, qui portent le nom de « mangroves ». De leurs hautes branches tombent des lianes droites et verticales qui peu à peu descendent dans l'eau, prennent racine et donnent alors naissance à un nouveau mangrove ; celui-ci s'élève et croît sur un échafaudage de racines tordues, mais sa tige monte verticalement cylindrique et régulière, des lianes tombent encore de son feuillage et reproduisent un autre spécimen, de sorte qu'en raison de cette reproduction incessante les cimes de ces arbres se trouvent sur un plan incliné. Chaque année, le Niger vient déposer des terres sur ce delta, parmi les racines des mangroves qui les retiennent pour s'y développer. Il est probable que dans plusieurs siècles, le fleuve aura comblé ces vastes territoires pour les transformer en terrain résistant. La crue du Niger se fait sentir dans le rio Forcados ; mais à proximité de la rade, elle surélève à peine le niveau de 50 centimètres.

La vase du Delta dégage une odeur particulière qu'on perçoit à 4 ou 5 milles au large ; les caïmans, les serpents d'eau, des êtres immondes, des myriades de moustiques, des nuages de « sand-flies », petites mouches qui pénètrent les moustiquaires les plus serrées, grouillent et volent à proximité de nous.

Le 10 mars, le *Liberty* portant et remorquant la mission appareille définitivement, tout en circulant d'abord dans un dédale d'îlots et de criques. À mesure que nous avançons, la rive se relève, la terre habitable se dessine. Voici les premiers villages absolument semblables à ceux du bas Dahomey, cases rectangulaires et magasins où l'indigène travaille les amandes de palme pour en extraire l'huile.

M. Price nous apprend que sur la rive droite les indigènes sont de race Sobo, tandis que sur la rive gauche ce sont des Idjos, lisez *idios*, ce nom est sans doute une onomatopée. Ces naturels portent sur le corps des incisions nombreuses, qui simulent des dessins complets, colliers, ceintures, parfois même des animaux ou des fleurs. Ces incisions sont faites à coups de canif, assez profonds pour atteindre le derme et pour provoquer de véritables larmes de chair. Les Anglais détestent les Sobos qu'ils considèrent comme paresseux, ivrognes, voleurs, menteurs et vindicatifs. Toutes les qualités, toute la lyre des vertus !

Voici les premières factoreries, Bagamba, Gana-Gana, Opocola, Egibiri, Patani, Abo. Toutes sont des comptoirs de la Niger Company, à l'exception de Gana-Gana qui comporte également une maison allemande en pleine prospérité. La rivière Forcados est très pittoresque, une végétation superbe l'enserre de tous côtés et lui donne un aspect uniforme et triste parfois. La forêt vierge, impénétrable, laisse émerger la cime d'arbres gigantesques hauts de 25 à 30 mètres, et de superbes palmiers. Si l'on sait qu'un palmier peut rapporter 2 fr. 50 par an, il est facile de se rendre compte de la richesse immense de ces régions équatoriales dont les produits sont exploités sur le tiers à peine de leur superficie.

Ce n'est qu'après deux jours de navigation que nous atteignons le Niger proprement dit. De grandes pirogues à quille arrondie longent la rive, chargées d'un personnel nombreux. L'armateur de ces embarcations arbore à l'arrière son pavillon commercial, qui se compose tout simplement d'un morceau de toile à matelas fixé sur une tige de bambou. Tous les passagers nègres de ces embarcations sont vêtus d'étoffes bigarrées aux couleurs les plus variées. A mesure que nous avançons sur le fleuve, les palmiers se font de plus en plus rares, les berges de plus en plus hautes, les bancs de sable de plus en plus nombreux. Le baobab et le fromager font leur apparition. On voit de suite qu'en ces régions la crue se manifeste avec intensité. Nous quittons la zone équatoriale du delta pour naviguer sur le Niger tropical et nous retrouvons le paysage du Soudan.

Le Niger et ses trois sections. — Ce fleuve immense qui s'écoule sur 4 500 kilomètres de parcours, prend sa source aux confins de la Guinée française, se dirige vers le nord-est sur 1 600 kilomètres, coule ensuite de l'ouest à l'est depuis Kabara jusqu'à Bamba, puis enfin redescend vers le sud avec diverses inclinaisons pour atteindre son delta. Nous étudierons ultérieurement sa crue, son débit, sa vallée, sa navigabilité, ses rapides et ses biefs calmes, mais pour plus de clarté, nous le partagerons en trois sections distinctes, conformément à son régime, à sa nature, à son aspect.

Le Niger se divise, en effet, en trois fleuves ayant chacun un régime, un aspect, une vallée caractéristiques :

Le premier fleuve s'étend depuis Kouroussa jusqu'à Diafarabé, c'est le Djoliba.

Le second fleuve s'écoule depuis Diafarabé jusqu'à Ilo en aval de Say, les Sonraïs l'appelaient : Issa.

Le troisième fleuve traverse le territoire anglais depuis Ilo jusqu'au Delta, les indigènes riverains le nomment : Kouarra.

L'ensemble de ces trois tronçons forme une vaste courbe, qui franchit à deux reprises différentes les mêmes latitudes. Suivant l'expression consacrée, le Niger est un grand serpent qui se mord la queue.

Djoliba. — Les Mandés qui vivent sur le bord du fleuve à partir de Kouroussa jusqu'à Ségou, désignent le Niger sous le nom de Dioliba « la rivière des chansonniers ». A part quelques rapides en aval de Bamako, les eaux sont calmes, l'artère fluviale est large et spacieuse.

SILA (TYPE SARACOLÉ) ET SON ÉPOUSE AOUSSA.
DESSIN DE MIGNON.

Des montagnes lointaines, couvertes d'arbustes, enserrent la vallée, le soleil ardent les dore de ses rayons. Des villages nombreux et peuplés, des cultures, des bois et des futaies s'offrent à la vue du voyageur. Des pirogues circulent en tous sens, chargées de marchandises que les commerçants portent sur les grands marchés; elles descendent au fil de l'eau, ou remontent à la perche de village en village.

Là, baigné de soleil et de lumière, le piroguier progresse en cadence; d'un mouvement leste et vigoureux il prend appui sur le fond, et réagit de tout son être pour lancer le frêle esquif, tandis que sa voix sonore s'élève et retentit. Combien de fois, pendant les nuits étoilées de la saison sèche, n'ai-je pas dormi bercé par le chant de mes laptots! Couché sur des nattes au fond de ma pirogue, j'entendais leurs mélopées langoureuses. C'était presque toujours un piroguier de l'avant, qui, d'une voix claire et vibrante, exaltait de ses chants les vertus guerrières et la valeur des Bambaras; puis l'équipage tout entier reprenait en chœur, accordant le mouvement des perches avec le rythme des chansons. Voilà le Niger pacifique, voilà le fleuve calme qui s'écoule tranquille et silencieux sous la voûte embrasée. Là les eaux se taisent, l'homme seul élève la voix sans s'inquiéter des dangers de la route. Il sait où reposer, les rives lui sont hospitalières, les courants sont faibles, il n'épuise pas ses forces à lutter contre des rapides. C'est le Djoliba, la rivière des chansonniers.

Issa-Ber. — La partie du fleuve qui s'étend depuis Diafarabé jusqu'en aval de Say, traverse la région des lacs Débo, Télé, Fati, Faguibine, puis, après un trajet de 200 kilomètres vers l'est, s'infléchit au sud en contournant des terrains désertiques habituellement connus sous le nom de « territoires de la Boucle ».

Il y a trois siècles environ, la vallée du Niger fut conquise par les Sonraïs qui, venant de la haute Égypte, firent invasion vers l'occident, et imposèrent leur domination sur le fleuve. Cette race, dont on retrouve encore le type assez pur chez quelques individus, jouissait d'une organisation complète et d'une civilisation réelle. Les premiers sultans de l'empire sonraï fondèrent à Gogo ou Gao-Gao la capitale du royaume. Des marabouts illustres, des historiens éclairés, vinrent apporter leurs lumières dans ces régions de l'Afrique. L'islam fit des progrès rapides, l'influence du dominateur se fortifia, pour s'étendre, et quelques années plus tard, depuis Djenné[1] jusqu'à Bourra, le fleuve devint une route exclusivement soumise aux intérêts de l'envahisseur. Les Sonraïs n'ont pas su, comme les Mandés, donner au Niger un nom approprié à sa nature; dans leur langage l'eau se dit : issa, de sorte que chez eux, le fleuve s'appelle Issa-Ber ou bien Barra-Issa, selon que ses bras sont plus ou moins larges.

Les Sonraïs n'ont pas reconnu le bief inférieur; ces indigènes n'étaient pas des navigateurs et, de nos jours, il est encore très difficile de rencontrer des piroguiers sur l'Issa-Ber parmi les descendants des Sonraïs.

Les peuplades qu'on trouve sur le Niger à Dounzou, à Sinder, à Sorbo, à Say et même à Gaya, sont, pour la plupart, des croisements de Sonraïs et de Mandés; c'est pourquoi l'on trouve, grâce à elles, plus d'activité sur le fleuve que dans le bief supérieur. Leur idiome est très voisin de la langue sonraï, si bien que le Niger, depuis Diafarabé jusque vers Gaya, porte uniformément le même nom et s'appelle l'Issa-Ber.

Kouarra. — En aval d'Ilo et de la frontière anglaise, cette dénomination cesse. Les races changent brusquement. Toutes dérivent des Aoussas, des Noupés ou des Yorubas. Ces naturels sont d'excellents piroguiers, mais ils se confi-

LA CONSTRUCTION D'UNE CASE :
1. PRÉPARATION DE LA TERRE. — 2. ÉLÉVATION DU MUR. —
3. CONSTRUCTION DU CHAPEAU. —
4. POSE DU CHAPEAU. — 5. POSE DE LA COUVERTURE
EN PAILLOTTE. — DESSINS DE GOTORBE.

nent presque exclusivement sur les biefs calmes ou rapides du Niger. Ceux qui pratiquent la navigation, depuis Ilo jusqu'à Boussa et Jebba, sont des exceptions. Ils sont presque tous groupés à Guiris, le port d'Ilo sur le fleuve; mais depuis Guiris et jusqu'à Sakassi. point où des rochers barrent la route, les piroguiers se contentent de circuler en eau calme, d'une rive à l'autre, pour se rendre à leurs champs de culture, ou bien de village en village, pour trafiquer.

1. Consulter les récits et les ouvrages de René Caillé, Monteil, Binger, Dubois, etc.

A partir de Yelloua, le Niger change d'aspect : les courants sont rapides et variables, une épaisse végétation s'étend le long des rives et plonge dans les ondes à plusieurs mètres de la berge, l'atmosphère est plus étouffante, les collines se rapprochent du fleuve et l'enserrent, projetant dans son lit les roches de leur infrastructure, les rapides se dessinent. A mesure qu'on descend vers Boussa, les écueils deviennent plus menaçants, les cascades plus nombreuses, les tourbillons plus dangereux. L'homme qui franchit ces obstacles s'inquiète et se défend. Ses regards, sans cesse tendus comme sa pensée vers les difficultés qui le menacent, cherchent à distinguer les passes. D'une main vigoureuse il réagit de la pagaie ou de la perche pour éviter les roches, sa marche n'est plus rythmée parce que les fonds changent et que les courants varient; il ne chante plus comme sur le Djoliba, sa chanson meurt, sa gorge s'étreint : le Niger seul élève la voix et remplit ces solitudes de ses mugissements et de son vacarme.

Voilà le Niger difficile : la rude vallée du Kouarra des Aoussas forme ainsi un contraste saisissant avec la paisible vallée du Djoliba. Là-bas du soleil, de la lumière, une onde limpide et calme, des campagnes larges à perte de vue; ici des horizons bornés par une verdure épaisse qui rend la berge inaccessible, des courants violents, des ondes agitées, des cascades qui bruissent, des trombes qui rugissent, et partout des rochers et des collines qui surplombent.

Sur le Djoliba, c'est le travail facile avec un fleuve sans embûches; sur le Kouarra jusqu'à Jebba, c'est la lutte opiniâtre contre les rapides.

Mais plus bas, à faible distance de ces passages si difficiles et si rudes, le Niger s'étale et s'élargit. Ce beau fleuve redevient calme pendant 1 200 kilomètres jusqu'à la mer, la navigation reprend avec intensité, des vapeurs grands et petits circulent à toute vitesse. La civilisation européenne a pénétré ces rivages, son activité se manifeste avec énergie : des factoreries, des camps et des cités embryonnaires s'élèvent en maints endroits. L'indigène stupéfait et rebelle à tout travail se voit entraîné dans cette lutte pour la vie. Il a compris enfin le lien intime qui relie les produits du sol à son bien-être personnel, et lui-même, il cultive et récolte pour déverser ses produits dans les maisons de commerce.

Tel est le Niger, tels sont les trois fleuves qui le composent.

Le lecteur nous a suivis jusqu'à notre sortie de la rivière Forcados, il a pu se rendre compte de la route qu'il nous reste à faire; nous allons maintenant étudier avec lui cette belle artère fluviale, en lui faisant part de toutes nos difficultés, de toutes nos péripéties, en lui montrant sous tous leurs aspects ces trois fragments de l'immense vallée qui s'appellent : Kouarra, Issa, Djoliba.

(A suivre.)   LENFANT.

HAMACAIRES A PORTO NOVO, DEVANT LE JARDIN DE L'HÔPITAL.
D'APRÈS UNE PHOTOGRAPHIE.

ARRÊT A EGGAN. — DESSIN DE MASSIAS.

LE NIGER[1]

VOIE OUVERTE A NOTRE EMPIRE AFRICAIN

PAR M. LE CAPITAINE LENFANT.

MESSÉANT, PROVIDENCE DES POULES.
DESSIN D'OULEVAY.

III. — Montée du Niger. — Les factoreries anglaises. — Onitcha. — Lokodja. — Le confluent du Niger et de la Bénoué. — Eggan. — Rabba. — Le plateau nigérien. — Arrivée à Jebba. — Sir Frédérik Lugard. — Le camp des Anglais à Jebba. — Débarquement. — Le Djou-Djou. — Le Niger en amont de Jebba. — Nous arrivons à l'enclave de Badjibo-Arenberg. — Le roi Madibo. — Organisation de l'enclave. — Départ pour les rapides. — Maladie de Suleyman. — Rapide de Léaba. — La mission arrive à Ourou.

LE *Liberty* ayant à bord la mission et traînant nos bateaux en remorque, quittait la rivière Forcados le 11 mars, à deux heures de l'après-midi. Nous commencions la montée du Niger. A peine sortis du delta, nous pénétrons dans le Kouarra; les rives sont bordées de grandes forêts touffues, enchevêtrées de lianes, qui leur donnent l'aspect d'une coiffure mal soignée. Nous rencontrons au débouché des clairières cinq grandes factoreries anglaises, allemandes et hollandaises; celle d'Akra surtout est merveilleusement tracée; on a planté là près de deux cent mille palmiers en quinconce qui ont un rendement considérable.

Le Niger est large. A chaque inflexion du fleuve, nous retrouvons des bancs de sable très fin qui se déplacent, s'allongent ou s'élargissent chaque année sous l'influence de la crue et de ses apports. Nous défilons devant des villages aux cases rectangulaires, entourées de murs en paille tressée recouverte de quelques poignées de boue, habitations misérables qui contrastent avec les cases si propres et si bien faites des Peuls du Moyen Niger que j'ai vues dans mes précédents voyages.

Le 14 mars, le capitaine du *Liberty*, Master Price, nous signale Aboutchi, factorerie de la Niger Company; mais les bancs de sable nous gênent à tel point que nous mettons plus d'une heure pour trouver le chenal et pour accoster. Les pavillons sont en berne : l'un des employés de la Niger Company vient de mourir d'une crise bilieuse hématurique; il est passé de vie à trépas seul, et sans secours, sur la pirogue avec laquelle il descendait de Lokodja. Nous descendons à terre pour porter notre courrier à la poste et pour visiter l'établissement.

1. *Suite. Voyez pages 1 et 13.*

Toutes les maisons sont, ainsi que les magasins, d'un type uniforme. Construction démontable en bois et fer recouverte en tôle zinguée; au rez-de-chaussée un hall très aéré qui sert au transit; à l'étage un appartement confortable entouré de larges vérandas complètement abritées du soleil : c'est évidemment ce qu'on peut faire de mieux comme installations provisoires; d'ailleurs les habitations du Gouvernement anglais sont en tous points semblables à celles des factoreries.

A quelques kilomètres en amont, nous stoppons à la factorerie d'Onitcha. Les rives sont à pic, une chaine de petites collines que nous apercevons depuis l'aube se rapproche brusquement du fleuve; des roches énormes, hautes de 30 à 40 mètres, surplombent le fleuve qui coule vite à leur pied. Nous embarquons un pilote qui doit nous conduire à Lokodja; les indigènes, de son métier, connaissent la route à merveille et savent diriger les bateaux dans un dédale d'îlots et de bancs de sable en luttant contre un fort courant.

La mission arrive à Lokodja. — Sur environ 100 kilomètres de son parcours en aval de Lokodja, le Niger circule entre des collines rocheuses qui s'élèvent graduellement; des blocs de granitoïde rose commencent à saillir de tous côtés, leurs pointes émergent, la navigation devient difficile. L'aspect de toute la région est celui de la tristesse et de l'aridité. Les villages sont rares, les cultures nulles.

Le 16 mars nous arrivons à Lokodja. Le *Liberty* vient accoster en face des docks de la Niger Company, qui possède en ce point une installation confortable et prospère. Lokodja est un grand village de 15 à 18 000 habitants, qui se compose de deux villages différents : l'un yoruba, l'autre nupé. Nous sommes dans un pays où l'Européen exerce son influence depuis fort peu de temps, où le Peul ne fait qu'arriver, où l'on rencontre quelques Arabes venus du Kanem par la Bénoué, où les marabouts sont presque inconnus. L'islam a donc fait peu d'adeptes dans ces pays où l'alcoolisme tend à lui faire une concurrence acharnée. Le Yoruba et le Nupé se distinguent l'un de l'autre par les tatouages et les cicatrices qu'ils portent sur la face et sur le corps; leurs langages sont analogues, mais diffèrent par des consonances qui nécessitent une étude particulière pour chacun d'eux.

Ces nègres sont paresseux, menteurs, voleurs et vindicatifs. Bien musclés, mais de taille moyenne, quelques-uns sont assez gracieux. Le front est bas, le nez écrasé, les maxillaires épais, la bouche lippue. Les cheveux crépus, rarement coupés, recouvrent un crâne pointu, la physionomie est bestiale et se complique d'un prognathisme très accentué. A tous leurs défauts, ces nègres joignent la lâcheté. Lorsque je redescendis le Niger, le 6 mars 1902, avec l'*Empire*, un grand vapeur anglais, nous touchâmes sur une roche qui produisit sous la coque une déchirure de deux mètres et demi. Le navire s'enfonça rapidement, et comme nous étions au milieu du fleuve, ce fut parmi les matelots yorubas du Gouvernement britannique un sauve-qui-peut général. Ils sautèrent tous dans l'unique embarcation du bord et se disposèrent à gagner la rive; ce fut un spectacle écœurant. Pendant ce temps, l'*Empire* virait de bord et venait couler sur la berge, grâce à la vitesse acquise.

Les Anglais ont une préférence pour les Peuls qu'ils placent à la tête de la plupart de leurs villages nupés et yorubas. Le Peul, que nous connaissons en Afrique sous diverses dénominations, Poul, Poulo, Foula, Foulani, Foutah, Foutanké, Foulbé, n'est autre que le Fellah de la Haute-Égypte. Le véritable Peul, c'est le nomade qui vit dans les marécages du Niger au milieu de ses troupeaux; s'il se fixe, c'est pour dominer le noir ou l'exploiter. Il est d'un type aryen très pur; sa figure est d'une finesse extrême : nez aquilin, front élevé, bouche fine, dents superbes; il est fortement bronzé, bien qu'il dissimule son visage sous un épais turban qu'il rabat fréquemment sur ses yeux noirs. Son regard oblique lui donne un air tortueux et rusé. Le Peul est l'ennemi du blanc; mais s'il nous déteste, il sait exploiter nos bons offices, user de notre force, abuser de notre protection. Un soir que je longeais la rive du fleuve, nous passâmes en bateau devant un campement de Peuls qui paissaient des troupeaux; je leur fis signe de s'approcher, et pendant que nous achetions du laitage, Anatole, le domestique de Peyronnet, profita de l'occasion pour

LE « LIBERTY », REMORQUANT LA FLOTTILLE, SE DIRIGE VERS JEBBA.
D'APRÈS UNE PHOTOGRAPHIE.

converser avec eux et pour leur annoncer qu'il était lui-même Peul du Foutah. « Ce n'est pas vrai, répondit le chef de tribu, car si tu étais un vrai Peul, tu ne serais pas au service des blancs. »

Cette réponse est des plus caractéristiques. Quoi qu'il en soit, les Anglais ne se sont pas arrêtés à ces considérations. Le général Lugard, gouverneur de la Nigeria, dont nous reconnaissons tous l'habile politique, donne le commandement de tous les centres récemment conquis à des Peuls, parce que le Peul est l'homme qu'on tient facilement sous la main, qu'il est cupide, autoritaire avec les noirs et docile avec nous.

La ville de Lokodja est au confluent du Niger et de la Bénoué. Sur chaque rive s'élèvent de véritables montagnes, hautes de 4 à 500 mètres; la vallée du fleuve est très large, elle a 18 kilomètres d'ouverture d'une crête à l'autre. Le spectacle est grandiose et saisissant, rien n'est plus beau que la jonction de ces deux rivières qui confondent leurs ondes si différentes d'aspect : la Bénoué venant mélanger son eau limpide et diaprée comme celle de nos lacs du Bourget et d'Annecy avec les eaux noires, sales et boueuses du Niger. La ville anglaise commence à se dessiner et à se peupler.

Nous avons rencontré plusieurs centres de missionnaires catholiques et protestants, à Aboutchi, Onitcha, Lokodja, etc. Les convertis sont peu nombreux; les dogmes du christianisme présentent trop d'idéalisme pour des races qui placent au-dessus de tout le matérialisme et la sensualité. Le missionnaire chrétien offre au noir des consolations ultérieures et mystérieuses, il s'adresse à l'âme, et le noir, ce grand enfant, ne le comprend pas toujours; le missionnaire l'emporte difficilement sur le marabout qui vit parmi ces peuplades à demi sauvages, parce que celui-ci sait accommoder au profit de l'islam les tendances matérielles et les croyances ataviques des noirs en les accompagnant d'amulettes ou de légendes terre à terre.

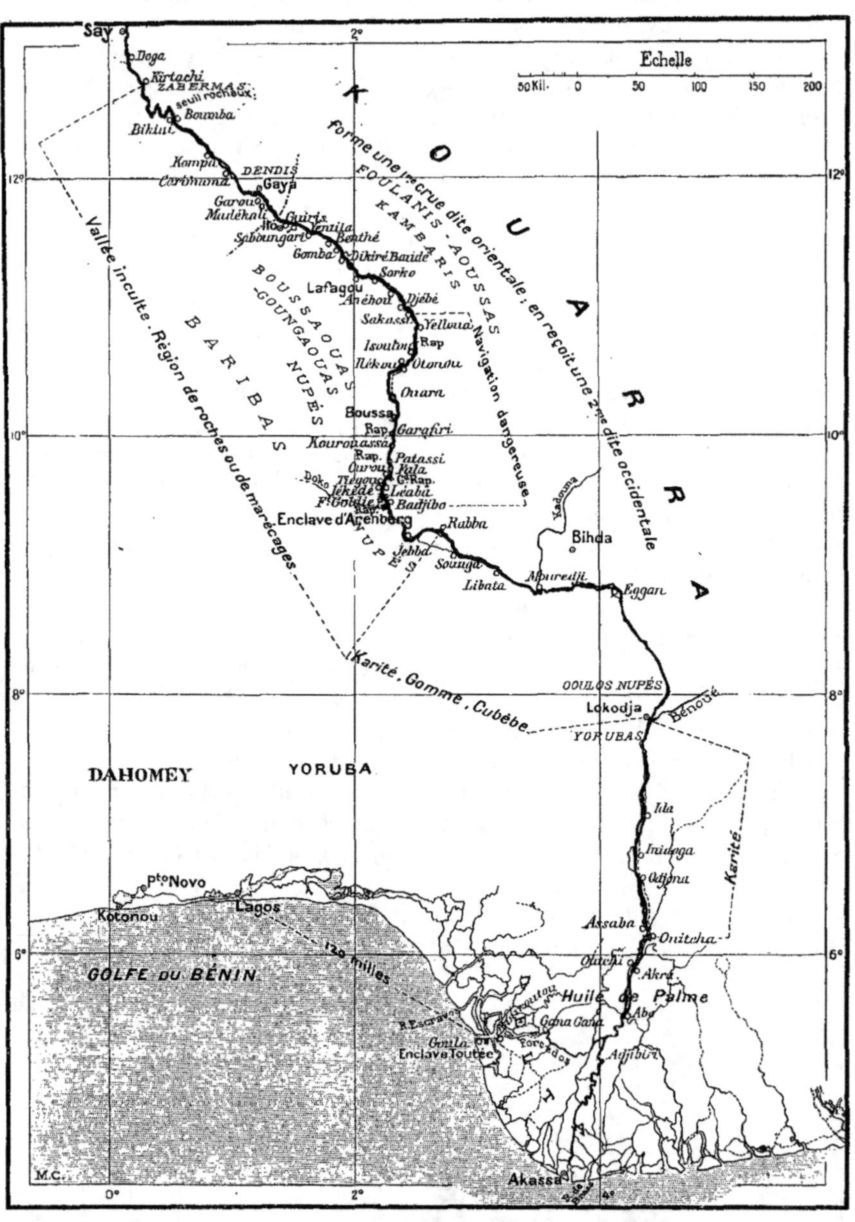

CARTE DU COURS DU NIGER DEPUIS SON EMBOUCHURE JUSQU'A SAY.

Les missionnaires du Bas Niger, quel que soit leur zèle apostolique, ne sont donc pas plus heureux que ceux du Soudan au point de vue de l'évangélisation. Malgré cela, c'est avec une admirable patience et une non moins belle résignation qu'ils passent de longues années sous ce ciel inclément. Beaucoup d'entre eux meurent victimes du climat et de la maladie, après de vains efforts pour grouper autour de leur église des brebis qui ne tarderont pas à rejoindre le troupeau de l'islam.

Le 17 mars, de bon matin, nous quittons Lokodja. La manœuvre est difficile en raison de l'encombrement rocheux qui barre le lit du fleuve. Nous croisons deux grands vapeurs, sinistres épaves qui sont venues se jeter sur les cailloux; puis à deux kilomètres en amont, le *Liberty* décrit des courbes et des sinuosités nombreuses pour franchir des bancs de sable et des hauts-fonds.

Le plateau nigérien. — Les rives sont très cultivées, très boisées. Au milieu des clairières, nous apercevons des bananiers superbes, des palmiers de toute beauté, des rizières, des champs de mil et d'arachides. En réalité, les montagnes qui bordent le fleuve ne constituent pas, dans leur ensemble, une chaîne de collines. Elles font partie d'un plateau ininterrompu qui longe et surplombe la vallée du fleuve jusqu'à Tombouctou. La ligne de faîte s'allonge sur un immense plan horizontal, coupé et crevassé par les agents atmosphériques, vent et pluies torrentielles, mais qui possède une altitude constante et régulière. Ce plateau, qui longe le Niger, se trouve à 4 ou 500 mètres au-dessus du thalweg à Lokodja, tandis qu'il surplombe le fleuve de 200 mètres à peine à Kendadji. Nous pouvons aisément déduire de ce fait que le Niger a progressivement foré sa vallée en donnant l'assaut à ce plateau, et la différence d'altitude entre son point d'entrée et sa porte de sortie se trouve démontrée visiblement par les rapides que nous franchirons depuis Labezenga jusqu'à Badjibo et Boussa.

Nous voici en route pour Jebba; le fleuve devient extrêmement triste, ses rives sont des marécages recouverts d'une forêt impénétrable, ses îles nombreuses sont ombragées de hauts arbres. Voici quelques rares villages, groupes de cases sales et misérables où vivent des pêcheurs. On se demande quelles sont les ressources de ces indigènes au milieu de cette nature rebelle à toute production. Puis, plus loin, la vallée s'élargit, les bords du plateau s'écrasent, les marécages herbeux s'étendent à 15 et 30 kilomètres sur chaque rive, la forêt s'éloigne et disparaît. Au milieu de ces plaines, nous apercevons des villages perchés sur des éminences de terre, des factoreries, Eggan, Rabba, Sounga. C'est à Mouredji que le commerce de l'huile de palme cesse complètement, la région produit du caoutchouc, de la gomme, du cubèbe, du karité; c'est également à Mouredji que la Kadouna se jette dans le Niger, mais à l'époque actuelle son lit est presque complètement desséché.

Le 21 mars, vers huit heures du matin, nous dépassons la canonnière anglaise *Héron*. Une longue théorie de porteurs suit la berge avec, sur la tête ou sur le dos, les bagages du général Lugard, qui rentre à Jebba. Le *Héron* est un bateau plat, mû par une hélice sous voûte; l'installation en est rudimentaire. Il doit faire une chaleur atroce derrière les tôles qui masquent ses canons-revolvers et ses maxims.

Le 22, vers midi, nous franchissons un seuil rocheux: Jebba est devant nous, à 3 kilomètres à peine. Le Niger semble sortir d'un gouffre, des hauteurs escarpées l'enserrant sur ses rives. Un rocher de 80 mètres s'élève au milieu de la vallée, en amont d'un groupe d'îles et de sinuosités. C'est le Djou-Djou.

Nous accostons sur la rive droite devant les docks de la Niger Company. Le village, qui compte environ dix mille habitants, est fractionné en deux parties: l'une sur la rive droite, l'autre dans une île, ce qui crée un mouvement ininterrompu de pirogues d'un bord à l'autre. Les installations anglaises sont également partagées en deux centres distincts. Le gouverneur et ses fonctionnaires habitent sur un éperon qui surplombe le fleuve de 60 mètres environ; le camp est situé dans l'île, sur une éminence dénudée, véritable champ de roches brûlantes que le soleil chauffe de toute son énergie. Je ne crois pas qu'il existe en Afrique un pays plus chaud que Jebba. La température y est intolérable. Les gorges rocheuses développent un cou-

LOKODJA ET LE PLATEAU NIGÉRIEN. — DESSIN DE BOUDIER.

LE NIGER A JEBBA, VU DU PLATEAU A 80 MÈTRES DE HAUTEUR. — DESSIN DE BOUDIER.

rant d'air chaud, les montagnes arrêtent la brise. De plus, le Niger qui récolte et roule des immondices depuis les confins de la Guinée, dégage une odeur pestilentielle et très caractéristique, en sorte que l'hôpital anglais qui s'élève sur un rocher est fort mal placé pour les dysentériques et les blessés.

Aussitôt à quai, nous commençons le déchargement du *Liberty*, que nous devions abandonner ici pour continuer désormais la montée du Niger avec nos chalands et les embarcations de notre flottille. J'indique à chacun sa besogne, et de mon côté je vais rendre visite au général Lugard qui nous a envoyé, pour nous souhaiter la bienvenue, son secrétaire particulier, M. Mark Karr, un gentleman fort aimable.

Nos relations avec le général Lugard commencent à l'anglaise, c'est-à-dire que nous élucidons de suite les questions de service; nous mettons tout en ordre, et complètement d'accord au sujet de notre matériel et de nos armes en transit, nous faisons connaissance l'un de l'autre. Mon interlocuteur est un homme de taille moyenne, sec, et qui paraît absolument grillé par le soleil; il compte actuellement dix-neuf années de séjour au Soudan. Le général Lugard parle fort peu; c'est un homme instruit, très perspicace et très aimable, doublé d'un administrateur énergique et judicieux. J'ajouterai que pour nous, il s'est montré d'une complaisance et d'une urbanité parfaites, encourageant nos efforts et s'intéressant à la santé de notre personnel. Le soir, il y eut grand dîner à Gouvernement House. J'y fis connaissance de M. Wallace, ancien agent de la Niger Company, gouverneur intérimaire, qui comptait vingt-trois années de services au Niger, et que d'une frontière à l'autre ainsi que tout le long du Kouarra, les indigènes connaissent universellement sous le nom de « Wallaci ». Il fut de même en très bons termes avec nous, car les questions de territoires étant réglées, les dissentiments d'autrefois semblent s'être évanouis. A côté de moi se trouvait le major Anderson, chef de bataillon « local », qui parle couramment le français, ainsi que presque tous ses collègues.

Les forces du West-Afrik « West-African-Frontiere-Force ou W. A. F. F. », se composent de cinq bataillons, répartis comme il suit, et concourant à la défense de tous ces territoires : 1° bataillon à Sierra Leone; — 2° à Lagos; — 3° à Old Calabar; — 4° à Lokodja; — 5° à Jebba. Ces unités ont des effectifs variant de 500 à 1 500 hommes, de sorte que la force militaire du West-Afrik est d'environ 5 000 à 6 000 hommes.

Les officiers proviennent de régiments métropolitains, dont la portion principale réside en Angleterre, tout aussi bien que de régiments des troupes coloniales de l'Inde, du Transvaal, de la Jamaïque, etc. De plus, comme il n'y a sur le Niger que des emplois d'officiers d'infanterie et d'artillerie, il n'est pas rare de voir un officier de la cavalerie des Indes commander une compagnie, un lieutenant d'artillerie de forteresse commander une section de tirailleurs, un capitaine d'infanterie anglaise diriger le service des constructions s'il en a les aptitudes. Mais ce n'est pas tout, il y a mieux encore : un lieutenant d'infanterie anglaise métropolitaine vient commander un centre; eh bien! le gouverneur peut le nommer d'office capitaine dès son arrivée dans les Nigerias; mais ce grade « local » n'a de valeur que dans la colonie et, lorsque l'officier retourne en Europe, il reprend son grade réel. De même un capitaine peut être momentanément « major local » jusqu'à la fin de son séjour dans les Nigerias. Nous avons connu à Jebba un officier dont la situation était encore plus singulière : capitaine dans un régiment métropolitain, chef de bataillon breveté dans un état-major, il remplissait en Angleterre les fonctions de lieutenant-colonel; arrivé à Jebba, il était colonel local faisant fonctions de général de brigade.

Tous ces bataillons sont encadrés de sergents européens. L'effectif est indigène et porte improprement le nom de « tirailleurs aoussas », car il est composé en grande partie de Nupés, de Yorubas et même de Sénégalais déserteurs. Les Anglais considèrent d'ailleurs ceux-ci comme des soldats d'un entrain exceptionnel. Les officiers de l'armée britannique reçoivent des indemnités et des soldes fort élevées : les lieutenants 15000 francs, les capitaines 18000 francs; c'est presque deux fois et demi ce que touchent les officiers des mêmes grades de nos troupes coloniales. Les installations du camp de Jebba sont très confortables; le mess est surtout le grand luxe de la garnison, c'est une case démontable qui renferme deux pièces, dont l'une immense, large et bien aérée, sert de salle à manger, l'autre de salle de lecture et de salon.

.....Le déchargement du matériel renfermé dans les cales du *Liberty* était une besogne des plus pénibles. Tandis que nous entassions près du fleuve les mille huit cents caisses du premier convoi, je faisais empiler dans un hangar que la Niger Company mit à notre disposition, les colis et l'outillage qui devaient rester à Badjibo jusqu'à ce que la possibilité d'une seconde expédition eût été fermement démontrée. Bref, j'organisais tout en vue de la nouvelle phase de notre navigation, où nous ne devions plus compter que sur nos propres moyens.

Je fis armer les chalands, préparer les avirons et le matériel de rechange dont nous pouvions avoir besoin par suite d'accidents ou d'avaries dans les rapides; les laptots, exténués par ce travail en plein soleil, commençaient à souffrir et la maladie fit plusieurs victimes; mais les plus courageux se rétablirent en cours de route. Seul Suleyman s'affaiblissait de plus en plus et ses forces diminuaient; la dysenterie se déclara, mais il se garda bien de me le dire. Nous vivions campés sous la tente, nous prenions nos repas dans un magasin recouvert de tôle où régnait une chaleur accablante. Il est probable que nous garderons toujours le souvenir du travail incessant et des chaleurs atroces de Jebba. J'allai prendre congé du général Lugard qui rentrait en Europe pour demander les crédits nécessaires au transfert de la capitale dans des régions plus favorables. La nouvelle position choisie est Zouguérou; on y accède en descendant le Niger jusqu'à Mouredji, puis en remontant la Kadouna pendant une journée; le nouveau poste est à 20 kilomètres environ au nord de cette rivière. Au mois d'octobre suivant (six mois après), les Anglais avaient déjà construit un railway reliant le fleuve à la nouvelle capitale; le comptoir de la Niger Company était installé, les constructions s'élevaient de toutes parts. La nouvelle capitale est maintenant occupée, Jebba n'est plus qu'un poste secondaire.

LES CAISSES SONT EMPILÉES ET CLASSÉES SUR L'ENCLAVE AVANT LE CHARGEMENT DU CONVOI. — D'APRÈS UNE PHOTOGRAPHIE.

Nos débuts sur les chalands. — Le 26 mars, à cinq heures du soir, nous levons l'ancre, et les chalands s'engagent dans les gorges rocheuses de Jebba; le Djou-Djou se dresse devant nous : c'est un rocher fétiche que les Nupés vénèrent et respectent, une épaisse végétation s'enchevêtre dans les coupures de ses blocs de granitoïde et de grès rose, qui se profilent en longs plis verticaux comme les tuyaux d'un orgue gigantesque. Le fleuve circule dans un dédale d'îles grandes et petites, entre lesquelles règne un courant très vif qui gêne beaucoup notre manœuvre. A 200 mètres en amont du Djou-Djou, s'étend en travers du fleuve une barrière de rochers dont le plus élevé dépasse de 30 à 35 mètres le niveau des plus hautes eaux; le fleuve s'engage dans cette claie sans bruit et sans écume; seuls de grands tourbillons donnent idée de la profondeur du Niger entre ces rochers.

Les marabouts du pays nous ont appris qu'autrefois, du temps de leurs arrière-grands-pères, il y avait, dans le Djou-Djou, un démon très méchant qui renversait et brisait toutes les pirogues; de mémoire d'homme il n'est pas une embarcation qui, descendant du haut fleuve, ait pu arriver à Jebba; le diable s'acharnait à les perdre avec ceux qui les montaient.

Un jour, des hommes résolus à chasser le démon osèrent affronter le Djou-Djou; le diable effrayé

GARBA, ROI DE OUA-OUA, VIENT ME SALUER A OUROU. — DESSIN DE MIGNON.

s'enfuit avec son butin et disparut pour se réfugier en amont, vers Boussa, dans les rapides de Garafiri.

Voilà comment les noirs entendent la géologie ; l'explication est des plus faciles. Il y a deux cents ans environ, le Niger rencontrait en amont de Jebba une barrière de rochers (celle dont nous venons de parler) d'où il sautait à 30 ou 40 mètres de profondeur. Progressivement cette barrière s'est brisée, les rochers sont tombés dans une faille, la cataracte a disparu, il s'est produit une dénivellation, un formidable appel d'eau, les rapides de Boussa se sont formés ce jour-là.

A partir de Jebba le courant est vif, la navigation devient particulièrement difficile pour diverses raisons : d'abord nos chalands sont très chargés ; mes laptots sont encore pour la plupart inexpérimentés et maladroits ; nous sommes repoussés par de petites cascades qui débouchent entre les roches ; nous partons à la dérive ; de plus la végétation serrée qui croît sur les bords du Niger et qui plonge à plusieurs mètres des rives, nous empêche de prendre appui sur la terre ferme avec les bambous qui servent de moyen de propulsion. Je fais armer les avirons sur bâbord, puisque nous avançons en suivant la rive gauche, de la sorte les chalands sont appuyés vers la berge ; je fais couper des fourches et des crochets de bois que l'on attache à l'extrémité des bambous, les hommes agrippent ainsi les branches et font effort pour tirer les embarcations. En cette saison des basses eaux, le lit du Niger est facile à étudier, les roches qui l'encombrent, émergent et décèlent leur présence ; nous en faisons le relevé précis, car à peine arrivé, je songeais déjà au cas probable où les vapeurs pourraient et voudraient un jour se hasarder dans cette partie du Niger. Cette abondante végétation, cette épaisse forêt, nous étouffe et nous oppresse ; on se sent clos et muré sur le fleuve entre des collines au sommet brûlé, au pied desquelles la forêt devient impénétrable. Le général Lugard a donné des ordres pour que tout ce qui pouvait nous être utile nous fût procuré, pirogues, bambous de rechange, porteurs, etc ; les officiers des postes espacés du Niger : Fort Goldie, Yelloua, Ilo, devaient user de leur autorité, pour éviter que j'eusse à requérir moi-même sur des territoires où s'exerce l'influence britannique. Malgré cela, deux précautions valant mieux qu'une, nous trouvâmes préférable de nous faire des amis et de nous créer de bonnes relations tout le long du fleuve ; aussi lorsque le convoi passait devant un village, nous faisions au chef, ainsi qu'aux notables, de petits cadeaux puisés dans nos caisses de pacotille, qui ne manquèrent pas d'entretenir autour de nous des amitiés intéressées.

Nous côtoyons des ilots rocheux couverts d'arbres superbes ; il n'y a pas de rapides, mais des filets d'eau qui bruissent de tous côtés. Sur les bancs de sable, des vols d'oiseaux picorent en s'ébattant ; toutes les espèces de volatiles de l'Afrique occidentale sont groupées là, depuis la cigogne, la grue rose, le pélican, jusqu'au « chass d'Af » et l'oiseau-mouche, tandis qu'à proximité, à quelques mètres à peine, des caïmans semblent dormir au soleil.

Arrivée sur l'enclave de Badjibo. — Le 29 de bon matin, nous apercevons le village de Badjibo, sur la rive gauche ; en face on distingue les limites de l'enclave. Les laptots sont prévenus de notre arrivée ; je les vois aller et venir sur la berge ; ces braves gens, à qui Toutée confia la garde du poste, ont été, comme tous les noirs, imprévoyants et dépensiers : ils ont consommé leurs vivres sans souci du lendemain, de sorte que nous arrivons juste à temps pour les empêcher de mourir de faim. Nous voici devant l'enclave ; les hommes du poste viennent à ma rencontre, ils ont la physionomie de gens inquiets et affamés. Le convoi se range contre la berge, les chalands sont solidement amarrés, nous débarquons et nous procédons immédiatement à la reconnaissance et à l'organisation de l'enclave.

Ce territoire est un parallélogramme, dont la petite base a 400 mètres de longueur, sur la rive droite du fleuve, et la grande base 1 200 mètres en profondeur. Un marigot, le Doko, que remplit le Niger à la saison sèche et qui débite une véritable trombe d'eau pendant la saison des pluies, enveloppe de ses circuits et de ses zigzags la diagonale principale de ce quadrilatère ; c'est un port très sûr et très calme, un excellent abri pour les bateaux. Un tirailleur anglais m'apporte une

ORGANISATION DE L'ENCLAVE DE BADJIBO-ARENBERG. — D'APRÈS UNE PHOTOGRAPHIE.

lettre très aimable du lieutenant Cokerell, qui nous invite à déjeuner, à loger et à prendre nos repas à Fort Goldie. Je vais immédiatement à sa rencontre et le ramène avec moi pour déjeuner. C'est un grand enfant, très gai, très loquace, qui nous égaie de ses reparties amusantes. C'est un type de gentleman récemment arraché aux joyeuses parties de Picadilly, de l'Alhambra et des boulevards; voilà trois mois qu'il vit seul à Fort Goldie, à 1 500 mètres au nord de l'enclave, et l'arrivée subite d'Européens, de Français surtout, le ravit. Le chef indigène de Badjibo vient nous saluer, escorté par des hommes qui déposent à nos pieds des ignames et quelques bananes. C'est « Madibo » un grand diable admirablement musclé qui rit bêtement, mais n'agit pas de même. Les Anglais l'ont mis à ce poste à côté d'Azouma, vieux roi débonnaire, dont l'autorité vacillante

LE ROCHER « DJOU-DJOU » VU D'AVAL ET D'AMONT. — D'APRÈS DES PHOTOGRAPHIES.

devenait une gêne pour l'occupant. Chaque fois que Cokerell lui dit « Mèdibeu, vous êtes bête », le grand diable sourit en opinant du bonnet crasseux qui recouvre son chef, mais Madibo n'est pas bête du tout, et chaque fois qu'il a pu rendre service en favorisant ses intérêts et surtout son penchant pour le champagne et le whisky, il s'en est fort bien acquitté.

Nous parcourons l'enclave en tous sens : elle présente plusieurs éminences où l'on pourrait installer des cases; la première, celle qui se trouve près du port, est la plus commode parce qu'elle est à proximité du fleuve. Elle est située sur la rive gauche du Doko à 200 mètres du Niger; un bloc d'énormes rochers la borne vers l'ouest; le terrain est résistant et perméable, c'est là que nous installons le poste. Le pays est habité. Des trous d'hyènes, des herbes foulées, des traces de singes et de chacals montrent que nous ne sommes pas les premiers occupants; mais c'est nous qui devenons dès maintenant les maîtres de la place. Nous procédons ensuite au nouveau tracé des cases, des ateliers, des magasins et des hangars; le plan d'ensemble est remis au lieutenant Anthoine qui, secondé par Groisne et Messéant, doit entreprendre et poursuivre les travaux.

Nos cases d'habitation sont rondes; une véranda large de deux mètres les entoure et les protège complètement contre les ardeurs du soleil. Le mur circulaire est construit en briques sèches cimentées avec de la terre battue; la couverture est un cône dont les génératrices sont de grands bambous sur lesquels on dispose des lits de paillotte constituant ainsi une toiture excellente. Nous traçons également les rampes d'accès au port, les ateliers et les abris des laptots et des ouvriers. Le lendemain, 31 mars, j'accorde aux équipages un jour de repos pendant lequel ils se livrent à des tam-tams bruyants, à des danses effrénées.

Départ pour les rapides. — Le 1er avril, à 6 heures du matin, le convoi s'ébranlait de nouveau, et, cette fois, s'engageait dans la route des rapides. Les difficultés commencent à 2 kilomètres en amont de Badjibo; les cascades se font plus pénibles et plus rapprochées; le courant s'accentue, le fleuve est vraiment rapide et difficile; nous n'avançons pas d'un demi-kilomètre par heure en dépit de notre travail et de nos efforts. A Jékédé nous contournons une grande île, à la pointe nord de laquelle nous trouvons un rapide assez mauvais qui nous retient cinq heures dans ses rochers et ses remous; il en est ainsi jusqu'à Léaba; fausses manœuvres, départs en dérive, reculs, arbres gênants, petits rapides, rochers et cascades, tourbillons, courants violents, tout cela nous retarde beaucoup.

Le 4 avril, nous arrivons enfin à Léaba, dont le vieux roi Giri, qui s'est montré toujours accueillant à notre égard, vient au-devant de nous avec deux poulets et des présents. La volaille est très rare en ce pays; nous n'avions pour toute nourriture que de la viande salée puisée dans une barrique; ce cadeau nous fit grand plaisir et valut au donateur une bonne récompense. C'est seulement le soir, vers minuit, que les derniers chalands, arrêtés par les obstacles, vinrent se joindre à nous. Mon brave Tonié, qui restait constamment en arrière avec son embarcation, portait secours aux pilotes malheureux encore inexpérimentés. Suleyman vint me confier qu'il souffrait beaucoup; c'est alors que je constatai la terrible maladie qui devait le terrasser quelques jours plus tard; elle n'était qu'à son début, mais elle devint foudroyante; je l'embarquai aussitôt à son grand regret sur une pirogue, pourvu de médicaments et de recommandations relatives à sa maladie; lui-même éprouvait une angoisse indicible à quitter son poste; mais dès qu'il fut arrivé à Badjibo, la dysenterie devint gangréneuse et l'emporta. La tombe de ce vieux serviteur est la première sépulture de l'enclave.

Je suis en pays connu; Toutée a séjourné à Léaba, il y a laissé un bon souvenir; de sorte que son successeur est bien accueilli. Giri me donne également des guides; il y a parmi ses gens de tout jeunes hommes solidement musclés, dont le coup de perche est d'un sérieux secours. Nous essuyons une tornade assez violente; mais aussitôt que mon personnel est séché, je donne l'ordre du départ. Le vieux roi m'assure qu'il n'y a pas de rapide avant le village d'Ourou. Le Niger conserve sa direction nord-sud jusqu'en amont du village de Tiégou; ses eaux circulent dans une faille rocheuse, bordée d'aiguilles de granit, dont les blocs forment des canaux parallèles à la rive; des cascades bruissent entre les rochers, et les couloirs sont parfois

tellement exigus qu'il est impossible d'y faire passer nos chalands. C'est alors que nous prenons le large et que des incidents fâcheux se produisent à tout instant. A Léaba, le courant ne dépasse pas 8 à 10 kilomètres de vitesse; la rive est accessible, nous avançons lentement et sans à-coup sur environ 1 800 mètres de route, puis nous trouvons devant nous un étranglement sur la rive droite; un véritable rapide nous arrête.

A côté de nous, le fleuve se referme; de gros rochers émergent de toutes parts; la surface de l'eau

RAPIDE D'OUROU. LES CHALANDS SONT HISSÉS PAR LES LAPTOTS, QUI SE JETTENT A LA NAGE AU MILIEU DES ROCHERS. — D'APRÈS DES PHOTOGRAPHIES.

paraît très sensiblement bombée à cause des remous et des tourbillons qui donnent au Niger l'aspect d'une marmite en ébullition. Nous ne pouvons pas longer la berge; je fais prendre le large, espérant que mon équipage aura la vigueur nécessaire pour lutter de vitesse sans autre moyen de propulsion que la perche de bambou.

Tout à coup les laptots poussent des cris de détresse ; nous partons à la dérive ; le chaland C 15[1] s'engage au milieu du rapide et s'accroche bout par bout entre deux rochers ; le courant le fait basculer, nous sommes renversés ; les laptots qui se tenaient debout sur le pontage sont précipités dans le fleuve ; l'eau pénètre par bâbord ; nous allons couler. Mais l'embarcation déchargée de son équipage se relève, le courant l'entraîne ; nous nous précipitons sur le grappin que je fais jeter dans le fleuve à proximité de la rive ; la corde de l'ancre se tend avec une telle violence que le chaland plonge, puis se relève et replonge de nouveau ; enfin, après plusieurs oscillations il reste en équilibre. Je suis des yeux avec anxiété le laptot Malal-Ba qui nage vigoureusement pour échapper à la poursuite d'un crocodile sorti brusquement des ondes agitées du

Niger ; c'est un moment d'angoisse et d'effroi. Nous envoyons de suite une amarre sur les rochers, les gens de Tiégou accourus pour nous aider la saisissent et nous accostons la rive. Tout cela s'est passé en un clin d'œil, mais a suffi pour que nous ayons déjà perdu une partie importante de nos objets personnels. Cet accident me détermine à procéder autrement et à reconnaître les rapides avant d'y engager le convoi ; dorénavant, de Peyronnet et moi, nous explorerons personnellement les chenaux en tous sens, à la recherche des routes les plus sûres et les plus praticables.

Il nous fallut quarante-huit heures pour franchir les 7 kilomètres qui séparent Léaba d'Ourou.

Rapide d'Ourou. — Depuis le sommet du rapide d'Ourou jusqu'à Tiégou et Léaba, le fleuve décrit un S à larges courbures. La pente de ce grand obstacle est perceptible à l'œil nu, et donne l'impression d'une route qui monte. Tout à fait en haut du rapide, le Niger longe une montagne de 100 mètres d'altitude et se divise en deux bras.

Le spectacle de ce rapide est saisissant : l'eau, projetée par les aiguilles, forme des volutes d'écume qui jaillissent à 1 ou 2 mètres de hauteur ; il est impossible de se faire entendre, tellement le vacarme est assourdissant. Le petit bras part également du sommet du rapide, mais il est en ligne droite et circule entre des

1. Mon chaland portait le numéro 15, nous l'appelions le C 15.

masses granitiques complètement submergées à l'époque des hautes eaux. Si l'on songe que la différence d'altitude entre le sommet et le pied de ce rapide est de 12 mètres, si l'on sait que le grand bras a 1 800 mètres de développement et le petit 1 100 mètres en ligne droite, il est facile de se rendre compte de la pente du fleuve et de la vitesse du courant. Un fleuve calme a une pente de 5 à 6 centimètres par kilomètre, soit 1/20 000, et lorsqu'on arrive à 10 ou 15 centimètres par kilomètre, soit 1/6 000, la navigation devient difficile. A Ourou, l'inclinaison moyenne est de 1/100 environ. Le petit bras du rapide est le seul réellement praticable, il ne présente pas de trombes qui se précipitent sur la rive pour se replier ensuite sur elles-mêmes, comme cela se produit dans le grand bras; mais la vitesse du courant y est au moins de 25 à 30 kilomètres.

Nous voici donc, non sans peine, au pied du village d'Ourou-inférieur; il existe un autre village du même nom, dans l'île comprise entre les deux bras du rapide; puis un troisième sur la rive gauche, au pied du grand obstacle. Les indigènes, poussés par la curiosité, traversent le fleuve en pirogue et viennent de toutes parts se ranger autour de nous; mes bateaux attirent leur attention; ils vont par petits groupes s'asseoir au bord du fleuve devant notre mouillage, et restent là des heures entières à disserter sur nos embarcations.

Les notables se présentent avec des cadeaux : moutons, ignames, quelques mesures de riz, du poisson, etc. Voici d'abord Mama, le chef d'Ourou-inférieur, un grand et fort garçon d'une trentaine d'années, d'un beau type et d'une intelligence qui peut étonner chez ces noirs; puis vient Gossi, chef d'Ourou dans l'île; tous deux s'en retournent avec des couvertures, des pipes, des étoffes, des jouets pour leurs enfants. Le forgeron vient également à ma case, c'est un ami personnel de Toutée; il a d'ailleurs une bonne figure joviale, encadrée d'un collier de barbe grisonnante, qui lui donne l'aspect d'un bon paysan de France. Il vient également nous apporter des vivres, et je me réjouis de la satisfaction qu'en éprouvent nos laptots qui font des repas solides et copieux, avant d'affronter un nouveau danger.

Nous logeons dans une case très propre. La campagne environnante est enveloppée du murmure des cascades et des chutes; le fleuve coule à 12 mètres en-dessous de nous, de l'est à l'ouest, dans une faille rocheuse qui s'est ouverte sur sa route; sans quoi, il est permis de supposer qu'en raison de sa puissance vive, le Niger eût rejoint sa direction générale nord-sud par une oblique. Rien n'est plus imposant que le spectacle dont nous jouissons : la forêt, d'une part, s'étend sous nos yeux; à l'est, l'île, son village et ses grands arbres se projettent et se détachent sur la montagne; au nord, les roches du petit bras recouvertes d'écume, et sur la rive, droite des cultures en pleine prospérité : tout cela forme un tableau splendide. Il fait une chaleur torride qui soulève une buée d'azur dont la teinte adoucit les tons rouges et verts de ces paysages africains incendiés par le soleil; nous fuyons nos cases brûlantes pour goûter un repos bien mérité à l'ombre d'un grand arbre qu'habitent une multitude d'oiseaux dont les chants nous égaient. Demain, qui sait ce qu'il adviendra de nous!... Mais pourquoi s'en tourmenter d'avance? Nous déjeunons gaiement, puis nos rêveries s'envolent avec la fumée de nos cigarettes....

(A suivre.)   Lenfant.

MON CUISINIER FAIT SA PRIÈRE DANS CE QU'IL APPELLE SA « MOSQUÉE ». — D'APRÈS UNE PHOTOGRAPHIE.

CHALAND DANS LES VAGUES. ÉTRANGLEMENT DU BRAS CENTRAL DE PATASSI. — D'APRÈS UNE PHOTOGRAPHIE.

LE NIGER[1]

VOIE OUVERTE A NOTRE EMPIRE AFRICAIN

PAR M. LE CAPITAINE LENFANT.

IV. — Passage du rapide d'Ourou. — Garba, roi de Oua-Oua. — Légende des rapides. — Le Rite indigène. — Patassi. — Garafiri. — Incidents de route. — Peuplades riveraines. — Le roi de Boussa. — Fatigues et privations. — Séjour à Boussa.

MON BRAVE TONIÉ TENANT LA BARRE.
DESSIN D'OULEVAY.

L E 6 avril au soir, je fais appeler Tonié qui, depuis le départ de Suleyman, est devenu chef piroguier de la flottille. Nous allons voir le rapide d'Ourou : je considère longtemps l'obstacle qu'il dresse devant nous. Et certes, ce n'est pas un spectacle rassurant. Tonié ne s'étonne de rien et surtout ne parle pas à la légère : « Y en a beaucoup mauvais, dit-il, mais moi y a connaisse » ; puis il redevient silencieux. Il est convenu avec lui que notre chaland passera seul d'abord et que, de l'expérience, nous tirerons la meilleure manière de procéder à la montée du convoi jusqu'au sommet du rapide.

Le 7 avril, de bon matin, nous nous embarquons pour tenter le passage : notre chaland est amené au pied du petit bras à l'abri des remous et des contre-courants qui favorisent notre marche. Les rochers sont découverts, le lit du fleuve est hérissé d'aiguilles sur lesquelles l'eau bondit avec violence ; de chaque côté du rapide, d'énormes lignes de granit longent les rives. En raison de la baisse des eaux, les indigènes peuvent s'y glisser et grimper sur ces appuis pour saisir les cordelles et tirer l'embarcation. L'obstacle paraît plus impressionnant encore, lorsqu'en plein fleuve, on le contemple debout sur le pont d'un bateau ; on a devant soi une grande route mouvante, dont la pente est aussi prononcée que celle du boulevard Saint-Michel. De grands pieux inclinés que les riverains enfoncent entre les rochers tous les ans au mois de

1. *Suite. Voyez pages* 1, 13 *et* 25

TOME IX, NOUVELLE SÉRIE. — 4ᵉ LIV.

N° 4. — 24 Janvier 1903.

38

juin, lorsque le petit bras est à sec, servent à tendre des cordes et des filets d'une rive à l'autre. Il nous faut quatre heures pour franchir le rapide, les vagues sautent par-dessus le chaland que garantit son pontage; quelquefois la cordelle dérape et nous partons en dérive au risque de nous briser sur quelque tête de granit; mais les Bambaras se jettent à l'eau avec un entrain admirable pour nous remettre en route, et Tonié, qui tient la barre, nous dirige avec une adresse surprenante. Soudain, nous passons dans une dernière trombe entre deux roches, la vitesse de l'eau qui déferle nous étourdit et nous fascine. Enfin, nous voilà tirés d'affaire.

L'expérience que nous venons de faire avec notre chaland nous apprend qu'il faut alléger les autres embarcations de la moitié de leurs caisses, si nous voulons que tout puisse passer. Nous rentrons au village. Tonié reçoit l'ordre de faire avancer les chalands par groupes de trois. Les riverains nous aident à débarquer et à transborder neuf cents colis par voie de terre jusqu'à hauteur du sommet de l'obstacle.

C'est alors seulement que mes inquiétudes s'évanouirent, car, bien que je n'en aie rien laissé apercevoir, je craignais l'échec que l'on m'avait prédit avant mon départ. Je le redoutais d'autant plus que la nécessité de notre passage des rapides s'imposait impérieusement, vu la disette de vivres où se trouvait le colonel Péroz. Il comptait absolument sur nous pour le ravitailler. Il fallait passer à tout prix!

Les impressions que l'on éprouve dans les rapides sont variées. Outre celle du « vertige de la vitesse », il y a l'appréhension constante de prendre un bain. Or le fleuve est infesté de caïmans et, chaque fois qu'un homme tombe à l'eau, on voit surgir un de ces horribles habitants du Niger, prêt à le saisir. Mais en admettant que l'on ne se noie pas ou qu'on échappe à la gueule d'un caïman, on doit être fort endommagé par les rochers lorsqu'on quitte le rapide pour entrer dans la partie calme et par suite médiocrement en mesure de regagner la rive en nageant.

Le 8 avril, de bon matin, pendant que nous réglons notre comptabilité ainsi que nos opérations de transport, des trompettes retentissent au loin; une troupe nombreuse qui marche en file indienne, s'approche du village et vient camper devant nous. Elle est précédée d'un superbe cavalier que des serviteurs entourent en l'éventant avec des feuilles de palmier. Les tam-tams redoublent de vacarme, étouffant le son des flûtes. Le nouveau venu s'avance à cheval devant la table sur laquelle nous travaillons, à l'ombre d'un grand arbre; puis, lorsque cette musique sauvage interrompt sa cacophonie, Garba, roi de Oua-Oua, vient se présenter à nous avec des cadeaux : chèvres, peaux de panthères, poulets, etc. Nous échangeons quelques paroles de bienvenue; puis deux minutes après, exténué de chaleur et de fatigue, il se retire dans une case sous la garde de ses fiancées, deux fillettes de six à huit ans qui l'éventent sans répit.

GIRI, LE VIEUX ROI DE LÉABA, ATTENDANT SES CADEAUX. — DESSIN DE MIGNON.

Le soir, après déjeuner, nous allons rendre visite à Garba, en lui portant des cadeaux et des souvenirs. Nous sommes accompagnés d'un phonographe, instrument que sa majesté noire ne connaît guère. Aussi, rien n'est-il plus divertissant que le spectacle du roi, assis devant le cornet acoustique, s'esclaffant aux notes graves et s'efforçant de me persuader qu'il y a tout un orchestre entassé dans le coffre de l'appareil. Tout en causant, il nous demanda de l'alcool pour se rafraichir. Nous savions que les Anglais désirent éviter la propagation de ce poison, en sorte que nous offrimes une petite bouteille de champagne à notre visiteur. L'explosion du gaz et le départ du bouchon lui firent peur, mais il eut vite fait de se rassurer, et, après chaque gorgée, il nous exprimait sa satisfaction en nous gratifiant de certaine politesse prétendue espagnole, qui nous procurait la plus douce hilarité.

Nous profitons de nos moments de liberté pour étudier les gens qui nous entourent. La race a sensiblement changé, nous retrouvons le type Nupé dans la plupart des individus de ces parages; mais les habitants de l'île, qui sont des Kambaris, attirent surtout notre attention. Leur physionomie diffère de celle des précédents indigènes : c'est une figure large, aux pommettes saillantes, encadrée d'une assez forte barbe en collier; le front très étroit, bombé, présente des cavités à hauteur des tempes; la bouche est épaisse, large, aplatie; les maxillaires n'ont pas de saillies remarquables; le nez est droit, légèrement écrasé, les narines ouvertes; les yeux sont petits et bridés; le corps est sec, nerveux et musclé.

Il est fort probable que ces indigènes ne vivent sur les bords du Niger que depuis deux ou trois siècles. Ils ont quitté le Kanem pour venir se fixer dans ces régions. Pillards et vagabonds, ils s'installèrent provisoirement en face des rapides; ils dévalisaient les malheureux voyageurs qui tentaient de les franchir, recueillaient les épaves, et secondaient le « diable du rapide » pour accentuer les dangers du passage. Ces écumeurs du Kouarra, trouvant la position avantageuse, firent acte d'occupation et bâtirent les villages dont nous venons de parler. Aujourd'hui, ce sont les plus audacieux piroguiers du fleuve, dont ils connaissent à merveille les sinuosités et les passes. Ils naviguent, en se jouant des remous et des rapides, sur de petites pirogues très relevées de l'avant, qu'ils manœuvrent avec un calme surprenant.

Légende d'Ourou. — Mama, en nous contant l'histoire du pays, nous fit le récit de la légende du rapide d'Ourou, qui vaut d'être rapportée. Le premier chef du village d'Ourou étant mort, son fils lui succéda. Un soir, vers minuit, tandis que les feux étaient éteints et que tout le village dormait, le jeune homme vit soudain se dresser devant lui le spectre de son père, qui lui fit signe de le suivre. Arrivé au bord du fleuve, le père expliqua le but de sa visite et dit que « le Dieu des noirs » l'avait livré aux démons. Ceux-ci, s'emparant de son corps, l'avaient conduit au tournant du grand bras et attaché sur un cheval blanc qui se précipita dans les chutes. Depuis ce jour fatal, il était ainsi condamné à vivre éternellement au fond de l'abîme, captif dans les rochers. « Vois ma détresse, dit-il à son fils, je suis seul, sans ressources; le cheval blanc et moi, nous n'avons plus de nouriture, vous paraissez me méconnaître et m'oublier, mais cela ne peut durer ainsi, et si vous persistez, j'irai dans le petit bras et vous serez tous entraînés dans le fleuve. Je vous défends, en outre, d'allumer des feux le soir sur la rive, de danser et de donner des fêtes, car tout cela trouble mon éternel sommeil. »

Depuis ce moment, les gens d'Ourou se gardent bien d'éclairer le bord du fleuve et d'allumer des feux de nuit. De plus, tous les mercredis, au lever du soleil, les Kambaris vont jeter du mil et des ignames dans le fleuve afin d'apaiser le grand chef. Jamais un indigène n'oserait s'aventurer en pirogue avant la fin de cette cérémonie. Chaque habitant du village a, d'ailleurs, dans le rapide, son rocher fétiche, auquel il subordonne tous les actes de sa vie. Il se garderait bien d'entreprendre quoi que ce soit avant d'avoir consulté son étoile de granit, de plus il a bien soin de ne pas aller près des chutes sans se coiffer et sans se vêtir d'un costume blanc...

La région des rapides est fort pauvre; les cultures y sont espacées à cause des affleurements de granit; ce sol rocailleux nourrit à grand'peine les rares villages que nous trouvons sur notre route. Le langage est uniformément le même jusqu'à Boussa, c'est le nupé; seuls les notables et les individus marquants parlent le aoussa; mais un interprète qui connait ce dialecte peut se tirer d'affaire tout le long du fleuve.

Le costume des riverains se compose d'un pantalon très large serré à la taille et d'un « boubou », pièce d'étoffe rectangulaire que l'on plie en quatre et dans laquelle on pratique un grand trou pour le passage de la tête; ils portent de superbes chapeaux ornés de cuirs multicolores, que les traitants aoussas viennent échanger et vendre en ce pays. Leur nourriture se compose de mil, d'ignames, de maïs, de manioc et de poisson; les moutons et les bœufs ne vivent pas dans le pays à cause de la mouche « tsé-tsé » qui fait périr tout le bétail; les poulets sont tellement rares qu'il faut faire des prodiges pour s'en procurer. Les cases sont toutes semblables : mur cylindrique coiffé d'un champignon conique recouvert de paillottes.

Le franchissement du rapide dura trois jours et demi. Les équipages étaient à bout de forces, je leur donnai une journée de répit; ces braves gens l'avaient bien méritée. De Peyronnet supporta les fatigues du passage sans en éprouver le moindre malaise. Nous étions soutenus par un appétit féroce qui nous protégeait contre la fièvre et l'anémie; de plus, chaque matin, nous prenions 25 centigrammes de quinine, précaution indispensable et qui nous a toujours fort bien réussi.

D'Ourou à Patassi. — Le 10 avril, à cinq heures du matin, nous quittons le sommet du rapide d'Ourou, poursuivant notre route vers le nord. Le courant est tellement vif que nous sommes obligés de remonter le long de la rive droite pendant un kilomètre de route, pour traverser de manière à n'être pas entraînés dans le grand bras. Tonié indique le chenal à tous les pilotes. Nous prenons le large; puis, au milieu du fleuve, notre chaland vient s'abriter dans le contre-courant que produit un îlot rocheux, et cette perte de vitesse nous permet de rejoindre la rive gauche sans accident. Le Niger est toujours bordé d'une épaisse végétation plongeante, remplie de nids d'abeilles. Les rochers menacent la navigation de tous côtés.

Cette partie du bief, comprise entre Ourou et Fala, est partagée suivant sa ligne médiane, en deux rivières parallèles, par une digue de granit percée de plusieurs brèches et longue de 2 kilomètres; il arrive même parfois que les rochers trop élevés et trop serrés empêchent les deux sections de communiquer entre elles; en sorte qu'à la première échancrure que rencontrent les eaux de la partie droite, plus haute que la partie gauche, il se produit une chute et des courants violents, comme si l'un des côtés du fleuve s'écoulait dans l'autre. Vers huit heures du matin, nous croisons cinq grandes pirogues qui nous font des signes et viennent à notre rencontre. Dans l'une est un médecin anglais; dans la seconde un Belge, agent d'une société coloniale du Lagos, qui descend d'Ilo et dont le nom a été souvent prononcé à propos de l'affaire d'Argoungou et de la mort du capitaine Keyes; dans les trois autres, des sous-officiers anglais qui rentrent en Europe. Nous causons quelques instants en buvant un verre de champagne, puis les chalands retardataires se rapprochent, et nous avançons avec la certitude qu'avant peu, Anthoine et ses compagnons de l'enclave seront informés de notre départ d'Ourou. Cela fera diversion aux fausses nouvelles qui leur annonçaient notre échec et la perdition du convoi dans les rapides.

Patassi. — En amont de Fala, le courant redevient dangereux. Le Niger, qui se divise en plusieurs bras entrecoupés de roches et de cascades, s'écoule sur des escaliers très longs qui conduisent au rapide de Patassi. Nous suivons un petit marigot tortueux dans lequel le courant est très vif; le C. 15 s'engage entre deux îlots, et c'est en vain que nous essayons de franchir la passe; chaque fois que nous atteignons le sommet de la cascade, il faut redescendre plus vite que nous ne le voulons; je donne donc l'ordre de stopper. La méthode qui consiste à marcher sans trêve de six heures du matin à six heures du soir et à ne prendre de nourriture qu'à ces heures extrêmes, ne donne pas les excellents résultats d'une forte étape avec repos de trois heures, et repas bien préparé et pris à l'ombre. Mes hommes débarquent donc les marmites sur le sable; mais aussitôt restaurés, ils demandent à partir, afin d'arriver de bonne heure au campement de Patassi. Avec le repas, les forces leur sont revenues. En un clin d'œil, nous franchissons l'obstacle devant lequel nous avons échoué cinq ou six fois de suite. Ce petit marigot que l'on trouve sur la rive gauche, en aval de Patassi, n'étant pas très praticable pour de grosses embarcations comme les nôtres, nous dûmes chercher la route en nous aidant du câble. Malheureusement, celui-ci, coupé par les rochers, se rompit, et notre chaland partit à la renverse. Nous perdîmes là, non seulement une partie de nos effets, ce qui n'est pas extrêmement

CONFLUENT DES DEUX BRAS DU NIGER A OUROU. — D'APRÈS UNE PHOTOGRAPHIE.

regrettable, mais aussi une ample quantité de vivres et de provisions qui nous firent défaut quelques jours plus tard. De Peyronnet, remis de son émotion, regarda de l'œil marri d'un chef de popote accompli la cage en vannerie qui roulait dans les flots, avec les misérables poulets que nous avions eu tant de mal à nous procurer.

LE ROI DE PATASSI ET SA COUR. — DESSIN DE J. LAVÉE.

A trois heures de l'après-midi, nous quittons ce petit marigot, pour déboucher dans le grand bras. Devant nous se dessine une île longue de 3 kilomètres, séparée de l'île de Patassi par un rapide extrêmement étroit et tourmenté; de l'autre côté, tout à fait sur la rive droite, le Niger franchit une série de barrières et de chutes. Nous atterrissons au débarcadère sud. Les chalands viennent accoster la rive, puis nous les déchargeons à nouveau de moitié parce qu'il est impossible de leur faire escalader tous ces obstacles à pleine charge. Pendant ce temps, nous allons au village prendre contact avec les indigènes qui se montrent d'une complaisance relative. Le vieux roi de Patassi, qui possède le nom gracieux de « Ténia », n'a plus sur eux la moindre influence, et, malgré son désir de nous être agréable, nous trouvons difficilement des guides, des porteurs et surtout des vivres; les indigènes prétendent qu'ils n'en ont pas, et cependant nous entendons très distinctement le bêlement des chèvres et des moutons que l'on vient d'enfermer dans les cases. Il nous faut beaucoup d'astuce pour nous procurer ce qui nous est nécessaire. Le noir est ami de la patience, mais il ne connaît pas la ténacité; de sorte qu'en s'armant de l'une et de l'autre, on obtient presque toujours de lui ce que l'on désire. Malheureusement, nous arrivons au milieu d'une affreuse disette qui règne tout le long du fleuve; la crue de l'année précédente (1900) ayant surpassé de 2 mètres l'étiage maximum annuel, le fleuve a tout arraché sur son passage, les récoltes ont été perdues, plusieurs villages ont été noyés et emportés; aussi éprouvons-nous des difficultés énormes pour le ravitaillement journalier de nos laptots; nous payons tout à des prix excessifs.

Le 10 avril, à six heures du matin, de Peyronnet et moi, nous nous embarquons pour aller à la découverte et chercher la route la moins difficile. Le rapide de Patassi diffère totalement de celui d'Ourou. Ici le Niger se divise en trois bras dont le plus grand a 200 mètres de largeur et n'est mauvais que sur environ 400 mètres de son parcours. A la descente, suivre le grand bras équivaudrait à un suicide; mais, à la montée, c'est encore celui qui nous paraît le meilleur.

Nous partons donc avec le C 15, à l'assaut du grand bras. La rive gauche est dénudée, ce qui pourrait permettre aux hommes de grimper sur la berge, pour haler les chalands à l'époque des hautes eaux. Nous longeons l'île qui nous sépare du bras central en la conservant toujours à notre gauche. Le fleuve ne paraît pas très mauvais ; nous avançons donc rapidement et tournons sans difficulté, mais bientôt de vrais escaliers se dressent devant nous. C'est une série de grandes marches tranchantes hérissées de pointes au milieu desquelles le Niger rugit dans un couloir granitique. Attirés par le bruit de nos avirons, deux caïmans croisent au pied de la trombe. Un piroguier de Patassi nous apprend que, la veille, ils ont happé deux indigènes dont la pirogue avait chaviré.

Le spectacle du rapide est saisissant, ce ne sont que des chutes et des cascades magnifiques. Le milieu du fleuve est bombé, ce serait folie de s'y aventurer ; il nous faut donc passer de marche en marche, monter de cascade en cascade ; mais l'opération ne va pas sans incidents fâcheux.

Les hommes se jettent dans les rochers portant sur l'épaule une cordelle qu'ils vont attacher aux arbustes, aux touffes d'herbe, aux aiguilles de granit qui çà et là émergent du rapide, puis tous redescendent vers nous et d'un commun effort, nous halons sur le câble. Cela va bien si la cordelle est amarrée dans le sens du courant ; mais lorsqu'il est impossible de trouver un point d'attache dans le prolongement des cascades et des trombes d'eau, l'embarcation, prise d'un mouvement pendulaire, oscille et risque de se renverser. Cet accident prévu ne tarda pas à se produire. D'ailleurs, nous ne pensions guère à l'éviter, ne fût-ce que pour goûter tour à tour chacun des agréments de la route ; mais heureusement le rocher de salut était à notre portée, et nous avons trouvé toute l'énergie nécessaire pour le saisir et nous y accrocher. Le chaland restant suspendu par le câble, il nous fallut une heure de travail pour le dégager et le remettre à flot.

Le grand escalier de Patassi se compose de deux étages de 4 à 5 mètres d'altitude chacun, que sépare un palier de 250 mètres environ, d'où le coup d'œil est féerique. Le soleil, qui darde ses rayons de feu, donne aux cascades des teintes rutilantes ; le torrent, qui s'écoule au milieu, reflète des tons nacrés qui varient et se déplacent avec les tourbillons ; les parcelles de mica donnent aux rochers des reflets vernissés. La verdure s'étage, depuis le vert sombre jusqu'aux teintes les plus douces, tandis que le ciel bleu recouvre cet ensemble de sa nappe d'azur.

Le franchissement de ce rapide nous demande sept heures avec le C 15 seulement ; il est vrai que nous avions perdu beaucoup de temps à chercher la route, mais cette besogne faite, Tonié dirigea le reste du convoi sans accident.

Je n'ai pas eu connaissance de légendes relatives au rapide de Patassi ; cependant tous les ans, au mois de juin, le roi, suivi de ses sujets, descend au bord de la chute du bras central et jette dans le fleuve maints objets destinés à l'apaiser ; cela fait, le cortège se rend dans les clairières de la rive où sont nombreuses les

termitières ; sur celles-ci on pique de petits cierges en cire du pays, des queues de mouton, des débris de calebasses et des poteries remplies d'huile de palme. Pourquoi ? Mystère.

Le 12 avril, à deux heures, nous quittons Patassi, pour aller coucher à Dogongari, ce qui veut dire « village en long », d'après mon interprète, Mamadou-Si, surnommé le « grand François ». Ce brave nègre est un Toucouleur, fils de Peul et de Bambara ; il est remarquable comme linguiste et parle tous les dialectes du Soudan ; il a même appris l'anglais avec les boys de l'officier de Fort-Goldie ; mais ce qui le choque profondément, ce sont les bizarreries de notre langage. Il existe chez nous des sociétés pour la propagation de la langue française aux colonies : elles ne se doutent pas de l'embarras de nos indigènes lorsqu'ils essaient d'accoler le pronom, l'article ou l'adjectif au substantif. François dit fort couramment : « Voici une île », mais lorsqu'il faut ajouter une épithète, sa linguitisque s'em-

CAMPEMENT DE LA FLOTTILLE DANS LE PALIER DU BRAS GAUCHE DE PATASSI. — DESSIN DE GOTORBE.

brouille; ce sont alors soit des grandes « niles », soit des petites « niles », tout aussi bien qu'un homme fait au pluriel « des nhommes ». Le second Mamadou-Si, Anatole dans l'intimité, le boy de Peyronnet, est également toucouleur; mais fils de Peuls et de descendants de Peuls, il est beaucoup moins sympathique et moins franc. Les races qui se rapprochent beaucoup de la nôtre ont moins d'affinité pour l'Européen que le bon nègre pur sang qui se donne à nous en toute confiance.

Nous campons donc le 12, vers six heures du soir, en pleine brousse, près de Dogongari, au pied d'un rapide que nous franchissons le lendemain de bonne heure et non sans peine; c'est toujours sur ces faibles obstacles que nous avons eu le plus d'avaries, parce que les chalands passaient par leurs propres moyens sans se prêter main-forte. Il suffisait d'un point d'appui manqué pour qu'une embarcation vînt se briser sur une roche. Plus loin, même travail au rapide de Kourouassa : il faut traverser le fleuve dans un courant très violent, puis éviter des écueils sur la rive opposée.

Garafiri. — Le 14, de bon matin, nous franchissons un troisième rapide, à 2 kilomètres en aval du village de Garafiri. A dix heures, le convoi vient camper au pied des cases, sous un arbre magnifique et gigantesque, dont les racines et les branches s'élancent fort avant au-dessus du fleuve. Je ne pense pas qu'il existe au Soudan de plus joli paysage qu'en cet endroit : le Niger est assez large, calme et profond, la forêt qui nous environne est pittoresque, accidentée, giboyeuse; autour du village, d'énormes fromagers portent un ombrage exquis; c'est sous l'un d'eux que nous installons notre campement, en attendant le passage de l'obstacle.

Une route part de Garafiri pour aboutir en face de Malali qui se trouve, en eau calme, au sommet du rapide; la distance est de 12 kilomètres. Le fleuve baisse actuellement de 7 à 10 centimètres par jour : c'est la crue occidentale venue de Koulikoro qui l'alimente encore en ce moment. Après reconnaissance du rapide, je me vois obligé de décharger partiellement les chalands. Il n'y a, en effet, presque plus d'eau et, comme des chutes de 80 centimètres et de 1 mètre se dressent sur notre route, nous ne pouvons franchir de tels obstacles avec un chargement complet. Nous nous mettons à la recherche des porteurs qui doivent convoyer nos caisses sur la rive droite depuis Garafiri jusqu'à Malali. Le chef du village est un bon vieux Kambari qui ne demande qu'à nous rendre service. D'autre part, le roi de Boussa, prévenu de mon arrivée, m'envoie un « récadère » pour m'annoncer la visite d'un grand nombre de ses administrés. Ce messager est deux fois le bienvenu, car il nous apporte du lait (véritable régal pour nous qui manquons de vivres), des poulets, des œufs, ainsi que deux bœufs, cadeau royal que les équipages apprécieront à sa juste valeur.

Le vieux chef Kambari nous envoie deux guides, et nous partons à la recherche des routes. A Malali,

LA PENTE DES RAPIDES. — DESSIN DE GOTORBE.

village situé dans l'île du même nom, le Niger est calme, profond de 16 à 30 mètres et large de 150 à 200 mètres; ce n'est guère qu'à 1200 mètres en aval que les difficultés se manifestent. Sur la rive droite, le fleuve forme là une cuvette demi-circulaire, traversée par des gradins et des cascades sur lesquelles le flot produit un vacarme impressionnant; trois marigots s'échappent de cet entonnoir. Le premier, très court, présente une chute dangereuse et rejoint le grand bras suivant la ligne de plus grande pente du terrain, à 200 mètres du premier coude; le second s'incline davantage, enveloppe de nombreuses sinuosités et se termine dans le grand bras par une fourche double, sans présenter d'autres obstacles que des escaliers sur lesquels les pirogues indigènes peuvent monter, descendre et manœuvrer (nous verrons plus loin que les convois ont toujours suivi cette route pour faire l'ascension du rapide); le troisième marigot est presque calme sur la majeure partie

LA CORDE CASSE! NOUS PARTONS A LA DÉRIVE ET PERDONS NOS BAGAGES. — DESSIN DE MASSIAS.

de sa route; il s'incline franchement vers le sud-ouest, mais en débouchant dans le grand bras il présente une chute qu'il faut éviter à tout prix.

A 200 mètres en aval de l'entonnoir dont il vient d'être parlé, le fleuve semble complètement barré par deux rochers gigantesques, placés en quinconce, qui s'avancent au milieu du thalweg; dans ce cul-de-sac, nous nous demandons où nous allons, la route semble fermée; puis brusquement le courant acquiert une vitesse vertigineuse. Nous entrons dans un couloir large de 30 mètres à peine; tout à coup une volute effrayante soulève l'embarcation, qui se trouve projetée en un clin d'œil de l'autre côté de la passe au milieu de cônes et de tourbillons, dans un véritable chaos; les roches sont noires, la forêt et la brousse sont d'un vert très foncé, l'eau est noire, tout est sombre.

Nous courons pendant environ 500 mètres, manœuvrant avec vigueur pour échapper aux tourbillons, puis nous nous trouvons en face d'un banc de roches sur lequel dorment deux monstres de caïmans. C'est ici que le fleuve fait un coude brusque et reprend une autre direction (est-ouest).

Nous passons devant les confluents des trois marigots, et nous arrivons au second coude où le Niger reprend alors sa direction sud-est. C'est précisément ce second coude qui nous intéresse davantage. En ce point, le fleuve forme une poche immense où les dangers sont accumulés. Sur la rive gauche, se trouve un massif d'îlots déchiquetés par trois canaux presque rectilignes qui vont déboucher dans le grand bras : le premier en-dessous des grandes chutes, le second à 600 mètres en aval, le troisième au pied du rapide. Aux basses eaux, ces marigots sont coupés par des cascades et des chutes de 80 centimètres à 1 mètre de hauteur; mais ils sont franchissables pendant huit à neuf mois de l'année, sans jamais présenter le danger des grandes chutes formées par les deux lignes de rochers gigantesques qui barrent le grand bras dans toute sa largeur. C'est là que le rapide peut devenir difficile : cela dépend de l'intensité de la crue qui submerge ou découvre les rochers[1].

Le point délicat de l'ascension est la double traversée du grand bras. Il faut monter en longeant les îles de la rive droite, puis, lorsqu'on arrive à proximité des chutes, s'abriter derrière les rochers pour donner aux équipages le temps de reprendre haleine. La largeur du fleuve à hauteur de cette poche est d'environ 700 mètres; la vitesse du courant forme de grosses vagues, le rapide est houleux comme la mer; en aval, des bancs de roches émergeantes sont recouverts d'écume. Il s'agit pourtant de traverser. Aussitôt, les piroguiers se mettent à leurs postes respectifs, les avirons sont armés, on pousse l'embarcation au large, le bec vers

---

1. Nous avons fait une carte du rapide indiquant les routes à suivre aux diverses époques de l'année.

l'amont; le courant la saisit et la retourne de bout en bout en un clin d'œil. Elle part comme une flèche en plein courant, elle dérive d'un kilomètre, on pourrait croire qu'elle va se briser; mais, habilement conduite, elle est happée par un contre-courant qui lui fait remonter le rapide à une vitesse de 12 ou 15 kilomètres et la pousse vers la rive gauche.

Nous nous engageons ensuite dans un massif d'îlots. Le convoi campe sur l'un d'eux; puis le lendemain il faut retraverser le grand bras dans un courant fou, qui fait pencher les embarcations d'une manière inquiétante. Nous rejoignons ainsi le marigot sinueux par lequel nous grimpons pour aboutir dans la cuvette granitique.

Nous sommes sauvés : nous avons franchi le rapide, sans perdre un homme, sans crever un chaland. Tout cela paraît fantastique la première fois qu'on le fait; mais la nature humaine s'habitue au danger, aux routes, aux rapides, aux chutes, aux cascades. Certes il n'y a rien de plus effrayant qu'une masse d'eau qui menace de vous engloutir; pourtant, on finit par s'aguerrir pour peu qu'on connaisse les passes et la manœuvre, et qu'on possède des cordelles solides avec des embarcations pontées. Aussi arrive-t-on bientôt à franchir un rapide avec le plus grand calme, quoique avec émotion; cela devient un exercice, dangereux c'est vrai, mais dont on peut, avec quelque habileté, se tirer sans accidents.

Les chalands du premier convoi sont donc arrivés au sommet du rapide, mais il n'en est pas de même des caisses qui restent en grand nombre à Garafiri; nous devons, en conséquence, retourner à notre campement sous l'orme nigérien pour surveiller les porteurs. La chaleur est étouffante depuis deux jours; une violente tornade se déchaîne. Il nous faut, en toute hâte, recouvrir et sauver les objets qui craignent l'humidité.

C'est à Garafiri que j'ai reçu la visite de Kantama, ex-roi de Oua-Oua, détrôné par les Anglais. Ce prince fugitif est traqué de toutes parts; il est sorti de la forêt pour me voir et m'exposer sa situation. C'est un homme jeune, à la figure énergique et fière, un bariba guerrier qui combattit autrefois sous nos ordres et que Vermeersch avait intronisé. Malheureusement mes attributions ne m'autorisent pas à autre chose qu'à lui donner quelque argent et des étoffes. J'ai conservé un touchant souvenir de cette physionomie sympathique, sur laquelle le malheur et les privations ont laissé des traces ineffaçables.

Avec beaucoup de bonne volonté, les braves gens de Garafiri s'acquittent de leur besogne. Toutefois, les hommes adultes ne se dérangent pas pour nous aider; chaque matin, nous les voyons partir pour la chasse, armés de flèches et suivis de lévriers d'assez forte taille. Ce sont les femmes qui transportent nos caisses; elles s'en vont en file indienne avec un enfant à cheval sur les reins et enveloppé dans leur pagne, tout en ayant sur la tête une grande calebasse dans laquelle se trouve le fardeau.

Le 18 avril à midi, nous rassemblons nos dernières caisses à Malali. Le dernier grand rapide est franchi.

Le roi de Boussa. — Kissalé Dogo, roi de Boussa, qui vient de recevoir une caisse pleine de cadeaux en échange de ses bœufs et de ses moutons, ainsi que deux tonnelets que je lui envoie de la part de son ami Toutée, me fait avertir qu'il vient au-devant de moi par la route; mais Sa Majesté, prise d'un mal subit, est restée à l'ombre d'un grand arbre, incapable de faire un pas de plus. Nous allons à sa rencontre, et le trouvons étendu sur

PASSAGE DANGEREUX PRODUIT PAR UNE ARTÈRE LATÉRALE QUI VIENT S'ENFOUIR SOUS LE FLEUVE.
D'APRÈS UNE PHOTOGRAPHIE.

des nattes, sous un vaste parasol que l'un de nos devanciers lui donna pour s'abriter. Ses griots l'éventent, la cour est consternée. Nous cherchons en vain le moyen de le secourir, ne sachant aucunement le mal dont il souffre. François interroge les intimes, tous baissent la tête et restent muets, les lèvres figées, sans manifester néanmoins une très grande émotion; bientôt cependant Kissalé Dogo recouvre ses sens, il

MARIGOT SINUEUX CONDUISANT A PATASSI. — DESSIN DE MASSIAS.

déclare que ses forces l'ont trahi. Nous ne tardons pas à deviner quel est le remède nécessaire : Sa Majesté vient tout simplement de s'enivrer abominablement en absorbant quelque gin plus ou moins frelaté. Le soleil aidant, le pauvre homme s'est trouvé indisposé, ce qui se conçoit aisément. Nous lui donnons d'abord un verre d'eau additionné de quelques gouttes d'ammoniaque, pour lui permettre de remonter à cheval et de venir palabrer avec nous sous de grands arbres au bord du Niger.

Kissalé Dogo a soixante-dix ans; c'est un grand vieillard très onctueux, sa physionomie ne respire ni franchise, ni bonté. Elle est plutôt empreinte d'une énergie farouche et le poids des ans s'est imprimé dans ses traits fatigués. Sa famille meurt avec lui, car malgré ses trois cents femmes et ses quatre-vingts enfants, il n'a pu se réserver un héritier capable de porter le sceptre, de sorte que la couronne de Boussa va passer sur la tête de son neveu. Les rois et la plupart des gens de Boussa sont de race aoussa. Ils descendent d'aventuriers et d'écumeurs de fleuve, qui vinrent un jour se fixer sur la rive droite du Niger. On m'a confié que les rites interdisaient au souverain de naviguer sur le fleuve. Je n'en crois rien. Je suppose plutôt que c'est une excellente histoire inventée par les indigènes, pour légitimer le refus persistant que Kissalé Dogo oppose aux demandes ininterrompues des officiers anglais qui l'appellent à Yelloua, afin d'y rendre compte de ses effectifs et de ses richesses en vue du recensement et de l'impôt.

Après une heure d'entretien, très cordial d'ailleurs, le roi de Boussa précédé de ses trompettes, abrité de son parasol, enfourchait un fort joli cheval caparaçonné de cuir écarlate, agrémenté de grelots en tôle de boîtes de conserves, et prenait congé de nous pour réintégrer ses pénates, nous invitant d'ailleurs à goûter les douceurs de son hospitalité. D'autre part, le convoi se remettait en route avec la perspective pour les laptots d'un repos de deux jours à Boussa.

Nous commencions tous à ressentir les effets de la fatigue; les effluves du soleil ardent qui nous accablait sans trêve du matin au soir, et la perte de nos vivres dans le rapide de Patassi, nécessitaient un moment de calme, de repos et de bien-être. Mais la satisfaction du devoir accompli, la joie que nous éprouvions à la pensée de notre réussite et des heureuses conséquences qui devaient en résulter pour nos camarades du 3e territoire militaire, tout cela nous faisait oublier les privations et nous laissait heureux.

En dépassant l'île de Malali, nous trouvâmes sur notre route le rapide de Lala qui nous retint deux heures pour dégager un chaland pris par la pointe et l'arrière, entre deux roches, menaçant de se renverser sous l'influence du courant. Cependant, à six heures du soir, la petite flottille s'amarrait sur la berge à Boussa, et les équipages, exténués de fatigue, s'allongèrent sur des couvertures pour dormir sans interruption jusqu'au lendemain.

Bien que nous fussions annoncés depuis longtemps, les indigènes de Boussa se tinrent cachés le premier jour de notre arrivée : les femmes restaient dans les cases, le marché fut désert. Ces braves gens sont habitués au va-et-vient fréquent des tirailleurs anglais, qui font leurs achats à coups de trique. Rien ne leur indiquait en effet que mes hommes n'eussent pas recours au même procédé ; mais, le second jour, les choses changèrent. Nous avions tous fait plusieurs emplettes contre espèces sonnantes ; les laptots qui se montraient disciplinés n'exercèrent pas la moindre violence, en sorte que commerçants et vendeuses finirent par s'accoutumer à nos façons.

Le marabout, accompagné de sa suite, vint en grande pompe nous rendre visite ; je lui fis don de papier, d'encre et de plumes, afin qu'il fût en mesure de vendre et de propager le formulaire habituel de sa religion. En guise de remerciement, le brave homme nous débita des prières destinées à attirer la bénédiction d'Allah sur nos porte-monnaie dont les mécanismes lui semblaient d'un fonctionnement des plus curieux.

Les gens de Boussa commencent à se convertir à l'islam, ils sont beaucoup moins « marabout-cognac » que les nupés de Badjibo ; mais cependant ils sont encore loin d'avoir le fanatisme et la soumission au rite tels qu'on les observe au Soudan et sur le moyen Niger.

Le type vrai de ces indigènes est le Aoussa, au front large et bas, au crâne pointu, aux pommettes saillantes, à la physionomie farouche, énergique et cruelle à la fois. C'est un gaillard solidement musclé avec des mains et des pieds massifs.

Le Aoussa est commerçant, cultivateur et industrieux ; il fait des étapes incroyables pour venir échanger ses produits sur le fleuve, pour s'en retourner avec des kolas et des perles qu'il revend dix fois ce qu'il les a payées ; tous ceux que les Européens ont enrôlés comme tirailleurs se sont montrés d'excellents soldats ; c'est donc une race intéressante, qui dissimule de réelles qualités sous une laideur que les femmes possèdent au plus haut degré. Leurs mœurs sont généralement pacifiques ; ils se marient de la même façon que les races du Soudan, en payant la dot de leur femme après entente avec le chef de famille. La femme est là, plus que partout ailleurs, un être passif, soumis à la volonté des siens, pour devenir ensuite la bête de somme de la maison.

La langue aoussa constitue l'un des plus intéressants dialectes du Soudan ; des règles invariables, des formules grammaticales en régissent le sens. Les officiers qui l'ont soigneusement apprise déclarent qu'ils ont puisé dans cette étude un intérêt spécial et des satisfactions réelles ; la prononciation est en effet harmonieuse et douce, les voyelles prédominent comme dans la langue italienne ; c'est une langue qui ne choque pas l'oreille et dont les tournures de phrases sont parfois gracieuses et poétiques.

L'Afrique est décidément un pays mystérieux. Plus nous y pénétrons, plus nous sentons le besoin de la mieux connaître : c'est par un contact intime avec les races africaines que nous arriverons à coloniser, et surtout à récolter le prix de nos efforts et de nos sacrifices.

(A suivre.)   LENFANT.

BANIESSÉ COULOUBALY FAIT VIDER SON CHALAND QU'UNE ROCHE A ENDOMMAGÉ. — D'APRÈS UNE PHOTOGRAPHIE.

LE MOUILLAGE DE GARAFIRI. LES CHALANDS ACCOSTENT AVANT D'ABORDER LE RAPIDE. — DESSIN DE MASSIAS.

LE NIGER[1]

VOIE OUVERTE A NOTRE EMPIRE AFRICAIN

PAR M. LE CAPITAINE LENFANT.

V. — Séjour à Boussa; départ. — Les Goungaouas. — Rapides de Tsoulou et Sakassi. — En fleuve calme. — Séjour à Guiris. Nous rencontrons le capitaine Keyes. — Gaya. — Cruelle désillusion. — En route pour Niamé.

GRIOT BARIBA EN TOURNÉE CHEZ LES KAMBARIS.
D'APRÈS UNE PHOTOGRAPHIE.

L'AGGLOMÉRATION que l'on désigne sous le nom de Boussa, se compose en réalité de sept villages, dont un, le village royal, est presque uniquement occupé par Kissalé Dogo, sa famille, ses nobles et ses domestiques. En ce point, le fleuve est divisé en trois bras, par de longues rangées d'îlots rocheux entre lesquels règne un courant très rapide; en face, sur la rive gauche, les montagnes ravinées sont rapprochées de la berge sur laquelle il n'existe ni cultures, ni productions naturelles. Les hauteurs de la rive droite, au contraire, s'éloignent du Niger et permettent certains travaux aux indigènes de Boussa.

Le palais du roi se compose d'une trentaine de grandes cases entourées d'une enceinte en terre; la porte d'entrée donne accès dans une vaste cour ronde; l'huis est sculpté; des caïmans et des rosaces ornent les panneaux des portes. Ces bas-reliefs qui dénotent quelque velléité artistique sont l'œuvre des sculpteurs aoussas.

Le roi nous reçoit dans une courette ombragée, située entre les cases de ses femmes. Il est accroupi sur des peaux de chèvre, accoudé sur des coussins en cuir; de vieilles femmes, très laides, aux mamelles plates et tombantes, au chef rasé, lui tiennent compagnie; des notables crasseux se tiennent de chaque côté de la cour.

Le griot du roi pousse des cris; je distingue à peine ce qu'il veut dire; seuls les mots : « Serki N'Boussa » et « Ba-Touré » (le roi de Boussa et le chef blanc) frappent mon oreille. François m'apprend qu'il annonce à l'entourage que nous sommes en bonnes relations.

1. Suite. Voyez pages 1, 13, 25 et 37.

Les riverains, depuis Badjibo jusqu'à Ilo, me connaissent sous le nom de Ba-Touré. Les noirs sont très forts pour donner des sobriquets. Mais comme, dans la mission, nos physionomies et nos allures n'ont rien de bien particulier en elles-mêmes, nous n'avons pas mérité de dénominations spéciales. Je suis simplement le chef blanc. Et quand je dis blanc, je me vante, car nous étions tous tellement grillés et rôtis par le soleil, qu'il m'est arrivé, certain jour, ayant endossé le costume indigène, de passer à côté de plusieurs noirs qui ne me dévisageaient même pas, me prenant pour un des leurs.

Kissalé Dogo nous demande de lui faire entendre les chants du « petit bonhomme que nous avions caché dans une caisse ». Il s'installe donc devant le phonographe, et tout le village vient se grouper autour de lui. La « Marche aux flambeaux » fait son admiration, et lorsque les cuivres donnent la contre-partie, l'excellent roi se tourne vers ses joueurs de trompette pour se rendre compte qu'ils sont à leur place et que nous ne les avons pas escamotés.

Il existe à Boussa une légende, qui a peut-être un fondement historique, relative à la mort de Mungo Park; on prétend que cet explorateur fut assassiné par les Kambaris sur l'ordre du roi. Bien que nous n'ayons aucune confiance en la parole de Kissalé Dogo, je tentai de connaître la vérité et de savoir si réellement les papiers et les journaux de marche de Mungo Park sont, comme on le dit, enfermés dans une cassette enterrée sous les murs du palais. Le roi n'est pas catégorique du tout. Il répond à ma question en disant qu'il n'est pas au courant de cette affaire : il a bien entendu parler d'un blanc que le diable de Garafiri renversa jadis dans le rapide et que les caïmans ont mangé; mais, dit-il, ses prédécesseurs ne l'ont jamais informé positivement de ce fait.

Départ de Boussa. — Après deux jours de repos, nous quittons Boussa; notre chargement est au complet. Comme le dit Toutée dans son ouvrage *Dahomé-Niger-Touareg*, « il ne nous manque pas une aiguille »; les porteurs qui firent au rapide le transbordement des caisses ne nous ont rien volé. Le vieux chef de Garafiri nous a, d'ailleurs, appris qu'il existe, dans le village, une case spécialement réservée à « Djiali », le génie de la Justice. Lorsqu'un Kambari commet un vol, un mensonge, une mauvaise action, son esprit tourmenté par le Djiali, l'accable de remords, en sorte qu'il vient aussitôt se dénoncer. S'il arrive cependant qu'un homme ait assez de tempérament pour supporter son crime sans le révéler, ses jours sont comptés : Djiali le fait mourir dans l'année...

Le 21 avril, à cinq heures du matin, armé et équipé de toutes pièces, le convoi se met en route vers Yelloua. Le démarrage est difficile; un courant qui débouche à 20 mètres en amont, force les pilotes à s'y reprendre à plusieurs fois, à revenir vers la berge pour trouver un point d'appui dans les branches; à sept heures seulement, le dernier chaland quitte Boussa. Nous longeons une grande île, puis nous contournons des îlots rocheux très boisés. Le fleuve murmure dans tous ces petits rapides : ce n'est plus le chaos impressionnant des grands obstacles, c'est un bruissement de filets d'eau sur des cascades; s'il faisait moins chaud, on se croirait dans la haute vallée d'une de nos rivières, l'Yonne ou l'Aube.

De Boussa à Gané-Kassaï. — Nous avançons lentement; sur mon ordre mon embarcation reste en arrière pour porter secours aux retardataires.

VILLAGE DE MALALI AU SOMMET DU RAPIDE DE GARAFIRI. — DESSIN DE BOUDIER.

Vers cinq heures du soir, nous rejoignons le convoi qui s'est échoué sur un banc de roches, le dernier de la région. Encore un effort! nous jetons des cordelles sur la rive, tout le monde se prête main-forte. Voici la dernière secousse; nous entrons en eau calme.

Devant nous, le Niger vient de fort loin, large, silencieux, étincelant, reflétant les rayons solaires et la réverbération des nuages; une légère brise s'élève. A droite et à gauche, s'étendent des plaines, de la brousse claire, la forêt soudanaise; sur les rives, pousse le bourgou. Des pirogues traversent lentement le fleuve, on voit que le pagayeur navigue sans se préoccuper du danger. En arrière, les montagnes s'écartent et semblent fuir le Niger. Nous sommes enveloppés dans une atmosphère plus légère, dans une lumière plus vive. Le convoi reprend sa marche, avançant d'une façon régulière, et, pour ainsi dire, rythmée, le long de la rive. La besogne devient facile; nous nous sentons enfin le cœur léger. Depuis Badjibo, notre conversation se trouvait toujours interrompue par des questions de service inhérentes aux difficultés de la route. Quand nous fûmes dans les eaux calmes, de Peyronnet vint vers moi sur l'avant du chaland et me dit : « Je crois que nous avons définitivement réussi. » C'était vrai, et nous en éprouvâmes une satisfaction indicible. Alors, lui et moi, nous revîmes, par la pensée, les dangers que nous laissions derrière nous, et nous nous sentîmes comme délivrés d'un poids énorme, ainsi qu'il arrive au réveil après un mauvais rêve. Nos hommes étaient dans les mêmes dispositions que nous-mêmes : des chants s'élevaient dans le convoi. Les patrons de Koulikoro, laissant de côté le gouvernail, dirigeaient les chalands avec des bambous, accompagnant leurs mouvements des refrains du Djoliba; sur mon chaland, les laptots riaient, causaient, sifflotaient en travaillant. Et dans cette sérénité générale, il eût été difficile de reconnaître en nos laptots les gens qui, au milieu des rapides, paraissaient soucieux, affairés, surexcités par les périls. Au silence de mort qui régnait naguère dans le convoi, avait succédé une sorte d'allégresse joyeuse et pleine de vie.

Le soir, nous couchâmes à Gané-Kassaï.

Nous campons au bord du fleuve. Nos vivres deviennent de plus en plus rares, notre souper se fait de jour en jour plus frugal. Nous dressons nos lits sous un arbre. Nous sommes si fatigués que nous songeons surtout à dormir; et nous nous préparons à le faire consciencieusement, lorsqu'un ennemi nous assaille: c'est le moustique qui a fait son apparition au coucher du soleil. Tout le pays est marécageux, les plaines qui bordent le Niger sont de vastes champs de boue liquide, incultes et recouverts de bourgou. Cette herbe est, par excellence, le repaire des insectes; aussi, les moustiques s'en donnent à cœur joie et s'abattent sur nous avec une effroyable voracité. La région des rapides a cela de bon, que les moustiques y sont très rares parce

LE ROI DE BOUSSA, KISSALÉ DOGO, VIENT A MA RENCONTRE A MALALI. — DESSIN DE MASSIAS.

que le sol est jonché de roches et, par conséquent, tout à fait impropre à l'éclosion des larves. Ici, c'est le contraire. Et si, par hasard, dans la nuit, nos membres viennent à toucher la moustiquaire, vite, il faut les retirer, car un escadron de moustiques s'apprête à nous dévorer à travers les mailles de l'étoffe légère.

Mes pauvres laptots ont leurs vêtements en loques. Les exercices violents auxquels ils ont dû se livrer dans les rapides ont déchiré leurs pantalons. Les noirs étant très pudiques, je comprends que les trous de cette indispensable partie de leur costume soient pour eux la source d'une profonde humiliation. Je fis donc cadeau à chaque homme de plusieurs coudées de grosse toile bleue, très résistante, ce qui leur permit d'effacer des rochers le réparable outrage.

Les Goungaouas. — Le roi de Boussa exerce son influence, tout le long de la rive droite du fleuve, jusqu'à Ilo. Le type Nupé pur a disparu : nous sommes chez les Goungaouas, croisements de Kambaris, de Boussaouas et de Nupés, quelquefois même de Baribas. Ce sont de véritables brutes, excellents piroguiers, il est vrai, mais d'une stupidité qui dépasse tout ce que l'on peut imaginer.

Ils ont une manière originale de se saluer. Quand deux individus de la même famille ou du même cercle de relations se rencontrent, ils se dépassent comme s'ils ne s'étaient jamais vus; puis, à 10 mètres l'un de l'autre, ils s'agenouillent le dos tourné, la face contre terre, dans le sens de leur route respective; c'est alors seulement que la conversation commence : « Bonjour, où vas-tu? comment va ton père? ta mère? ton frère? ta vache? ta brebis? etc. » Une fois renseignés, ils se relèvent, se disent au revoir en se frappant la poitrine du bout des doigts et reprennent leur marche, comme s'ils étaient étrangers l'un à l'autre. Lorsqu'un indigène vient saluer le roi ou le chef du village, il se prosterne la face contre terre en se saupoudrant les cheveux avec de la poussière, après quoi il serre la main inerte et molle que lui tend le personnage vénéré.

C'est à Gané-Kassaï que nous observons, pour la seconde fois, la petite mouche que les Anglais appellent « Sand-fly »; elle n'a pas un demi-millimètre de longueur, pénètre les moustiquaires les plus serrées et dépose sous l'épiderme un venin qui produit des cloques et des démangeaisons très douloureuses.

Le 22 avril, nous quittons Gané-Kassaï. Un peu au-delà de ce point, le fleuve se divise en deux bras, qui contournent une île d'environ 80 kilomètres de longueur et dont la pointe nord est au village d'Ilékou. Le bras de droite est mauvais, le bras de gauche est facile; c'est par cette dernière route que le convoi s'engage.

Voici Ouarra qui se compose de sept ou huit villages; mon chaland stoppe pour embarquer des vivres et des moutons. Nous couchons, le soir, à 4 kilomètres en amont de Zoupaméni. Ce village est des plus curieux. Les cases sont construites en pisé; un enchevêtrement de morceaux de bois, recouverts de terre, forme le plancher de la maison, et tout l'ensemble repose sur des pierres plates et verticales faisant saillie, de 40 à 50 centimètres au-dessus du sol, dans lequel elles sont enfoncées à coups de masse. Une porte demi-circulaire de 75 centimètres de rayon permet aux habitants de se glisser dans leurs demeures. Toute la journée, quelle que soit la saison, l'indigène entretient constamment du feu dans sa case; puis le soir, à la nuit tombante, il retire les cendres et se couche, en tirant derrière lui un panneau de paille tressée. Toutes ces précautions-là sont nécessaires pour dormir à l'abri des moustiques et des mouches.

Rapides de Tsoulou. — Le 24 avril, nous retrouvons un fleuve difficile, des rochers et des courants vifs. Nous longeons le grand village d'Otonou, qui

GARAFIRI, LES CHUTES ET LA BARRIÈRE DE ROCHERS A UN KILOMÈTRE DE DISTANCE.
D'APRÈS UNE PHOTOGRAPHIE.

s'étend sur 2 kilomètres de la berge, dans une île étroite et marécageuse; c'est l'un des plus grands centres du pays; tous les mercredis, les Kambaris y tiennent un important marché de riz, de bétail, de kolas, d'oignons, etc., apportés de divers points du territoire.

Une tornade d'une violence inouïe, qui a éclaté sur nous la veille, est heureusement suivie d'une fraîcheur bienfaisante, et une brise agréable nous remet des ardeurs du soleil. Ali Arouna, mon ordonnance, est enchanté, parce qu'il pense bien dormir et réparer le sommeil agité de la nuit précédente. « Si y en a beaucoup ouane (vent), me dit-il, les moustiques fiche-moi le camp. »

Vers onze heures du matin, nous arrivons dans les rapides de Tsoulou. Il y a au moins vingt-cinq villages qui portent ce nom et qui, situés dans les îles innombrables que forme le Niger sur un parcours de 15 kilomètres, sont entourés des plus riches cultures. Il faut dire que nous sommes dans une région d'influence peule. Tous les chefs de village sont descendants de Peuls ou de Aoussas croisés de Foulanis. A deux heures, nous franchissons deux petits rapides. Les bras du Niger sont fort étroits, mais le pays est charmant, les îles sont vertes, les rôniers[1] (les palmiers du Soudan) font leur apparition. Sur les deux rives, la vallée s'arrête au pied de montagnes rouges dépourvues de toute végétation et qui ne montrent que des rochers grillés par le soleil. Ici le convoi n'avance plus qu'avec peine, nous sommes au confluent de trois bras qui se séparent et se rejoignent de nouveau en formant un système hydrographique des plus compliqués.

PIROGUIERS DE BOUSSA. AU MILIEU SE TROUVE CELUI QUE NOUS AVIONS SURNOMMÉ « LA PANTHÈRE ».
DESSIN D'OULEVAY.

Les rapides de Yaourie ou plutôt de Tsoulou se composent uniquement d'une série de cascades. La plus forte est une chute de 80 centimètres environ, dont le franchissement nous demanda une journée complète d'efforts et de travail. Dans tous les autres bras du rapide, l'obstacle se compose d'une chute unique.

Les laptots commencent à se lasser des rapides, les Sénégalais surtout. Ces noirs, électeurs en herbe, sont beaucoup moins énergiques, résistants et courageux que les Somonos[2] du Niger. Leur patience fut, d'ailleurs, durement mise à l'épreuve, car le lendemain nous eûmes encore à franchir les rapides de Zamaré, sur lesquels Toutée s'était échoué lors de sa première descente du Niger. Les difficultés de la navigation se répètent sans interruption jusqu'à Yelloua. Et il n'y aurait rien à dire sur cette partie du fleuve, si nous n'y avions pas constaté l'alignement invariable des longues lames et des feuillets de granit sur lesquels nous passons et qui conservent la même direction jusqu'à Sakassi, point où finissent les rapides.

Les grenouilles qui demandent un roi. — Le roi de Zamaré vient au campement du 25 : il m'apprend que les temps ont changé et que le calme ne règne plus dans son pays. Autrefois, les habitants des îles étaient indépendants; chaque district avait son chef; l'ensemble de ces agglomérations formait une république où l'on jouissait de l'indépendance et de la liberté les plus absolues. Un jour, las d'être heureux, les Kambaris des îles (comme les grenouilles de la fable) demandèrent un roi, ils s'adressèrent à la dynastie des serkis[3] de Boussa qui consentit à les administrer. Mais chaque fois qu'une pirogue de Tsoulou descendait sur Jebba, le roi Kissalé Dogo réclamait le prix de son amitié ou le tribut de sa souveraineté; il forçait donc les piroguiers à débarquer et choisissait dans la cargaison l'impôt de sa couronne. Ces bons Goungaouas réclamèrent, et las d'être exploités, ils se placèrent sous l'autorité directe du serki de Yelloua. Celui-ci, faute des moyens nécessaires et trop éloigné de ses frontières pour imposer ou protéger le commerce et les transactions fluviales, désireux en outre de s'éviter des préoccupations inutiles, confia la surveillance des douanes au roi de Boussa, qui devait, sous peine de rupture diplomatique, ne garder que la moitié de l'impôt requis et lui envoyer le reste. Des complications survinrent : Kissalé Dogo qui ne voulait pas lâcher la proie

1. Palmier borassus flabelliforme.
2. Piroguiers, dont c'est le nom générique.
3. Dans toute cette région, suivant les dialectes des tribus, les mots *serki, amirou,* signifient « roi ou chef » de tribu.

qu'il tenait, ni diminuer en rien ses revenus, se contenta de dépouiller et d'imposer les indigènes des îles deux fois plus que par le passé.

Les piroguiers se refusèrent alors à tout trafic. Peu de temps après, le pays devint un foyer de soulèvements et de guerres intestines. Les Anglais survinrent et rétablirent l'ordre, en supprimant cet état de choses et en confiant les rênes du gouvernement local au serki de Yelloua, avec défense expresse d'exercer aucun droit de passage et de circulation sur le fleuve; en fin de compte, les Anglais, toujours pratiques, perçoivent l'impôt, mangent l'huitre et laissent les coquilles aux deux chefs indigènes....

Séjour à Yelloua. — Le 26, à onze heures du matin, nous arrivons à Yelloua. Le fleuve est calme, nous suivons une échancrure de la rive, les chalands marchent en ordre parfait à 15 ou 20 mètres les uns des autres. C'est un spectacle fort intéressant que celui des deux cents bambous de nos pagayeurs qui, à intervalles réguliers tout le long du convoi, s'élèvent et plongent avec ensemble dans les eaux.

La population se presse au bord du fleuve, des indigènes reconnaissent François et lui demandent par quelle route on a bien pu faire passer ces grands bateaux. Yelloua (ou Yaourie) est sur la rive gauche. C'est un village formé de trois grands groupes de cases en amphithéâtre sur le flanc d'une colline en pente douce. En arrière s'élèvent des montagnes arides et désolées; à l'ouest coule le Niger qui, d'une rive à l'autre, mesure 5 kilomètres de largeur, mais dont le lit est coupé par deux îles très longues, très étroites, que des marigots décomposent en vastes îlots très peuplés. Comme à Boussa, nous trouvons à Yelloua un village royal, aussi grand, mais plus laid et plus sale; c'est un pays assez riche, un centre de passage où convergent les routes du Aoussa, de Kantagora et du Dahomey, tandis que d'une part les produits du Sokoto et d'Ilo descendent le fleuve, d'autre part les denrées manufacturées en Europe remontent de Jebba.

Le capitaine Sword, qui commande ici le poste anglais, nous prépare une case auprès de lui, puis nous prenons connaissance du courrier que l'on nous apporte. Depuis trois mois et dix-sept jours, nous sommes sans nouvelles de ceux qui nous sont chers. Je laisse à penser avec quelle avidité nous lisons nos lettres!

Le poste de Yelloua domine le fleuve, dont il est éloigné d'environ 500 mètres; les cases sont assez confortables, mais trop grandes; les tornades ont beaucoup de prise sur des toitures volumineuses. Et c'est ainsi que quelques mois après notre passage, toutes les constructions du poste furent emportées, démolies, renversées, brisées. Les Anglais ne font pas le moindre effort pour améliorer leur bien-être. Ils ne cherchent pas à tirer du sol ce qu'il peut donner. La nourriture de leurs boites de conserves leur suffit. Il n'existe dans aucun de leurs postes, ni jardin, ni cultures; à Yelloua, un des prédécesseurs du capitaine Sword s'est contenté de tracer une route aboutissant à de gros boababs, au pied desquels il avait creusé sa tombe. Hormis les blocs de granit qui tracent l'alignement du chemin, c'est le seul travail personnel des Européens qui vécurent à Yelloua.

Le colon, le militaire ou le fonctionnaire français, dès qu'il arrive dans une localité nouvelle, installe d'abord sa case et son jardin, il déballe des cornets de graines et s'efforce de faire pousser les plantes qui amélioreront son ordinaire. Est-ce qu'en faisant ainsi nous ne montrons pas plus d'aptitudes coloniales que les Anglais? Il est de mode cependant de médire de nos facultés colonisatrices et de prétendre que seuls les étrangers sont susceptibles de faire prospérer les territoires lointains qui leur échoient en partage.

KAMBARIS D'OTONOU, PIROGUIERS DES RAPIDES DE YAOURIE. — D'APRÈS UNE PHOTOGRAPHIE.

Lorsqu'on a été à même de comparer les colonies anglaises de l'Afrique, vieilles de soixante-quinze à cent ans, toujours dirigées d'après la même et constante politique, avec nos possessions nées d'hier; lors-

LE ROI DE BOUSSA VIENT « PALABRER » AVEC MOI DEVANT LE NIGER AU DÉBARCADÈRE DE MALALI. — DESSIN DE J. LAVÉE.

qu'on a été à même de juger de l'effort colossal que la France a fait dans l'Afrique équatoriale; lorsqu'on voit Kayes et les postes soudanais que nous avons édifiés, il faut bien convenir qu'un labeur considérable a été accompli par les nôtres dans ces pays rudes et malsains. C'est au prix de mille morts que nous avons arraché au sol africain tout ce qu'il renferme de précieux et d'utile.

Le capitaine Sword nous procure des piroguiers, des bambous et du riz. Le roi de Yelloua m'apporte des cadeaux et des vivres. Le lendemain, nous lui rendons sa visite, et déposons auprès de lui des étoffes et des présents. C'est un beau et grand vieillard; de tout son être se dégage la finesse de l'esprit. Il nous reçoit dans une vaste salle rectangulaire et nous fait asseoir sur des coussins en cuir brodé de toute beauté; son costume, quoique sale, est extrêmement riche; des broderies aoussas vertes et violettes le recouvrent des pieds à la tête.

Après la visite du roi, je m'occupe de nos laptots, qui ont bien droit à un peu de repos; ils ont beaucoup travaillé, je leur donne campo. Le village est hospitalier, la plupart ont touché leur solde; les habitants le savent et les habitantes aussi.... Il est entendu que nous partirons le 29 avril seulement pour Gaya.

Le Fine-Man. — J'occupe mes heures de loisir à prendre contact avec mes hommes. Depuis Dakar, j'en remarque un qui s'est particulièrement attaché à notre existence : c'est mon cuisinier « Abdoul Salam », dit « Adrien » ou encore le « Fine-man ». Adrien était un Toucouleur croisé de Peul et de Ouoloff; c'était un homme superbe, il est même rare de voir un type semblable; les Anglais, en sportsmen amateurs de belles musculatures, ne manquaient jamais de l'admirer : « He is a fine man » disaient-ils, et le surnom lui en resta.

Abdoul fut jadis tirailleur, puis spahi. Dans un combat, il reçut un coup de sabre qui lui fendit l'épaule droite; dans un autre, il reçut une balle qui lui coupa le médius et l'auriculaire de la main qui tenait ses rênes. Cela lui valut les galons de brigadier; mais il advint que, par suite de mutations, il fut placé sous les ordres d'un maréchal des logis indigène, fils d'un ancien captif de son père. « Fine-man » était très brave mais tout à fait indiscipliné : obéir au fils d'un captif mettait en ébullition son cerveau de Toucouleur. Des discussions survinrent; un beau jour le maréchal des logis reçut une volée de coups de poing, Abdoul fut emprisonné, déplacé, privé de son grade, et finit par quitter le service à l'expiration de son engagement.

Lorsqu'il vint à nous, dans la mission, je me défiai d'abord de lui, son caractère insoumis m'inquiétait; je le tins sévèrement à l'écart. Nous avions acheté à Badjibo une pirogue qui devait servir à nos explorations dans les rapides; le C 15 la prenait en remorque, et j'y avais relégué le malheureux Adrien, avec tout son bataclan. Coiffé d'un large chapeau de paille, il rôtissait en plein soleil, en tête-à-tête avec ses marmites, et comme j'exigeais qu'en arrivant à l'étape du soir le dîner fût prêt, nous l'apercevions en cours de route, assis dans sa pirogue, à travers la fumée qui se dégageait de son fourneau improvisé.

C'est dans les rapides que le brave garçon nous devint sympathique. Là, les vivres étaient rares, la cuisine délaissée, les marmites reléguées au fond de l'embarcation. Abdoul, sans qu'il y fût jamais invité, grimpait sur le C 15 et manœuvrait avec nos laptots, à qui il apportait l'appoint de sa force herculéenne. Il était

VUE DES MARIGOTS PAR LESQUELS SE FAIT L'ASCENSION DU RAPIDE DE GARAFIRI EN ÉVITANT LES BARRIÈRES DE ROCHERS. — DESSIN DE MIGNON.

très gai, son agréable physionomie s'éclairait d'un bon sourire et s'illuminait de deux rangées de dents superbes. Je le faisais causer souvent, et j'appris ainsi à le connaître. C'était un véritable érudit. Toute sa science, il est vrai, se rapportait à l'histoire musulmane et aux choses de la liturgie. Il portait, suspendus à son cou, des chapelets de grigris petits ou volumineux, légers ou pesants, qui ne manquaient pas d'exciter notre curiosité. L'un de ses porte-bonheur était une complainte rédigée en arabe ; l'autre une queue de mouton trempée dans l'eau du fleuve pour préserver de la fièvre ; un troisième consistait en un os « d'homme du Niger », et préservait de la mort ou de la fusillade. C'était, paraît-il, un fémur de lamentin, trempé dans le sang d'une chèvre.

J'ai la conviction que le marabout lui avait tout simplement vendu fort cher un os de gigot ; mais Abdoul ne voulait pas en convenir.

Derniers rapides. En fleuve calme. — A la date fixée, nous quittons Yelloua où les moustiques ne nous ont pas laissé de répit. Le courant du fleuve redevient assez vif, nous avançons avec peine, car les roches nous gênent énormément. Enfin, à midi nous franchissons les dernières cascades, les derniers obstacles. Le Niger redevient calme à partir de Sakassi (ou Chakatchi). Le pays continue à se montrer à nos yeux d'une extrême pauvreté : marécages sur les rives, brousse maigre et terrain rocailleux au delà. Le Niger est parsemé de grandes iles de boue liquide où croissent des champs immenses de bourgou. C'est une herbe qui se régénère tous les ans et grandit avec la crue. Lorsqu'elle pousse sur les rives et que le fleuve se retire, comme cela se passe à partir de Say jusqu'à Koulikoro, elle s'affaisse et se dessèche, le soleil en fait de l'engrais. Lorsque les eaux s'élèvent, les jeunes pousses prennent de l'essor et suivent le mouvement de la crue, de manière à la dépasser de 1 mètre environ. Le bourgou possède des feuilles vertes, longues d'environ 50 à 60 centimètres ; sa tige est rouge, épaisse et résistante, elle renferme un suc, un liquide laiteux, avec lequel on fait de l'alcool par distillation. Il est vraisemblable qu'on pourrait en tirer profit pour alimenter à peu de frais des moteurs.

Nous allons désormais trouver, tout le long de notre route, des races extrêmement variées. Le 29 au soir nous campons à Djébé, village fortifié, perché sur une falaise rocheuse qui surplombe la rive d'une vingtaine de mètres. Il est entouré d'un mur crénelé dont les ruines sont caractéristiques. Toutes ces peuplades de la rive droite étaient autrefois en lutte permanente avec les Aoussas venus de l'Est qui tentèrent d'occuper leurs villages et qui furent souvent repoussés. Ce qui nous étonne beaucoup, c'est de ne trouver aucun campement à proximité de la rive gauche; tous les centres habités sont situés sur la rive droite. L'amirou de Djébé nous fait bon accueil, il nous apporte des vivres et des moutons.

Anibou ou (Inigou) est une place forte, située comme Djébé à pic sur le Niger, à 5 kilomètres de Kandji ou (Konji) qui se trouve à l'intérieur des terres. Berzébello, l'amirou de Kandji, vient nous faire visite. C'est un ancien lieutenant du roi de Boussa qui reçut le commandement d'une province, en récompense des services qu'il rendit à son souverain aux côtés duquel il combattit vaillamment.

Tous les gens de ces parages sont des Aoussas croisés de Nupés et de Peuls. Plus loin, à Sorko, nous rencontrons un îlot de Courteilhes, race croisée de Sonraïs et de Mandés dont le centre est à Sorbo. C'est probablement un groupe de piroguiers qui s'est détaché de son berceau pour se trouver plus à l'aise et pour se propager dans ce bief du Niger.

A Benthé, à Dikiré-Baudé, les indigènes sont des Aoussas presque purs; à Djendiné, ce sont des Peuls qui étendent leur domination de proche en proche. Le plus grand centre de tout le pays est le village de Lafagou, situé à 10 kilomètres en amont de Sorko; c'est le plus grand marché de la région. Les Anglais l'occupèrent, il y a quelques années, mais il ne reste plus que les ruines du poste. Les cultures de Lafagou sont situées sur les terrains en pente douce qui descendent vers le fleuve; la crue de 1900 ne les a pas dévastés, de sorte que dans cette région où règne une affreuse disette, les greniers de mil de Lafagou sont les seuls qui se soient remplis l'an passé. De toutes parts des pirogues descendent pour chercher des vivres et du grain, il vient même des embarcations de Sinder et de Sorbo pour ravitailler les malheureux qui meurent de faim.

Le 4 mai, à six heures du soir, à la nuit tombante, nous arrivons en vue de Guiris, port d'Ilo. Nous sommes obligés d'y séjourner pour régler, avec les officiers d'Ilo, les formalités douanières imposées par la convention de 1898. L'accostage est des plus difficiles, le fleuve baisse constamment. Guiris est séparé du Niger par un champ de boue liquide de 2 kilomètres de largeur; les rigoles et les canaux qui permettent d'accoster directement la terre ferme aux hautes eaux sont presque desséchés, les herbes s'opposent au mouvement des chalands. Nous sommes obligés de faire à pied le trajet en pleine vase. Nous enfonçons

LES PETITS BRAS DU KOUARRA
EN DESCENDANT LE FLEUVE POUR ATTEINDRE LE MOUILLAGE DE BOUSSA.
D'APRÈS UNE PHOTOGRAPHIE.

jusqu'aux aisselles; des serpents d'eau et des êtres immondes grouillent dans ce marécage, nous les sentons glisser entre nos jambes. La nuit tombe, nous avançons à tâtons, et, si nous arrivons au bord, c'est grâce aux gens que Tarou, chef des piroguiers de Guiris, vient d'envoyer avec des torches.

Tarou est un bon paysan normand peint en noir, rusé, madré, intelligent et courageux. Il accompagna Toutée jusqu'à Say, lors de sa première mission. Tarou n'est pas le chef de Guiris, il est à la tête d'un îlot de piroguiers extrêmement habiles qui connaissent toutes les passes du fleuve et les rapides jusqu'à Jebba. Les pirogues de Guiris sont immenses: elles sont faites d'une quille taillée dans plusieurs troncs d'arbres; des planches rabotées à l'herminette forment le bordage et sont maintenues entre elles au moyen de crampons en fer que fabriquent les forgerons du pays. Ces embarcations mesurent quelquefois 15 mètres de longueur, 1m50 de largeur et 70 centimètres de hauteur de bordage; elles peuvent affronter les vagues des rapides, grâce au courage des piroguiers de Tarou, mais il s'en perd souvent.

Nous vivons dans un nuage de moustiques, nous en respirons; ces bêtes féroces s'acharnent sur nous, et lorsque nous devons nous déshabiller pour nous laver ou changer de vêtements, nous sommes dévorés jusqu'au sang. De tous les ports du Niger, c'est Guiris qui mérite la palme comme nid à moustiques; c'est leur Capitole, leur camp retranché. Le lendemain, de bonne heure, je me rends à Ilo, qui se trouve au sud, à 5 kilomètres 1/2, dans une clairière et au milieu de vastes cultures. C'est un grand marché, un croisement de routes qui conduisent d'une part vers le sud au Dahomey, au Togo, et vers le nord au Sokoto, au Aoussa. Les cotonnades anglaises abondent sur le marché, elles se répandent de là sur nos territoires du Soudan et du Haut-Dahomey. Nos indigènes viennent y échanger leurs produits et leurs troupeaux contre ces étoffes. C'est une concurrence à notre commerce. Elle cessera le jour où la flottille du bas Niger aura pour rôle d'effectuer des transports commerciaux au profit de nos industriels et de nos colons, elle disparaîtra plus sûrement encore lorsque le rail qui part de Kotonou atteindra Carimama et viendra délivrer la flottille de ses pénibles efforts dans les rapides. Le poste d'Ilo fut construit par les missions françaises qui, les premières, occupèrent la région. Les cases actuelles n'ont pas changé; les Anglais se sont contentés d'entretenir cette place.

MAHMADOU-SI, INTERPRÈTE TOUCOULEUR-BAMBARA.
D'APRÈS UNE PHOTOGRAPHIE.

C'est là que je rencontrai le capitaine Keyes, qui deux mois plus tard, fut assassiné au cours d'une mission délicate qu'il avait reçu l'ordre d'accomplir sur Argoungou. C'était un tout jeune homme que les gens du pays estimaient beaucoup; ils lui reprochaient même de toujours sortir sans armes et de se promener sans défiance. Ils lui répétaient parfois qu'il pourrait lui arriver malheur. Loin de nous créer des difficultés, de nous inviter à décharger les chalands pour vérifier si nous emportions bien en territoire français le ravitaillement indiqué par nos connaissements, il nous témoigna une confiance flatteuse. Son accueil fut parfait; toute sa personne, d'ailleurs, inspirait de la sympathie. Le capitaine Keyes est le seul officier que les autorités médicales anglaises aient autorisé à prolonger son séjour, et cela pour des raisons touchantes et toutes à son honneur. Officier de cavalerie de l'armée des Indes, n'ayant aucune fortune personnelle, il avait pour ami intime un officier pauvre comme lui, mais qui s'était adonné au jeu et qui menait un train supérieur à sa position. Victime d'un accident mortel, cet officier, se voyant sur le point de mourir, fit part à Keyes de la situation de sa famille et du chagrin qu'elle éprouverait en apprenant des dettes qu'elle n'était pas en mesure de payer. Keyes comprit, endossa le passif et répondit de tout... Il n'y avait pas un mois qu'il venait d'obtenir sa prolongation de séjour, lorsque la mort vint le frapper à son tour. Cette fâcheuse nouvelle nous parvint à Say dans une réunion d'officiers qui l'estimaient.

Est-ce la dernière étape? — Nous quittons Guiris, dernière étape avant Gaya. Le plateau nigérien s'écarte des rives, et ce fleuve large, immense, reflète avec intensité la lumière du ciel, le rayonnement des nuages.

C'est à Madékali que nous quittons le territoire de la Nigeria pour entrer en terre française. Le pavillon tricolore flotte à l'avant de nos embarcations, la brise déploie nos couleurs, et comme le fleuve se présente ici exceptionnellement praticable, toute la petite flottille, en ligne de file, offre un aspect réconfortant. Les habitants des villages se groupent sur la berge et, lorsque nous nous arrêtons, déposent devant nous

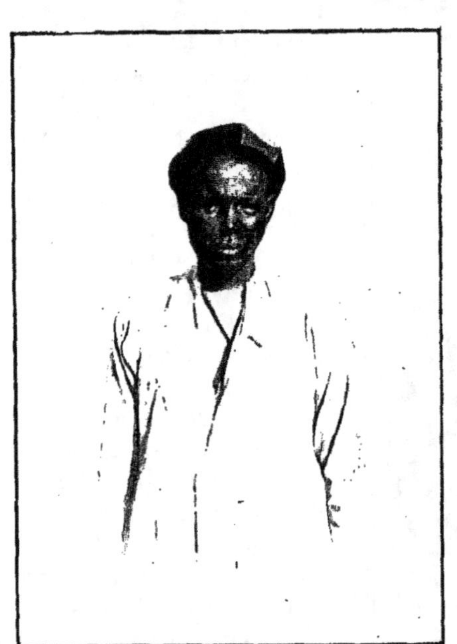

MOUSSA, L'INFIRMIER DE LA FLOTTILLE,
QUE LES INDIGÈNES APPELAIENT MOUSSA FOURMIER.
DESSIN DE MIGNON.

des aliments tout préparés. Ces mets sont bien reçus; nous n'avons, en effet, depuis longtemps, plus de vivres, il nous reste cinq ou six boîtes de conserves que nous gardons en cas d'événements imprévus.

Le 7 mai, vers trois heures du soir, le cœur joyeux, nous apercevons le drapeau tricolore qui flotte sur le poste de Gaya, au pied d'une grande falaise horizontale.

Désillusion. — L'adjudant Martin, qui commandait le poste, fut stupéfait lorsque je lui annonçai que le convoi devait débarquer mille huit cents caisses à Gaya. Il me mit au courant de la situation économique et géographique de la région, et je vis de suite que : 1º le poste n'avait pas de magasins pour recevoir nos caisses; que celles-ci devaient être posées à terre et que les termites allaient les ronger en quelques jours; 2º que la route reliant le Niger au Tchad a son terminus à Sorbo sur le fleuve, et que Gaya ne se trouve pas sur les lignes de puits conduisant au troisième territoire militaire; 3º qu'en débarquant mon chargement à Gaya, les pirogues du pays, rares et petites, mettraient plus d'un an à transporter les caisses à Sorbo, en admettant que l'on pût les rassembler, supposition des plus improbables....

C'était une grosse déception, car nous pensions en avoir fini avec ce lourd convoi qui nous avait occasionné tant de fatigues! Nous n'étions donc pas au bout de nos peines. Fort heureusement, j'avais eu la précaution de ne pas faire connaître le point terminus à mes équipages. En quelques minutes, j'eus pris mon parti, je modifiai mes plans, accordant quatre jours de repos à nos hommes exténués, et je décidai que le convoi remonterait jusqu'à Sorbo, ou tout au moins jusqu'à Niamé, point où la route quitte le fleuve.

Départ pour Say. — Le 12 mai, tout pavoisé des couleurs nationales, le convoi se remettait en route pour Say, où se trouvait le lieutenant Tilho, à qui j'avais annoncé notre arrivée prochaine par un message. La chaleur était accablante. Le soleil ardent nous brûlait de ses rayons. Nous étions dans un pays dont les habitants sont encore sauvages. Ces indigènes sont en partie croisés de Dendis et de Sonraïs. Le langage de ces derniers est couramment parlé jusqu'à Gaya. Les Dendis sont bien musclés et très agiles. Il y a, dans la région, un dicton ainsi conçu : « Un Dendi à pied vaut mieux que dix cavaliers bien montés. » Ces noirs sont extrêmement difficiles à poursuivre, ils ont un talent particulier pour nager longtemps entre deux eaux et pour se cacher dans les marécages, laissant émerger la bouche et le nez entre les herbes.

Nous faisons escale à Tondi-Koaria ; à Carimama, où se trouve un ancien poste abandonné, puis, réoccupé l'an dernier. A Kompa, nous franchissons sans difficulté un seuil rocheux, ainsi qu'à Boumba, point où le Niger abandonne sa direction sud-est pour décrire une série de lacets. La région est pauvre et désolée jusqu'à 10 kilomètres en aval de Say, les rives sont de vastes marécages qui se terminent précisément là où commence le désert.

Nous étudierons plus tard le régime des eaux nigériennes ; disons tout de suite qu'à partir de Boumba jusqu'à Forcados, le Kouarra reçoit deux crues. La première, que j'ai appelée « crue orientale », est formée par les pluies diluviennes de l'hivernage qui dure de juin à novembre; la seconde ou « crue occidentale » est due à la répercussion de la crue du haut Niger, qui atteint son maximum en septembre à Koulikoro et qui fait son apparition, à Gaya, vers la fin de novembre seulement.

Il résulte de ces deux crues que les rives du Kouarra sont constamment inondées et que le soleil n'a pas le temps de les sécher; de sorte qu'à partir de Boumba, jusqu'en aval de Jebba, la vallée n'est, sur ses rives, qu'un lac de boue liquide, absolument impropre à toute culture.

(A suivre.)   LENFANT.

LE NIGER[1]

VOIE OUVERTE A NOTRE EMPIRE AFRICAIN

PAR M. LE CAPITAINE LENFANT.

VI. — Le double V. — Les habitants du Niger. — Sortie du Kouarra et entrée dans l'Issa-Ber. — Le deuxième convoi passe les rapides de Boussa. — Le Nil français. — Apparences de pauvreté, produits et richesses. — Les Courtébés. — Rapides du Nord. — Les greniers de Sinder. — La butte de Kendadji. — Noël à Dounzou.

L E *double V.* — Lorsqu'au delà de Boumba le navigateur poursuit la montée du fleuve pour arriver à Say, il trouve une section d'environ 180 kilomètres de parcours, que nous appellerons le double V (W), en raison de sa forme sinueuse et tourmentée.

A quelques kilomètres de Boumba, en amont de Bikini, village pauvre et presque désert où végètent quelques misérables Djermas, les collines se rapprochent et longent les rives, presque partout à pic. Nous déjeunons au seuil d'une porte formée de deux grosses masses rocheuses, qui plongent dans le fleuve.

Toute cette partie du Niger offre une solitude sauvage et grandiose; de toutes parts, sur les rives, des lignes ininterrompues de granitoïdes et de grès roses, superposés en couches horizontales, surplombent le fleuve à 30 et 40 mètres de hauteur. Les fissures verticales de ces murs sont tellement régulières qu'elles donnent de loin l'illusion d'un travail cyclopéen. Des arbres, des baobabs énormes, des herbes très vertes poussent et croissent dans les interstices; tout ce paysage s'illumine de tons multicolores sous le ciel bleu, au-dessus de l'eau verdâtre qui coule tranquille et silencieuse; pas un bruit, pas un cri, pas un être vivant ne vient troubler le calme de ces solitudes.

MON MAITRE COQ ABDOU SALAM,
DIT « ADRIEN », TOUCOULEUR OUOLOFF.
DESSIN DE MIGNON.

1. Suite. Voyez pages 1, 13, 25, 37 et 49.

TOME IX, NOUVELLE SÉRIE. — 6e LIV.

N° 6. — 7 Février 1903.

Le Niger nous emmène en des zigzags à angles aigus; nous parcourons ainsi le triple de la ligne droite qui joindrait Boumba et Kirtachi. Ce W est une faille brisée profonde, encaissée; la navigation n'y présente aucune difficulté, à part un ou deux seuils rocheux. Nous sommes assaillis fréquemment par des mouches noires dont la piqûre est douloureuse; François nous explique que cette bestiole vit dans les rochers, c'est à cause d'elle que cette région est absolument déserte. Seul, le Niger est habité.

Les hôtes du Niger. — Des hippopotames jouent à côté de nous; de temps en temps leurs énormes têtes émergent de l'onde; ils nous regardent, surpris par ces masses qu'ils n'ont pas coutume de rencontrer dans leurs parages; puis ils plongent pour émerger plus loin et nous observer de nouveau. L'hippopotame est une des distractions du Niger; lorsqu'il n'a jamais été blessé, la présence de l'homme lui importe peu, il ne s'attaque pas aux pirogues, encore moins à des chalands. S'il est dangereux de le tirer, il est fâcheux de le détruire; la satisfaction de posséder ses dents ou ses lanières ne devrait pas inciter les voyageurs à l'exterminer; car ces pachydermes débarrassent le fleuve des crocodiles en les écrasant de leur masse, au cours de leurs ébats. Nous serons moins indulgents pour les caïmans, qui sont les hôtes les plus dangereux et les plus redoutables du Niger. Nous en avons tué qui mesuraient 7 mètres de longueur; nous en avons pris qui sortaient de l'œuf. Tous les ans, au mois de janvier, lorsque le fleuve laisse à découvert les bancs de sable, la femelle va creuser un nid dans lequel elle dépose ses œufs (40 à 60, suivant les spécimens); ils sont de la taille des œufs d'une dinde, avec cette différence qu'ils sont également arrondis à leurs extrémités. Deux ou trois mois après la ponte, lorsque le soleil a suffisamment couvé pour elle, la mère va gratter le sable et met ses petits en mesure de briser eux-mêmes la coquille. Le jeune crocodile mesure ainsi de 18 à 20 centimètres de longueur; il mord et siffle dès qu'il éclot à la lumière; pendant la première partie de sa vie, il se développe assez vite, atteint près d'un mètre de longueur, puis il entre dans la mue. Tout le travail de sa nutrition a pour but alors de perfectionner ses organes respiratoires et son appareil digestif. Les indigènes prétendent que chaque année, lorsqu'il atteint une grosseur déterminée, ce saurien engloutit un caillou rond, gros comme un œuf de pigeon; nous avons, en effet, trouvé dans l'estomac d'un caïman qui mesurait environ 2 mètres, 176 de ces cailloux, qui servent, toujours d'après les noirs, au broyage des aliments.

Les grands crocodiles sont recouverts de coquillages et de végétation; lorsqu'ils dorment sur le sable, les pélicans et les cigognes se promènent sur leur carapace en y plongeant leurs becs; lorsqu'ils bâillent au soleil, des oiseaux, infiniment petits, picorent, entre leurs dents acérées, des détritus dont ils se nourrissent. C'est dans les rapides que les caïmans sont le plus agressifs; ils se tiennent au pied des trombes, dans les remous, pour saisir les poissons étourdis, pour happer les piroguiers naufragés.

Au moindre bruit de nos avirons, ils sortaient de l'abîme et, lorsque nous sommes descendus dans les tourbillons de Patassi, les laptots furent étonnés de les voir à ce point audacieux.

Il n'en est pas de même en fleuve calme. Là, le voyageur a plus de temps à soi et plus d'occasions pour les fusiller, et l'on ne saurait trop l'encourager à détruire ces malfaiteurs aquatiques.

Kirtachi. Sortie du Kouarra et entrée dans l'Issa-Ber. — Le 21 mai, à 10 heures du matin, le convoi touchait à Kirtachi, laissant derrière lui des bancs de roches qui barrent le fleuve sans présenter le moindre danger. Ici nous quittions le Kouarra, ce premier tronçon du Niger, pour pénétrer dans le second, c'est-à-dire dans l'Issa-Ber des Sonraïs.

La population change totalement d'aspect: ce ne sont plus des noirs qui viennent au-devant de nous, mais des individus fortement bronzés, dont les traits sont voisins de ceux des races berbères.

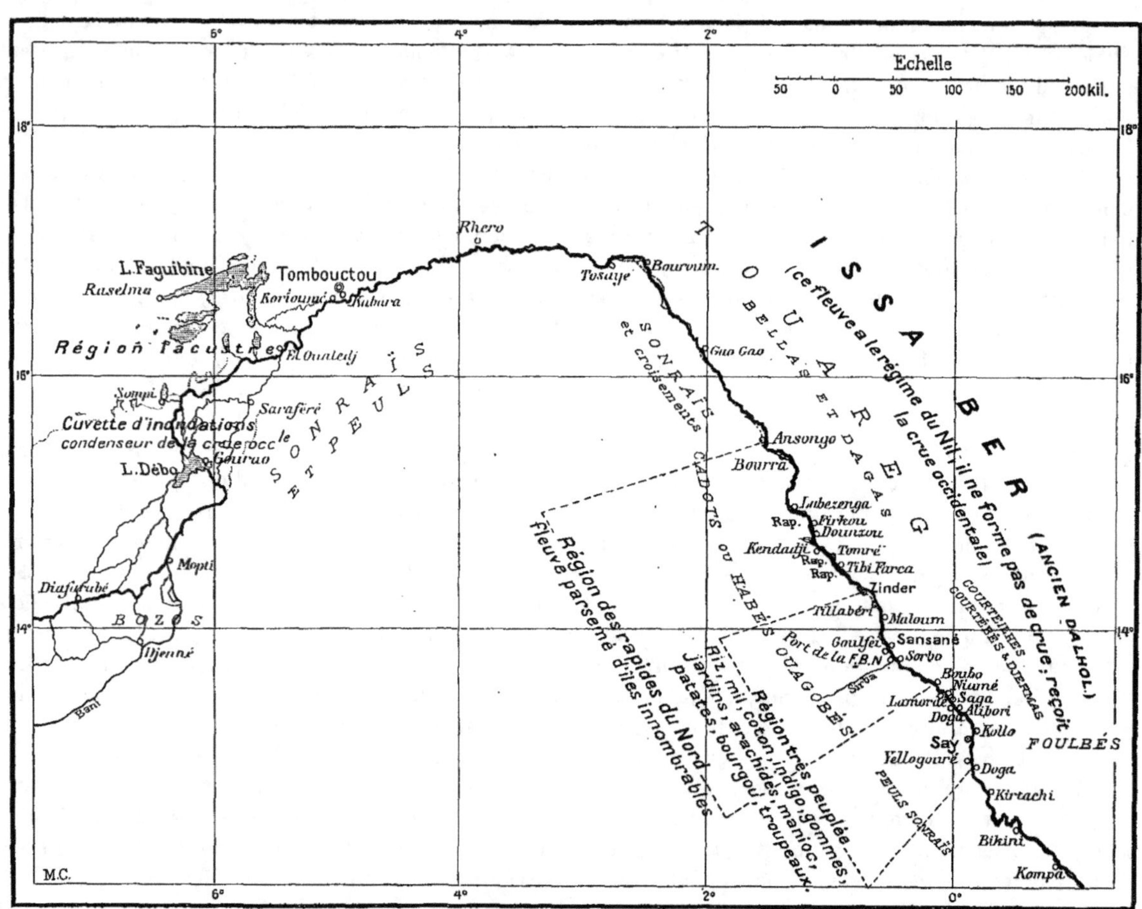

CARTE DU NIGER, RÉGION DE L'ISSA-BER.

Les Zabermas et les Djermas diffèrent peu les uns des autres; ils appartiennent à des races qui portent en elles la trace d'une civilisation effective, et chez lesquelles l'islam s'est implanté depuis longtemps.

Quelques explorateurs pensent que ces tribus proviennent du croisement des Mandés et des Sonraïs, et seraient dès lors des Toucouleurs d'une espèce nouvelle; d'autres prétendent qu'ils sont issus de l'Orient et que c'est une migration sans mélange.

Depuis neuf jours, nous sommes à court de vivres; mais le lieutenant Tilho, qui reçut ma lettre assez à temps, nous envoie de Say, en même temps que notre correspondance, une caisse de pain délicieux; il faut en avoir été privé pendant de longs mois pour apprécier la saveur incomparable de cet humble aliment.

Le soir du 21 mai, vers cinq heures, le thermomètre placé sous le rouf de mon chaland, marque 51 degrés centigrades! la tente du C 15 est surchauffée; elle arrête la brise et nous étouffons; la chaleur est tellement accablante que nous préférons nous exposer au soleil pour activer notre transpiration; les nuages s'amoncellent au-dessus de nous; si la température s'accroît encore, nous ne pourrons plus résister. Fort heureusement, une violente tornade vient rafraîchir cette fournaise.

Fort-Archinard et Say. — En amont de Yellogouré, le Niger s'engage dans une étroite passe jonchée de dalles granitiques; il contourne ensuite un chapelet d'îlots verdoyants, recouverts d'arbres gigantesques, qu'enlacent des lianes grimpantes.

Les rayons du soleil ne peuvent percer ce rideau de verdure. Toute cette partie du fleuve est d'un aspect charmant : les roches à fleur d'eau sur lesquelles bruissent de petites cascades, la végétation touffue, la coulée d'émeraude où les nuages roux se reflètent, les vols d'oiseaux multicolores qui chantent dans la limpidité splendide de l'azur, tout respire un charme exquis et reposant! La nature semble avoir caché cette oasis de beauté dans les dunes d'un sable aride, au milieu des falaises rocheuses sur lesquelles poussent à grand'peine des mimosas épineux et sans ombre, comme pour dire au voyageur sa puissance à donner la vie et à imposer la mort.

Le 23 mai, à huit heures du matin, nous visitions les ruines de Fort-Archinard, et, deux heures plus tard, le convoi jetait l'ancre en face du poste de Say.

C'est une petite agglomération de cases qui tombent en ruines et que l'on va reconstruire; quant au village, il nous laissa stupéfaits. De Say, je ne connaissais guère que les trois grandes majuscules vues sur la carte et diverses descriptions de date ancienne. Je pensais trouver là un centre important; il n'en est rien. Nous ne sommes pas les seuls qui soient tombés dans cette erreur, car le lieutenant Tilho nous fit lire une lettre de sa famille qui le félicitait de son déplacement et lui annonçait qu'elle jugeait inutile d'envoyer certains objets demandés, la « ville » devant posséder des magasins tout approvisionnés.

Il existe encore à Say les vestiges d'une enceinte qui mesure plusieurs kilomètres de développement. La ville devait être grande autrefois, il est certain qu'elle comptait au moins vingt-cinq mille habitants.

Elle était sise au croisement de diverses routes sur lesquelles on traînait des convois de captifs vendus sur le marché par les traitants de nègres ; les guerres ont décimé la population; notre présence a chassé les Peuls rebelles à notre influence. Aujourd'hui, la population s'élève à deux mille cinq cents âmes; toutefois le pays se repeuple assez rapidement.

Les habitants de Say sont des Toucouleurs, croisés de Peuls et de Sonraïs, mais chez qui le sang foulani prédomine ; ces indigènes parlent trois langues, car les nobles s'expriment couramment en aoussa, peul et sonraï. Ce sont des hommes intéressants, avec lesquels on peut s'entendre; la race est extrêmement fine et sympathique ; à part leur teint bronzé, ils ont l'aspect des Aryens et des Berbères que l'on rencontre sur le Niger, depuis Say jusqu'aux confins de la plaine de Djenné.

D'ailleurs le pays devient lui-même plus attrayant, bien qu'il semble ne rien produire. Le voyageur, qui passe en brûlant les étapes, ne peut se rendre un compte exact de la valeur économique du pays. Le Nil français, sur lequel nous allons naviguer, ne laisse paraître aucune richesse ; mais, en cherchant bien, il est facile de voir que l'indigène, quelles que soient sa paresse et sa négligence, obtient de ces terrains d'alluvion tout ce qu'il désire, lorsqu'un souffle de progrès et de nouveauté pénètre dans son cerveau.

L'Issa-Ber, comme le Djoliba, ne possède qu'une crue; mais ces deux fleuves présentent une différence considérable : le Djoliba circule dans un pays où les pluies torrentielles forment la crue occidentale, tandis que l'Issa-Ber est un dalhol, un lit d'ancien fleuve desséché, qui circule et s'allonge au milieu des territoires désertiques de la Boucle.

A 22 kilomètres en amont de Say, en face du village de Kollo, le Niger quitte la direction est-sud-est pour descendre vers le sud en formant un grand coude. Autrefois, il longeait les falaises de la rive droite; mais les terres qu'il a déposées au tournant, se sont trouvées progressivement entraînées le long de ces falaises et ont modifié son cours. L'ancien lit du fleuve est très nettement indiqué par un marécage où se déverse le trop-plein de la crue; le nouveau lit du Niger s'est porté vers la rive gauche, en sorte que Say est dans une grande île comprise entre l'Issa-Ber et les marécages.

VUE PANORAMIQUE DU POSTE DE GAYA, PRISE DE LA FALAISE QUI SURPLOMBE LE NIGER. — DESSIN DE BOUDIER.

Le 29 mai, le convoi débarquait son chargement à Niamé, point initial de la route Sinder-Niger, c'est-à-dire de la route allant au Tchad. Nous avions ainsi accompli la première partie de notre œuvre; nous avions, en effet, tout en reconnaissant la route à travers les rapides, déposé à Niamé les 70 tonnes de matériel que nous avions emportées et qui devaient aller ravitailler le colonel Peroz à Sinder. Il s'agissait dès lors de revenir à Arenberg-Badjibo pour y prendre un nouveau stock de marchandises et de matériel destiné à ravitailler les forts situés en amont de Say. Il nous fallait donc maintenant descendre d'abord le fleuve, puis le remonter une seconde fois, mais dans d'autres conditions.

Le départ de Niamé commença aussitôt après que nous eûmes débarqué le chargement, et, le 2 juin, nous étions de retour à Say.

Là, bloqués par la baisse des eaux, qui donnait au fleuve l'aspect d'un chapelet de lacs séparés par des seuils rocheux, nous dûmes patienter deux mois.

Séjour à Say. — Le lieutenant Tilho nous offrit la plus aimable hospitalité, et, pendant que, pour nous remettre de nos fatigues, nous préparions nos rapports et nos travaux de comptabilité, les laptots se dispersaient dans le village pour s'y livrer aux délices réservées à tout bon navigateur après une longue traversée....

D'après les nouvelles que j'avais reçues, le lieutenant Anthoine se trouvant fréquemment malade dans son poste, je lui donnai l'ordre de quitter Badjibo et de

A MI-DISTANCE ENTRE BOUMBA ET KIRTACHI, LE NIGER ENTRE, CALME ET PROFOND,
DANS UN ÉTROIT COULOIR. — D'APRÈS UNE PHOTOGRAPHIE.

se rendre à Forcados pour y prendre tout le matériel que nous avions déposé sur l'enclave; ce voyage le remettrait de ses fatigues, l'air de la mer lui ferait du bien. Il en fut effectivement ainsi. Pendant ce temps, Groisne et Messéant poursuivraient à Badjibo les travaux que j'avais décidés. Quant à Boury, je dus l'envoyer au Dahomey pour y recevoir des fonds; je restai onze mois sans le voir et sans être en mesure de le féliciter de vive voix pour l'énergie et l'habileté avec lesquelles il s'était acquitté de sa dure besogne.

Le 4 août, le Niger avait remonté à Say de 80 centimètres au-dessus de son minimum; nous avions assez d'eau pour opérer notre descente.

Descente du Niger. — Je donnai l'ordre du départ et, le 19, nous accostions devant les cases de Boussa. Kissalé Dogo me donna deux guides qui montaient une petite pirogue, mais, à l'entrée de Garafiri, ceux-ci prétendirent que leur embarcation ne pouvait franchir le rapide. Je me passai d'eux, puis j'engageai sur l'obstacle le convoi que le courant entraînait fortement.

LE GRÈS ROSE DU W; EFFETS DE L'ÉROSION. — D'APRÈS UNE PHOTOGRAPHIE.

Le C 15 franchit la grande volute et passe en un clin d'œil de l'autre côté du couloir. C'est là que Tonié est précipité dans le fleuve et blessé par son gouvernail; mon chaland, privé de sa direction et livré à lui-même, va donner sur une roche; mais fort heureusement, resté debout sur le pont, je pus réagir de toutes mes forces avec la jambe gauche présentée pour atténuer le choc; cinq minutes après nous sommes sur les chutes. La crue orientale atteignait, ce jour-là, 3^{m}65 d'altitude (le maximum fut de 6^{m}95 en 1901), de sorte que nous passons sur les formidables Dents noires du démon, fort au-dessous de l'étiage des hautes eaux. Le vacarme est impressionnant; cette masse d'eau qui se réduit en écume fait penser de loin aux crinières flottantes d'une charge de blanche cavalerie; le C 15 talonne sans se briser en longeant la rive gauche.

Lanciné, Baniessé et Ousman, nous voyant dans une passe difficile, font des signaux aux autres pilotes et se dirigent vers la rive droite où le rapide est plus violent, mais plus profond. Amadi Diara, gêné par la poussière d'eau, ne les voit pas, descend en plein milieu du fleuve et vient planter son chaland sur une roche. En deux minutes nous sommes tous entraînés à 1 500 mètres en aval, tandis que nous voyons l'embarcation d'Amadi Diara figée sur place; puis tout à coup nous virons et des îles viennent à la masquer. Ce fut un moment d'indicible angoisse.

Sans retard, nous armons le C 15 et pour porter secours à Amadi Diara nous remontons, par les marigots, jusqu'en amont des chutes. L'équipage d'Amadi Diara se démène à bord, mais en vain, pour se dégager. Nous voyons les laptots qui, poussant sur le rocher, brisent leurs bambous en d'inutiles efforts; les vagues sautent par-dessus le chaland arrachant tout ce qui se trouve sur leur passage. Baniessé prend la barre du C 15, Lanciné le tient à bras le corps, parce qu'en essayant de dégager l'embarcation échouée nous pouvons éprouver une réaction capable de renverser le pilote; Tonié, Oumarou Kané et Sibry se portent sur la pointe de mon chaland avec des cordages et nous gagnons le large.

Le C 15 bien dirigé passe à côté de l'épave, les amarres sont lancées, saisies au vol, fixées aux taquets, l'embarcation pivote sur la roche et se dégage. Elle n'avait pas été percée : sous l'influence du choc, le bordage de pitchpin s'était réduit en filaments spongieux et le trou s'était fermé de lui-même.

Nous descendons Patassi (2 250 mètres) en 3 minutes 20 secondes (vitesse : 36 kilomètres) par le bras central; 40 minutes après, nous sommes en eau calme, au pied du petit bras d'Ourou. Les tourbillons que l'on franchit en aval de ces deux rapides nous ont fait valser à leur aise; mais avec de pareilles embarcations il n'y a pas le moindre danger; notre accident de Garafiri le prouve d'ailleurs abondamment. En quelques heures (dont six dans les rapides), nous avons fait une route qui nous avait demandé 20 jours d'un travail surhumain en sens inverse. Le 20 août, le convoi s'abritait dans le Doko et nous débarquions sur l'enclave d'Arenberg.

J'avais écrit à M. Watts, pendant notre séjour à Say, pour qu'il utilisât notre carte du chenal entre Jebba et Badjibo afin de faire pousser jusqu'à l'enclave d'Arenberg les vapeurs qui devaient, dans le principe, apporter à Jebba le matériel déposé à Forcados.

Cette tentative n'avait jamais été faite avec de grands navires. M. Watts ne me répondit pas immédiatement; mais il ne perdit pas son temps en phrases dilatoires. Quelques jours après, je reçus tout simplement une lettre me disant que cela coûterait un supplément de 12 fr. 50 par tonne (pour 70 kilomètres); puis le lendemain, le vapeur « Sudan » de 200 tonneaux accostait la berge et débarquait son matériel dans le port d'Arenberg.

Anthoine revint de l'enclave Toutée complètement remis de ses malaises. Il était même mieux portant que nous, n'ayant pas éprouvé tous nos tourments. Je fis remettre à neuf tous les bateaux de la flottille; et vers la fin de septembre, je me rendis à Jebba pour affaire grave. Trois Français, arrivant d'Argoungou, venaient d'être incarcérés sous le coup d'une accusation terrible : on leur imputait le meurtre du capitaine Keyes.

RUINES DE FORT-ARCHINARD. — D'APRÈS UNE PHOTOGRAPHIE.

M. Wallace, qui remplaçait le général Lugard, me pria de les voir, de les entendre et de présenter leur défense devant le tribunal qui devait se réunir à la fin d'octobre. Il voulait que ces hommes fussent traités avec humanité, et il s'y employa de tout son pouvoir; mais je ne pus accepter sa proposition pour diverses raisons. D'abord le Gouvernement français ne m'avait pas donné d'ordres. J'en provoquai immédiatement par câblo-

LA FLOTTILLE NAVIGUANT SUR LA BOUE LIQUIDE, A TRAVERS LES HERBES, AVANT DE MOUILLER A GUIRIS. — DESSIN DE MASSIAS.

gramme que M. Wallace envoyait au Gouverneur général à Saint-Louis, soit pour que je fusse chargé de la défense, soit pour qu'on envoyât un avocat du Dahomey. Le 8 octobre, aucune décision n'avait été prise, aucune réponse n'était parvenue.

Le fleuve baissait, le départ du deuxième convoi était imminent; ma place était avec les équipages dans les rapides. Il fallut partir. J'en étais à ma troisième attaque de fièvre bilieuse qui m'avait surpris le 7. Incapable de supporter la route, je donnai la direction de la flottille à Lanciné, puis le 8 au matin je me fis déposer dans le C15 qui rejoignit le soir même la tête du convoi. Anthoine et Groisne m'accompagnaient, nous avions avec nous un passager anglais, le lieutenant Gordon, que M. Wallace avait délégué en pure forme auprès de nous et qui ne cessa d'être plein de complaisance. Il débarqua à Guiris pour continuer ses services à Chengakoï (au nord d'Ilo). En arrivant à Ourou, Anthoine fut gravement malade. Il pleuvait tous les jours, toutes les nuits; les rafales nous trempaient jusqu'aux os, les tornades bousculaient les chalands et projetaient des trombes d'eau dans le fleuve dont le courant s'accélérait. La chaleur était très lourde, la réverbération tellement intense qu'un matin je fus frappé d'insolation dans les yeux. Rien n'est plus effroyable que de se croire aveugle ou tout au moins en passe de le devenir. L'hôpital de Jebba était à huit heures de fleuve en aval; le médecin de Sorbo était à cinquante-trois jours de nous, mais dans la direction qu'il était de mon devoir de suivre : je préférai donc continuer ma route et poussai vers Sorbo. Le convoi passa le rapide d'Ourou et se présenta devant l'escalier de Patassi; nous fûmes tous effrayés par cette trombe qui roulait des vagues en tire-bouchon, mais enfin nous les laissâmes derrière nous. Le convoi lutta trois jours et trois nuits dans ce rapide; les îles étaient submergées; nous demeurions les nuits à l'ancre au milieu des rochers. Les tornades s'abattirent sur nous, personne ne dormit, mes hommes étaient tellement fatigués qu'ils préféraient ne pas manger pour sortir plus rapidement de cet enfer, car il n'y avait pas un pouce de terre où l'on pût installer feux et cuisines.

Je n'avais pas voulu exposer le lieutenant Gordon dans les rapides. Sous prétexte de rassembler des vivres, Anthoine reçut l'ordre de rejoindre Boussa par la route, avec cet officier anglais. C'est là que nous les retrouvâmes : Groisne m'avait accompagné, Groisne dont l'énergie égale le dévouement.

Ce deuxième voyage fut plus pénible que le premier : la saison des pluies est déprimante; et puis, on ne navigue pas de longs mois sur le Niger sans payer tribut à la maladie; mais nous avons atteint Gaya sans débarquer une seule caisse aux rapides, sans rien perdre, sans rien briser. En nous retrouvant à Say, le 3 décembre, nous recevions des courriers volumineux et des nouvelles impatiemment attendues.

Climatologie de l'Issa-Ber. — Tout ce pays est très sain, sans en excepter Say et ses marécages. Il y fait en été des chaleurs torrides, mais l'air est extrêmement sec; la brise est chauffée par le sable et par les rochers du désert; les miasmes sont détruits par le soleil; il n'y a ni brouillards ni buée, comme on en trouve sur le Bas-Niger; il n'y a presque pas de moustiques, tandis que les rives du Kouarra en sont infestées.

L'hiver est assez froid, l'hermattan souffle tous les matins à partir de huit heures jusqu'à deux heures de l'après-midi, les nuits sont parfois glaciales, les matinées fraîches, les journées chaudes, les soirées agréables. L'Européen qui s'est anémié sur les territoires malsains du Bas-Niger retrouve là tout ce qui convient au rétablissement de sa santé : air vif et pur, fraîcheur, laitage, vivres frais, jardins, etc.

Le Nil Français. Produits et richesses. — Nous étions sur l'Issa-Ber à l'époque où la crue occidentale monte lentement et sûrement; elle recouvre de vastes prairies au bord desquelles paissent des troupeaux de chevaux, de moutons et de chèvres, inonde les berges, puis monte dans les champs de mil dont les grosses tiges, incomplètement desséchées et coupées, s'ornent à nouveau de quelques feuilles vertes. L'indigène cultive à sa manière; il gratte ces alluvions avec

une raclette, écarte la terre avec son orteil pour n'avoir pas à se baisser, puis laisse tomber dans le trou ainsi formé trois grains de mil qui vont devenir un épi. Les rizières sont rares, mais belles; le noir en fait le moins possible parce que le mil est moins pénible à cultiver que le riz qui nécessite des repiquages et des soins. Il est certain que si les Djermas voulaient, ils auraient des céréales à profusion. Il ne faut pas d'ailleurs les accabler de trop vifs reproches; autrefois ce pays était très riche, mais lorsque les Touareg y firent invasion, ces pillards dévastèrent les villages et ne tardèrent pas ainsi à dégoûter les riverains de toute idée de travail et d'économie. Nous avons vu, sur les berges, des jardins potagers admirablement entre-

tenus; il y avait des planches de cultures variées: oignons d'É-gypte, piments, épinards, nié-bés (haricots du Soudan), toma-tes, fabiramas, tabac, etc., tout cela présentait des alignements soignés et séparés par des rigoles d'irrigation.

L'un des inconvénients du pays est le manque de bois de chauffage, remarquez bien que je ne dis pas : manque de com-bustible, puisque le bourgou, succédané de l'alcool, foisonne dans le Niger; mais l'indigène ne sait pas s'en servir. Dans tous ces territoires qui, chaque année, se recouvrent d'un limon nouveau, qui reçoivent un ap-port nourricier au milieu même du Sahara, il est des cultures qui peuvent devenir pour la France une source de richesses : ce sont d'une part le coton et l'indigo; d'autre part : l'ara-chide, le sésame, le caoutchouc,

LES GRIOTS DU ROI DE BOUSSA. CELUI DE GAUCHE ÉTAIT UN ÉMISSAIRE DU SULTAN DU KANEM.
D'APRÈS UNE PHOTOGRAPHIE.

le karité; sans compter l'ivoire, les peaux, les laines, les tissus, le tabac, puis des récupérateurs solaires, la patate, l'igname, le manioc, la betterave, l'ozonifi, et peut-être même le topinambour. Quant aux autruches on les élève dans les îles du Niger; l'aigrette pullule à partir de Say jusqu'à Diafarabé. Je tiens à le répéter : le Nil français ne produit rien à l'heure actuelle, mais il peut produire de tout.

Le Nil français est par excellence le père nourricier du coton. Pour qu'une terre soit favorable à cette culture, il faut d'abord une période humide qui fasse germer la graine et développe les premières feuilles; puis une période sèche pendant laquelle la tige se fortifie et la fleur s'épanouit.

Or, sur le Niger, nous avons d'abord une saison des pluies pendant laquelle le noir sème la graine; puis quand la tige est assez forte, en octobre, la pluie cesse; la fleur se développe et s'épanouit à la rosée du matin; enfin, elle mûrit au début de la saison sèche (fin novembre).

Le coton « indigène » est à soie courte, tenace et résistante; c'est un produit brillant, des plus agréables à l'œil et au toucher, dont il sera facile de corriger quelques défauts. Le Gouvernement du Sénégal a créé des jardins d'essai, c'est un premier pas vers le progrès. Il est probable que, tous frais payés, le kilogramme de coton égrené, comprimé, puis emballé, ne reviendra pas à plus de 0 fr. 50, soit 500 francs la tonne; le chemin de fer de Kayes au Niger le transportera pour 37 à 40 francs à bord des vapeurs qui remontent à Kayes pendant l'hivernage, et ceux-ci le déposeront pour 20 francs de plus à Bordeaux ou à Marseille. Donc, pour 500 ou 600 francs, l'industriel français possédera la tonne de coton, qu'il paie actuelle-ment jusqu'à 800 francs sur nos marchés, où se déversent les produits américains.

Quant aux autres produits, arachides, ignames, patates, etc., ce sont des cultures extrêmement produc-tives, auxquelles l'indigène se livre sans le moindre effort. Sans porter atteinte à la douceur de ses siestes, il pourrait en produire dix fois et même vingt fois plus; il suffirait pour cela qu'il en reconnût l'utilité.

La main-d'œuvre indigène. — Les populations sont tellement clairsemées, la guerre les a décimées à tel point, que la main-d'œuvre en a subi le contre-coup. Cependant, on ne peut pas dire qu'elle soit difficile à trouver, car les travailleurs ne manquent pas; et ils pourraient être bien plus nombreux encore, la moitié des indigènes au moins se refusant à tout travail. Ils dorment ou se promènent, tandis que leurs domes-tiques et leurs femmes se livrent à la culture des champs de mil ou bien aux soins de la maison. Nous avons néanmoins toujours pu recruter le nombre de travailleurs qui nous étaient nécessaires, et pendant nos campagnes de 1898 à 1900, nous avons eu près de deux mille ouvriers, laptots et manœuvres, au service des travaux et de la flottille de Koulikoro. Il est probable que ces populations prolifiques vont s'accroître et se décupler, grâce à la sécurité qui règne dans le pays. En vérité, à l'heure actuelle, on est presque toujours certain d'avoir le nombre de travailleurs que l'on désire en payant régulièrement la solde convenue.

Le Soudan, d'ailleurs, est un pays où la machine doit un jour remplacer la main-d'œuvre; avec elle, on vaincra l'inertie des indigènes ou, du moins, l'on n'aura plus à en souffrir.

Quant à trouver des ouvriers capables de diriger des machines, de les comprendre et de les réparer, il n'en manque point au Soudan. Les ateliers de Kayes et de Saint-Louis sont peuplés par des Ouoloffs, des Kassonkès, des Saracolès, des Toucouleurs et surtout par des Bambaras. Ce qu'il faut là-bas, c'est ce que nous appelons communément « des tournebroches nègres », des machines simples que le sable ne détériore pas facilement, dont le nettoyage et les réparations soient des plus commodes.

Le pays offre encore des bois superbes que l'on trouve dans les hautes futaies du Bani, du Badinko, du Bélédougou; ce sont le vine, le caïlcédrat, le lingué, le karité, bois durs pour menuiserie fine, charpente, travaux d'art; le sô, le boun-bou, l'alome, le soum-sou pour les planches, les poteaux, les avirons, les pièces élastiques.

Les gisements de calcaire sont rares ou plutôt mal connus; la terre argileuse des bords du Niger donne d'excellentes briques et de bonnes tuiles; les carrières de grès rose que l'on peut ouvrir en maints endroits se présentent par bancs réguliers; taillés avec soin, ces grès donnent à la construction un aspect des plus agréables. Les minerais ferrugineux (limonite ou fer hydroxydé, pyrite, minerais magnétiques, etc.) sont exploités par les indigènes, parmi lesquels on trouve une caste spéciale de gens qui, de père en fils, forgent avec beaucoup d'adresse.

Nous avons mis sous les yeux du lecteur le tableau des produits que l'on rencontre en parcourant la vallée du Niger et de ses collatéraux. Ces denrées et ces matériaux ne sont pas tous groupés dans une même zone, bien au contraire : les richesses du Soudan se divisent par espèces sous des latitudes qui leur sont propres. Ainsi, les rizières sont au-dessus du 13e parallèle; le caoutchouc, le karité, etc., sont en dessous, tandis que l'arachide, l'igname, la patate sucrée, etc., empiètent de part et d'autre.

De Say à Sorbo. — Les îles cultivées et habitées du Niger ne commencent qu'à partir de Doga. Il y en a de fort belles, d'autres sont couvertes de graviers, mais elles constituent l'exception. Niamé est un des points où la falaise est le plus à pic; le désert inaccessible à la crue se trouve au bord du fleuve, mais plus loin on trouve de grandes îles et des marchés : à Lamordé, Birni, Tondikoria.

C'est à Boubo que l'on entre dans la région des « rapides du Nord »; ce seuil rocheux, qui présente des passes faciles, produit néanmoins une accélération du courant. Le 10 décembre, nous arrivons à Sorbo, chef-lieu de la population courteilhe ou courtébé, qui nous a fourni cent soixante piroguiers.

Les Courtébés. — Ces indigènes présentent l'aspect de deux races différentes. Je ne me tromperai probablement pas en distinguant le Courteilhe du Courtébé, ce dernier semblant être ou avoir été sous la domination du premier. L'un est un homme de belle taille, au teint bronzé, d'allure noble et fière. Ses traits

LE CONVOI S'ARRÊTE A MIDI DANS LE BOURGOU POUR DÉJEUNER. — DESSIN DE GOTORBE.

sont réguliers comme ceux des Djermas, des Zabermas et des descendants des Sonraïs. L'autre est un noir dont la physionomie est des plus sympathiques, c'est un croisement de races mandés (Bambaras ou Somonos), avec la race courtébé. Nous sommes ici en pays civilisé, chez des gens dont les mœurs sont des plus pacifiques. Le Courtébé est l'homme du fleuve, le piroguier des rapides. Il navigue sur de belles pirogues d'une seule pièce, qu'il dirige avec une pagaie, dont la palette est d'une superficie cinq fois moins grande que celle des pagaies de Boussa (cela permet d'ailleurs de comparer les courants de ces deux régions où le fleuve est difficile). Ici, les tatouages et les cicatrices disparaissent à peu près ; le Courteilhe a la tête rasée, mais coiffée d'un turban ; le Courtébé se rase également les cheveux, ménageant toutefois des couronnes concentriques ou une croix, partant du sommet du crâne et qu'il conserve à titre d'ornement.

Nous avons retrouvé chez les Courtébés des prénoms, Hassan, Alfeïdou, Ousman, Arighis, etc., que portent les Somonos ; d'ailleurs, ces derniers sympathisent avec eux et les considèrent comme des collatéraux. Lanciné, qui parle tous les dialectes du Niger, me disait un jour : « Ces nhommes-là, y a toujours corder (accorder) avec nous, même chose Bambaras. »

Sorbo est un centre assez riche, mais les terres sont peu cultivées. Le Niger y reçoit sur la rive droite un affluent, la Sirba, qui vient de l'intérieur de la « boucle » et traverse des forêts où les piroguiers vont abattre de gros arbres pour y creuser leurs embarcations. Cette rivière est grossie par les pluies de l'hivernage et par des mares que Barth a rencontrées sur sa route. La flottille a son port de repos et son sanatorium à l'embouchure de la Sirba ; c'est là que le personnel va se remettre de ses fatigues et de ses privations, à quelques centaines de mètres du poste militaire et des camarades, toujours prêts à nous bien accueillir.

A Sorbo nous renouvelons nos équipages fatigués, et le 16 décembre, la flottille se remet en marche vers le nord. Notre deuxième convoi devait ravitailler tous les postes du Niger jusqu'à Ansongo, sommet des derniers rapides, ainsi que ceux qui se trouvent à plus de 120 kilomètres à l'intérieur de la boucle. Nous visitons Sansané Aoussa, Maloum, grand centre populeux qui se compose d'une vingtaine de villages situés dans des îles, Tillabéri où le fleuve présente un petit rapide ; puis nous arrivons à Sinder-Niger. Dans toute cette région, les abords du fleuve sont très cultivés, les inondations s'étendent parfois à perte de vue dans les échancrures du plateau nigérien ; nous naviguons sur des rizières et des champs de mil récemment moissonnés et dont les récoltes sont emmagasinées dans les greniers de Sinder. C'est une île qui parait extrêmement peuplée. L'aspect de ce village est des plus curieux. Les indigènes construisent, en guise de resserres, d'immenses jarres renversées, véritables hémisphères de 2m50 de diamètre, en superposant avec régularité des assises d'argile très minces. Ils ménagent une ouverture circulaire à la partie supérieure qu'ils recouvrent d'un chapeau; puis, lorsque le soleil a séché la terre glaise, ils allument à l'intérieur un grand feu de paille pour durcir cet ingénieux magasin qui résiste assez longtemps aux pluies de l'hivernage.

Autrefois, les Touareg opprimaient la région et pillaient les récoltes; mais les habitants se préservaient de leurs incursions en centralisant les grains dans ces îles que l'ennemi ne pouvait atteindre, faute de pirogues.

Les rapides du nord. — Le fleuve est d'abord facile en amont de Sorbo; nous campons à Tibi Farca, point terminus de la première mission Toutée; puis les rapides commencent. L'obstacle de Dessa est un étranglement rocheux; Kendadji paraît plus difficile, mais nous l'avons franchi en vingt-cinq minutes. En ce point, le fleuve est dominé sur chaque rive par deux amoncellements granitiques, aux roches arrondies, qui semblent descendues d'un immense tombereau et qui projettent une barrière dans l'Issa-Ber. C'est à Kendadji que le plateau nigérien révèle ses derniers vestiges, son allure générale et sa nature géologique. Il n'en reste plus que des buttes en forme de trapèze de 175 à 200 mètres d'altitude. Ici, la vallée est un dédale inimaginable de petits bras et d'îlots, sur lesquels se trouvent de beaux villages; de superbes autruches y courent en liberté. Le coton, l'indigo, le riz, le mil, les jardins potagers, croissent dans toute cette contrée.

Arrivée à Dounzou. — Le 24 décembre, nous passons le rapide d'Ayorou et jetons l'ancre devant Dounzou, le plus beau poste de toute la région. Le lieutenant De Saint-Maur qui commandait à Sinder nous y rejoint pour partager avec nous l'intéressante hospitalité du lieutenant Thibaut.

Rien ne manque à Dounzou, même les primeurs; Adrien en est ravi. Immédiatement il s'installe à la cuisine et prépare des mets succulents pour les fêtes de Noël. Mes pilotes sont à bout de forces; Ousman en est pâle; Koloba et Lanciné sont exténués : nous effectuons depuis soixante-dix-huit jours des étapes de 35, 40 et même 50 kilomètres. Un repos sérieux semble donc tout indiqué. Groisne est également souffrant; le froid des nuits est, pour notre sang épuisé, un stimulant excessif qui nous donne des accès de fièvre.

Je ne saurais dire combien ces quatre journées de repos furent agréables. Le paysage est charmant; le jeune officier qui commandait le poste nous était, ainsi que son collègue, des plus sympathiques. C'est là que nos santés ont acquis la force dont elles avaient grand besoin pour l'assaut des futurs rapides; nous avions beaucoup souffert dans les marécages du Bas-Niger, et mieux que personne, nous sommes à même d'apprécier tous les effets salutaires dont nous sommes redevables à la vallée du Nil français.

(A suivre.)   Lenfant.

LE NIGER[1]

VOIE OUVERTE A NOTRE EMPIRE AFRICAIN

PAR M. LE CAPITAINE LENFANT.

VII. — Le Nil français, Issa-Ber (suite). — Rapide de Labezenga. — Timbouctou. — Touareg. — Bellas et Dagas. — Le Bara-Issa et le Koli-Koli. — Naufrage sur le Débo. — Le delta Niger-Bani. — Le Djoliba. — Ses piroguiers. — La légende du roi Mourouho.

FEMME PEULE DU DÉSERT, INTIMIDÉE
PAR L'OBJECTIF.
D'APRÈS UNE PHOTOGRAPHIE.

JE profitai des bons offices du lieutenant Thibaut et des excellentes relations qu'il entretenait avec ses administrés pour donner à mes équipages tout le confort nécessaire. La région est habitée par les Touareg, qui paissent là de superbes troupeaux. Un véritable fléau, la peste bovine, réduisit, ces dernières années, les richesses des Nomades. La région du Nil français est tellement semblable à l'Egypte, qu'elle a aussi ses plaies intermittentes.

Vie des Touareg et Régime hydrographique de la Boucle. — La vie des Touareg est variable, car elle se règle sur la marche de leurs troupeaux; or ceux-ci se déplacent avec la crue du Niger et leurs mouvements sont intimement liés à son régime.

Chaque année, vers la fin de juin, les Touareg s'enfoncent dans l'intérieur de la Boucle et vont hiverner dans la région des mares grossies par les pluies de la saison. Ils y trouvent de l'eau, de l'herbe qui croît et se développe avec l'humidité. De plus, après chaque tornade, lorsque le soleil a pompé les flaques d'eau, le sol se recouvre d'efflorescences salines, dont le bétail est très friand et qu'il lèche pour son plus grand bien.

Le chapelet de mares qui s'étend à l'intérieur de la Boucle du Niger n'est pas indépendant du fleuve. Il existe des canaux pérennes qui le font communiquer avec l'Issa-Ber, et chaque année, vers le milieu d'août, on peut remonter en pirogue à de grandes distances du fleuve. Nul doute que ce chapelet de mares soit un ancien fond marin, mais il n'est plus aujourd'hui qu'un régulateur de la crue, à l'égal de la région lacustre que l'on trouve à l'ouest de Timbouctou.

1. *Suite. Voyez pages* 1, 13, 25, 37, 49 *et* 61.

C'est près de ces mares que les Touareg hivernent jusqu'au mois de mars. A cette époque la sécheresse les repousse vers le Niger, dont la crue (maxima en février) commence à découvrir les pâturages riverains. Escomptant déjà ce retour et craignant de me trouver dans l'impossibilité de nourrir mes équipages avec les ressources infimes du Kouarra, je résolus d'acheter un troupeau et de l'envoyer à Say, afin de l'y trouver lors de ma descente prochaine sur Arenberg. Thibaut fit appeler le targui Kermadji qui campait sous la tente à 120 kilomètres de Dounzou. Celui-ci, monté sur un chameau de course, franchit en un jour la distance qui nous séparait. Je lui demandai six cent soixante-quinze chèvres et moutons, livrables à Say, dans les dix-huit jours, moyennant un prix déterminé, d'après échantillons que nous lui montrâmes dans le troupeau du poste. Il réfléchit, discuta, montra les difficultés de l'entreprise, puis après maints pourparlers, nous exposa consciencieusement ce qu'il pouvait faire. Un noir eût accepté tout de suite nos propositions par obéissance, même sans être certain de tenir sa parole. Il n'en est pas de même des Touareg : ce sont des gens naïfs et d'une éducation primitive, mais ils sont intelligents et soucieux de tenir leur promesse. Il fut convenu que deux hommes des tentes de Kermadji conduiraient le bétail à Say en vingt et un jours. Je payai d'avance sans hésitation ; d'ailleurs, à la date indiquée, je trouvai mon troupeau en parfait état ; il s'était même accru d'une dizaine de petits chevreaux en cours de route. Nous avons dit au lecteur ce que nous pensons des diverses races riveraines du Niger ; il ne nous semblait donc pas inutile de lui montrer que les Touareg, aujourd'hui soumis et pacifiés, ne sont pas des gens indignes de vivre à nos côtés ni incapables de se livrer à des transactions dont nous puissions un jour tirer profit.

Derniers rapides. — Nous quittons Dounzou le 27 décembre ; le convoi remonte et dépasse les seuils de Firkou et fait 40 kilomètres dans sa journée. Le lendemain, vers huit heures du matin, nous atteignons le rapide de Labezenga, le terrible gouffre dont les dangers firent couler des flots d'encre et dire tant de paroles inutiles. Les officiers et soldats européens de nos territoires du Niger le passent couramment en pirogue ; le convoi l'a franchi en quarante-cinq minutes, bien qu'il ait 4 kilomètres de longueur.

A l'endroit où le rapide commence à se dessiner, le fleuve se partage en deux bras. Le bras de gauche est barré par deux lignes de roches formant des cascades entre lesquelles on trouve un assez mauvais passage que les indigènes n'utilisent jamais. Le bras de droite est traversé dans toute sa largeur par un alignement schisteux que le Niger ne tardera pas à renverser. J'ai touché de la main une roche sur laquelle mon chaland s'est accroché ; c'est une grosse ardoise qui n'a pas 20 centimètres d'épaisseur ; s'il y avait un peu plus de courant tout l'alignement disparaîtrait ; il y a partout des brèches capables de livrer passage à des embarcations de la taille de nos grands chalands en acier. Le courant n'a pas 8 kilomètres de vitesse. J'ai fait tirer le C 15 à sec pour examiner les traces du passage : le bois n'était même pas gratté.

LE VILLAGE DE SINDER ET SES GRENIERS A RIZ EN TERRE CUITE.
D'APRÈS DES PHOTOGRAPHIES.

LA CHUTE DU RAPIDE DE LABEZENGA; DANS UN COIN, LA MAIN D'UN LAPTOT QUI MANŒUVRE. — DESSIN DE BOUDIER.

Rapides de Fafa; un coup d'œil sur la contrée. — Nous trouvons ensuite sur notre route les petits rapides de Fafa. La contrée devient tout à fait sauvage, elle est presque déserte. C'est dans ce pays que les Nomades pratiquaient leurs plus terribles déprédations. Il n'y a pas deux ans qu'ils ont été mis à la raison : avec le calme reviendront les hommes et les cultures.

Les races me paraissent ici plus complexes et plus variées. Les Foulbés pillards côtoient les Bellas et les Dagas. Les Bellas sont des croisements de Touareg et de Foulanis; ce ne sont pas les captifs du Targui, mais plutôt des Nomades qui plantent leurs tentes à côté des siennes, remplissant l'office de régisseurs des troupeaux ou de métayers. En raison de sa noblesse ou de sa descendance, le Targui se contente de posséder, de surveiller et de débattre ses intérêts; il passe un contrat avec le Bella, qui moyennant redevance, s'engage à lui maintenir son bétail en bon état sur un effectif donné. Ce dernier dispose de l'excédent ou complète ce qui manque; mais trop fier à son tour, il confie l'avilissante corvée des pâturages aux bergers dagas qu'il traîne à sa suite.

Le 1ᵉʳ janvier à midi, poursuivant notre route vers le nord, nous accostons devant l'île de Bourra, dont le chef Idris nous comble de cadeaux. J'ai mis de côté quelques conserves fines qu'Adrien accommode avec soin. Il y a exactement quatre-vingt-cinq jours que nous sommes en route : raison de plus pour organiser un déjeuner confortable et boire à nos santés. Attablés en plein soleil, nous fêtons la nouvelle année et nous trinquons au succès de la mission. Le soir, à six heures, nous étions devant l'île d'Ansongo.

Au but! — Nous voici donc en eau calme, au terme de notre voyage, réconfortés par le succès du deuxième voyage, ayant prouvé par deux fois qu'il est possible de pénétrer au cœur même du Soudan par le Bas-Niger. Je donnai l'ordre de décharger les embarcations et décidai que nous commencerions, le 3 janvier, la descente sur Badjibo, où nous ne devions rentrer que le 4 février, après une marche de cent dix-neuf jours[1].

1. J'arrivai à Boussa, le 2 février, le fleuve avait repris son régime de la saison sèche. Les chutes de Garafiri, trop accentuées, nous obligèrent à descendre par le marigot central de gauche. Le 4 février, de bon matin, le convoi rentrait à l'enclave d'Arenberg sans le moindre accident, sans la moindre perte. Malheureusement, Anthoine avait contracté en cours de route une dysenterie qui devait le mener dans la tombe. Je l'envoyai à l'hôpital de Jebba, puis profitai du voyage de Groisne pour le diriger sur Porto Novo ainsi que Messéant, qu'une fièvre bilieuse hématurique avait mis à bout de forces. C'est avec une joie sans mélange que je retrouvai de Peyronnet sur l'enclave, toujours fidèle au poste, toujours dévoué, toujours prêt au sacrifice. Les privations, le dur climat, l'isolement, la fatigue et l'anémie n'avaient point ébranlé son énergie. Je le trouvai prêt à commander le troisième convoi qui partit de Badjibo, le 4 mars, pour Sorbo. Ce fut derechef un succès aussi brillant que complet. Le troisième territoire militaire se trouva de ce fait ravitaillé pour un an. A la même époque, mes fonds étaient totalement épuisés. Seul, je pouvais négocier et faire les démarches pour en demander au Gouverneur général. J'étais éloigné de toute communication rapide, et je prévoyais les difficultés de toutes sortes qui pouvaient résulter du manque d'argent. Je vis immédiatement la gravité de la situation, et me dirigeai en toute hâte sur Porto Novo pour demander les sommes nécessaires au paiement des piroguiers et à la marche du troisième convoi. C'est encore à l'aimable intervention de M. Liotard que nous dûmes des subsides; de Peyronnet les reçut par voie de terre à Say, précisément le jour où sa caisse était épuisée. Je quittai le Dahomey, le 4 mars, pour aller déposer mes comptes et mon rapport à Saint-Louis; c'est là que je fus présenté à M. Roume, gouverneur général de l'Afrique occidentale, qui fut très bienveillant pour nos efforts et qui nous témoigna beaucoup d'intérêt. Enfin, le 1ᵉʳ avril, j'embarquai sur le paquebot *Brésil* des Messageries maritimes, qui me déposait à Bordeaux, le 7 mai, tout à fait remis de mes fatigues, avec la conscience heureuse du devoir, accompli.

En 1899, lors de ma première excursion sur le fleuve, j'avais atteint et dépassé Ansongo; je me trouvais donc en pays déjà visité par moi, et je vais dorénavant décrire le Niger d'après les souvenirs de mes expéditions antérieures.

En fleuve calme. — A partir d'Ansongo jusqu'à Timbouctou, Ségou, Koulikoro et Toulimandio, c'est-à-dire sur environ 1 400 kilomètres de son cours, le Niger est absolument calme. Les rives de l'Issa-Ber sont à peu près désertes, parce que les Touareg ont tout pillé. Cependant nous sommes au milieu d'une vallée qui, deux siècles auparavant, était habitée tout le long des rives et dans les îles. C'était l'époque de l'invasion des Sonraïs et de leurs luttes avec les Berbères....

En août 1899, Tonié dirigeait la pirogue en aluminium qui sert à mes déplacements sur le fleuve, et nous marchions souvent fort tard; il nous était difficile parfois d'apercevoir les campements au milieu de l'obscurité. Un soir, fatigué par la chaleur et par la marche, je désespérais de trouver un refuge pour y passer la nuit, lorsque Tonié changea brusquement de route. Il venait d'entendre le chant d'un petit oiseau qu'on appelle au Soudan le « Chass' d'Af' », dont il semble porter l'uniforme; cinq minutes après, nous étions sur un banc de sable criblé de petits couloirs, au fond desquels l'oiseau dépose ses œufs. Le lendemain, au lever du jour, je m'aperçus que nous avions campé devant une île et j'en fis le tour. Elle était ceinte d'une digue de 50 à 60 centimètres de hauteur et couverte de rizières, dont les pousses venaient d'être repiquées. Des rigoles d'irrigation, dans lesquelles l'indigène envoie l'eau du fleuve au moyen de calebasses, les réunissaient entre elles. L'indigène sème le grain au mois d'août ou de septembre, puis lorsque la crue submerge la rive, il ferme complètement la digue. Le riz pousse ainsi sous l'eau plusieurs jours encore; il doit être tout près de sa maturité, avant le maximum de la crue. Les noirs viennent alors avec des pirogues et font la moisson. Il en est ainsi sur une bonne partie des rives et des îles, mais naturellement l'étendue de ces cultures est proportionnée à la densité de la population.

Le village de Gao-Gao ou Gogo est à 95 kilomètres en amont d'Ansongo. C'est l'ancienne capitale de de l'empire sonraï dont il ne reste plus qu'un seul vestige : les ruines de la mosquée. Le poste est un superbe caravansérail où s'abrite une compagnie de tirailleurs.

Sur tout son parcours à partir d'Ansongo, l'Issa-Ber est extrêmement large : il s'étend souvent sur 8 et même 12 kilomètres d'une rive à l'autre; partout il inonde et dépose un limon fertilisateur. Mais s'il peut produire tout, il ne produit presque rien; l'indigène chancelle encore sous le coup de massue qui l'a frappé. Depuis l'invasion targuie, il ne sait s'il doit renaître ou s'enfoncer sous terre, s'il doit s'enfuir ou s'approcher du Niger. Il y a une grande différence entre le bief Débo-Ansongo et la région Dounzou-Say, au point de vue de la population et des produits; il n'y en a pas au point de vue de la fertilité.

Beaucoup de roches plates qu'on trouve sur les rives, portent des inscriptions touareg : c'est la représentation du dialecte tamaschèque, au moyen de signes et de dessins des plus primitifs. C'est à Karou, en aval de Fafa, que j'ai vu les plus nombreuses et les plus curieuses, elles sont rares à Tosaye et à Sallakoïra.

Le défilé de Tosaye ou Taoussa se trouve à 105 kilomètres en amont de Gao, à proximité de l'île de Bourem. C'est une faille rocheuse, dans

PASSE DE KENDADJI. — DESSIN DE BOUDIER.

laquelle le Niger s'écoule posément; elle ne présente ni rapides, ni dangers, quelle que soit la crue ou la saison. D'après un dicton du pays, « une peau de bœuf n'atteint pas le fond » : cela ne veut pas dire qu'elle surnage, mais Didon, qui contruisit Carthage sur la dépouille d'un auroch réduite en lanières, eût bien vite compris le sens de cette parabole. Il fait une terrible température à Tosaye; le soleil brûle ces gorges rocheuses, qui surchauffent un air irrespirable. Des caïmans, longs comme des torpilleurs, traversent à tout instant le Niger, qui n'a pas plus de 250 mètres de largeur. Ici, nous naviguons en plein désert, c'est la région de l'aridité par excellence. Des dépressions fort longues et bien marquées, anciens lits de rivières taries ou de torrents desséchés, descendent du nord pour atteindre le fleuve. La plus importante est celle qui vient aboutir à Bourem et se dirige vers l'Adrar. On y trouve des puits et des points d'eau, minuscules oasis où se reposent les caravanes qui viennent du Sud-Algérien vers Gao ; c'est la seule route vraiment utilisable et pratique que pourrait suivre une colonne à destination du Touat.

Le désert. — On a souvent discuté sur les causes de l'as-

sèchement et de la stérilité grandissante du Sahara. Je ne suis pas éloigné de croire que jadis, à l'époque du retrait progressif de la mer africaine, il y ait eu de grandes forêts et des palétuviers touffus, plantés dans la vase à l'embouchure du Djoliba, du Bani et de toutes les rivières aujourd'hui desséchées. Lorsque la grande masse d'eau se fut éloignée, l'évaporation, l'humidité et les pluies diminuèrent d'intensité ; le sous-sol marin, d'autre part, dégagea les efflorescences

RAPIDES DE KENDADJI PHOTOGRAPHIÉS AVEC LES ILES QUE FORME L'ISSA-BER, SUR LA MONTAGNE DE KENDADJI, A 180 MÈTRES DE HAUTEUR. — DESSINS DE BOUDIER.

salines que nous constatons chaque jour. Les arbres ont donc péri ; la forêt s'est éclaircie ; puis le soleil et la sécheresse ont achevé de la tuer. Les Romains pénétraient au cœur de l'Afrique, vers la région du Tchad, en suivant des lignes d'eau qui jalonnaient les lits de ces rivières taries, que les indigènes appellent des dalhols. Aujourd'hui, les puits ont disparu. Le Daga qui paît les troupeaux touareg abat, pour en nourrir ses chèvres, les hautes branches vertes des mimosas épineux, il détruit ce qui reste de végétation, les derniers arbres sur lesquels on puisse compter pour attirer et fixer les tornades. Il en résulte que, chaque jour, la sécheresse et l'aridité gagnent du terrain vers le sud, et que des villages, qui se trouvaient il y a vingt ans à proximité de mares et de puits, vont *chercher* l'eau à deux ou trois heures de marche. L'indigène finit par les abandonner.

Je m'arrêtai à Kabara, laissant ma pirogue dans le marigot de Day.

Tombouctou. — Le lecteur connaît déjà, par des ouvrages spéciaux, la ville sainte, la cité targuie qui fut jadis le siège des luttes entre Touareg et Sonraïs, la place forte où fut enseveli l'empire des sultans de Gao.

C'est un grand village, dont l'antique mosquée surplombe les cases, de telle façon qu'on en distingue le faîte du poste de Kabara.

Timbouctou est une cité cosmopolite. Touareg, Bellas, Dagas, Foulbés, Arabes, Maures, Marocains, Mossis, Macinas, Sonraïs et Bozos s'y coudoient sur le marché. Le Targui s'y promène d'une allure fière, la lance au poing; ses tributaires, les Dagas et les Bellas, vendent du laitage et des brindilles de bois pour la cuisine; Maures et Marocains détiennent le haut commerce et traitent les affaires importantes dans leurs maisons. Celles-ci ne manquent pas d'originalité avec leurs clochetons et leurs toitures; ce sont des constructions en pisé qui comportent souvent un et même parfois deux étages.

Notre présence a écarté les populations qu'elle gênait; en sorte que ces dernières ont descendu le Niger, pour s'installer à 120 kilomètres en aval, au village de Rhéro.

Timbouctou est assez loin du Niger. A l'époque des hautes eaux, (de novembre à février), les pirogues viennent accoster à Kabara qui se trouve à 9 kilomètres de la ville sainte. Tous les sept ans à peu près la crue monte jusqu'aux murs de la ville, par les vestiges d'anciens canaux artificiels, aujourd'hui comblés. Lorsque le fleuve baisse, la crue ne se manifeste plus qu'au marigot de Day à 4 kilomètres 1/2 de Kabara, puis à la saison sèche (d'avril à fin juillet); cette rigole est impraticable et les embarcations ne touchent plus qu'à Korioumé (le passage des fauves), à 7 kilomètres de Kabara, à 16 de Timbouctou.

Les marchandises qui s'échangent sur le marché sont : le sel qui provient des salines de Taoudénit, et la gomme du Sahel; les bestiaux; les grains : mil, riz, blé, maïs; les étoffes : guinées, cotonnades, couvertures, tapis; les kolas, les peaux, les cuirs et les laines, les perles, les parures, etc., qui proviennent de l'intérieur de la Boucle, de Djenné, du Macina, du Haut-Niger. En un mot les produits du pays sont le sel et la gomme, qu'on échange contre toutes les autres denrées. Les Maures qui descendent avec des bœufs chargés de barres de sel, traversent le fleuve et se dirigent vers Hombori, puis de là sur Dori ou Ouagadougou; les pirogues de Djenné viennent se charger à Kabara ou Korouimé, pour transporter le sel à Saraféré, port fluvial de la Boucle. Une barre, qui coûte de 12 à 18 francs à Timbouctou, vaut de 25 à 28 francs à Djenné; 35 francs à Ségou, 40 francs à Koulikoro. J'avais organisé en 1899 un service commercial entre Kabara et Djenné, avec de bons chalands en bois et des bateaux en acier. Les indigènes, heureux de n'avoir plus à redouter la perte de leurs marchandises, qui placées dans des pirogues se mouillaient, fondaient ou se détérioraient, avaient pris d'assaut ces embarcations, qui rapportaient à l'État 2 et 3 000 francs par mois; mais ce service fut interrompu par ordre. Néanmoins, ceci peut donner une idée du trafic qui règne dans cette région.

EMBOUCHURE DE LA SIRBA, AFFLUENT DE L'ISSA-BER— D'APRÈS UNE PHOTOGRAPHIE.

Les marchandises qui de Timbouctou rejoignent le fleuve et celles qui de Kabara et Korouimé rejoignent Timbouctou, sont transportées à dos d'âne; il règne sur cette route un mouvement incroyable; il est certain qu'un petit tramway remplacerait avantageusement les bourriquets et ferait des recettes exceptionnelles.

La région produit du blé, mais les indigènes n'en cultivent que sur les bords et dans les alluvions du lac Fati, à cause de l'exiguïté de leurs besoins. Cette production atteint environ 1 200 tonnes chaque année, mais elle peut être décuplée en utilisant les terres analogues de la région lacustre. En somme, il n'existe à Timbouctou que trois ou quatre produits locaux : sel, gomme, blé et bestiaux. La seule population capable de cultiver et susceptible de sympathiser avec nous est la race sonraï, fille des Sonnis, qui vinrent au xvie siècle s'établir sur les bords du Niger. C'est une tribu probablement issue d'autochtones de la Haute-Égypte aux confins de l'Abyssinie. Ils ont le derme bronzé, les cheveux crépus, le crâne beaucoup moins pointu que les noirs. Leur physionomie n'est pas désagréable et on y

LE TARGUI KERMADJI SUR SON CHAMEAU DE COURSE. — DESSIN DE J. LAVÉE.

trouve souvent de très jolis sujets. La femme adopte deux coiffures. Elle peigne ses cheveux en les ramenant de la périphérie du crâne, vers le sommet; puis les attache de manière à former trois, quatre ou cinq touffes réparties de l'occiput au milieu du front; ou bien elle fait deux nattes assez courtes, dont elle dirige les pointes vers le visage et la nuque.

Je quittai Kabara le 16 août, à destination de Koulikoro. Le fleuve avait beaucoup monté, c'était la saison des tornades, le ciel surchargé de nuages m'enveloppait d'une atmosphère étouffante. Ma pirogue, lancée par une forte équipe, était violemment secouée; la fatigue de soixante jours et presque de soixante nuits de navigation se faisait sentir.

Malgré cela, je ne changeai rien à mon itinéraire, et le 17 ma pirogue quittait l'Issa-Ber pour entrer dans le Bara-Issa et le Koli-Koli. Le Bara-Issa est un grand bras du fleuve qui part

FORT D'ANSONGO. — D'APRÈS UNE PHOTOGRAPHIE.

du Débo, en aval de Gourao, pour aboutir en amont d'Éloualedji. La grande île ainsi formée comprend de nombreux villages peuls divisés en deux parties. L'une, au bord du fleuve pour les transactions et les artisans; l'autre, sur la dune, pour les chefs et les notables. Toute cette région est des plus riches. En outre du trafic, l'indigène se livre à la confection de superbes couvertures en laine de mouton, à la culture des rizières, à la pêche très fructueuse, au commerce du bétail, etc. Nous nous arrêtions deux ou trois heures la nuit au bord du fleuve, l'équipage dînait ou dormait. Les hyènes, attirées par notre présence, entonnaient un concert effrayant, elles eurent même l'audace de fouiller dans mes caisses. Je les fusillai de mon mieux et dus même en blesser plusieurs, car elles s'éloignèrent en poussant des ricanements sinistres. Le 18 août à minuit, je pris terre à Saraféré, superbe village au confluent du Bara-Issa et du Koli-Koli. C'est un port extrêmement encombré. Il y avait plus de cent cinquante pirogues, grandes et petites, capables d'embarquer 2, 5, 10 et même 15 tonnes et qui, venues de Djenné, Ségou, Koulikoro, Kabara, Diafarabé, etc., attendaient du riz et du mil pour s'en retourner. La port de Saraféré est bien aussi important que celui de Bercy, à Paris. Toutes les marchandises à destination, ou provenant de la Boucle, passent en ce point où le fama (roi) de Bandiagara Aguibou prélevait des droits d'entrée fort respectables.

Le Koli-Koli est un marigot qui va rejoindre le Niger en amont du lac Débo, c'est une rigole que les herbes et le bourgou rendent presque impraticable.

Il est tributaire d'une zone d'inondations ayant 200 kilomètres de long et 150 de large, laquelle se compose des terrains submergés par le Niger et ses canaux, et des lacs Débo, Telé, Fati, Faguibine, etc., qui se trouvent à l'ouest de l'Issa-Ber. Lorsque la crue occidentale se fait sentir, la région tout entière absorbe les eaux et le trop-plein du fleuve qui se répand de tous côtés sur cette immense étendue. Mais le Débo n'est pas un lac, c'est un plateau, dont le niveau moyen se trouve à 2 ou 3 mètres au-dessus du thalweg de l'Issa-Ber. Des bancs de sable, véritables barres surélevées, se trouvent aux portes d'entrée et de sortie du Niger dans ce lac, en sorte que la crue ne peut pénétrer la zone d'inondations qu'après avoir submergé ces barres.

LE POSTE DE SAY. — D'APRÈS UNE PHOTOGRAPHIE.

Nous expliquerons plus loin le mécanisme de ce système hydrographique, et nous verrons comment la région lacustre joue le rôle de condenseur par rapport à la crue.

Après avoir sillonné le Koli-Koli, non sans peine, je revins dans le Bara-Issa et débouchai sur le Débo, le 21 août, vers midi. La tornade menaçait; mais, pressé d'arriver, je fis marcher mes laptots à la pagaie pour couper le lac par son milieu. Tout à coup, le vent se déchaîna avec une telle violence que cette petite mer se mit à rouler d'énormes vagues. Je donnai l'ordre de gagner la rive, dont nous étions éloignés de 2 kilomètres; mais à 200 mètres du bord, les embruns embarquant sans cesse firent couler ma pirogue par 3 mètres de fond. Ce fut une baignade générale; je nageais en poussant devant moi une cantine d'effets, qui seule n'avait pas sombré; les laptots m'escortaient, prêts à me porter secours et poussaient des cris pour éloigner les caïmans. Les gens du village de Gourao vinrent à notre aide, mais il fallut attendre que le vent fût calmé pour renflouer la pirogue, la tirer à sec et la vider. Je passai ainsi la journée, vêtu d'une serviette, caché, ainsi que mes laptots, dans les taillis, sous une avalanche d'eau qui nous fouettait l'échine. Enfin, vers six heures, le mauvais

LE TARGUI AN' AOUAR QUI DEPUIS SA SOUMISSION RÉSIDE A PROXIMITÉ DE SINDER. — DESSIN DE J. LAVÉE.

temps s'apaisa, mes hommes avaient recueilli tout ce que les vagues jetaient sur le rivage; nous avions perdu nos vivres et quelques peaux de bouc renfermant des effets; malgré cela je me remis en route, lesté de laitage que les riverains nous avaient procuré. Nous quittions le Débo, à dix heures du soir, pour entrer dans les inondations, au milieu d'un océan de bourgou, sur lequel volait un nuage de moustiques. C'est à la sortie du Débo que se termine l'Issa-Ber et que commence le troisième fleuve, qui s'étend depuis le lac jusqu'aux sources du Nil français.

Djoliba. Le delta Niger-Bani. — Le poste de Mopti, où j'arrivai le surlendemain, accablé de chaleur et de fatigue, est au confluent du Niger et du Bani, sur la rive droite de ce dernier, au bord des plaines inondées qui s'étendent jusqu'à la falaise de Bandiagara. D'ailleurs, la route qui conduit à ce grand centre est submergée, les voyageurs la font en pirogue, et ce n'est guère que de janvier à fin juin qu'elle est sèche et résistante.

Le Bani est un ancien fleuve. Aujourd'hui, c'est une rivière collatérale du Djoliba; jadis, il en devait être indépendant et se jeter dans une mer aujourd'hui disparue.

Il est fort probable que cet océan, aux limites imprécises, ayant reculé progressivement, donna naissance à la région lacustre, au delta Niger-Bani et découvrit l'immensité des sables sahariens. C'est alors que le Djoliba et le Bani vinrent irriguer la plaine naissante de Djenné et cherchèrent à se pénétrer réciproquement en creusant les innombrables rigoles qui sillonnent leur ancien delta. Tout ce pays est extrêmement fertile et capable de produire des récoltes superbes; malheureusement il manque de travailleurs. L'auteur du *Tarikh es Soudan* nous apprend qu'au XVIIe siècle la province de Djenné comptait 7 077 villages (il n'y en a pas 400 de nos jours), soit environ 4 000 000 d'habitants et que le sultan communiquait avec celui de Timbouctou en faisant crier ses messages d'un village à l'autre. Il est probable que les richesses renaîtront avec le calme et que ces populations prolifiques rendront un jour aux rizières envahies par les herbes, l'essor des temps passés.

Djenné fut jadis une grande cité, elle a moins souffert que Timbouctou, en sorte que cette ville présente encore beaucoup d'intérêt. Ses maisons sont fort bien construites, des escaliers larges et divisés en fractions d'étages conduisent aux diverses pièces dans lesquelles se traitent les affaires commerciales importantes. Les planchers sont faits de palmiers enchevêtrés, qui, recouverts d'un excellent pisé, sont 'propres et d'un usage agréable. Tout décèle à Djenné les effets d'une civilisation très avancée. Les terrasses comportent de petites guérites destinées aux latrines et des tuyaux de poterie débouchent au rez-de-chaussée dans de grands vases que l'on jette au fleuve chaque matin. Les eaux de pluie s'écoulent par des gouttières creusées dans le tronc des rôniers fendus dans la longueur; d'innombrables pigeons, que les indigènes respectent et vénèrent, se posent sur les chéneaux et sur les clochetons pointus dont s'ornent les toitures. Je remarquai, au-dessus de la porte de chaque maison, des cornes de chèvres piquées dans la maçonnerie : ces ornements servent à retenir les stores lorsqu'ils sont roulés. Les portes des maisons sont monumentales et dessinées à la façon des grandes cheminées de nos vieux châteaux; les piédroits s'élancent jusqu'à la toiture, recouverts de dessins et de rosaces. Les rues sont étroites, sinueuses, mais propres. Le coup d'œil qui se déroula sous mes yeux, lorsque je montai sur la terrassse du cercle, est fort intéressant : on ne voit que des clochetons, des terrasses, des guérites, quelques touffes d'arbres qui dépassent, et devant moi s'étendait, immense, la plaine riante et verte de Djenné, sillonnée de canaux et teintée de bleu par les méandres du Bani.

A tous égards, cette ancienne capitale est admirablement située. Des canaux et des marigots, qui l'enserrent de toutes parts, conduisent vers le Bani ou vers le Djoliba, vers les forêts de Koutiala, vers le Macina, le Mossi, les territoires de la Boucle, vers Saraféré, Kabara, vers Ségou, Sansanding, Nyamina, Bamako; d'autre part, de belles pirogues longues, solides et souvent chargées de 12 à 15 tonnes, sont mouillées devant les remparts, au pied des ruines de la vieille mosquée, détruite par le feu du ciel et sous les murs de laquelle Allah ensevelit les Toucouleurs pour les châtier de leur dépravation. Il règne au marché une activité considérable, mais elle devait être plus grande autrefois. Les produits les plus variés y sont échangés contre les denrées provenant des pays voisins. De plus, la région, quoique manquant de bras, produit du mil et du riz en abondance; c'est le grenier du Soudan, c'est là que nos fils et nos successeurs verront renaître à la culture ces immenses rizières, que les herbes et les lotus recouvrent en partie à l'heure actuelle. Et ce jour-là, Djenné redeviendra la reine des cités commerciales de notre empire africain.

Après avoir reconnu les marigots du delta Bani-Djoliba, je rentrai à Koulikoro, le 1er septembre, par Sansanding, Ségou et Nyamina. Ce sont de grands centres, de beaux villages, des régions cultivées où les terres sont riches et productives. C'est le vrai pays du Nil français. Le fleuve avait beaucoup monté, l'inondation recouvrait les berges et déposait son apport annuel de limon fertilisateur; je naviguais dans les champs de mil, sur les rizières, parfois même à travers la forêt.

Bambaras-Somonos et Bozos. — Mes hommes étaient à bout de forces, nous avions fait un trajet de 3 700 kilomètres sur le fleuve, effectuant chaque jour des étapes qui variaient de 90 à 130 kilomètres. Nous

étions de retour dans le pays bambara, au pied du plateau du Bélédougou, chez des peuplades très accueillantes qui venaient me saluer et m'apporter des vivres.

Les Bambaras constituent l'une des plus importantes tribus de la race mandé. Voyageurs, navigateurs et commerçants, les Mandés se sont répandus sur le fleuve, à travers la Boucle et le Soudan. Croisés avec les Sonraïs, ils ont produit sur l'Issa-Ber les Courtébés, les Habés, les Ouagobés, dont nous avons déjà parlé; avec les habitants de l'empire de Djenné, Sonraïs égale-

ZABERNAS DE KIRTACHI (RACE D'ORIGINE MANDÉ). — DESSIN DE MIGNON.

lement, ils ont donné la secte des Bozos, piroguiers de l'Issa-Ber et du Bani; avec les Somonos, race émigrée du Kouarra qui, je crois, provient des Kambaris et remonte le fleuve en partant des rapides de Boussa, ils ont produit une caste de piroguiers, de gens qui naissent avec la science de la navigation du Niger. Ce sont les Somonos-Bambaras. Le Somono diffère très peu du Kambari. Les Bozos, au contraire, ont bien plutôt l'aspect du Sonraï et du Courtébé ; le type pur est très original et sa coiffure, faite de nattes et de tire-bouchons, lui donne un cachet très particulier.

Somonos et Bambaras vivent côte à côte ; chaque village du Djoliba se compose de deux parties, qui sont toujours en parfaite harmonie ; d'ailleurs, le piroguier se rapproche tellement de la race mandé, qu'il serait difficile de l'en distinguer, s'il n'avait les cheveux rasés, tandis que le Bambara de la campagne porte sur chaque tempe une grosse natte, dans laquelle il glisse des faux cheveux ou du coton bleu pour la rendre plus épaisse.

La physionomie des Mandés n'est pas désagréable. Le crâne est pointu, aplati vers les tempes, le prognathisme n'est pas excessif. Les pommettes larges, le nez souvent droit et

LE NIL FRANÇAIS INONDANT LES RIVES DE SA CRUE FERTILISANTE. — DESSIN DE TAYLOR.

bien accentué, de jolis yeux, très doux et très grands, le menton rond, les maxillaires puissants, la bouche fine, éclairée par des dents merveilleuses, l'oreille bien faite et bien placée. L'homme du fleuve surtout est admirablement construit, l'exercice du bambou et de la pagaie développe ses muscles, affine sa taille. Il est d'une force extraordinaire. J'ai vu des laptots qui portaient sur le bras replié des sacs de blé de 100 à 120 kilos. Dans les rapides, mes pilotes réagissaient de la barre contre la poussée des tourbillons et supportaient des pressions énormes sans être renversés.

Les Bambaras s'attribuent des descendances ancestrales qui constituent un cas de totémisme extrêmement curieux. Leurs noms de famille sont au nombre de douze, répartis suivant une échelle de noblesse. Les voici par ordre de priorité décroissante avec leurs significations respectives et les descendances de chaque famille : *Couloubaly* descend de l'irax ; *Taraoré*, du lièvre ; *Diara*, du lion ; *Kamara*, du lion également ; *Kané, Koné, Kanté*, du léopard ; *Fofana*, de la panthère ; *Doumbia*, de l'antilope ; *Guiré*, du sanglier ; *Samaké*, de l'éléphant ; *Kéita*, de l'hippopotame ; *Mariko*, du caïman ; *Touré*, du musulman.

Les Bambaras étant fétichistes et n'adoptant qu'avec des corrections nombreuses la doctrine de l'islam, la famille du musulman est reléguée au dernier plan. Ces noms génériques sont toujours accompagnés de prénoms qui distinguent les individus de chaque tribu. Ainsi, mes pilotes s'appelaient : Tonié Taraoré, Baniessé Couloubaly, Lanciné Guiré, Amadi Diara, Oumarou Kané, etc. ; tous ces prénoms sont d'origine arabe, mais les noirs les ont défigurés en les prononçant à leur façon.

Ce qu'il y a de plus original, c'est que le Bambara Mariko croit être le petit-fils du caïman, Samaké, le descendant de l'éléphant, Kéita, le parent de l'hippopotame, en sorte qu'ils ne sauraient attaquer ou chasser leurs grands-pères. Ainsi, l'on voit couramment un piroguier, nommé Mariko, se baigner dans le fleuve à côté d'un caïman, persuadé que celui-ci ne saurait lui vouloir du mal, et s'il devient la proie d'un crocodile, les noirs sont persuadés que ses aïeux le rappelaient vers eux.

Les villages bambaras du Bélédougou sont riches, bien construits et très peuplés. L'indigène habite des cases en terre, recouvertes de terrasses ; il réserve la case recouverte de paillotte pour ses bestiaux, ses grains et ses provisions. Les cultures sont belles et variées ; riz, mil, maïs, patates, manioc, arachides, piments, tabac, coton, indigo, etc. ; le pays produit du karité en quantités considérables ; il y a de belles forêts avec les essences de bois que nous avons précédemment indiquées ; les bestiaux sont bien soignés ; le miel abonde.

Plus au sud, dans les pays Sénofos, le caoutchouc, l'ivoire, se joignent à ces produits, tout cela dépend des latitudes sous lesquelles on opère.

Le Bambara de la campagne extrait des minerais, qu'il grille dans ses hauts fourneaux, le fer pour ses instruments de culture, pour sa lance et pour ses armes. C'est un guerrier très brave et vigoureux, c'est un cultivateur patient qui sait se défendre. Cette race nous a fourni tous les travailleurs, depuis ceux qui manient la pelle et la pioche sur nos chantiers, jusqu'à celui qui dirige nos machines. C'est avec elle que nous avons formé ces beaux régiments de tirailleurs, dont la bravoure et l'entrain nous ont assuré la conquête de vastes territoires, et nous ont permis d'imposer au Soudan nos idées pacifiques et notre civilisation.

La légende de Mourouho. — Le Somono n'a jamais pris part aux guerres que soutenaient ses collatéraux avec les Toucouleurs. Navigateur, transporteur fluvial et commerçant avant tout, le piroguier s'est toujours maintenu dans la plus stricte neutralité. Les luttes intestines n'ont jamais interrompu ses chants; c'est lui qui, dans le calme des nuits, fait retentir les airs des belles mélopées dont nous avons dit le charme pénétrant.

La légende des Somonos est des plus anciennes; Mourouho, le héros de la caste, vécut à l'époque de l'invasion sonraï; ses exploits sont actuellement célébrés dans un langage bizarre, formé de mots bambaras et de paroles étranges dont les Somonos ne comprennent plus le sens.

Mourouho, roi des piroguiers du Djoliba, naviguait dans une pirogue de diala (caïlcédrat), que des lamentins[1] traînaient et dirigeaient sur le fleuve. Il était partout, connaissait tous les hommes et leurs actes, tous les villages et leurs richesses. Aucun obstacle, aucun être vivant n'aurait su dompter la vaillante énergie du chef somono. Il terrassait le lion aux abords des forêts; d'un geste il écartait les caïmans. Les rapides ne l'intimidaient pas, son œil exercé distinguait toutes les passes, il dressait les jeunes hommes à les franchir. Un jour, la pirogue de diala disparut, les lamentins s'enfuirent, une violente tempête souleva les eaux du Niger, et l'on vit le roi des Bozos s'envoler sur les flots.

Lorsque les guerres survinrent entre Toucouleurs et Bambaras, Alakaïdou, nouveau chef des Bozos, vit se dresser sur la rive l'ombre de Mourouho qui lui donnait du geste l'ordre impératif de déposer les armes. Depuis ce jour, Somonos et Bozos sont restés neutres dans toutes ces luttes de races à tribu; mais ils ont continué leur commerce, leurs transports et leurs transactions sur le fleuve, mettant à contribution chacun des partis opposés pour les faire passer d'une rive à l'autre. Les Somonos sont presque toujours influents, riches et d'un caractère pacifique. Ils chantent sans cesse l'éloge de leur chef, ils exaltent ses vertus guerrières, sa bravoure, ses qualités et le bon exemple qu'il leur donnait à tous. « Maudit soit celui qui méconnait notre vieux roi Mourouho »! disent-ils.

(*A suivre.*)   Lenfant.

---

1. Les lamentins sont des mammifères que les noirs appellent « hommes du fleuve »; ils sont très grands et nagent avec une extrême rapidité.

AU BUT! — D'APRÈS UNE PHOTOGRAPHIE.

UN TAM-TAM AU SOUDAN. — DESSIN DE MASSIAS, D'APRÈS UNE PHOTOGRAPHIE DE M. LE Dʳ MILLE.

LE NIGER[1]

VOIE OUVERTE A NOTRE EMPIRE AFRICAIN

PAR M. LE CAPITAINE LENFANT.

VIII. — Le Djoliba (suite). — Koulikoro. — Le Rocher fétiche. — Saison des pluies. — Crue générale du Niger.
Hypothèse sur la formation de sa vallée. — Résumé. — Conclusions.

L E fleuve est calme jusqu'à Koulikoro, mais, à partir de Touli-mandio (22 kilomètres en amont), les roches émergeantes forment des rapides assez difficiles, en face des villages de Manambougou et de Sotouba. La navigation redevient sans écueils, dans le bief Bamako-Kouroussa.

Nous avons laissé, à Kendadji, le plateau Nigérien et sa falaise dominant le fleuve de 180 mètres. Celle-ci disparaît presque des rives de l'Issa-Ber. Nous la retrouvons sur le Djoliba, élevée de 130 à 135 mètres. Elle suit le contour du golfe ou plutôt de la mer disparue, dont nous avons parlé précédemment. A Bamako, le plateau Nigérien domine encore le fleuve de 126 à 130 mètres. D'après les renseignements qui nous ont été fournis, son allure générale serait plutôt descendante, à mesure que l'on s'approche du Tchad ou du Bornou.

Le port de Koulikoro. — Ce que l'on appelle au Soudan le rocher de Koulikoro se compose de trois blocs de grès rose, séparés par des crevasses, sillonnés par des cannelures, et mesurant 80 mètres de hauteur. C'est l'ossature de la falaise nigérienne. La masse en est mystérieuse et sauvage; des cavernes profondes s'enfoncent entre ses assises de pierre. C'est le repaire des hyènes, des chacals, des panthères et des singes qui, la nuit, descendent boire au fleuve,

DJERMA DE SORBO (RACE D'ORIGINE MANDÉ).
DESSIN DE MIGNON.

au milieu d'un concert infernal. Ces animaux poussaient leurs investigations jusqu'à l'intérieur de ma case,

1. *Suite. Voyez pages* 1, 13, 25, 37, 49, 61 *et* 73.

dont je laissais la porte ouverte. Il me fallut en tuer plusieurs pour leur faire perdre cette mauvaise habitude ; ceux qui restaient se consolèrent en égorgeant nos moutons.

Comme le Djou-Djou de Jebba, le rocher de Koulikoro jouit d'une renommée diabolique ; il est fétiche. L'esclave fugitif qui parvient à le toucher avant d'avoir été rejoint par son maître, devient, de ce fait, un homme libre ; les Somonos portent leurs filets dans ses cavernes, pour attirer les faveurs de l'Esprit qui peut rendre les pêches fructueuses ; le Bambara qui cherche la réalisation d'un vœu, s'y confond en prières, y prodigue les offrandes.

C'est le sorcier du rocher qui prescrit les dons, détermine les prières et la durée des mortifications. Fort intrigué, j'eusse payé fort cher pour connaître le personnage qui tirait bénéfice de tous ces sortilèges. Un soir, à la nuit tombante, muni d'une baguette, je grimpai sur la corniche et me dissimulai derrière un euphorbe, à proximité de calebasses garnies de victuailles récemment apportées là. Mon attente ne fut pas de longue durée. Un être humain s'avançait, d'une allure dégagée, marmottant entre ses mâchoires des paroles dont le sens m'échappait. Il s'approcha de la caverne, tira les filets ; mais, au moment où sa main s'allongeait voluptueusement vers les calebasses, je lui allongeai un coup de baguette sec et nerveux qui lui fit pousser un cri de frayeur. Sa stupéfaction ne fut pas moindre lorsqu'il me vit, debout, en face de lui. Se croyant en présence du diable, auquel il adressait ses fidèles, il se confondit en lamentations et tomba la face contre terre. Rien n'est plus difficile à reconnaître que le visage d'un nègre dans les ténèbres, et je ne distinguais pas les traits du visiteur nocturne. Ce n'est qu'à la lueur d'une allumette que je reconnus le chef d'un village voisin, un vieux farceur qui n'en était pas à son coup d'essai. Il promit de ne plus recommencer, et je lui pardonnai.

Transactions fluviales. — Lorsque je commandais, durant les années 1898 et 1899, le poste de Koulikoro, j'assistais aux transactions fluviales de la région. Mes attributions s'étendaient même, suivant les instructions que m'avait données le général de Trentinian, lieutenant gouverneur du Soudan, jusqu'à favoriser les opérations des commerçants européens et indigènes. J'ai donc vu passer à Koulikoro toutes les denrées quittant le fleuve pour gagner le Soudan occidental, ou quittant ce dernier pour descendre vers Ségou, Djenné, Saraféré et Tombouctou : gomme, blé, mil, riz, maïs, coton, étoffes, indigo, karité, miel, arachides,

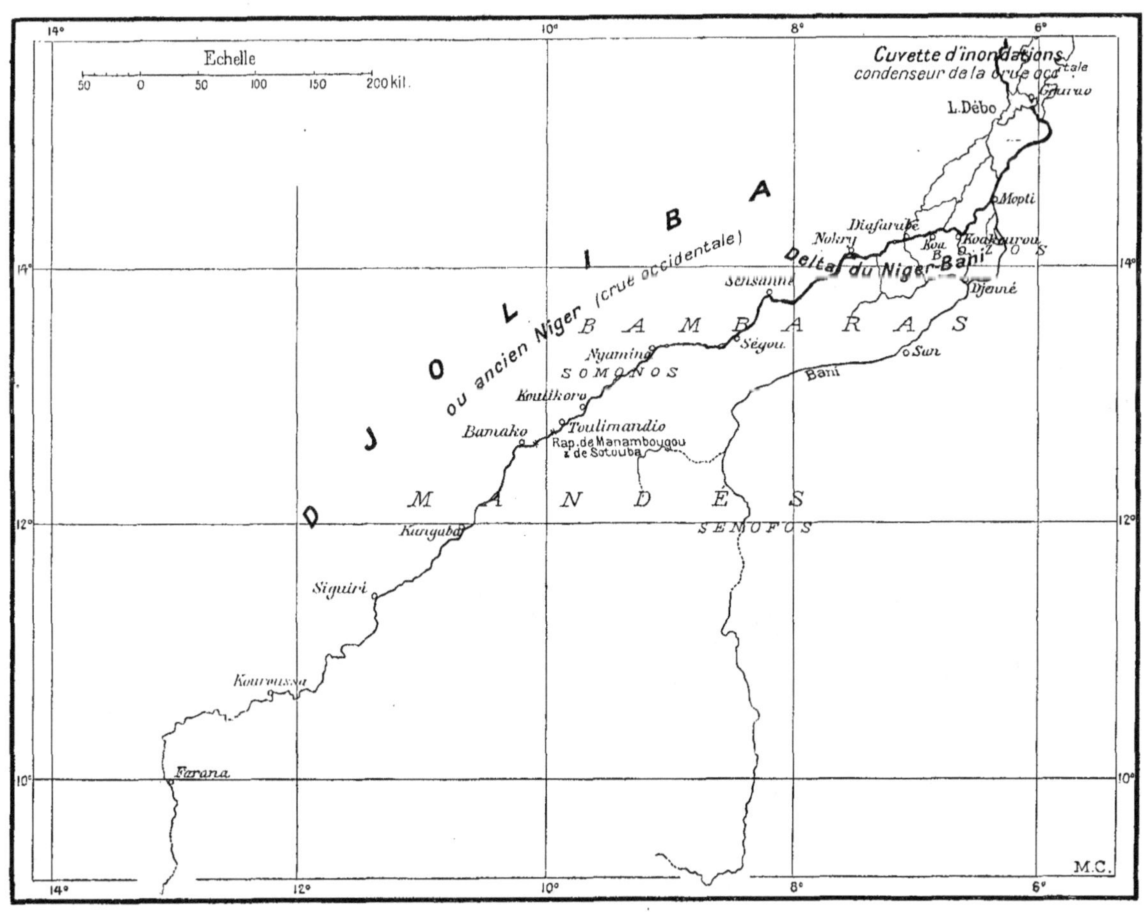

CARTE DU HAUT-NIGER OU DJOLIBA.

patates, beurre, laitage, sel, nattes, poteries, poisson fumé, bois du pays, pacotille, bétail, que sais-je!
se croisaient dans le port fluvial, s'échangeaient sur le marché.

Le général de Trentinian, qui dirigeait tous ses efforts vers la prospérité de la colonie et qui l'avait
dotée d'un plan d'organisation capable de la mettre rapidement en valeur, voulait faire de Koulikoro un
port fluvial, pratique et bien aménagé.

La Crue générale du Niger. — Nous avons vu que le Djoliba possède et forme une crue dite occidentale,
que reçoit l'Issa-Ber et qu'il transmet au Kouarra lequel, en outre de la crue dite orientale, qui lui est
propre, voit, quelques mois plus tard, ses eaux se grossir des apports du Djoliba.

Il importe de connaître le régime des pluies, pour en tirer les conclusions afférentes à la crue. Or la
saison sèche (à part huit ou dix jours de pluie fine, en février) dure de novembre à mars dans le Djoliba
supérieur, de fin octobre à fin avril, dans le bief Koulikoro-Mopti, de septembre à juin, sur tout l'Issa-Ber. Le
reste du temps constitue donc la saison des pluies, ou, plus exactement, la saison des tornades. Les premières
tornades de la saison consistent en une trombe d'air animée d'une vitesse considérable, renversant tout sur
son passage et déchaînant sur le fleuve une véritable tempête. Malheur au nautonier qui n'a pas eu le
temps de regagner la rive!

Quant à la tornade humide et bienfaisante, elle s'annonce par une barre noire qui vient de l'est avec
une vitesse effrayante. Une trombe d'air la précède et soulève un nuage de poussière. Enfin, la pluie s'abat
par rafales, transformant les fissures du sol et les ravins en véritables torrents. Le tonnerre gronde violemment dans le ciel obscurci, parfois même la grêle tombe en grains volumineux. Les Somonos du Niger
prédisent l'intensité de la crue par le simple aspect de la lune de mai. Lorsqu'elle est entourée de nuages et
se couche dans un ciel voilé, la saison des pluies doit être précoce. Lorsqu'elle monte dans un ciel clair, à
reflets roux, la vallée doit mourir de sécheresse. Ils savent fort bien que la lune dissipe lors de son lever
toute tornade en formation à l'horizon. Tous les sept ans environ, la crue occidentale atteint des proportions
extrêmes; elle arrache les rives et entraîne des villages. Elle va même baigner les murs de la ville mystérieuse, en s'infiltrant par les vestiges des canaux, creusés jadis par les Sonraïs et les Touareg.

Crue occidentale. — Le Djoliba reste stationnaire aux plus basses eaux pendant la saison sèche. A la fin
de mai, la crue se dessine lente et régulière; puis, soudain, au bout de quelques jours, le fleuve cesse de
monter. C'est que les rigoles parallèles aux rives s'emplissent en absorbant la crue. Celle-ci reprend sans
interruption jusqu'à la fin de juin et se répand avec lenteur sur la plaine de Djenné. Le Bani gonfle le Djoliba
et double son débit à hauteur de Mopti, s'il est en avance; ou bien, au contraire, le Djoliba refoule ses eaux
dans la vallée du Bani, si ce dernier est en retard.

En juillet, le Niger vient submerger les barres de sortie et d'entrée du Débo; l'eau s'étend sur la région
lacustre et sur la grande zone d'inondations qui l'absorbent pendant huit ou douze jours. Bien que le débit du
fleuve soit considérable à cette époque, il n'en est pas moins vrai que son niveau cesse de s'élever; quelquefois même, il baisse, et le graphique d'étiage de Koulikoro vient accuser très nettement ce phénomène, par

LANCEMENT D'UN CHALAND DE 30 TONNES A KOULIKORO. — DESSIN DE GOTORBE.

l'allure stationnaire ou descendante de la courbe. Il reprend sa marche ascendante lorsque les lacs sont complètement remplis par la crue. Celle-ci force donc, tour à tour, les barres ou plutôt les clapets d'entrée des petits canaux reliant le Niger au lac Faguibine, au Fati, au Télé, aux marécages de Sompi; puis, lorsqu'elle a submergé cet ancien fond marin, le Djoliba monte sans à-coups et très rapidement, sur toute son étendue, pour atteindre son maximum (7 à 8 mètres) du 20 au 30 septembre.

En octobre, les pluies cessent ou diminuent, l'étiage redescend alors d'une façon progressive et du même nombre de centimètres tous les jours. Telle est la crue du Djoliba. Elle est forte, souvent violente, submerge les forêts, fertilise les campagnes et fait de cette partie du Soudan, enrichie par ses apports, la haute vallée du Nil français.

Que se passe-t-il sur l'Issa-Ber?

Nous avons laissé la crue occidentale au moment où elle envahit les lacs en submergeant les clapets de leurs canaux d'adduction. Le débit du Niger, en aval de la dernière veine liquide, aux environs d'Eloualedji, est assez modéré jusqu'au mois de septembre. Kabara est encore loin du fleuve, les débarquements se font au marigot de Day. En novembre, la région lacustre a reçu la totalité des

crues combinées du Niger et du Bani, elle atteint elle-même son maximum d'étiage et commence à s'épancher en aval avec intensité. Elle va rendre au fleuve ce qu'elle en a reçu, elle va se dégonfler, comme un réservoir qui se vide, comme un condenseur de la crue et de l'inondation. Nous allons la voir alimenter l'Issa-Ber pendant six mois.

Comment ce condenseur fait-il la distribution des eaux qu'il a reçues? Le Débo se vide le premier, l'Issa-Ber descend et découvre les clapets dans l'ordre suivant lequel on les rencontre en allant vers l'amont. Voici, par exemple, le marigot de Goundam qui relie le fleuve au lac Fati. Le fleuve baisse; il arrive donc un moment où son niveau devient inférieur à celui du clapet, qui se trouve à l'entrée de ce canal. Il en résulte immédiatement que le Fati, gonflé par la crue, cède une partie de ses eaux au Niger, dont la masse va grossissant. Et, comme il faut un certain temps pour que chaque lac agisse de même, on conçoit aisément que la crue occidentale se maintienne longtemps dans l'Issa-Ber et qu'elle ne le traverse pas comme un mascaret. Le maximum d'étiage se produit en janvier, à Kabara; à la fin de février, à Say; l'eau

monte de 6 à 10 millimètres par jour depuis la fin d'août jusqu'aux premiers jours de mars, puis elle redescend de même. La crue occidentale présente ceci de tout à fait particulier, qu'elle se produit ici en pleine saison sèche; qu'elle dépose une alluvion extrêmement fertile, et que, lente et progressive, elle arrose toute cette région, sans rien arracher, sans rien détruire.

LA FLOTTILLE DU MOYEN NIGER : PIROGUES EN ALUMINIUM ET CHALANDS EN ACIER DANS LE PORT DE KOULIKORO. — DESSIN DE MASSIAS.

Crue orientale. — La région que traverse le Kouarra possède une saison des pluies analogue à celle du Djoliba. Elle commence deux ou trois semaines plus tôt (à la fin d'avril), se termine dix ou quinze jours plus tard, et se manifeste par des pluies diluviennes plus intenses. Dans la région des rapides de Boussa, les eaux s'engouffrent avec une violence effroyable ; le fleuve devient alors un torrent qui, sous l'influence d'une tornade, monte de 2 mètres en quelques heures et redescend de moitié le lendemain.

Le graphique d'étiage accuse ainsi toute une série de soubresauts qui caractérisent ce fleuve rapide et tourmenté. Ici le maximum de la crue se produit du 1er au 10 septembre. Le Kouarra monte vers la fin de mai par à-coups très brusques, puis redescend. Au mois de juin, il élève son niveau d'une façon presque régulière et progressive pendant quelques jours ; mais en juillet et août, la crue fait des bonds prodigieux. Cette irrégularité se prolonge ainsi jusqu'en octobre, puis le Niger descend lentement, comme le Djoliba, précisément à la même époque.

Seulement, il existe une différence considérable entre les deux fleuves. Le Djoliba baisse, mais il est alimenté par des sources, le Kouarra descend, et si nous supprimons l'Issa-Ber, il va se trouver à sec et son lit deviendra le ravin rocheux que nous connaissons. Fort heureusement pour lui, la crue occidentale arrive à point, ses effets commencent à se faire sentir à Gaya vers la fin de novembre, à Badjibo dans les premiers jours de janvier. L'étiage de l'enclave remonte tout doucement de 3 à 4 millimètres par jour, jusqu'à la fin de mars, puis il redescend de même jusqu'aux pluies qui précèdent la crue orientale. Comme on le voit, les rives du Kouarra, sur lesquelles passent deux crues, sont donc constamment inondées, ce sont des marécages, absolument impropres à la culture, d'où résulte l'intense pauvreté de ce pays.

Depuis la fin d'octobre jusqu'au 15 avril de l'année suivante, il faut choisir judicieusement les marigots propices à la descente des rapides de Boussa. Mais lorsqu'on connaît les routes, lorsqu'on possède les mouvements de la crue, lorsqu'on a sous les yeux le graphique d'étiage résultant des moyennes de plusieurs années, on peut et l'on doit passer sans accident. Les cartes de la mission indiquent les routes.

A partir de Jebba jusqu'à Lokodja, le fleuve se ressent surtout des effets de la crue orientale. Il coule à pleins bords en août et septembre, puis atteint en décembre un étiage inférieur qu'il conservera presque invariable jusqu'à la fin de mars, quel que soit l'apport de la crue occidentale dont le rôle est uniquement d'entretenir un niveau favorable à la navigation. Il n'en est plus de même en aval de Lokodja. La Bénoué double presque le débit du Niger, qui reste accessible jusqu'à la fin de janvier aux navires de fort tonnage et jusqu'en avril aux stern-wheeler (bateaux plats à roues arrière) de 150 tonnes. Sur le Delta, la crue se disperse dans les rivières de Brass, de Forcados, d'Escravos, etc., dans tous les canaux, dans toutes les criques. A l'époque de son maximum, elle surélève le niveau des marées de 50 centimètres à peine à Bouroutou pendant une quinzaine de jours, puis elle passe insensible, inaperçue.

Comment s'est formée la vallée du Niger actuel. — Nous avons partagé le fleuve en tronçons : Djoliba, Issa, Kouarra. Nous les avons étudiés comme trois fleuves indépendants. Considérons maintenant le Djoliba et le Kouarra comme les pignons d'un édifice, que nous aurions à relier par un mur de refend.

Admettons l'hypothèse suivante : le Djoliba sort des branchements du Foutah-Djalon ; se fraye un chemin dans le Bélédougou, puis vient se jeter dans la mer (aujourd'hui disparue) à Diafarabé. Le Bani a son embouchure distincte en amont de San. Le Sahara n'existe pas, l'océan le recouvre ainsi que le plateau Nigérien[1], ce sont des hauts fonds. Les seules terres émergeantes sont au Dahomey, les monts de l'Atakor, au Soudan, les monts du Bélédougou, de Kong, du Foutah. Vers l'est, on ne distingue que les éminences du Sokoto et de l'Aïr. Vers le nord, c'est un réseau d'îlots et de massifs montagneux, qui de l'Adrar va rejoindre en un grand cercle les chaînes algériennes et le Maroc.

Cette mer intérieure, en réalité peu profonde, se retire progressivement, elle découvre d'abord le plateau Nigérien. Le Djoliba et le Bani allongent leurs ramifications (canaux du Delta), pour prendre contact et se pénétrer.

L'Océan se retire encore et découvre les sables du Sahara, mais cette mer intérieure communique toujours avec l'Atlantique par une brèche qui se trouve au sud-ouest de Sompi ; le Djoliba continue à s'y déverser, tandis que d'autre part une saison des pluies s'établit sur la région aoussa, vers le pays noupé, vers Boussa. Les tornades creusent cette partie du plateau Nigérien et, comme il faut bien que toutes ces masses d'eau aient une issue, la vallée du Kouarra se dessine à l'époque où celle du Djoliba est complètement tracée. Un jour enfin, l'Océan s'est retiré tout à fait, il reste encore quelques flaques d'eau salée. Ce sont les lacs et la cuvette d'inondation : Diafarabé, San, Saraféré, Sompi. Le Djoliba s'y précipite, la recouvre, la submerge, tandis que le Kouarra se creuse et va chercher sa basse vallée en sautant à 40 mètres de hauteur, les cataractes du Djou-Djou près Jebba. Voilà donc deux fleuves : le premier a des sources connues et se perd à Diafarabé dans une immense cuve d'absorption. Le second n'a pas de sources, sa vallée commence en amont de Gaya, il se tarit après à la fin de chaque saison des pluies. Voilà les deux pignons de l'édifice.

Cependant la région lacustre cherche à se déverser ; les eaux suivent une ligne de plus grande pente ; elles se dirigent vers l'est, franchissent la passe de Tosaye, se choquent à des éminences et trouvent un chemin au sud-est. L'Issa-Ber se dessine, le voici qui dépose ses eaux au pied des falaises de Gao ; le plateau Nigérien cède, il est pris d'assaut par cette masse, tandis que les pluies ravinent cette vaste table. Le conglomérat ferrugineux se désagrège ; seule, l'infrastructure granitique ou schisteuse résiste à l'invasion, l'Issa-Ber saute par-dessus à Labezenga et perfore la porte de Kendadji. Le voici à Say. La nature a placé devant lui une faille immense, tortueuse et profonde. Il s'engage dans ce W, puis débouche en amont des falaises de Gaya, tandis que le Kouarra commence à les ronger en aval. Encore un effort, l'Issa-Ber et le Kouarra se rejoignent. Voilà le mur de refend. Désormais le Kouarra, de fleuve intermittent et torrentueux qu'il était, devient une artère immense, le Niger devient un fleuve, composé de trois autres, qui prend sa source près de Farana et qui forme son delta dans le golfe du Bénin.

Les climats nigériens : 1º *Delta.* — Le voyageur ressent une impression bizarre en arrivant à proximité du Delta nigérien. Outre les tribulations de toutes sortes, les débarque-

BATIMENTS ET ANNEXES QUI DOIVENT SERVIR POUR L'ÉTUVAGE DE LA FARINE FABRIQUÉE A LA MINOTERIE DE KOULIKORO. — D'APRÈS UNE PHOTOGRAPHIE.

1. Le plateau Nigérien est un terrain d'aspect uniforme, invariable, que l'on retrouve partout en Afrique, à Bamako, à Ségou, au Damangara, au Chari, au Bas-Niger, au Dahomey. C'est un terrain de compression formé de conglomérats de fer hydroxydé et de petits cailloux de quartz, arrondis, roulés. Les parties que les éléments n'ont pas désagrégées, présentent l'aspect d'un immense nougat. Au contraire, lorsque les pluies et le soleil ont brisé, détruit et réduit en poussière rouge le ciment magnétique des conglomérats, les petits rognons de quartz mis en liberté s'étendent sur d'immenses régions, qui paraissent cailloutées comme les allées d'un jardin. Rien n'y pousse à l'exception d'arbres d'essence spéciale, qui restent toujours verts en raison de l'imperméabilité du sous-sol, qui, sous l'influence de la chaleur solaire, rend l'humidité qu'il a emmagasinée.

EMBARQUEMENT D'UNE COMPAGNIE DE TIRAILLEURS A KOULIKORO, A DESTINATION DE TIMBOUCTOU, AVEC FEMMES, MATÉRIEL DE MÉNAGE, ARMES ET BAGAGES. — DESSIN DE GOTORBE.

ments en surf-boat et les difficultés du transbordement, l'on sent à quelques milles au large l'odeur fade de la vase, que la chaleur lourde et humide rend plus désagréable encore. Il y pleut tous les jours ; le soleil y est rare ; il se voile sournoisement derrière de gros nuages ronds qui forment loupe et congestionnent en quelques secondes l'Européen non encore acclimaté. Je ne sais quel est le plus dangereux, d'un soleil torride dans un ciel bleu ou de cette marmite d'eau bouillante.

La véritable saison des pluies commence à Forcados en mars, pour finir en septembre. Durant ce laps de temps, la houle est fréquente du sud-ouest ; la mer est agitée, les barres du littoral sont dangereuses. En décembre et janvier, l'hermattan, vent sec du nord-est, souffle une dizaine de fois, et l'on voit, phénomène étrange, les noirs dont les muqueuses et la peau se sont accoutumées à l'humidité permanente, devenir gris sale et leur derme se transformer en poussière pelliculaire.

La température minima est 18°, le maximum 34°, elle oscille de 24 à 32° durant la période mars-octobre et de 18 à 28° de novembre à mars. Les tornades et les trombes d'air sont assez rares. Ce pays, immense tapis de verdure, reçoit des douches tellement fortes que les terrains émergeants sont inondés plusieurs fois chaque année.

2° *Bas-Niger*. — Depuis Lokodja jusqu'à Yelloua et Sakassi, les pluies sont fréquentes. En avril, le thermomètre accuse des températures excessives. Il n'est pas rare de le voir monter à 46 et même 47 degrés centigrades, et lorsqu'on n'a que 44° à l'ombre, on se trouve heureux. Les nuits sont meilleures à 36°. La moyenne pour avril est de 39°8 à 40°. Les pluies abaissent la chaleur, mais cette humidité qui en résulte vaut moins que l'étuve sèche. En septembre, la moyenne générale est de 29 à 30° : pour ma part, j'aime mieux griller au mois d'avril que bouillir pendant l'hivernage, où l'on se gratte du matin au soir, harcelé par les bourbouilles, les moustiques, les tsé-tsé, les sand-flies. C'est en novembre que la vallée du Bas-Niger devient la terre par excellence de l'insalubrité. La dysenterie, le paludisme et la fièvre bilieuse hématurique y tiennent leurs assises ; l'ipéca, la quinine et tous les purgatifs inventés depuis Hippocrate, sont prescrits sans cesse et souvent impuissants. Les rives et les marécages s'évaporent, le soleil est voilé par le brouillard, la brousse est dangereuse et malsaine. Ce n'est guère qu'en janvier que le ciel se dévoile et que la fraîcheur des jours et des nuits s'accentue ; la température varie alors de 14 à 26° pour remonter en février de 22° la nuit à 40° le jour. Le Bas-Niger a en somme un climat très dur et très malsain.

3° *Nil français*. — Il n'en est plus de même lorsqu'on a quitté la région montueuse qui borde le Kouarra jusqu'à Sakassi. La haute vallée du Djoliba depuis Siguiri jusqu'aux sources, diffère très peu comme climat du bief Bamako-Mopti. La région Débo-Kabara-Say au contraire pâtit, comme nous l'avons dit, d'une sécheresse presque continuelle. Sur l'Issa-Ber, les mois d'avril à juillet sont très durs (34 à 38° la nuit et 42 à 49° le jour, à mesure que l'on approche des tornades). Puis la température s'abaisse, devient humide, et, lorsque l'hivernage est terminé, surviennent les grands froids. En novembre, j'ai observé 14° le matin à 8 h., 41° à 2 h. et 32° à 6 h. du soir ; en décembre, 7° le matin, 33° à 2 h. et 21° à 6 h. du soir ; en janvier, 12° le matin, 38° à 2 h. et 24° à 6 h. du soir. De novembre à mars, les nuits sont fraîches, glaciales, souvent agréables. L'hermattan souffle de 6 à 8 h. du matin jusqu'à 2 h. de l'après-midi.

CHALANDS DE 30 TONNES CONSTRUITS A KOULIKORO AVEC LES BOIS DU PAYS. — DESSIN DE BOUDIER.

Le colon doit avoir la force de résister à ces écarts, à ces douches d'air chaud puis glacé. Le vent sec du désert apporte un air pur et vivifiant, à condition qu'on ne le reçoive pas après son passage sur des marécages ou des terres remuées.

La température du Djoliba diffère très peu de celle de l'Issa-Ber ; seule la saison des pluies modifie l'état hygrométrique de l'air, et prolonge l'humidité en raison de sa plus grande durée. Cependant certaines zones du Djoliba, plus imperméables, plus inondées ou plus boisées, tendent à se rapprocher du Bas-Niger comme température. Mais le lecteur jugera de l'insalubrité permanente du Kouarra d'après ce que nous en avons dit.

Maladies. Hygiène. Conseils au voyageur. — On peut contracter toutes les maladies possibles dans la vallée du Niger : dysenterie, dyspepsie, furoncles, fièvres bilieuses, lumbagos, torticolis, bronchites, diarrhées. Mais là, comme partout, une hygiène suivie peut enrayer les maux, et la gravité des affections dépend de la santé qu'on apporte.

La plupart de ces maladies sévissent en France comme au Soudan. En réalité, le grand ennemi de l'Européen au Niger est le paludisme; on pourrait même dire qu'il est le seul. A ce sujet, les médecins coloniaux sont partagés en deux camps : l'un partisan de la quinine préventive, l'autre ennemi résolu de cette pratique. Je ne puis parler que d'après moi, et aussi d'après tous ceux que j'ai pu connaître ou commander et qui ont adopté la quinine préventive. Or cela s'applique à plus de deux cents Européens. Eh bien! chez aucun de nous le paludisme n'a pris de forme permanente, chronique et dangereuse. Aucun de nous n'a subi les atteintes de la fièvre bilieuse hématurique. Nous avons eu quelques accès de fièvre, voire même de bilieuse, c'est-à-dire des embarras gastriques avec élévation de température, vomissements et diarrhée de bile dus aux fatigues excessives que nous avons endurées au cours de cette mission, mais aucun de ces fervents de la quinine préventive n'a contracté de fièvres tenaces et de maladies graves.

Il faut encore lutter contre le moustique, ce terrible ennemi, l'*anopheles claviger*, qui sort des marécages et par ses piqûres donne la fièvre paludéenne. A remarquer, à ce propros, que la mission Marchand, qui a vécu au régime de la quinine préventive, dans les marécages, qui a humé, respiré des moustiques, n'a perdu personne de ce fait, ou que du moins son personnel a été victime d'accidents rares. Sur le Bas-Niger, nous avons été dévorés par les moustiques, à Guiris nous en avons atrocement souffert, c'était une atmosphère d'insectes, et elle ne nous a cependant pas rendus malades. Il est donc fort probable que l'anophèle communique la fièvre seulement dans les centres où des Européens sains et indemnes entrent en contact avec des Européens souffrant du paludisme, du soleil torride, des émanations pernicieuses, des effluves telluriques.

Si vous voulez vous bien porter au Soudan, remplissez d'abord les conditions qu'exigent l'ardeur du soleil, les dangers du climat.

Ne partez qu'à l'âge de vingt-six ou vingt-huit ans, avec le cerveau, le cœur et l'estomac solides. Mangez à votre appétit des substances faciles à digérer, supprimez les alcools, buvez de l'eau filtrée, réconfortez-vous de temps en temps par un peu de vin généreux, si vous croyez à l'efficacité de ce remède. Fuyez les apéri-

tifs comme la peste, sortez au soleil s'il le faut, quand il le faut, puis revenez à l'ombre, prenez de l'exercice au plein air sous un casque à larges bords, la colonne vertébrale garantie du soleil par des vêtements suffisants. Couchez-vous de bonne heure, à 8 heures ou 8 h. 1/2; fatigué par vos occupations journalières, vous dormirez bien, et le matin vous serez debout avant le soleil. C'est l'heure où l'on est le plus à l'aise : on ne souffre pas de la chaleur, le pays éclairé d'une demi-teinte vous paraît agréable. Ne jouez pas, le jeu énerve, il empêche de dormir. Si votre travail intellectuel est trop chargé, efforcez-vous de le couper, de vous distraire entre temps. Recherchez des camarades qui vivent comme vous, une table gaie d'où les questions de service soient reléguées aux chantiers, aux bureaux; vivez près de l'indigène, et n'oubliez pas que sa société est par moments distrayante, instructive.

Vous aurez lu avant de partir qu'il faut habiter dans une case confortable à 2 mètres au-dessus de terre, que les maisons doivent être bâties, ventilées, éclairées d'une façon spéciale. C'est parfaitement vrai; mais au Soudan vous coucherez quatre-vingt-dix fois sur cent au ras du sol, n'importe où, n'importe comment. Vous n'en serez pas plus malade pour cela, si vous avez la constitution voulue, si vous faites le nécessaire. Ne prolongez pas trop vos séjours, revenez tous les deux ans au pays pour respirer l'air pur.

Résumé. Conclusions. — Les rapides de Boussa, considérés par certains explorateurs, comme des obstacles absolus à la navigation du Niger, ont été franchis cinq fois par la flottille, c'est-à-dire par des convois de dix-sept et dix-neuf embarcations, sans que nous ayons eu à déplorer le moindre accident. Il y avait une tâche à la fois délicate et dangereuse à remplir, c'était la reconnaissance des passages. Nous y avons risqué plus de cent fois nos existences. Des embarcations comme les nôtres ne circulaient pas entre les rochers comme des pirogues d'indigènes. Il nous fallait reconnaître et trouver des chenaux, des brèches dans les chutes, des paliers dans les cascades. Cette besogne est aujourd'hui terminée, nous avons remis à nos successeurs les cartes des rapides, les graphiques d'étiage et les renseignements suffisants sur la crue. Nous leur avons laissé des pilotes connaissant les routes, et plus de deux cents laptots dressés, habitués, aguerris à la manœuvre. Ils obtiendront les mêmes succès que nous. J'ajouterai même que leurs convois, bien approvisionnés au départ, pourront aisément remonter tout le Niger, depuis Badjibo jusqu'à Sorbo, sans qu'il soit nécessaire d'obliger le personnel européen à les suivre constamment.

A mon avis, la traversée des rapides est, maintenant que nous en possédons la manœuvre, une opération praticable et possible. Le rendement des transports par cette voie peut être doublé, triplé, quadruplé. Tout dépendra du nombre d'embarcations employées. Toutée avait reconnu la route et déclarait que malgré ses difficultés, elle ouvrait la porte du Bas-Niger à nos territoires du Soudan. Les opérations de la flottille n'ont pas infirmé cette assertion; bien au contraire, elles en ont fait une parole prophétique.

Il est évident que si nous pensons trouver dans nos colonies des routes tracées d'avance, des surfaces aplanies pour y poser le rail, des fleuves de 4 500 kilomètres aussi paisibles qu'un lac, nous nous exposons à de grosses déceptions. Le Mékong, dont les cataractes sont extrêmement dangereuses, et se dressent à Khôn comme une véritable barrière, fut considéré pendant de longues années comme une artère impraticable. De vaillants et courageux officiers de notre marine ont affronté l'obstacle, ils l'ont examiné dans tous ses détails; il en est résulté que la navigation du Mékong est une chose acquise, un fait accompli. Nous l'avons mise en pratique avec les précautions qu'elle exigeait.

Que se passera-t-il pour le Niger? La même chose, à n'en pas douter. Pendant plu-

UN MÉNAGE BELLA ET SON REJETON (BERGERS DU POSTE DE DOUNZOU).
D'APRÈS UNE PHOTOGRAPHIE.

sieurs mois de l'année, de fortes chaloupes, animées d'une grande vitesse et mesurant un faible tirant d'eau, peuvent remonter depuis Jebba jusqu'au pied du village de Garafiri. La navigation est délicate : il faut savoir bien manœuvrer; l'hélice doit être de parfait métal, la chaudière robuste et en bon état, le pilote a besoin de connaître les passes et le fleuve avec tous ses secrets. Mais ces difficultés peuvent être vaincues, d'abord grâce au travail que nous venons de faire, ensuite au moyen du balisage des chenaux. Rien n'est plus facile que d'aller cimenter des bouées fixes aux basses eaux; les pilotes adroits et les bons bateaux ne manquent pas. Le véritable embarras se présente au rapide de Garafiri.

Nous l'avons passé cinq fois sans accident, mais nous ne le connaissons pas encore suffisamment. Il y a là plusieurs lignes de rochers qui barrent le fleuve, non pas en murs à crête horizontale, mais avec de larges brèches qui s'agrandissent de plus en plus. Malheureusement, ces brèches ne sont pas dans le prolongement l'une de l'autre, il faut, pour aller de l'une à l'autre, suivre une route sinueuse. Le courant gêne cette manœuvre, extrêmement dangereuse, surtout à la descente, parce qu'il porte les embarcations sur les rochers. De plus, les brèches sont invisibles et submergées. Le meilleur moyen de les indiquer est d'y placer des balises.

Il est évident que le voyageur muré dans ces gouffres, au milieu desquels un courant terrible, des trombes et des tourbillons tendent à l'envelopper, se trouvera peu rassuré. Mais peu à peu, là comme ailleurs, on arrivera à s'accoutumer au danger. Nos belles routes de France sont tous les jours, à toutes les minutes, sillonnées par des automobiles qui filent à des vitesses inouïes et qui se briseraient au moindre écart, au moindre choc. Cependant le chauffeur s'habitue à ce genre de sport, jusqu'à devenir téméraire. Il en sera de même pour les navigateurs qui parcourront les rapides du Niger. N'oublions pas, d'ailleurs, que si l'on veut tenter le passage des rapides en pirogue indigène, on s'exposera inutilement, tandis qu'avec des embarcations solides, longues, larges, de manœuvre facile, on n'aura en somme qu'à surmonter sa propre émotion.

Quant aux rapides du nord, Labezenga, Kendadji, etc., il suffira de quelques cartouches de

BERGER DAGA QUI ACCOMPAGNAIT LA FLOTTILLE ET CHAQUE SOIR
DÉBARQUAIT LE TROUPEAU POUR LE FAIRE PAÎTRE.
D'APRÈS UNE PHOTOGRAPHIE.

dynamite, pour agrandir les nombreuses passes qu'on y rencontre, sans porter préjudice aux biefs supérieurs.

Ceci dit relativement à la praticabilité de la route fluviale, il reste maintenant à en démontrer l'utilité.

Le rail du Dahomey doit être prolongé jusqu'à Say ou Gaya. Il n'est pas de solution meilleure et plus rationnelle; mais il nous faut attendre encore quelques années, si ce n'est davantage, pour voir cette ligne en exploitation. Jusque là, c'est à la flottille du Bas-Niger que doivent être confiés les transports à destination de nos territoires du Soudan oriental, c'est elle qui doit effectuer les mouvements de matériel (ravitaillement et produits commerciaux).

A l'époque actuelle, une caisse de 25 kilos rendue par voie de terre, depuis Porto Novo jusqu'à Say, coûte environ 25 ou 26 francs de portage, non compris les pertes et la casse. Le noir déteste ces corvées qui l'abrutissent et qui font de nous son exploiteur, comme au temps de la traite des nègres.

Il préfère s'enfuir n'importe où, plutôt que d'être affecté à cette dure besogne, qui l'oblige à peiner de longs jours, courbé sous le fardeau, sans jamais de répit. Au Dahomey, les commandants de poste ont les plus grandes difficultés à recruter cent porteurs, et lorsqu'il leur en faut davantage, l'indigène s'agite, menace de se révolter ou s'enfuit dans la brousse. Au cours des deux dernières campagnes de 1901 à 1902, la flottille du Bas-Niger a transporté 10000 colis avec 58 laptots sédentaires et 150 piroguiers auxiliaires. Pour effectuer le même travail avec des porteurs, il eût fallu, en tenant compte des éclopés et des parasites de la colonne, une armée de 12000 hommes au moins. En admettant qu'on ait pu réunir un tel contingent, il faut remarquer que, par le fleuve, les tarifs sont de 17 francs par caisse, sans perte ni casse, rendue de France à Sorbo, point moyen, alors que le même colis coûte de 27 à 28 francs, pour être transporté par la voie de Porto Novo.

En définitive, la voie fluviale offre deux avantages aussi importants l'un que l'autre :

1º Suppression du portage, et ce résultat fait apprécier notre humanité et la nature de nos sentiments par toutes les populations riveraines ;

2º Economie d'argent, et ce bénéfice ouvre à nos commerçants la perspective d'un plus grand profit.

Pour mieux faire ressortir l'utilité de la flottille, j'insiste à nouveau sur l'intérêt considérable qu'il y aurait à faciliter à nos compatriotes l'usage des embarcations que nous avons laissées sur le Niger. C'est le meilleur moyen d'apporter, sur les marchés du Soudan, tous les produits de notre industrie nationale capables de lutter contre l'invasion des produits étrangers.

Je ne saurais terminer sans adresser ici de vifs remerciements à Monsieur le colonel Peroz dont les encouragements récompensèrent nos efforts, ainsi qu'aux dévoués collaborateurs qui partagèrent avec enthousiasme les dangers et les difficultés de cette mission. Le capitaine de Peyronnet, le lieutenant Anthoine, les sous-officiers Boury, Groisne et Messéant, n'ont jamais marchandé leurs peines pour que nos efforts fussent couronnés de succès.

La plus sincère amitié nous unissait et nous unit encore. Véritable famille isolée sous le ciel inclément du Bas-Niger, nous mettions en commun nos heures de souffrance, nos journées de périls, nos semaines de privations, nos éclairs de bonheur.

J'osais espérer que la Providence nous donnerait à tous les douces et réconfortantes joies du retour; un de nous, hélas! ne les goûta que bien courtes. Le lieutenant Anthoine, qui m'accompagna pendant cent dix-neuf jours au deuxième convoi, ne put supporter nos excès de fatigue. Miné par la fièvre, terrassé par la dysenterie, il dut regagner la France, où la mort vint le frapper quelques jours après son débarquement.

C'est donc au prix de ce sacrifice douloureux, de périls et de dangers sans nombre, que la voie du Niger est ouverte à notre empire africain. La vallée du Nil français est pleine de promesses : elle attend pour révéler ses richesses cachées et offrir ses produits nombreux et variés, que nous venions les recueillir sur le parcours des voies de communication qui nous restent à organiser; que nos vapeurs marchent en pleine activité sur le fleuve ; que s'élèvent les gares et les dépôts. La France ne connaît pas encore tout ce qu'elle peut demander à ces terres lointaines. Si le Soudan n'est pas un pays fertile en tous ses points, la vallée du Niger, ce que nous appellerons le Nil français (Issa-Ber et Djoliba), la plaine de Djenné, le Bélédougou, le Ouassoulou, le Mossi, le Macina, sont des régions riches et productives sur de vastes étendues. Nos colonies d'Afrique sont aujourd'hui des possessions que les guerres intestines laissent en repos depuis deux ans à peine. Les voilà pacifiées, se prêtant à la pénétration libre et laborieuse, à l'exploitation que vont favoriser les routes et les voies d'accès. La date de l'occupation est encore trop récente pour que nous osions dès maintenant entrevoir le Soudan de l'avenir, en communication rapide et directe avec la Métropole, ne formant plus qu'un bloc avec nos territoires de l'Algérie et le protectorat Tunisien ; c'est à nos fils que revient la tâche honorable et laborieuse d'imposer à notre empire africain un caractère homogène, d'imprimer l'unité à cet ensemble de territoires, qui s'étendent depuis le Bénin jusqu'à la Méditerranée.

Notre domaine colonial en Afrique est immense, mais il est trop jeune, trop récemment conquis pour que nos contemporains aient pu se faire couramment à l'idée de lui prodiguer des bras, et surtout des capitaux. Le temps mettra les choses au point. Pour ma part, j'ai foi dans l'avenir de notre empire africain, et, plaçant ma confiance dans le génie de notre race, je crois de toutes mes forces à la prospérité du Nil français.

LENFANT.

CROIX ÉLEVÉE PRÈS DE KABARA, SUR LE LIEU OU FUT MASSACRÉ L'ENSEIGNE DE VAISSEAU AUBE. — DESSIN DE BOUDIER.

PANORAMA DE LA VILLE D'ASSISE. — DESSIN DE BOUDIER.

ASSISE — LA PATRIE D'UN SAINT

PAR LE MARQUIS DEGLI ALBIZZI.

I. — Arrivée à Assise. — François Bernardone : l'ange des affligés. — Biographie de saint François d'Assise.

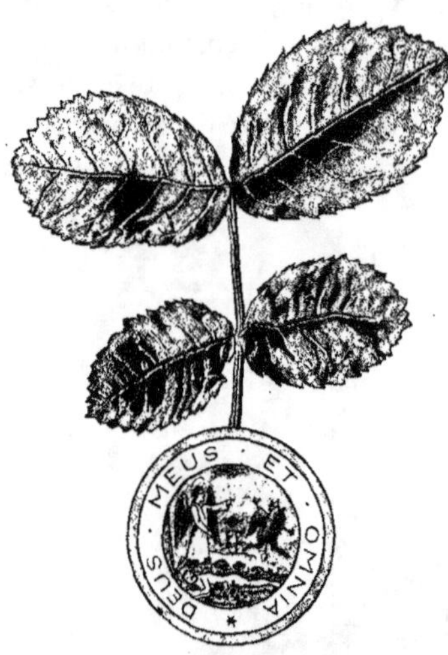

FEUILLES TACHÉES DE SANG DES ROSIERS
DE SAINT FRANÇOIS. — DESSIN DE BOUDIER.

C'EST à Terontola, à deux pas du lac Trasimène, que l'on quitte la ligne de Florence à Rome pour prendre le train qui conduit à Assise. Ici, nous sommes en pleine Ombrie, et la contrée que nous traversons n'est pas moins charmante que celle de la vallée de l'Arno vue tout à l'heure; seulement, les belles villas que le soleil couchant empourprait sur notre passage sont remplacées par des villages fortifiés, par des tours solitaires couronnant les crêtes.

Je m'arrête à Pérouse pour la nuit, et, le lendemain, je suis dans la riche campagne d'Assise, qui s'étend toute verte au pied du mont Subasio.

Assise est actuellement une ville de 4 000 habitants et le siège d'un évêché. Elle est entourée d'antiques murailles, reliées entre elles par de hautes tours, et dominée par sa forteresse à demi ruinée, la « Rocca Maggiore », vieille citadelle plus que millénaire, qui surgit en nid d'aigle au-dessus de la cité et commande la région. Ayant pris une voiture à la gare, qui est en bas à une vingtaine de minutes de la ville, je m'approche lentement de la vieille Assise par les lacets d'un magnifique chemin.

Devant moi elle s'étage au flanc de la montagne; ses maisons et ses tours, toutes du même ton uniforme, se serrent les unes contre les autres, sous l'étreinte des murailles qui l'encerclent et font songer à l'arrière-plan d'un primitif. Assise a conservé son aspect farouche de ville du Moyen Age, où sommeille tout un passé glorieux et mystique. A ma gauche, se dresse sur ses soubassements énormes la basilique de Saint-François avec son immense monastère; à ma droite, s'élève le mont Subasio (1 101 mètres).

Une bise glaciale chasse en ce moment des nuées grises, donnant au paysage un air tragique. Transi de froid, je débarque à l'hôtel Subasio, situé à côté de l'église du Saint. Cet hôtel est tout à fait charmant dans sa rusticité, qui cadre si parfaitement avec l'austérité des lieux. On se croirait dans une de ces vieilles auberges d'autrefois, à l'époque où la lumière électrique n'existait pas encore, ni les ascenseurs, ni la légion des petits bonshommes à boutons de métal! Ma chambre a un certain air claustral, l'ameublement est primitif, et seule la rondelle blanche de la sonnette électrique rappelle notre époque de confort et de machines.

Malgré le vent qui hurle au dehors, j'ouvre ma fenêtre toute grande. Un merveilleux spectacle se déroule : comme du haut d'une tour, je domine la plaine immense qui s'étend de Pérouse à Spolète, et c'est à vol d'oiseau que je distingue, encore voilée par la pluie, la coupole de Sainte-Marie-des-Anges, cachant jalousement l'antique chapelle de la Portioncule, le berceau de l'ordre des Franciscains, « un des rares points du monde », comme dit M. Paul Sabatier dans son admirable livre sur saint François d'Assise, « où s'est appuyée la mystique échelle qui relie le ciel à la terre. »

Né à Assise vers la fin du XIIe siècle, en 1182, comme on l'affirme, de parents enrichis dans le commerce du drap, François Bernardone montra dès son adolescence un penchant marqué pour le luxe et la brillante compagnie. Devenu l'ami de plusieurs jeunes gens qui ne vivaient que pour le plaisir, il ne tarda pas à les surpasser en dissipation et en folies. Son père, flatté d'avoir un fils frayant avec les héritiers des plus nobles maisons, tenait les cordons de sa bourse toujours déliés, de façon que François pouvait y puiser sans se gêner. Cependant, étant un jour tombé gravement malade, il eut tout le loisir, pendant sa longue convalescence, de réfléchir à la vanité des choses humaines et à la grande inutilité de l'existence qu'il avait menée. Tandis qu'à peine remis, il errait dans ses promenades, soit par les rues d'Assise, soit par la campagne, il lui arrivait presque journellement de rencontrer des pauvres auxquels il faisait l'aumône, des lépreux et d'autres déshérités, et son cœur, qui était resté tendre, souffrait de toutes ces misères.

A cette époque troublée où la guerre ne cessait pas, on n'avait pas le temps de s'occuper des humbles ; ils croupissaient dans l'ignorance et l'abandon, et la prédication, qui aurait pu quelque peu élever leur âme, faisait entièrement défaut.

François semble avoir été désigné pour devenir l'ange des affligés. Peu à peu il se laisse entraîner par sa vocation, il rompt avec ses anciennes habitudes et se dévoue aux pauvres. Enfin, vendant un beau jour ce qu'il possède en propre, il quitte définitivement la maison paternelle et se réfugie au vieil oratoire de Saint-Damien, auprès d'un pauvre prêtre qui en est le desservant.

Prières, menaces de son père n'y font rien, il est inébranlable. Alors le vieux Bernardone porte plainte contre son fils, d'abord devant les magistrats, puis devant l'évêque, qui dit à François de rendre à son père tout ce qu'il possède de lui. Aussitôt, François se dépouille de ses vêtements, et il remet tout entre les mains de son père, avec l'argent qu'il avait conservé, probablement en vue de quelque pieuse intention. Désormais, entre lui et le monde il n'y a plus rien de commun, il a épousé la « pauvreté », il est devenu le « pauvre d'Assise », le « poverello », que ses pas porteront au loin pour prêcher l'amour du prochain. Il est d'ailleurs sûr de sa mission, car, comme autrefois, à Florence, le petit crucifix de San Miniato s'est animé pour saint Jean Gualbert, l'image de Jésus crucifié de Saint-Damien s'est penchée vers François, et il a entendu une douce voix lui murmurer que son oblation était agréable à Dieu.

On sait comment, dans la suite, et encore du vivant du Saint, les rameaux du grand arbre franciscain s'étendirent rapidement, comment vint s'y joindre le « Tiers Ordre » et, en 1212, le rameau des Clarisses, fondé par une fille noble d'Assise, plus tard canonisée et qui fut sainte Claire.

Reconnue en principe par le pape Innocent III, la société des Frères mineurs, fondée par saint François, fut définitivement constituée en ordre religieux sous le pontificat de Honorius III. La règle primitive avait eu pour base trois passages de l'Évangile : « Si vous voulez être parfaits, allez, vendez ce que vous avez et le donnez aux pauvres ; » « Ne portez rien en voyage » ; enfin : « Si quelqu'un veut venir après moi, qu'il renonce à soi-même, qu'il porte sa croix et me suive ». Mais à cause de la grande extension que prenait l'ordre et des nombreuses maisons qu'il possédait en Italie, en France, en Allemagne et en Angleterre, une règle plus déterminée, plus détaillée s'imposait ; elle fut solennellement approuvée le 29 novembre 1223.

On peut dire que la vie entière de saint François d'Assise n'a été qu'une hymne de louanges s'élevant vers Dieu, qu'un élan d'amour vers son prochain. François n'est pas un solitaire comme la plupart des

LES NOCES MYSTIQUES DE SAINT FRANÇOIS AVEC LA PAUVRETÉ. — FRESQUE DE GIOTTO. — PHOTOGRAPHIE ALINARI.

grands saints du XIIe et du XIIIe siècle ; son idéal est tout différent, il veut se rapprocher des foules pour leur parler, pour les consoler ; loin de lui la charité qui dit : « Donnez une miette pour avoir tout un pain » ; sa charité à lui est désintéressée et toute d'amour.

Sa belle âme, véritablement séraphique, ne cessait de glorifier le Seigneur dans la création et dans toutes les créatures. « Remontant, dit saint Bonaventure, jusqu'à la première origine des choses, il considérait toutes les créatures comme sorties du sein paternel de Dieu, et reconnaissant qu'elles avaient le même principe que lui, il les appelait avec une ravissante tendresse ses frères et ses sœurs. »

Il appelle les hirondelles ses petites sœurs ; comme le roi psalmiste il chante, et, dans un chant d'allégresse, il salue son frère le soleil, dont la vive splendeur rend témoignage du Très Haut : « De te, Altissimo, porta significatione. »

Sa mort fut pareille à sa vie, humble et douce, et, quoique ses forces diminuassent rapidement et que ses yeux le fissent cruellement souffrir, il profitait de la moindre amélioration de son état pour se faire porter dans les provinces voisines, afin d'y prêcher la parole de Dieu. C'est à cette époque (1224) qu'il reçut les stigmates, pendant une retraite qu'il faisait sur le mont Alverne (« la Verna », comme on dit en Italie).

Saint François s'éteignit à la Portioncule, le 4 octobre 1226, vers le soir, entouré de ses fidèles disciples, tandis qu'une volée de ces alouettes qu'il avait tant aimées s'abattait autour de sa cellule en gazouillant.

II. — La Basilique de Saint-François du « Sagro Convento ».

Le lendemain de mon arrivée, profitant d'un rayon de soleil, je me rends à la basilique de Saint-François, au « Sagro Convento », dont Grégoire IX posa la première pierre le 16 juillet 1228, après la cérémonie de la canonisation. L'édification de cette église s'accomplit avec une extraordinaire rapidité ; car, commencée en 1228, elle était déjà assez avancée en 1230 pour recevoir le corps du saint.

Elle se compose de deux églises superposées et d'une crypte ; mais cette dernière est moderne, ayant été commencée sous le pontificat de Pie VII.

Cimabue et Giotto, ainsi que leurs prédécesseurs, ont décoré l'intérieur des deux églises de nombreuses fresques, et c'est merveille de voir comment ces œuvres ont résisté au travail destructeur des siècles et sont parvenues jusqu'à nous si parfaitement conservées ; on serait même tenté de dire si fraîches, en ce qui concerne la décoration de l'église supérieure.

Venant du grand jour, l'église inférieure me semble plongée dans les ténèbres ; mais peu à peu l'œil s'y habitue, et les monuments adossés à la muraille, qui sont près de l'entrée dans la nef transversale, longeant la façade, s'en détachent graduellement, et leurs contours, adoucis par la demi-clarté, prennent des tonalités jaunies de vieil ivoire.

Le plus intéressant de ces monuments est certainement celui dit de la reine de Chypre, qui contient très probablement les cendres de Jean de Brienne, roi de Jérusalem et plus tard empereur de Constantinople. Ce prince est couché sur un lit de repos et deux anges en écartent les draperies. Au-dessus, sous un arc trilobé, est une figure de femme, assise sur un lion, et à sa droite, une madone avec l'enfant. C'est une œuvre du commencement du XIVe siècle, mais assez gauche et certainement pas d'un grand artiste. Tout à côté est un vase en porphyre, cadeau fait à l'église par la reine de Chypre, par cette Hécube dont parle la tradition! Sa personnalité n'est pas bien établie. Il n'est pas toutefois impossible que ce fût la fille de ce même Jean de Brienne, qui fut princesse d'Antioche et céda dans la suite ses droits sur le royaume de Jérusalem à Charles d'Anjou. Elle vécut un certain temps à Chypre, avant de venir mourir en Italie. Plus loin, dans une chapelle qui s'ouvre sur la même ligne, est le monument funéraire d'un Duc de Spolète et de son fils.

Dans cette vaste basilique dont la voûte retombe très bas, l'âme se sent, plus que dans aucun autre lieu peut-être, disposée au recueillement. La cause en est probablement le demi-jour qui y règne et cette paix mystérieuse des temples très anciens, pour beaucoup aussi le souvenir toujours présent du Saint. Ceux qui ont visité, ne fût-ce qu'une fois seulement, l'église inférieure de Saint-François à Assise en conserveront toujours, je pense, un ineffaçable souvenir, en garderont la plus calmante, la plus douce impression.

De chapelle en chapelle, je m'achemine lentement sous la voûte ténébreuse, dirigeant mes pas vers le maître-autel, qui m'est révélé par la flamme des lampes votives. Œuvre du XIIIe siècle attribuée à Jacopo Tedeschi qui, d'après Vasari, fut l'architecte de l'église, mais dont l'existence même est mise en doute par bon nombre d'écrivains modernes, l'autel en marbre s'élève au-dessus du tombeau de saint François, à l'intersection de la grande nef.

A cause du manque de lumière, il est assez difficile de bien voir les célèbres compositions de Giotto qui décorent les quatre pendentifs de la voûte au-dessus du maître-autel. La plus remarquable est l'allégorie des noces mystiques de saint François avec la Pauvreté, et c'est là le témoignage bien vivant du grand génie dramatique de Giotto. La sainte Pauvreté, en haillons, le visage émacié, couronnée d'épines, est vue presque de face; elle avance la main vers François, qui lui met au doigt l'anneau nuptial. Jésus-Christ est au milieu et bénit l'union du Saint. Tout autour, sont groupés les anges et les Vertus. En bas, un enfant lance une pierre à la Pauvreté, un chien s'élance vers elle en aboyant, un autre enfant la frappe, tandis que, dans les coins, d'autres figures se meuvent, parmi lesquelles un seigneur, portant un faucon sur le poing, la considère avec mépris, et un autre riche, plein d'appréhension, s'éloigne en serrant sa bourse des deux mains.

De nombreuses lampes entourent le maître-autel et semblent autant de petites étoiles dans un grand ciel sombre. Le chœur, en hémicycle, qui occupe l'abside, termine de sa courbe l'église qui, avant la construction des chapelles latérales, avait la forme du T mystique, lettre qui se rapproche le plus de l'image de la croix, et dont saint François s'est généralement servi en guise de signature. Dans le bras droit du transept, sur le mur de droite, je m'arrête devant une fresque représentant les premiers compagnons du Saint, ces disciples chéris et fidèles dont quelques-uns sont ensevelis ici. Là est une Vierge de Cimabue, une des plus belles que nous connaissions.

INTÉRIEUR DE L'ÉGLISE SUPÉRIEURE DE SAINT-FRANÇOIS. — PHOTOGRAPHIE ALINARI.

Assise sur un trône soutenu par quatre anges, elle tient Jésus-Christ sur son bras gauche. Elle appartient probablement à une époque plus récente que les madones que nous admirons à Florence, à l'Académie des Beaux-Arts et à Sainte-Marie-Nouvelle ; celle-ci est plus vivante et n'a point la rigidité byzantine des premières.

En face de toutes ces fresques, exécutées par tant d'artistes différents, on constate avec évidence que la vie de saint François eut une grande influence sur le développement de la peinture au XIIIe siècle. Sa poétique légende, offrant un thème inépuisable aux artistes du temps, les obligeait de faire des efforts pour se débar-

SAINTE-MARIE-DES-ANGES ET SANTA CHIARRA. — PHOTOGRAPHIES ALINARI.

rasser des liens étroits de l'ancienne école byzantine. Parmi ces très anciennes compositions décorant la grande nef, il y en a de charmantes de poésie et de naïveté ; entre autres, celle du sermon aux oiseaux. C'était vers 1215, sur le chemin de Bevagan, localité distante d'Assise de quelques kilomètres. François marchait avec quelques compagnons, quand il rencontra de nombreuses bandes d'oiseaux. Loin de s'effrayer à son approche, les oiseaux se massèrent autour de lui, tendant le cou et battant des ailes comme pour témoigner leur joie. Il les bénit alors et les exhorta à louer et à aimer le Seigneur, qui leur permettait d'habiter dans l'air pur et qui prenait soin d'eux.

Avant de monter à l'église supérieure, je passe par la sacristie, où parmi d'autres objets précieux on conserve pieusement une bénédiction écrite par saint François.

L'église supérieure est pleine de lumière, ce qui permet d'étudier les fresques de Giotto dans leurs moindres détails ; quant à celles de Cimabue, elles ont beaucoup souffert par l'humidité. Sous les belles arcades élancées de la grande nef, entre les demi-colonnes formées d'élégants faisceaux, Giotto fait dérouler devant nos yeux, en une série de vingt-huit tableaux séparés, la vie de saint François d'Assise ; il nous fait assister aux misères des premiers jours, aux gloires de l'apostolat, aux visions du saint, à ses miracles et enfin à sa mort. Dans ces fresques, on constate tous les progrès que l'art vient de faire : les figures ont des poses plus naturelles, leurs mouvements sont vivants et les arrière-plans sont plus en rapport avec les personnages. Tout en admirant les anciens vitraux des fenêtres allongées, au meneau vertical, je m'achemine vers le trône du pape, qui s'élève à l'autre bout de l'église, au fond de l'abside, derrière l'autel à double face.

Ce trône en marbre, comme tout le reste, date de la seconde moitié du XIIIe siècle. Le fauteuil à haut dossier, dont les bras sont formés par des lions, est placé sous un dais gothique soutenu par de légères colonnettes, et, sur le degré au-dessous du fauteuil, on voit les animaux bibliques, le lion et le basilic, qui y sont sculptés avec l'inscription : « Super Aspidem et Basilicum ambulabis et conculcabis Leonem et Draconem. » Cette belle église est chapelle papale ; aucun évêque n'y doit officier pontificalement et, de même que pour l'église inférieure, lorsque l'évêque d'Assise y vient le jour de la Fête-Dieu, sa mitre et sa crosse n'entrent pas avec lui.

Je descends ensuite dans la crypte. Elle n'aurait eu qu'un intérêt médiocre, si derrière la grille du sarcophage moderne, qui s'élève au-dessus de l'autel parmi une infinité de cierges et de lampes votives, elle ne renfermait les précieuses reliques de saint François. On sait que, lors de la translation du corps, de la vieille église de Saint-Georges à la nouvelle basilique, le cortège fut tout à coup attaqué par une troupe de gens armés qui l'arrachèrent des mains pieuses qui le portaient. On ne retrouva le corps qu'en 1818, à l'endroit où est située actuellement la crypte, établie par ordre du pape Pie VII. Une statue colossale de ce pontife occupe, derrière l'autel, une niche faisant face à celle où l'on a placé la statue non moins grande de Pie IX.

III. — Le couvent de Saint-Damien. — Saint-Rufin. — Santa Chiara. Le temple de Minerve.

Sorti par la Porta Nuova, la même probablement que prit saint François lorsqu'il résolut d'abandonner le monde, je m'achemine vers le couvent de Saint-Damien, parmi les amandiers en fleurs et les oliviers éternellement verts. Je m'en vais donc ainsi par ce chemin ravissant, qui descend en pente rapide vers le couvent, dont on ne tarde pas à apercevoir le modeste clocher parmi les arbres. A mes pieds, la plaine s'étend dans toute la beauté de son printemps italien, traversée de grandes ombres intermittentes, alternant avec des instants de soleil. Un petit âne, disparaissant sous une charge de verts légumes, grimpe bravement à ma rencontre, suivi d'un capucin portant une besace. Ils se dirigent vers l'ermitage du mont Subasio, vers les Carceri, ces grottes où saint François aimait à se retirer pour prier. Je suis tout à la contemplation de ce joli tableau, quand le charme en est soudainement rompu par l'apparition d'un petit jeune homme, sorte de guide d'occasion, qui, après m'avoir en vain offert ses services, veut à toute force me vendre des objets de piété.

Le couvent de Saint-Damien, où François avait installé sainte Claire et ses compagnes, est maintenant occupé par des capucins. Il s'élève sur une terrasse plantée de pins et de cyprès; des oliviers et des vignes entourent ses vieux murs gris, et sa petite chapelle, qui n'a pas changé d'aspect depuis le temps de sainte Claire, est sombre et très pauvre. On y entre de plain-pied dès que l'on a franchi la grille du couvent. L'intérieur, comme je viens de le dire, est pauvre, sa voûte grise en ogive, près de la porte en plein cintre plus loin, est noircie par le temps et la fumée des cierges; rien n'est riche ici, mais tout y parle au cœur. A droite de l'entrée, on me montre la niche où saint François se cacha lorsque son père voulut de force le ramener à Assise, puis mon guide ouvre une porte à côté de l'autel et m'introduit dans le chœur,

LE COUVENT DE SAINT-DAMIEN. — PHOTOGRAPHIE P. LUNCHI, A ASSISE.

où sainte Claire récitait l'office. C'est une pauvre chambre carrée, blanchie à la chaux, à peine éclairée : on y voit sa stalle et le lutrin dont se servaient ses religieuses. Ces choses sont caduques et tristes, et cela me fait plaisir de revoir le ciel bleu, lorsque par un escalier aux marches disjointes je parviens à l'étage supérieur d'un petit cloître. Trois moineaux sautillent en cet instant sur les vieilles tuiles du toit, d'autres se font entendre

LA BASILIQUE DE SAINT-FRANÇOIS. — L'ÉGLISE INFÉRIEURE. — PHOTOGRAPHIES ALINARI.

dans les oliviers avoisinants. Ce sont probablement les descendants des petits frères du grand Saint! Que reste-t-il de l'ancienne chapelle de l'année 1030, que François restaura de ses propres mains? C'est une chose assez difficile à dire. Cependant, il a été presque prouvé que la partie la plus ancienne de l'église de Saint-Damien est celle où se trouve le maître-autel, celle de l'abside. Le dortoir des anciennes clarisses est au-dessus de l'église, avec l'oratoire de sainte Claire, où, pendant les dernières années de sa vie, il lui avait été permis de garder le Saint-Sacrement. Le réfectoire, employé encore aujourd'hui par les capucins, est au bout opposé du couvent, en bas. C'est une salle assez grande, mais sombre, égayée seulement par ses étroites fenêtres qui donnent sur la campagne, en ce moment ensoleillée.

En errant par la ville, au retour de Saint-Damien, j'entre dans la cathédrale, dédiée à saint Rufin, qui fut le premier évêque d'Assise. Hélas, cette église, belle comme dimensions, a entièrement perdu à l'intérieur son caractère primitif : le XVIᵉ siècle y a passé et a habillé le tout de sa façon pompeuse, ne laissant aucune trace d'un attachant passé. Seul le triptyque de Nicolas de Foligno vaut la peine d'être vu, de même que les vieux fonts baptismaux qui peuvent se glorifier d'avoir été ceux où furent baptisés saint François et sainte Claire. Une toile d'Overbeck en retrace la scène. Par contre, la façade de la cathédrale n'a pas été touchée, et son charmant portail, tout fouillé de sculptures naïves (1140), repose sur deux lions en marbre rouge qui datent peut-être de la basilique primitive. Les vestiges de cette église existent encore sous la cathédrale, sorte de crypte paisible où l'on distingue de très anciennes fresques et l'antique sarcophage païen qui, pendant une suite de siècles, renferma le corps de saint Rufin, le patron d'Assise. La petite place, devant, est décorée d'une statue moderne de saint François, œuvre du sculpteur français Dupré, et encadrée d'un côté par la vieille maison du chapitre, de l'autre par des maisons d'habitation; elle est ouverte vers la montagne.

Avant la cathédrale, j'avais visité en détail l'église de « Santa Chiara », et j'y étais resté longtemps en contemplation devant le vieux crucifix de saint Damien, que les clarisses avaient transporté avec elles lors de leur nouvelle installation. C'est une grande croix byzantine, toute noircie par l'âge et dont le Christ a dans le regard une expression de douceur infinie : c'est l'image miraculeuse, qui, selon la légende, parla à saint François. L'église elle-même est grande, vide et triste, elle a à sa voûte des fresques de Giottino; mais, hormis le corps de sainte Claire, transporté ici de Saint-Damien le 9 octobre 1260, et que l'on y vénère dans une crypte moderne ornée de marbres précieux, il ne s'y trouve rien de bien intéressant.

Je descendis les degrés de marbre qui mènent à la crypte. Il y régnait une demi-obscurité qui, peu à peu, s'éclaira, faisant reluire les parois polies du petit sanctuaire. Soudain, la main invisible de la clarisse préposée à la garde des reliques écarta le rideau qui dissimule la châsse, et il me fut permis de contempler d'assez près le corps de sainte Claire, dans un éblouissement de soies et d'or, à la lueur d'une infinité de cierges. La Sainte est étendue sur un lit de satin blanc brodé d'or, elle tient le livre contenant la Règle de son ordre, et ses traits se détachent distinctement en sombre sur la blancheur de ses voiles. Mais la vision ne dure pas, le rideau retombe presque aussitôt, et les cierges s'éteignent un à un.

Le sarcophage encerclé de bandes de fer, qui était muré au-dessous du maître-autel de cette église, fut retrouvé intact, lorsque en 1850, il fut ouvert en présence d'une nombreuse assistance (S. S. le Pape Léon XIII, alors archevêque de Pérouse, se trouvait parmi les prélats), et le corps de la Sainte apparut tel qu'il y avait été déposé six siècles auparavant, recouvert des feuilles balsamiques du laurier et du thym. Ce fut plus tard seulement, lorsque les offrandes du monde catholique en eurent donné les moyens, que la chapelle souterraine que nous venons de visiter fut établie telle qu'elle est aujourd'hui.

En dehors, d'immenses contreforts en arc soutiennent l'église à la façade toute simple, au portail unique en plein cintre. Une très grande place, généralement déserte, s'étend devant elle, terminée d'un côté en une terrasse d'où l'on jouit d'un coup d'œil ravissant. A notre gauche, reliés à l'église, s'étendent les bâtiments sombres du couvent des clarisses, percés de toutes petites fenêtres grillées, d'aspect infiniment mélancolique.

Je m'en vais ensuite par de petites rues qui montent et qui descendent, m'attardant au hasard devant un vieux portique, sur une petite terrasse ombragée où jouent des enfants. Les maisons d'Assise, très serrées les unes contre les autres, sont étroites et hautes, presque toutes du même ton gris et rosé, et portent l'empreinte sévère des antiques remparts qui les entourent. Un intéressant monument est le temple de Minerve, avec son portique de six colonnes en travertin et ses inscriptions antiques. Ce temple faisait autrefois partie des biens de la grande abbaye bénédictine du mont Subasio, qui a disparu depuis longtemps; les moines en firent don à la ville en 1212, et plus tard le temple païen fut transformé en église qui porte aujourd'hui le nom de « Santa Maria della Minerva ». Gœthe vint tout spécialement à Assise pour voir ce temple. Il en ressentit une émotion si profonde, qu'il repartit aussitôt sans avoir rien vu d'autre, craignant que de nouvelles impressions ne vinssent l'atténuer. Un peu plus bas est la « Chiesa Nuova » ou « Casa dei genitori di San Francesco. » C'est une jolie petite

église du XVIIe siècle, mais bien peu de chose y rappelle la maison du Saint : un pan de mur, une porte, voilà tout! C'est cette porte, je crois, qui donnait accès à l'étable où, selon la tradition, Pica, l'épouse de Pierre Bernardone, se transporta par humilité, pour y donner naissance à saint François, entre l'âne et la vache.

Après avoir consciencieusement visité cette église, qui ne me dit rien, si ce n'est le regret que la dévotion ait anéanti la demeure du Saint, je m'en vais tout doucement au jugé vers mon hôtel, par les petites rues désertes coupées d'ombre et de soleil.

ASSISE. LA PLACE VICTOR-EMMANUEL ET LE GRAND CLOÎTRE. — PHOTOGRAPHIES ALINARI.

Je m'arrête devant les arcades « quatrocento » du Monte Frumentario qui est sur mon chemin, l'antique institution où les paysans besogneux mettaient jadis leur récolte en gage. C'est une loggia formée de nombreuses arcades, soutenues par des colonnes aux chapiteaux gracieusement fouillés. Plus loin, à ma droite, c'est la soi-disant maison de Métastase, qui attire mon attention : une très vieille maison accolée au flanc de la montagne, à l'intersection de deux rues. Né à Rome, mort à Vienne, Pierre Trapassi, le brillant poète de la cour de Marie-Thérèse, qui fut célèbre sous le nom de Métastase, n'eut presque rien de commun avec Assise, quoique ses parents en fussent natifs et qu'ils y possédassent même une maison. Celle dont je parle et que l'on montre généralement aux étrangers, était probablement le lieu de réunion des entrepreneurs de construction d'Assise, des « Maestri Comacini » dont elle porte encore l'emblème.

IV. — Sainte-Marie-des-Anges.

Il me restait encore à voir Sainte-Marie-des-Anges; je choisis donc une belle après-midi pour cette promenade, et je pris le chemin le plus long, celui qui, près de Saint-Damien, descend vers la plaine. J'aspirai longuement les senteurs qui en montaient et, en contemplant encore la douce beauté de ce paysage, je comprenais que saint François aimât à revenir ici. Je m'en allai à l'ombre des oliviers; je passai au pied d'une grande villa plantée de cyprès et de cèdres, je longeai des champs où des paysans travaillaient, et je me trouvai enfin au Rivo Torto, à l'endroit où l'on affirme, à tort, paraît-il, que saint François habita avec ses disciples. J'entrai dans l'église qui fut maltraitée par le dernier tremblement de terre, et qu'un franciscain à tête grise me montra en détail. L'antique cabane, que les chevaliers crucigères abandonnèrent jadis à François, est au centre même de l'église, et on y descend par quelques marches; c'est une toute petite construction où l'on a de la peine à se tenir debout, on se demande avec étonnement comment le Saint et tous ses disciples ont pu y loger ensemble. Mais la charité animait ces hommes au cœur simple, et le séjour du Rivo Torto était devenu d'autant plus cher à François qu'à une très faible distance s'aggloméraient les cabanes du village où les lépreux d'Assise étaient relégués. La cabane du Rivo Torto ne fut toutefois qu'un abri temporaire, car, à son retour de Rome, dès 1211, François se mit en quête d'une demeure stable, avec une église pour y dire les offices ; l'ordre avait pris une extension extraordinaire, et chaque jour amenait de nouveaux convertis. Aux premiers disciples de François, à Bernard de Quintavalle, à Pierre de Catane, qui furent les compagnons de la première heure, étaient venus s'ajouter une infinité de nouveaux frères et, parmi

LA CATHÉDRALE D'ASSISE. — PHOTOGRAPHIE ALINARI.

ceux-ci, les noms de frère Egide, d'Ange, de Junipère et de Léon resplendiront toujours comme les modèles les plus parfaits de vertu et de courage, d'humilité et d'obéissance.

Ce furent les bénédictins du mont Subasio qui vinrent en aide à François en lui concédant, en toute propriété, la chapelle de Sainte-Marie-des-Anges, la « Portioncule », une petite parcelle de leurs terrains. Les Pauvres du Christ, comme on les appelait aussi alors, s'y établirent aussitôt. Ils y élevèrent quelques cabanes autour de la vieille chapelle et entourèrent le tout d'une haie vive, et ce fut le premier monastère franciscain.

Les bois qui couvraient ces lieux au xiiie siècle ont tous disparu, mais la campagne autour de l'église et du grand monastère est restée riante. Aujourd'hui, la

LES ROSIERS AUX FEUILLES TACHÉES DE SANG DE SAINT FRANÇOIS.
PHOTOGRAPHIE CARLOFORTI, A ROME.

belle église de Sainte-Marie-des-Anges, qui date de la fin du xvie siècle, sert comme de tabernacle à la chapelle primitive de la Portioncule, dont les murailles grises y sont désormais à l'abri de la tempête. Tout en contemplant cette vénérable chapelle dont une fresque moderne décore le dessus de la porte, je songeais aux lointaines années où il n'y avait dans ces parages ni maisons, ni chemin de fer, où la nature reposait dans la paix du Seigneur et où le silence des bois n'était troublé que par le chant des religieux.

Ces lieux furent témoins de tous les grands actes des premières années de la vie franciscaine. C'est ici que sainte Claire se consacra à Dieu. C'est encore ici que se tenaient les grands chapitres de l'ordre, auxquels accourait de tous les points du monde la foule immense des frères [1].

Et quoique l'aspect des choses aux alentours de la Portioncule ait bien changé, l'esprit de saint François y est toujours présent, comme il est toujours présent dans la campagne environnante, comme il est toujours et partout présent à Assise; tout y est comme sanctifié par son passage; le sol que l'on foule ici est un sol sacré et tout parle de lui.

Dernièrement, une « Société internationale d'Études franciscaines » a été créée à Assise. Son but est de fonder une bibliothèque où les érudits s'intéressant au Saint pourront trouver les documents qu'il leur faut et obtenir les renseignements qu'ils désirent. On ne peut que souhaiter à cette société de se développer de plus en plus dans l'intérêt de la science et pour la gloire du Saint qui nous intéresse, et qui fut le grand réformateur des mœurs et de la pensée de son époque.

Pour arriver à Sainte-Marie-des-Anges, il faut tra-

CHAPELLE DE LA PORTIONCULE A SAINTE-MARIE-DES-ANGES. — PHOTOGRAPHIE ALINARI.

verser les rails du chemin de fer, puis le petit village qui s'est groupé près de l'église; enfin, on débouche sur l'esplanade où se trouve le sanctuaire. En y entrant, on voit aussitôt la vieille chapelle qui en occupe le centre sous la coupole; tout à côté est la cellule où mourut le Saint. Cette cellule est actuellement transformée en chapelle, et on y voit une statue de saint François par Andrea della Robbia. Plus loin, en traversant la grande sacristie, on aboutit à un paisible enclos, bordé d'un côté par un promenoir à arcades, le fameux champ des roses, petit jardin miraculeux où depuis bientôt sept siècles les rosiers qui y poussent sont sans épines et ont leurs feuilles tachées de sang.

La gracieuse légende est célèbre à travers le monde catholique. François, étant une nuit en prière, est tenté par le démon qui lui conseille le sommeil. Le Saint quitte aussitôt sa retraite et se jette parmi les ronces et les épines qui étaient à côté; il s'y roule, il s'y déchire et les teint de son sang. O merveille! le lendemain les ronces sont changées en [roses; elles n'ont pas d'épines, mais leurs feuilles portent des traces de sang.

Tout au bout du promenoir est la cellule où le Saint fut tenté. Au-dessus, est un petit oratoire décoré de fresques par « lo Spagna », un élève du Pérugin.

---

1. Assise est visitée, chaque année, par un nombre immense de pèlerins, vers la fin de juillet. Il s'y tient à la même époque une grande foire qui a beaucoup d'animation.

Après avoir pris congé des pères capucins et reçu d'eux différents petits souvenirs, parmi lesquels quelques feuilles des rosiers miraculeux, reproduits dans une de nos gravures, je m'en retournai vers Assise, que j'allais quitter dans quelques heures.

La journée était avancée, mais il faisait encore assez clair pour jeter un coup d'œil sur le grand cloître, qui s'étend derrière la basilique de saint François, avec son puits et ses deux rangées d'arcades. Les bâtiments à l'entour sont à moitié déserts, et les quelques pères qui végètent encore auprès des reliques n'y vont presque plus, car le couvent est laïcisé et transformé en maison d'éducation pour les enfants des instituteurs. Un aimable franciscain me conduit timidement vers le pourtour extérieur, d'où l'on jouit d'une vue admirable, et, tandis qu'un vent furieux qui s'engouffre sous les massives arcades fait claquer les plis de sa robe noire, tandis qu'une sorte de tempête se déchaîne devant nous, un profond soupir monte du fond de sa poitrine, et son regard dit toute la tristesse, toute l'amertume de son âme en voyant ces belles choses entre les mains des profanes.

Les documents se rapportant à l'histoire de saint François d'Assise sont très nombreux, et il n'y a pour ainsi dire, pas de lacune dans le récit de sa vie. Nous pouvons donc suivre la douce et attachante figure du « poverello » presque pas à pas, depuis son adolescence jusqu'à sa mort. Son contemporain. Thomas de Celano, se charge de nous la reconter dans ses moindres détails, et ses travaux sont complétés par le récit des « trois compagnons » et par celui de saint Bonaventure. Les « Fioretti », ce gracieux récit du XIVe siècle, nous présentent sa vie sous son aspect merveilleux et nous racontent, avec une émotion communicative, les nombreux miracles accomplis par lui. Je ne parle pas des autres documents qui ajoutent leur autorité au charme de ces premiers récits.

Et maintenant, le moment de partir était venu ; je quittai le couvent et m'avançai par cette grande place longue, bordée d'arcades, tandis que le soleil, à son déclin, enveloppait d'or les vénérables remparts que virent saint François et sainte Claire.

Après un dernier repas, pris à la hâte dans la salle commune de l'hôtel Subasio, je remontai dans ma chambre à l'aspect claustral et m'accoudai encore une fois à la fenêtre. Le crépuscule était maintenant tombé, l'étoile du soir brillait déjà, les oiseaux s'étaient tus, et seul le dôme lointain de Sainte-Marie-des-Anges gardait encore une légère lueur rosée, la dernière caresse du jour qui n'était plus.

Marquis degli Albizzi.

EMBLÈME DE L'ORDRE DE SAINT-FRANÇOIS. — DESSIN DE BOUDIER

CUBA SOUS L'ADMINISTRATION AMÉRICAINE

PAR M. OTHON GUERLAC.

I. — La République cubaine et la République des États-Unis. — Un port surfait. — La carcasse du *Maine*. — Le grand hôtel Inglaterra. — Une ville gaie. — Visions d'Espagne. — La gracieuse banlieue de Vedado. — Une parade de soldats américains.

UNE VIEILLE NÉGRESSE FUMANT SON CIGARE.
DESSIN D'OULEVAY.

LE 20 mai 1902, l'île de Cuba a pris sa place dans ce qu'on est convenu d'appeler le « concert des nations ». Cette entrée dans le monde s'est accomplie avec le cérémonial qu'on pouvait attendre d'un peuple qui, par hérédité, aime les belles manières, et au milieu de manifestations de joie et d'enthousiasme dont la violence ne saurait pas non plus surprendre chez des hommes qui vivent sous le vingtième degré de latitude.

A midi précis, dans le somptueux palais de la Havane qui abrita plusieurs générations de capitaines généraux, et qui vit, il y a quatre ans, le départ du dernier représentant de la couronne d'Espagne, eut lieu la cérémonie de la transmission des pouvoirs. Au milieu d'une salle bondée de monde, le général Wood, représentant du président des Etats-Unis, remit à M. Estrada Palma, le président de la nouvelle République, les pouvoirs qu'il avait exercés pendant environ trois années. Le petit discours officiel qu'il lut, la réponse de M. Estrada Palma, furent presque couverts par les voix qui s'élevaient de la rue et qui, déjà, acclamaient Cuba libre.

Puis le drapeau américain, qui flottait sur le palais du Gouvernement, fut abaissé en grande pompe par des soldats des Etats-Unis, et, à sa place, apparut le pavillon de la nouvelle nation. Et pendant que partout, sur les édifices publics de la ville et, là-bas, sur la vieille forteresse du château Morro, s'opérait également cette petite transformation, symbole du changement de souveraineté, les canons du fort de Cabañas lançaient leurs salves, les fanfares éclataient à tous les coins de la ville, les navires du port sifflaient ou mugissaient à tout rompre, et la foule répandue dans les rues, dans les parcs et sur les quais, grisée de soleil, de bruit et de patriotisme, hurlait à tue-tête : *Viva Cuba libra, Viva Estrada Palma, Viva los Estados Unidos.*

Le général Wood après avoir, avec sa placidité coutumière, joué son rôle dans cette cérémonie historique, quitta immédiatement le palais, escorté du président, et se dirigea avec son état-major vers le port, où le croiseur le *Brooklyn* n'attendait que lui pour lever l'ancre. Il emmenait avec lui tous les officiers fonctionnaires ayant collaboré à ses côtés, jusqu'à ce jour, à l'administration de cette jeune République, qui désormais, suivant l'expression de M. Roosevelt, « était lancée dans sa course à travers le monde ».

Le soir même, en effet, à New York, le président des Etats-Unis, invité à présider une assemblée de *clergymen* presbytériens, entonna à l'occasion de cette date mémorable un enthousiaste chant de triomphe. Il déclara : « Je ne me rappelle pas, et j'y ai beaucoup réfléchi, un seul exemple dans les temps modernes d'une nation victorieuse qui, après une pareille guerre, se soit contentée de libérer un peuple et de le préparer de son mieux aux responsabilités du *self government*... Pendant trois années, le rude labeur de la paix a complété l'œuvre de guerre... Pendant trois années, les représentants de l'armée ont fait de leur mieux pour établir un système d'écoles, prendre des mesures sanitaires, maintenir l'ordre, préparer la voie à de nouvelles industries, pour faire tout ce qui était en leur pouvoir, afin que le nouveau Gouvernement débutât dans la carrière sous les meilleurs auspices et dans les meilleures conditions. »

Tout le monde n'a pas parlé avec cet optimisme de l'œuvre dont le président Roosevelt trace un tableau si flatteur. D'autres ont pris plaisir à insister au contraire sur ce que le président a appelé lui-même « les échecs et les erreurs » de l'entreprise. Les plus difficiles ou les plus injustes — et ils sont nombreux à Cuba — affectent de ne voir que les échecs et les fautes, et ferment les yeux sur tout le reste.

Où est la vérité? Qu'a été, en réalité, cette administration de trois années? Quels en ont été les résultats ou les bienfaits? Bref, que faut-il penser de cette expérience coloniale, la première que les Etats-Unis aient jamais entreprise et dont il est impossible de ne pas constater, quelque opinion qu'on en puisse avoir par ailleurs, le caractère généreux et, par suite, original?. C'est pour chercher une réponse à ces questions que je suis allé à La Havane recueillir des impressions et des témoignages, afin de donner quelques renseignements précis et impartiaux sur l'administration américaine à Cuba.

Je m'embarquai à New York, sur un des bateaux de la *Ward Line*, qui partent deux fois par semaine pour La Havane. Le billet, en première, coûte 400 francs, aller et retour. Les bateaux de cette compagnie font le trajet en trois jours; quelques-uns en mettent quatre. C'était le cas de l'*Orizaba*, que je dus prendre et qui, depuis, a été transféré sur une autre ligne, pour faire place à des vaisseaux plus modernes. Cependant l'*Orizaba* m'apparut confortable et hospitalier. C'était à la fin de mai; le trafic, qui est si intense en hiver, était juste en train de diminuer avec l'arrivée des chaleurs. Aussi, la rareté des passagers donnait-elle tout l'espace qu'on pouvait souhaiter, dans les cabines et sur le pont.

Il était trois heures de l'après-midi quand l'*Orizaba* leva l'ancre et sortit lentement de son *pier*, tout au sud de l'île de Manhattan, à l'extrémité de la célèbre *Wall Street*, dans les eaux de l'*East River*. C'est là que se trouvent les embarcadères de toutes les lignes secondaires, tandis que les grands transatlantiques accaparent les quais de l'Hudson. Mais ici le coup d'œil est pour le moins aussi beau.

L'*East River*, à cette heure de l'après-midi, sous le soleil ardent de mai, est animé et bruyant. Les *ferry boats* (bacs à vapeur), chargés de monde, les remorqueurs, petits et trapus, toujours en mouvement, les grands steamers qui entrent et qui sortent, les coups de sifflet aigus, les appels rauques des

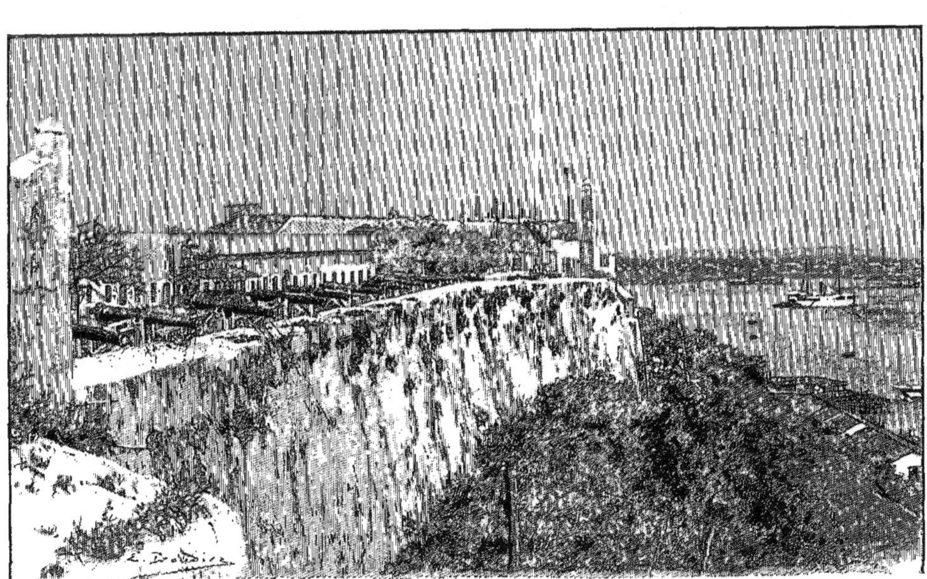

bateaux qui se disputent le passage et, sur chaque rive, le sourd grondement des trains aériens qui contournent les deux villes à la hauteur du deuxième étage : c'est une dernière vision de la grande cité trépidante et fiévreuse, avant d'arriver dans le calme monotone du large.

Le ciel est couvert de gros nuages mouvants qui annoncent que ce beau temps est de courte durée. Nous voici en plein dans la rade.

Les mouchoirs qui s'obstinaient à s'agiter dans la direction de la jetée, maintenant lointaine, rentrent dans les poches. Les plus mélancoliques ne peuvent se défendre de se laisser distraire de leur douleur par le magnifique spectacle de la baie de New York. Voici, en face de nous, les rives vertes, d'une teinte plus sombre, sous ce ciel d'orage, de Staten Island, l'île des belles villégiatures, des luxueux clubs de golf, où, naguère, un Vanderbilt commença à édifier une fortune qui, depuis, a fait des petits. Puis viennent les *Narrow*, étroite passe d'un mille de largeur, défendue par un fort aux batteries gazonnées, dont les canons sont braqués sur la vaste baie qui, maintenant, s'ouvre devant nous.

Bientôt, on n'aperçoit plus dans le lointain que les lumières de *Coney Island*, la grande plage populaire, sorte de foire au pain d'épices perpé-

tuelle, et les phares de *Sandy Hook*, qui s'avancent, au nord de la côte de New Jersey. Hérauts avant-coureurs, ceux-ci annoncent par télégraphe l'arrivée de tous les navires qui entreront, cinq ou six heures après, dans le port de New York.

Nous descendons droit sur Cuba, parallèlement à la côte, trop loin cependant pour que nous la voyions, d'autant que le ciel est couvert... Après deux jours de traversée, le ciel change d'aspect, plus de nuages menaçants et de mer couleur d'encre. Nous entrons dans la zone torride. L'eau est

PORTE DU FORT DE CABAÑAS. TOURISTES DEVANT LE MUR DES FUSILLÉS.
D'APRÈS DES PHOTOGRAPHIES.

d'un beau bleu. La chaleur commence à être vraiment tropicale. Les officiers du bord et les voyageurs, accoutumés à ce climat, ont revêtu des costumes blancs. Le pont a pris un air de coquette élégance, depuis que tout le monde arbore ce qu'il y a de plus léger et de plus voyant. Parfois une courte pluie tropicale, une de ces pluies qui ressemblent à une rosée dont chaque goutte luit au soleil, arrose le pont pendant quelques instants. Le soir, la mer a des reflets phosphorescents d'une admirable variété. Nous nous rapprochons des régions habitées. Le dimanche soir, nous passâmes près d'un groupe d'îles rocheuses, sortes de longues bandes de terre plantées d'arbres et couvertes de huttes. Ce sont les Bahamas. Parmi les centaines d'îles et d'îlots qui forment les Bahamas, il y en a plusieurs qui sont habitées : celle près de laquelle nous passons ressemble à l'île de Robinson; pas un être humain n'agite son mouchoir pour nous saluer. Peut-être est-ce parce que c'est dimanche. Nous sommes près d'une colonie anglaise. Londres, en pareil cas, serait sans doute aussi désert.

N'empêche : un bout de terre est toujours le bienvenu, même pour le voyageur, qui n'en a que pour quatre jours et qui reste toujours à 80 ou 100 milles de la côte. Justement, nous apercevons ce même soir un phare sur la côte de Floride.

Nous approchons. La chaleur devient de plus en plus intense. Il est temps pour moi d'entrer en contact avec Cuba et ses habitants. Après avoir causé avec des Américains, des Mexicains, des Belges et même un Allemand, qui passait ses journées à étudier avec une conscience toute germanique une grammaire espagnole, il n'est que temps que je prenne langue avec des Cubains.

Il y avait sur le bateau un petit homme aux allures hétéroclites, avec un vieux béret bleu, une figure rasée de huit jours, des yeux brillants et égarés; il parlait, aux rares passagers qu'il fréquentait, avec feu et passion. La plupart du temps, il était dans un petit coin écarté, à copier de longues pages de livres jaunes. C'était un journaliste de La Havane, dont les articles, qui jouissaient d'une certaine popularité dans le monde des Antilles et de l'Amérique centrale, étaient signés d'un pseudonyme emprunté à l'œuvre de Cherbuliez : « le comte Kostia ». Cet écrivain, aux airs révolutionnaires et à la réputation de redoutable polémiste, fut plein d'amabilité pour moi; il parla avec une grande volubilité des choses de France, qu'il connaissait bien, cita ses écrivains favoris, se piqua de montrer son information des choses du boulevard. Ce fougueux rédacteur de la *Lucha* paraissait ou peu compétent en politique, ou décidé à ne pas se compromettre sur le sujet. Aussi, comme j'étais plus préoccupé de recueillir des renseignements sur la situation politique à Cuba que sur les potins littéraires de Paris, j'avisai un autre représentant de la glorieuse perle des Antilles.

C'était un jeune homme au teint mat, aux cheveux bouclés, à la physionomie calme. Il parlait avec modération et avec courtoisie, comme un *gentleman*. Rien de cette violence hystérique et de cette vulgarité tapageuse, qui caractérisent trop souvent les politiciens des pays de langue latine. Ce jeune homme, qui n'avait guère plus de trente ans, avait été colonel de l'armée insurrectionnelle. On l'appelait le colonel Tanaro. Il appartenait à une des bonnes et riches familles de Cuba. Maintenant, il était avocat : il parlait l'anglais avec une parfaite correction, avait vécu aux Etats-Unis, connaissait le président Mac-Kinley et avait eu l'occasion plus d'une fois d'entretenir le Gouvernement de Washington des nécessités de la situation à Cuba. Le colonel Tanaro, avec une parfaite bonne grâce, m'initia aux différents mystères de la politique urbaine, au jeu des partis, aux principes, aux ambitions ou aux appétits que représentent les étiquettes de *républicain*, de *nationaliste* ou d'*union démocratique*, qui divisent à cette heure le corps électoral. Il me fit l'énumération de tous les problèmes qui se posaient devant le nouveau Gouvernement, problèmes politiques, économiques et financiers. Et sans déclamation, sans parti-pris, avec la sérénité d'un esprit détaché, il expliquait ce qui s'était passé, ce qui se passait, ce qui demain, sans doute, se passerait.

Tandis que docilement j'écoutais ces renseignements, que le patient colonel me détaillait, l'*Orizaba* qui maintenant franchissait les quelque quatre-vingt-dix milles qui séparent la Floride des Indes occidentales, arrivait en vue de la plus célèbre et de la plus resplendissante de ces îles, dont la présence était annoncée par une longue chaîne bleu sombre, barrant l'horizon, et dont la ligne sévère et harmonieuse, sous ce ciel éclatant et au milieu de ce décor tropical, était, pour l'œil, une surprise joyeuse et reposante.

« *Viva Cuba libre!* Monsieur », dis-je au comte Kostia, rééditant un mot célèbre et usé, tandis que, tous réunis, sur le pont, par ce lumineux et chaud après-midi de mai, nous regardions la Perle des Antilles se rapprocher de nous. « Viva Cuba libre ! » répéta en riant le comte Kostia.

L'ÉPAVE DU CUIRASSÉ AMÉRICAIN LE « MAINE ». — DESSIN DE MASSIAS.

La côte se dessinait maintenant avec une grandissante netteté, avec ses roches blanches, ses plages sablonneuses, ses falaises abruptes, ses collines verdoyantes, où s'élevaient çà et là des palmiers, au tronc frêle, des cactus et des flamboyants, dont l'allure exotique donnait au moins un peu de couleur locale à ce paysage qui, de loin, paraissait en manquer.

Nous arrivons devant l'entrée profonde et étroite qui sépare la pointe du Morro de celle de la Punta, et, par l'entrée, nous voyons le port sinueux de la Havane, qui s'étend devant nous, avec ses innombrables mâtures.

Je ne vais pas tenter de refaire une description de ce grand port, dont on peut bien dire que la réputation n'est plus à faire. Le premier venu, avec son Elisée Reclus à portée de la main, peut facilement faire là-dessus une brillante page d'écriture artiste.

Avouerai-je que le port de la Havane me causa quelque décep-

SCÈNES DE LA RUE, A LA HAVANE,
DESSINS DE MASSIAS.

tion, quand nous y entrâmes, vers trois heures de l'après-midi, sous un ciel lourd d'orage, qui de temps en temps laissait échapper une courte mais abondante ondée? Les plus belles choses du monde ne sont jamais aussi belles que l'art du photographe et notre propre imagination les ont faites. Ce port célèbre m'est apparu spacieux, mouvementé, pittoresque, mais non grandiose.

Sans doute le promontoire rocheux qui s'avance à l'entrée de la baie, couronné des bastions, des meurtrières et des canons de Morro et de Cabañas, a quelque chose d'imposant et de sauvage qui frappe l'esprit. Mais ces forts avec leurs assises blanches, leurs murailles couleur crème qui craquent et s'effritent, rongées par les ans et lavées par la pluie, ont l'air de châteaux forts démantelés, bons, tout au plus, à servir de caserne à des troupiers pacifiques et de but d'excursion à des touristes. A droite, s'étend la ville, un amas de maisons basses, blanches, bleues, jaunes avec, de ci de là, un édifice de deux étages, quelques clochers massifs, quelques coupoles, beaucoup de toits plats, d'arcades, de colonnades, et, au-dessus de cette symphonie de tons clairs, qui, sous le soleil ruisselant, ne manquait pas de charme, flottaient naguère les couleurs, maintenant disparues, du drapeau étoilé.

Pour se reposer de ces blancheurs éclatantes, l'œil peut se tourner vers les collines verdoyantes qui ferment au sud la grande baie, ou sur les fertiles plateaux de Guanabacoa qui prolongent avantageusement les noirs faubourgs de Régla.

La rade est presque aussi bruyante que celle de New York. Le *ferry boat* fonctionne en permanence entre La Havane et Régla; des remorqueurs, des barques à vapeur, des embarcations de pêcheurs, la sillonnent sans cesse, tandis que, là-bas, sur les quais bordés de maisons basses, qui font ressembler ce port à une petite ville de province, des bateaux de commerce débarquent ou embarquent leur chargement.

Une chose entre toutes attire les regards des voyageurs. C'est la grande carcasse du cuirassé le *Maine*, dont l'explosion en avril 1898 hâta, sans nul doute, si elle ne la causa pas, l'inévitable guerre. Elle demeure là depuis quatre ans sans qu'on ait pu ou voulu la retirer, épave lamentable et tragique, contemporaine de la libération de Cuba, et que sans doute, pour cette raison, on ne se presse pas de retirer, besogne au surplus peu facile, ainsi qu'on l'a maintes fois constaté. Le mât avec la passerelle émerge au-dessus de l'eau, et des bouées, placées de distance en distance autour de l'ilot improvisé, paraissent défendre l'approche de cette ruine nautique.

Les vapeurs et croiseurs ne peuvent pas débarquer leurs passagers sur les quais de La Havane. Ils demeurent au milieu de la rade, où de petits *ferry boats* viennent prendre bagages et voyageurs, et les transportent à terre d'une manière plus pittoresque que confortable.

L'entrée dans la capitale de la Perle des Antilles est comme l'entrée dans beaucoup de capitales : elle manque de grandeur. Déjà le coup d'œil d'ensemble, qui ne laissait voir que des édifices crépis à la chaux sans aucun luxe architectural, comme la poste, l'hôpital, les bureaux de la douane lesquels se pressent le long de l'eau, avait un peu déçu le voyageur qui s'attendait à un petit Paris tropical.

Le quai d'embarquement et l'accès dans la ville lui enlèvent ses dernières illusions. J'avisai, au sortir de l'embarcadère, une des voitures qui stationnaient aux abords, fiacres modestes, mais suffisants, dont le prix modique de 20 sous environ (ce qui fait à peu près 12 ou 13 sous en monnaie américaine), paraît dérisoire aux Américains, habitués à payer un dollar pour la moindre course à New York. Aussi, la plupart font-ils de telles débauches de fiacre à bon marché, que cela finit par leur coûter plus cher que si la course était à un dollar.

Je ne sais si les voyageurs habituels sont conduits en ville par le trajet où je passai, ou si je dus cet itinéraire spécial au fait que j'étais « un homme seul », que le cocher était pressé et que les autres voies étaient, sans doute, encombrées.

Le fait est que, pour commencer, je traversai des rues qui étaient loin d'abriter la fleur de la population de la Havane et où très probablement un Cubain se serait bien gardé de conduire des hôtes. La pluie qui tombe par intermittences a lavé un peu la chaussée : partout, aux portes et aux fenêtres grillées, on aperçoit

des femmes et des enfants, vêtus de blanc, très sommairement d'ailleurs, et qui prennent le frais. Dans ce climat terrible, on n'a que faire de portes en bois ou de fenêtres vitrées qui interceptent le peu d'air dont on dispose. Alors les maisons sont simplement fermées par des barreaux de fer peints en blanc; les femmes sont vêtues d'étoffes légères, et les tout petits bébés courent dans la rue dans le costume sous lequel ils sont venus au monde. J'avoue que la vue de tout ce monde en négligé étonne.

Aussi, les rues les plus honorablement habitées (et ce n'était pas le cas de celle par laquelle je fis mon entrée) font-elles penser à de vagues cités orientales, peuplées de maisons mystérieuses où les jeunes almées attendent le plaisir du maître.

Après avoir quitté le quartier peu aristocratique qui avoisine le port, mon cocher me fit traverser de longues rues tranquilles au pavé raboteux, où toutes les maisons, d'un ou deux étages au plus, se ressemblaient et rappelaient quelque vague sous-préfecture de notre midi.

Puis on déboucha sur une grande place. Au centre, se trouve un square, qui ressemblerait à un square quelconque sans le *Royal Ponciana*, ce *flamboyant* qui étend ses branches en parasol et qui porte des fleurs d'un rouge éclatant, avertissant tout de suite que la nature ici a pour les jardins publics quelque chose de mieux à offrir que l'éternel platane ou le sempiternel marronnier. Ce square, qui s'appelle le Parc Central et qui est à peu près de moitié aussi grand que la place du Louvre, est le centre de l'activité sociale de la cité; c'est là que se trouvent les grands cafés, les grands théâtres et

le plus célèbre hôtel de la ville, l'Hôtel Inglaterra. Le voyageur qui va à la découverte d'un pays nouveau, se doit à lui-même de descendre au premier hôtel de l'endroit. Le grand Hôtel Inglaterra a abrité beaucoup des grands hommes qui sont venus à La Havane; il a joué un rôle important dans l'histoire de la libération cubaine, et le 11 décembre 1898, quelques semaines avant le départ des troupes espagnoles, il a même été le

LES QUAIS DE LA HAVANE. — UNE RUE DE LA HAVANE. — D'APRÈS DES PHOTOGRAPHIES.

théâtre d'une bagarre mémorable entre Cubains et Espagnols, qui a dégénéré en un véritable massacre où plusieurs Cubains ont perdu la vie.

Le grand Hôtel Inglaterra était très pacifié quand j'y élus domicile : les traces des balles étaient effacées, je crois; on se bornait à montrer aux clients l'endroit où elles avaient frappé. Les clients étaient du reste peu nombreux à ce moment de l'année : une famille mexicaine, quelques fonctionnaires américains et moi. Mais j'y gagnai d'être plus au large et je me gardai bien d'en vouloir à ceux des passagers du paquebot qui avaient pris refuge ailleurs.

Je trouvai pour mes trois dollars par jour (en or américain) une chambre spacieuse, ouverte aux courants d'air qui sont là les bienvenus, et une nourriture, qui pour n'être pas entièrement à mon goût, était suffisante pour le genre d'appétit qu'on a en ces climats. L'Hôtel Inglaterra, comme la plupart des maisons de Cuba, est un grand édifice à hauts plafonds, à parquets de brique, où l'air circule et où la fraîcheur se maintient d'une façon assez constante. Le beurre, par exemple, m'a paru détestable, et dans ce pays du sucre, on vous sert une espèce de sucre brunâtre et granulé, qui n'est guère appétissant.

Mais quand on vient à La Havane au mois de mai, ce n'est pas pour y trouver du confort. Aussi bien, pour le but que j'avais en vue, il était difficile d'être mieux logé; j'étais en plein centre de la ville.

A ma droite, je voyais le grand théâtre Tacon, qui peut contenir, affirme-t-on, cinq mille personnes, et qui fut construit en 1830, par un *self made man* de réputation équivoque, semble-t-il, qui fit sa fortune en vendant du poisson.

A ma gauche, s'étendait l'admirable avenue du Prado qui n'est pas aussi large que les Champs-

Élysées, mais qui est bordée de chaque côté par de somptueuses habitations espagnoles. Celles-ci à l'extérieur manquent un peu de cachet, mais à l'intérieur, elles étalent de beaux escaliers de marbre et un élégant *patio*, sorte de cour fermée comme l'atrium des riches Romains. Là, un bassin et des plantes vertes entretiennent une agréable fraîcheur, et la famille trouve un abri contre la chaleur du jour.

En face, est le Parc Central où la musique vient jouer plusieurs fois par semaine, et où l'on voit défiler devant soi le cortège des jeunes gens et des jeunes filles de la ville, qui viennent se regarder passer les uns les autres et se livrer à ces minauderies dont les concerts en plein air sont, en toutes latitudes, le prétexte et l'occasion.

Et tout autour de la place il y a des arcades où des consommateurs, assis à des tables de cafés, jouissent de cette bruyante oisiveté que le tempérament des indigènes et le climat de l'endroit réclament également.

C'est un endroit où il fait bon vivre. Et ce peuple a beau faire des révolutions, pousser des cris terribles, rouler de gros yeux, il n'aime rien tant que de siroter quelque frais breuvage fait de fruits indigènes, d'assister à un combat de coqs ou à une pièce de théâtre et de dire des douceurs aux dames, aux accents de *Zampa* ou de *Carmen*.

Le premier soir, accompagné de plusieurs passagers de l'*Orizaba*, je fis le tour de la ville. C'est le soir que le « tout Havane » se laisse voir, non seulement aux ouvertures barrées qui font office de fenêtres, mais encore dans les rues et les parcs, à pied, à cheval, en voiture et en automobile. La femme cubaine, qui est

LE PALAIS DU GOUVERNEMENT A LA HAVANE. — DESSIN DE BOUDIER.

souvent très belle, a un teint olivâtre qu'elle est obligée de protéger avec de la poudre de riz contre les
ardeurs du soleil. Il n'est pas rare de voir les jeunes Cubaines en une toilette claire, qui fait davantage
ressortir leurs cheveux sombres, leurs yeux noirs et ce teint olivâtre qu'on aimerait franchement blanc ou
tout à fait tanné, se promener dans les rues avec plus de poudre sur les joues qu'il n'en faudrait chez nous
pour se faire montrer du doigt. Elles sont, du reste, d'une correction parfaite. Elles ne sortent pas sans être
suivies de quelque duègne, poudrée comme elles, et la tête couverte d'une mantille noire évoquant, lorsqu'on
les voit l'une derrière l'autre, sur les étroits trottoirs de la rue Obispo, je ne sais quels vagues souvenirs des
romans de Le Sage.

Le soir est l'heure animée des boutiques. Les voitures vont en tous sens, s'arrêtent à la porte des magasins. C'est aussi l'heure des visites. Les cafés restent ouverts très tard dans la nuit.

La Havane est beaucoup plus brillante le soir que n'importe quelle ville des États-Unis où, passé six
heures, toutes les rues commerçantes sont aussi solitaires qu'un cimetière de village. Tous les théâtres
fonctionnent en permanence et, par les portes entr'ouvertes, on recueille des bribes de musique ou de
dialogue. Les théâtres de la Havane ont une habitude qu'on ne connait pas assez; ils délivrent des billets
pour un acte séparé, ce qui est une excellente méthode pour ceux qui ne veulent pas courir le risque de
s'ennuyer pendant toute une soirée. Nous entrâmes dans une de ces salles, mais la saveur de ce qui se disait
sur la scène m'échappa absolument, quoiqu'elle parût plaire vivement aux spectateurs des galeries. Il est
vrai que les spectateurs des galeries ont, en tous pays, des grâces d'état pour trouver du plaisir là où des
spectateurs plus raffinés ou plus prétentieux bâillent impudemment.

Après qu'on a parcouru les rues de la ville, où blancs, nègres, mulâtres et quarterons des deux sexes
se coudoient fraternellement; après qu'on s'est assis aux terrasses des cafés ou sur les bancs du Prado à
regarder défiler les beaux équipages et les modestes « sapins », qui passent parfois à quatre de front, ce qu'on
a de mieux à faire, c'est une pittoresque promenade qui vous mène à la banlieue la plus voisine où se
trouve, au milieu de la plus opulente verdure, le joli village de Vedado.

El Vedado est une sorte de petit Vésinet, où les riches marchands et fonctionnaires espagnols se sont
construit, à grands frais, quelques-unes de ces magnifiques villas ombragées à profusion de palmiers, de
manguiers, de bananiers, de lauriers de Chine et qui, aujourd'hui, sont occupées par des fonctionnaires
américains ou par des pensions de famille. Le chemin qui conduit au Vedado longe la mer, traverse les
faubourgs de La Havane où grouille une abondante marmaille, et où les braves vieilles négresses fument
leur cigare traditionnel, des jardins, des prairies et des parcs. Un tramway électrique mène de la ville au
Vedado, et chaque jour, à trois ou quatre heures, les hommes d'affaires, les chefs des grandes sociétés
financières américaines, les officiers de l'armée et les secrétaires d'Etat eux-mêmes prennent d'assaut les
voitures pour aller respirer l'air de la campagne.

Quelle admirable station hivernale sera ce Vedado quand on y aura installé des hôtels confortables au
lieu des médiocres auberges qui s'y trouvent à présent; car la végétation luxuriante des jardins qui

entourent chacun de ces petits palais de marbre, le frais ombrage qui règne dans ces avenues au riche feuillage, la plage un peu rocheuse, mais qui peut aisément être adaptée aux besoins des baigneurs, jusqu'à la salubrité du climat qui est ici parfaite, tout fait du Vedado une petite station idéale où l'on pourrait passer un mois d'hiver tout à fait délicieux.

En attendant, c'étaient surtout les troupes qui l'accaparaient. Je n'ai pas vu de soldats américains dans la Havane : c'est là qu'ils étaient installés, casernés dans les casemates des forts qui défendent la côte. Ils n'en sortaient presque jamais, excepté pour une revue qui avait lieu une fois par semaine et où ils apparaissaient dans des uniformes éblouissants de blancheur, tellement immaculés qu'ils donnaient l'impression de troupes de parade, dont la seule occupation était, pendant six jours, de s'astiquer au tripoli et de se blanchir au blanc de guêtre, pour s'exhiber le septième.

Quand je vis le Vedado, je décidai bien vite de ne pas prolonger très longtemps mes quartiers au grand hôtel Inglaterra et de venir ici dans une de ces pensions tranquilles et élégantes comme la *Villa Hermosa* qui, à première vue, ressemblaient à des palais. Mais il me fallait d'abord rester à La Havane, pour voir les autorités et recueillir des documents, des témoignages et des impressions personnelles sur l'œuvre des États-Unis à Cuba et particulièrement dans sa capitale.

II. — L'œuvre américaine à Cuba. — Ce qu'était La Havane quand l'armée américaine en prit possession. — Le général Ludlow et ses deux collaborateurs, les colonels Black et Bliss. — Les douanes, les postes et les services d'enseignement public.

Pour se rendre compte de l'œuvre accomplie à Cuba par les États-Unis, il faudrait avoir une idée de ce qu'était l'administration espagnole, et de l'état dans lequel l'armée américaine trouva la ville de La Havane, quand, le 1er janvier 1899, elle en prit possession.

On sait assez quelle conception l'Espagne se faisait d'une colonie. Le régime politique des Cubains n'a guère été qu'un long esclavage ; ils n'ont cessé de vivre sous le régime de l'état de siège, gouvernés en apparence par un capitaine général, mais en réalité par le *casino* espagnol, c'est-à-dire par l'association des grands propriétaires, sorte de fermiers généraux s'entendant avec la métropole pour exploiter l'habitant. Sur les revenus de l'île qui étaient d'environ 130 millions, l'Espagne prélevait 50 millions pour l'intérêt de la dette espagnole, 35 millions pour l'armée et la marine, 20 millions pour les fonctionnaires civils, 10 millions pour les pensions, 3 millions pour les travaux publics et néant pour les écoles primaires.

Sous la domination espagnole, La Havane était une ville brillante et gaie, plus brillante, disent certains, qu'elle ne l'est à présent. Mais ce n'était, en aucune espèce de manière, une ville moderne. Elle n'avait pas de système d'égouts, pas de moyens de transport. Ses édifices publics et ses rues étaient mal entretenus. Ses parcs poussaient au hasard et ressemblaient à des forêts vierges. Seul, le service public des eaux était à peu près parfait. Un ingénieur espagnol, du nom d'Albear, fit les plans de l'entreprise qui consistait à transporter toute l'eau potable néces-

LA HAVANE : LES HALLES. — D'APRÈS UNE PHOTOGRAPHIE.

saire de sources situées à quelques kilomètres de la ville : une eau abondante et pure était la seule chose dont La Havane pût être fière.

La situation sanitaire, par contre, était lamentable. La malpropreté et la mauvaise tenue de la ville étaient proverbiales, et il y aurait eu tout un livre à écrire sur les odeurs de La Havane. L'historien anglais Troude, qui d'ailleurs est une mauvaise langue, disait dans un livre, publié il y a quinze ans : « Je serais

CATHÉDRALE DE LA HAVANE. — PHOTOGRAPHIE COMMUNIQUÉE PAR M. GRIBAYÉDOFF.

tenté d'en croire mes amis qui disaient que, sans la salubrité naturelle de l'endroit, ils mourraient tous comme des mouches empoisonnées. »

Mais après la guerre, en décembre 1898, quand les Américains entrèrent à La Havane et succédèrent à l'administration militaire espagnole qui allait bientôt s'embarquer, la situation était véritablement épouvantable. Les rues étaient d'une saleté inouïe. Des cadavres d'animaux gisaient partout : un cadavre de femme resta sur la voie publique pendant huit heures. De chaque bouche d'égout s'élevaient des exhalaisons nauséabondes. L'air était empesté. Les maisons particulières laissaient s'entasser dans leurs cours des tas d'ordures que personne ne songeait à faire enlever. Les immondices qui ne séjournaient pas dans les maisons ou dans les rues s'écoulaient dans le port, qu'elles avaient beaucoup contribué à envaser : dans quelques criques, la couche était si épaisse, que chaque coup d'hélice des bateaux faisait remonter à la surface des odeurs horribles. Dans un bâtiment officiel, occupé par la garde civile, et dans le groupe de bâtiments dont le palais du capitaine général formait le centre, on trouva quinze cadavres de chats ou de chiens qui, dit-on, étaient morts non de faim, mais d'asphyxie. Trente-deux tombereaux de poussière et d'ordures furent enlevés du palais du gouverneur de la province de La Havane, et l'état du palais du capitaine général était tel, que le nouveau gouverneur, le général Brooke, s'en alla s'installer avec son état-major au Vedado.

La ville était remplie de milliers de personnes qui étaient dans la misère la plus noire : beaucoup d'entre elles appartenant à d'excellentes familles, dont les soutiens étaient morts durant la guerre. Les prisons regorgeaient de prisonnniers qui attendaient depuis de longs mois leur comparution en justice. Jamais tâche plus compliquée et plus lourde ne s'était imposée à un nouveau gouvernement.

Ce nouveau Gouvernement était entièrement aux mains des militaires, et ce furent des militaires qui, comme dans une contrée barbare nouvellement conquise, furent chargés de toutes les fonctions qui sont dévolues d'ordinaire à des civils : fonctions administratives, financières, politiques et même, dans une certaine mesure, judiciaires.

A la tête de ce Gouvernement était le général Brooke, qui avait la responsabilité de l'administration de l'île tout entière. Au-dessous de lui, étaient des généraux qui avaient chacun le gouvernement d'une des six provinces. Parmi ces généraux, deux firent une œuvre particulièrement remarquable : le général Wood, à Santiago, et le général Ludlow à La Havane. Bientôt le général Brooke, qui pour des raisons diverses avait mécontenté certains Cubains, fut rappelé, et le général Wood prit sa place comme gouverneur de l'île en décembre 1899.

Ces militaires qui furent ainsi, au lendemain même de la guerre, investis d'un pouvoir absolu, et d'aucuns diraient arbitraire, sur des villes qu'ils venaient de libérer, s'improvisèrent donc administrateurs, financiers, ingénieurs, hygiénistes et pédagogues.

C'est par l'hygiène qu'ils commencèrent, ainsi qu'il était naturel. *Primo vivere.*

Le général Ludlow qui succédait au général Goeene, commandant des troupes d'occupation de la Havane, et qui reçut pour mission, en janvier 1899, d'assurer l'ordre public, de lever les impôts, de payer les dépenses courantes, de former une police, et de préparer un plan général d'assainissement, répartit ces fonctions diverses parmi des officiers de son état-major.

Le lieutenant-colonel Black, un officier de haute capacité et de rare distinction, qui avait été jusqu'alors à Washington, fut chargé du service des travaux publics avec tout ce que ce service comporte, c'est-à-dire le nettoyage et la réparation des maisons et des voies publiques.

Le colonel Bliss, un autre officier d'absolue intégrité et de saines méthodes, fut mis à la tête du service des douanes qui était une des administrations où il y avait le plus de coulage, de déprédations et de véritable corruption. Ce qu'était l'administration de la douane sous le régime espagnol, tous ceux qui ont eu affaire à elle le savent, et les marins et les commerçants français en relations avec la Havane ne tarissent pas sur ce sujet. Sous l'énergique direction du colonel Bliss, secondé par un fonctionnaire des douanes américaines, très au courant et expérimenté, M. Walter A. Donaldson, les douanes furent régies avec une scrupuleuse exactitude, perçues avec une rigoureuse probité, et dès lors pas un centime ne se perdit. Le commerce indigène n'en revenait pas d'étonnement.

Le service des postes avait été naturellement très négligé sous l'ancien régime, et les Espagnols laissèrent en partant le bureau sans un sou, sans un timbre ni un document officiel. Il n'y avait pas de distribution régulière, et les facteurs trouvaient leur salaire dans les sommes, variant de trois à cinq sous, qu'ils prélevaient pour chaque lettre distribuée. Tout était à réorganiser. On en chargea un ancien directeur des postes de l'Ohio, très habile, trop habile même, qui malheureusement porte la responsabilité et partage la honte des seuls actes de malhonnêteté dont l'administration américaine ait à rougir à Cuba. En effet, au printemps de l'année 1900, on découvrit qu'un des fonctionnaires de la poste de la Havane avait commis des détournements s'élevant à plusieurs centaines de mille francs.

Si j'ajoute le service de l'enseignement public, administré successivement ou plutôt créé de toutes pièces par deux fonctionnaires des États-Unis, on verra quelle tâche incombe à qui veut rendre compte de ce qui a été fait en trois années d'administration américaine.

(*A suivre.*)   OTHON GUERLAC.

L'AVENUE DU PRADO, A LA HAVANE. — D'APRÈS UNE PHOTOGRAPHIE.

CUBA SOUS L'ADMINISTRATION AMÉRICAINE[1]

PAR M. OTHON GUERLAC.

III. — La Havane aussi salubre que Washington. — La police et les écoles. — L'œuvre américaine à Matanzas et à Santiago. — Ce que pensent les Cubains de l'œuvre américaine. — Critiques et récriminations. — « Les Américains sont des hypocrites et des filous. » — Incompatibilités d'humeur. — La justice sommaire du Vivac. — Les Espagnols et la domination américaine. — La crise commerciale. — La question du tarif. — Les promesses américaines. — Le général Léonard Wood.

UN SERGENT DE VILLE CUBAIN.
DESSIN D'OULEVAY.

LE plus urgent, nous l'avons vu, était l'œuvre générale de nettoyage. On forma une grande armée de balayeurs divisée en équipes, chacune sous la direction d'un chef. A chaque équipe on assigna un certain district de la ville. Ces balayeurs au nombre d'environ six cent soixante-trois, commandés par trois inspecteurs et sept sous-inspecteurs, avaient à balayer et à arroser les rues et à transporter les ordures. On les payait de 4 à 5 francs par jour; on les habillait d'un uniforme de coutil blanc comme à New York et, pour les plier à la discipline, on les forçait à saluer leurs supérieurs comme des militaires. Dès le deuxième mois, on avait enlevé la valeur de vingt-cinq mille tombereaux d'ordures, comme l'atteste un rapport du 16 février 1899.

L'arrosage ne se faisait pas avec de l'eau, mais avec un désinfectant spécial, l'électrozone, fabriqué dans une usine érigée par les soins du génie militaire. Le balayage avait lieu la nuit à un moment où les rues étaient le moins encombrées. Et bientôt, les voyageurs américains, émus à l'avance par tous les récits faits sur la saleté des rues de la Havane, furent tout surpris de trouver qu'elles étaient tout aussi propres qu'à New York — ce qui n'est du reste qu'un compliment relatif.

En même temps qu'on nettoyait les rues, on les réparait : elles en avaient grand besoin. Voici comme s'exprime sur l'état des rues, à l'arrivée des Américains, un rapport officiel : « Les rues sont très étroites, encombrées d'herbes, et il est visible qu'elles n'ont jamais été réparées. Les eaux ménagères sont jetées dans la rue ou dans la baie. Il en est de même de toutes les ordures. Tout est jeté dans la rue. »

1. *Suite. Voyez page* 109.

Aussi le colonel Black fit-il macadamiser la plupart des rues et paver les autres. Ce travail coûta de 45 à 80 sous le mètre carré: Bientôt une armée de trois mille cent vingt-sept hommes était occupée à donner à la Havane des voies à la fois propres et durables. Les résultats de ces travaux sont visibles dans des photographies que le Génie militaire fit prendre et qu'il me communiqua.

Un autre souci du colonel Black a été la réfection des parcs qui étaient tous dans le plus déplorable désordre. Le parc Colon en particulier, qui est au centre de la ville, là où la foule devait le plus en jouir, était absolument délaissé. On en avait fait une sorte de jardin mi-potager, mi-d'agrément, où fleurs et légumes étaient enclos de petites grilles. Le public ne s'en servait que pour passer d'une rue à l'autre. Le colonel Black a fait tailler les arbres, arracher les grilles, ratisser les gazons; il a multiplié les bancs, et maintenant le parc Colon est un des endroits les plus attrayants de la ville. Là encore, il a formé un personnel régulier de gardes avec un uniforme, et leur a assuré un traitement de 5 à 8 francs par jour. Dans un pays où le travail manuel est pénible et peu recherché, de pareilles positions trouvent naturellement un grand nombre d'amateurs.

Sous la direction du colonel qui m'avait aimablement promené dans son *buggy* à travers la ville et la banlieue, je pus voir partout des travailleurs à l'œuvre continuant cette besogne d'embellissement et d'assainissement qui, depuis, a fait du Prado une promenade magnifique.

Le travail d'assainissement des rues n'était qu'une partie de la besogne à accomplir. Il fallait, en outre, procéder au nettoyage des maisons privées qui recélaient si souvent les véritables germes des épidémies. Sous les ordres d'un médecin-major de l'armée américaine, homme résolu, cent quatorze médecins firent une visite minutieuse de chaque maison et de chaque chambre dans la maison, ils signalèrent tout ce qui dans les dispositions et les installations ou dans [la tenue générale était considéré comme contraire à une bonne hygiène. Et les habitants avaient trente jours pour se mettre en règle

En même temps, on construisait des fours pour brûler tous les objets qui avaient été en contact avec la grande mangeuse d'hommes, terreur du nouveau venu, la fièvre jaune. Le feu a été le grand désinfectant à côté de l'électrozone

VUES DE SANTIAGO DE CUBA. — DESSINS DE BOUDIER.

Quant aux ordures, elles étaient, chaque jour, transportées au large et jetées dans l'océan. J'ai traversé héroïquement avec le colonel Black un hôpital qui était alors abandonné et qui naguère était considéré comme l'endroit le plus redoutable de la Havane. Les appareils de désinfection avaient passé par là. Depuis, on a amené une nouvelle machine, c'est un navire, le *Sanator*, construit spécialement pour la désinfection des bateaux. Muni de tous les perfectionnements les plus récents, il a, pendant le mois de juin 1901, désinfecté quarante bateaux de passagers et trente-neuf embarcations de pêche.

Ces mesures ont graduellement diminué la moyenne de la mortalité dans des proportions extraordinaires. En janvier 1898, les morts à la Havane étaient, au dire des statistiques espagnoles, de 1 801; en 1899, la mortalité était, selon la statistique plus serrée des Américains, de 900 pour le même mois. Aujourd'hui, au dire du général Wood, la mortalité à la Havane est moindre qu'à Washington, capitale des Etats-Unis.

C'est là un grand succès pour la méthode employée par les Américains, succès dont certains Cubains paraissent faire bon marché, sous prétexte que la fièvre jaune ne les touche pas, puisqu'ils sont indemnes. Noble raisonnement en vérité, et bien intelligent ! les âmes généreuses oublient que la Havane sera prospère dans la mesure où son climat inspirera moins de terreur. Au reste, tous ne partagent pas ce dédain. Car c'est grâce aux recherches d'un médecin cubain, le docteur Carlos Finlay, qu'on a reconnu le moustique pour véhicule de la fièvre jaune, théorie que les expériences faites dans les laboratoires de la section d'hygiène ont irréfutablement établie.

Il y a un autre chapitre de cette histoire que les Cubains auraient

UNE RUE DE LA HAVANE AVANT ET APRÈS L'OCCUPATION AMÉRICAINE. — D'APRÈS DES PHOTOGRAPHIES.

tort d'oublier. C'est celui qui raconte l'œuvre dès l'abord entreprise par le gouvernement de l'intervention : l'assistance aux malheureux.

Dès le 15 décembre 1898, le capitaine Greble de l'armée des volontaires arriva à la Havane pour organiser le service de l'assistance. Aussitôt que les Espagnols quittèrent la ville, il inaugura son système. Il établit cinq dépôts militaires où tous les nécessiteux pouvaient venir chercher de la nourriture. Du matin au soir, les soldats américains qui campaient dans la rue coupaient les rations et les remettaient aux postulants.

Bientôt à ces dépôts publics où défilèrent des personnes de toute condition et de tout âge, s'ajouta un service de visites à domicile, destinées à soulager les misères discrètes et fières. Plus de vingt mille rations furent distribuées chaque jour et chaque ration équivalait à six ou dix jours de nourriture. Et les soldats américains qui étaient employés à cette tâche, l'accomplirent avec une bonne humeur qui justifiait une fois de plus le proverbe : « Il y a plus de plaisir à donner qu'à recevoir. »

Une fois la Havane approvisionnée, ce fut le tour de la banlieue et des provinces : bientôt on vit des tombereaux, chargés de vivres et traînés par des mules, aller porter du pain aux paysans qui avaient souffert plus particulièrement. Trois cent mille personnes furent ainsi secourues. Une fois cette œuvre achevée, le major Greble a appliqué ses admirables dons de philanthrope à la réorganisation et à l'inspection des hôpitaux, des asiles d'aliénés et des orphelinats. Ils étaient dans une condition indescriptible. Dans un asile d'aliénés hors de la ville, la moitié des internés étaient morts pendant l'année; les autres mouraient de faim et étaient littéralement nus.

Il y a deux sujets dont je voudrais encore dire un mot pour compléter cette revue rapide de l'œuvre administrative des Etats-Unis. L'un c'est la police et l'autre c'est le régime scolaire.

Un des premiers services que le nouveau Gouvernement voulut organiser, ce fut une police. Et avec cet esprit qui est naturel chez les peuples conquérants, il voulut une police pareille à celle de chez lui. On fit venir un certain ex-chef de la police de New York. Il forma en quelques mois, avec des uniformes dont il avait fixé le dessin, des armes, des casques, des bâtons qu'il avait fait venir de la métropole, un corps de huit cents sergents de ville, exactement organisés comme les corps de policemen américains et que le chef de police était obligé de commander par interprète. Les hommes devaient avoir cinq pieds six pouces, être de forte santé et savoir lire et écrire. Deux mille sept cents se présentèrent. On eut le choix et on trouva d'excellents éléments, non seulement parmi d'anciens soldats de l'insurrection, mais parmi les jeunes gens des meilleures familles. L'uniforme était élégant, celui des officiers était même coquet. C'est plus qu'il n'en fallait pour attirer les amateurs.

Aussi la police de la Havane est-elle une des plus huppées qu'on ait jamais vues. Les officiers feraient pâlir de jalousie nos fringants sous-lieutenants.

Quant à l'instruction, il suffit de noter que sur une population totale de 1 215 810 personnes au-dessus de dix ans, le recensement de 1899 accusait 690 565 illettrés, ce qui veut dire que la moitié de la population ne sait ni lire ni écrire. La Havane a bien une Université fondée en 1728; c'est même la seule forme d'enseignement que l'Etat espagnol ait subventionnée. La conséquence de cet état de choses a été exprimée par un écrivain cubain : « L'île était couverte de prêtres, de médecins et d'avocats, mais la masse du peuple ne savait pas lire. »

J'ai vu « l'Université » de la Havane; j'ai parcouru ses salles, ses laboratoires, ses préaux; j'ai même vu sa salle de cérémonie, tout cela était vieux et vermoulu, cela sentait le moisi, on se serait cru dans un couvent abandonné. Le bâtiment était du reste enchâssé au beau milieu de la ville, entre les rues les plus populeuses. Cette vieille Université a, paraît-il, quelques éminents professeurs de droit, de médecine et de littérature. Elle en avait beaucoup d'autres qui y étaient entrés on ne sait comment et que l'on dut éliminer. Le Gouvernement américain a laissé les Cubains s'occuper de réorganiser leur enseignement supérieur. Il s'est attaqué à l'enseignement primaire, dont on sait que le Gouvernement espagnol a été si soucieux qu'il ne lui a pas consacré un centime de son budget et que cet enseignement est resté jusqu'en 1893 dans un état voisin du néant.

L'administration militaire américaine a dépensé pour l'enseignement seul 50 millions de francs, environ 15 millions par an, et a réuni dans ses salles d'écoles deux cent cinquante mille enfants, sous la direction de près de quatre mille maîtres ou maîtresses. L'œuvre a été entreprise, ici aussi, avec un bel enthousiasme, d'une façon souvent hâtive et parfois très rudimentaire. Mais partout, dans les moindres hameaux, il y a à présent une chambre, grande ou petite, qui s'appelle l'école et où l'on fait effort pour enseigner quelque chose à des enfants qui ne demandent qu'à apprendre. Ici encore le matériel est américain : tableaux noirs, bancs, fournitures de toute sorte, jusqu'aux manuels faits, pour ainsi dire, sur commande, parce que ceux

en usage ne valaient rien, tout est américain. Il en est de même des méthodes. On envoie chaque année des centaines d'instituteurs cubains et d'institutrices cubaines dans des écoles normales américaines pour s'imprégner des bonnes méthodes. L'Université Harvard a offert en 1900 l'hospitalité de son école d'été à une cohorte de plusieurs centaines d'instituteurs et d'institutrices. Si les fournitures et les méthodes sont américaines, le personnel, par contre, est presque entièrement indigène; et il n'est pas mauvais. Tous ceux qui ont vu les écoles cubaines, celles du moins qui ne sont pas parmi les toutes récentes, ont exprimé, comme le général Wilson à Matanzas, leur admiration pour la vivacité d'esprit des enfants et les rapides progrès qu'ils ont réalisés.

L'espoir des amis de Cuba, c'est que cet effort pour l'enseignement du peuple ne s'arrêtera pas là. On a déjà dû désaffecter plusieurs prisons, plusieurs hôpitaux et plusieurs casernes pour en faire des écoles. L'idéal serait que toutes les casernes et toutes les prisons pussent être changées en écoles.

Le Président Estrada Palma qui a passé ses longues années d'exil dans une petite école, dont il était le directeur à Valley Forge, au nord de New York, est sûrement plus que personne, et il le déclare hautement, partisan de la diffusion constante de l'enseignement public.

Mais déjà on entend, de toutes parts, des craintes sur la possibilité de maintenir le budget actuel d'enseignement populaire au chiffre de 15 millions. Les amis de la nouvelle République ne peuvent que souhaiter au contraire de le voir encore grandir.

Ce qui s'était fait à la Havane a été accompli pareillement dans les cinq autres

provinces, particulièrement à Santiago, la plus pittoresque mais aussi la plus sordide de toutes les villes de Cuba, celle aussi qui avait connu de plus près les horreurs de la guerre et du siège. Un publiciste américain, M. George Kennan, qui visita la ville au lendemain de la reddition des troupes espagnoles écrivit : « Durant une longue carrière de voyageur qui m'a mené en beaucoup d'endroits différents en Russie, au Caucase, en Asie Mi-

LA ROUTE DE PALATINA AVANT ET APRÈS L'OCCUPATION AMÉRICAINE. — D'APRÈS DES PHOTOGRAPHIES.

neure et dans la Turquie d'Europe, je n'ai jamais vu de rues si sales que certaines parties de la ville cubaine (Santiago). Jamais non plus je n'ai rencontré une pareille variété d'odeurs épouvantables. »

Voici maintenant comment le gouverneur de Santiago résume l'œuvre accomplie durant la première année : « A Santiago, nous avons doublé la provision d'eau, réduit la mortalité de 50 0/0, construit 5 milles de pavé en asphalte et autant en macadam. Un système tout à fait moderne d'égouts et un service perfectionné d'eau potable ont été installés. » De plus des hôpitaux nouveaux ont été élevés et les anciens réparés ; les marchés et abattoirs ont été remaniés. Une glacière pouvant fournir 18 tonnes de glace a été construite ; enfin les phares de Santiago ont été relevés et le port a été muni de bouées. Tout cela sans préjudice des indigents nourris, des enfants instruits, des malades soignés, de l'ordre rétabli et de la prospérité rendue.

Cette histoire est aussi celle de Matanzas, un charmant petit port, situé au centre d'une région des plus pittoresques, à quelques heures de la Havane, où j'ai pu constater, pendant une courte visite d'un dimanche, que la ville a eu, elle aussi, sa part des bienfaits de l'administration américaine sous les ordres du général Wilson.

Quand on lit le résumé de cette œuvre, accomplie sur tous les points de la grande île, par des militaires qui ont dû s'improviser administrateurs et hommes d'État, on s'attend à trouver à Cuba un peuple enthousiaste et reconnaissant. Il semble bien que cet enthousiasme et cette reconnaissance se soient traduites assez bruyamment, le 20 mai 1902, quand Cuba a été rendu à ses destinées. Ils trouvent pareillement leur expression dans les documents officiels. Les discours, et le premier message du nouveau président en sont pleins comme aussi les résolutions votées par la première Convention de 1900 et par la Chambre actuelle.

Cependant quand je parcourus les bureaux de rédaction des innombrables journaux de la Havane pour recueillir des impressions; quand j'interrogeai, à droite et à gauche, des Cubains éclairés et intelligents, les seuls que je pusse consulter puisque je ne parlais pas l'espagnol, et ne pouvais m'entretenir qu'en français ou en anglais, je n'entendis pas une cloche si favorable.

LES PREMIÈRES LISTES ÉLECTORALES CUBAINES AFFICHÉES SUR LES MURS.
D'APRÈS UNE PHOTOGRAPHIE.

Cuba n'est pas un pays facile à gouverner, quoi qu'on en dise. Le Cubain est un citoyen turbulent, difficile à contenter et qui se plaît dans les luttes intestines, les rivalités et les jalousies dont trop souvent est faite la politique. M. Charles Benoist cite quelque part ce mot de Guichardin sur les Espagnols du XVIe siècle, qui me paraît s'appliquer aujourd'hui encore à ces fils révoltés, aigris et bouillants de la Péninsule : « La discorde est naturelle aux Espagnols, nation d'esprits inquiets, pauvres et tournés aux violences. »

Dans la bouche de publicistes, d'avocats, de médecins, de professeurs, au lieu de l'hommage que je m'attendais à voir rendre à l'œuvre américaine, je ne trouvai que des critiques amères, des récriminations, des accusations de supercherie et de traîtrise.

Les travaux d'assainissement et de voirie eux-mêmes, dont l'évidence crevait cependant les yeux, ne trouvaient pas grâce devant un de ces censeurs moroses, un ancien officier de l'insurrection, poète et universitaire. « Ils n'ont fait que porter des pierres d'un côté de la rue à l'autre », me disait-il avec un haussement d'épaules. « La seule chose vraiment utile qu'il y ait à leur actif, ajouta-t-il, est la séparation de l'Église et de l'État. » Un autre, raillant toutes ces mesures d'hygiène tant vantées, déclara qu'elles avaient été inspirées par le souci de préserver la santé des Américains, que la fièvre jaune menace seuls. D'autres, plus violents, s'exclamèrent sans recherche de nuances : « Les Américains sont des hypocrites, ils veulent nous filouter notre pays. »

Un ingénieur distingué, avec qui j'eus l'occasion de causer dans les bureaux d'un des journaux les plus modérés, se plaignit que les Américains eussent témoigné d'une rare inexpérience dans plusieurs de leurs

LA PRISON DU VIVAC. — DESSIN DE BOUDIER.

entreprises et gaspillé ainsi beaucoup d'argent. Un four crématoire élevé à grands frais a dû être recommencé plusieurs fois. Un chemin de fer, soi-disant stratégique, a été construit sans utilité. On a fait toutes sortes d'expériences coloniales sur un peuple qui est trop vieux et d'une civilisation trop avancée pour s'y soumettre sans murmurer et qui, au surplus, est trop malade pour pouvoir les subir sans péril. Le principal

LA PROMENADE DU PRADO A LA HAVANE. — UN CHAMP DE CANNES A SUCRE. — D'APRÈS DES PHOTOGRAPHIES.

grief enfin c'était que le pays fût soumis à une sorte de gouvernement militaire, qui, quelque éclairé qu'il puisse être, n'en est pas moins arbitraire.

Le gouverneur avait, il est vrai, un cabinet tout entier composé de collaborateurs locaux, avocats, professeurs, journalistes, médecins, hommes distingués, intelligents, mais dont les décisions étaient soumises en dernier ressort, au chef du Gouvernement, un étranger. Toutes les administrations étaient peuplées de Cubains, mais à la tête se trouvait toujours un fonctionnaire américain. Et forcément, entre les deux peuples, il y avait de nombreuses incompatibilités d'humeur.

J'ai eu une idée des difficultés et des conflits qui peuvent surgir quand un gouvernement étranger impose sa domination à un autre, lorsque j'ai assisté à une des séances du tribunal correctionnel que les Américains ont introduit là-bas. Pour éviter les lenteurs de la justice, le général Wood chargea un officier américain dont le nom était légendaire à la Havane, quand j'y étais, de juger, chaque jour, dans une salle de la prison du Vivac, tous les petits flagrants délits, ivresse, coups et blessures, rébellion aux agents, etc., qui ne nécessitaient pas de longue enquête préalable. L'officier en question était évidemment partisan de la justice sommaire. L'un après l'autre, les délinquants de la veille défilaient devant lui. L'interrogatoire se faisait par interprète, le juge ne sachant pas la langue de ses justiciables. Cela était bref et brusque avec quelque chose de comiquement brutal. Et naturellement, dans ce pays où l'on aime le loisir et les formes, cette justice expéditive étonnait plus qu'elle ne plaisait.

Parfois aussi on choquait, sans le savoir, des susceptibilités nationales et on ajoutait à l'irritation sourde que cause toujours l'autorité exercée par l'étranger, de véritables griefs. Un torero mexicain, incriminé de je ne sais quel délit, comparait un jour avec la petite touffe de cheveux qui est, en ces pays, le signe extérieur et en quelque sorte l'enseigne de sa profession. Un torero privé de cet insigne sacré est un peu comme un prêtre sans tonsure. Le magistrat, voyant cet inculpé à la coiffure mérovingienne avec cette touffe symbolique dont le sens lui échappait, demande brusquement ce qu'il entendait faire de cette crinière et, sans attendre ou écouter la réponse, il ordonne qu'on la fasse couper. On devine quels cris d'indignation et d'horreur fit pousser par la ville cet abominable sacrilège!

Ce sont au surplus ces petits enfantillages qui ont toujours eu le plus d'importance dans l'histoire des conflits entre nations, et c'est dans de pareils détails qu'on pouvait discerner l'incompatibilité d'humeur des *Interventors*, comme on les appelle, et des Cubains. Cette incompatibilité n'existe d'ailleurs qu'en face d'une certaine classe de Cubains, ceux qui vivent de la politique et qui s'exaltent dans les cafés à discuter les menus incidents du jour ou qui se laissent emballer, à la lecture de leurs journaux, dont l'abondance même, dans une ville de deux cent mille habitants, est un signe de l'intensité de la vie publique. A la campagne,

UN CHAMP DE TABAC. — DESSIN DE BOUDIER.

dans l'intérieur de l'île où naturellement l'éducation publique est très rudimentaire, rien ne parvient des bruits du forum. La paix la plus parfaite y règne, sinon la prospérité, et l'on y rend aux Américains la reconnaissance qui leur est due.

Un autre groupe de personnes qui ont toujours été favorables à l'autorité américaine et qui se seraient accommodées de la prolongation de l'intervention, ce sont les Espagnols domiciliés à Cuba. Le recensement de 1899 évalue leur nombre à 20 478, mais ceux-là sont les Espagnols qui ont fait profession de sujets espagnols. Il y en a sûrement davantage, et une grande partie des 175 811 citoyens qui n'avaient pas encore décidé à quelle nationalité ils se rangeraient, sont aussi des Espagnols. Ces Espagnols, qui n'ont pas pour les Cubains des sentiments de très grande estime, possèdent presque toute la propriété de l'île; les grandes maisons de commerce, les fabriques, les plantations, sont entre leurs

ROUTE CONSTRUITE PAR LES AMÉRICAINS A L'ILE DES PINS. — D'APRÈS UNE PHOTOGRAPHIE.

mains. Le Gouvernement américain les rassurait : l'avènement du Gouvernement cubain les effrayait. Je me rappelle que sur le bateau qui me ramenait de la Havane, je liai connaissance avec un Père Jésuite, directeur d'un établissement d'enseignement secondaire qui avait naturellement la clientèle de la bonne société de l'île. Quand je le poussais à exprimer son opinion sur les avantages de l'un ou l'autre régime, il oubliait sa réserve naturelle et sa prudence diplomatique pour m'assurer que la domination américaine lui paraissait de beaucoup préférable, et il ajoutait dans un français correct, mais un peu naïf. « Les Cubains très méchants, très méchants. »

A vrai dire, la plainte universelle du peuple cubain, indépendamment des passions ou des préjugés de parti, a pour cause la stagnation des affaires. Cette période de transition par laquelle on passait, s'ajoutant à la période de destruction presque totale qui suivit la guerre, a causé un marasme dont les traces se voient encore partout.

A part les travaux exécutés par le Gouvernement ou les chemins de fer construits par des compagnies privées étrangères, il n'y avait que peu de traces d'activité. L'esprit d'entreprise américain paraissait totalement absent[1]. Une loi connue comme la loi Foraker, votée par le Sénat pour empêcher d'imprudentes spéculations, défendait au Gouvernement provisoire d'accorder des concessions pour des entreprises de longue durée. D'autre part, le crédit était très bas. Une grande partie des propriétés étaient grevées d'hypothèques, et les banques refusaient de prêter davantage. La situation n'a fait qu'empirer depuis.

Enfin, pour comble de malheur, la grande industrie du pays, le sucre, n'avait pas encore pu se relever du coup dont l'avait frappée la guerre avec son cortège de dévastations. La récolte du sucre, qui, pendant la saison de 1893-94, montait à 1 054 214 tonnes, était tombée en 1896-97 à 212 051 tonnes, et la récolte de l'année 1902 est estimée à 900 000 tonnes. La plupart des plantations ne sont pas encore reconstituées, faute de capitaux, et celles qui fonctionnent ne trouvent pas de débouchés pour leur sucre à cause des tarifs qui les frappent.

En effet, après que la guerre a été finie, Cuba a perdu avec l'Espagne son débouché naturel et n'a pas trouvé en Amérique des marchés ouverts pour remplacer ceux qu'elle avait perdus. Alors la question se posa de savoir si les États-Unis allaient faire fléchir, en faveur de leur jeune protégée à laquelle ils avaient déjà donné la liberté, le rigide tarif protecteur dont une application modérée assurerait sa vie économique. M. Mac Kinley, dans son dernier message, M. Roosevelt, à plusieurs reprises et même dans un message spécial, a recommandé cette concession. Le général Wood a usé de toute son influence pour obtenir du parti protectionniste américain un traité de réciprocité abaissant le tarif d'au moins 20 0/0 sur le sucre, en échange de concessions similaires de la part de Cuba. La presse républicaine presque tout entière, pour ne

---

1. Cependant les capitaux américains engagés à Cuba sont évalués à 500 millions. C'est une compagnie américaine qui a construit le chemin de fer de la Havane à Santiago. Le trajet dure 26 heures et coûte 170 francs. Les tramways électriques de la Havane appartiennent à une compagnie américaine.

pas parler de la presse démocrate, a adjuré le Congrès de faire ce dernier effort en faveur de Cuba, qui sans cela ne pourrait pas subvenir à ses besoins et laisserait s'en aller à vau-l'eau, faute de ressources, toute l'œuvre de quatre ans accomplie par les Etats-Unis pour son relèvement. Jusqu'à présent tous ces efforts ont échoué contre le mauvais vouloir du parti protectionniste qui défend au Sénat et à la Chambre les intérêts des fabricants de sucre de betterave, redoutant la concurrence du sucre cubain. Combien de temps cette résistance durera-t-elle ? Nul ne peut le dire.

Mais, récemment encore, le 4 juillet 1902, M. Roosevelt qui n'a pas l'habitude de s'arrêter en chemin quand il a le sentiment de défendre le droit, a déclaré, devant une grande assemblée à Pittsburg, que la réciprocité commerciale, si longtemps ajournée, finira par s'imposer, coûte que coûte. Et cette déclaration qu'il a déjà faite devant d'autres publics, a partout recueilli une approbation enthousiaste.

Le peuple cubain n'a donc pas à désespérer.

Jusqu'à présent, les prophètes de malheur ont toujours été démentis par l'événement. On me disait : « Toutes ces promesses, ces résolutions, telles ces déclarations officielles sur l'indépendance prochaine de l'île, sont autant de paroles en l'air, de promesses fallacieuses et de mensonges. Les Américains ont décidé de nous confisquer notre liberté ». Quelques mois après que j'avais recueilli ces jérémiades, le général Wood convoquait une « Convention constituante » qui était chargée de rédiger une Constitution. Cette « Constituante » siégea près d'un an, de novembre 1900 à octobre 1901, et mit sur pieds, en se servant de tous les modèles de constitutions connues, une Constitution dont les principaux traits sont empruntés à celle des États-Unis.

Quand cette Constitution fut votée et que, non sans orageux débats et violentes protestations, une clause, connue sous le nom de l'amendement Platt, donnant aux États-Unis des garanties politiques dont la légitimité a été discutée même aux États-Unis et restreignant les droits extérieurs de Cuba, y fut insérée, on commença à la mettre en vigueur. Les élections eurent lieu. Le président de la République fut élu le 24 février 1902 ; puis, quand tous les corps officiels furent constitués et que tous les rouages de l'État parurent en bon ordre, le Gouvernement de l'Intervention se retira, laissant tous les services publics en parfait état et le trésor en équilibre. Pour les fonctions particulièrement techniques, on avait eu soin de préparer des Cubains compétents prêts à prendre la succession du titulaire américain. Pendant trois ans et demi dans toutes les administrations, les officiers du Gouvernement militaire se sont appliqués à former un personnel imbu de bonnes méthodes, rompu à la routine du travail quotidien et capable de continuer à faire marcher la machine le jour où les Américains en abandonneraient la direction. Le 20 mai dernier, tous ces travailleurs qui, sans autre récompense que leur solde militaire, ont usé leur santé au service de la nouvelle République, quittèrent ce pays où leur œuvre anonyme sera sans doute oubliée et méconnue, n'emportant avec eux que la satisfaction d'avoir fait leur

LA COUR DU PALAIS DU GOUVERNEMENT. — D'APRÈS UNE PHOTOGRAPHIE.

devoir et d'avoir fait honneur à leur métier et à leur drapeau. Mais leur mérite n'en sera que plus grand.

Celui qui s'est fait l'initiateur de cette œuvre civilisatrice, et dont le nom sera cité par l'histoire, c'est ce général Léonard Wood dont la physionomie est aujourd'hui une des plus populaires des États-Unis.

Léonard Wood, qui a fait ses études à l'Université Harvard, devint médecin militaire et prit part à diverses expéditions contre les Indiens où il déploya, en plus de ses qualités professionnelles, un courage et un sang-froid à toute épreuve. Ayant la passion des sports violents, le goût de la vie aventureuse, il fut un des premiers à s'engager quand éclata la guerre avec l'Espagne, en avril 1898. Avec Théodore Roosevelt, son très fidèle ami, dont il partageait l'idéal de la vie rude, *the strenous life* que le président prêchera plus tard, il forma le fameux régiment des *Rough Riders* qui a fait merveille devant Santiago et qui, se composant de jeunes gens de la prairie et de jeunes gens des clubs de New York, renfermait les énergies sans emploi et les héroïsmes latents de toutes les classes de la jeune Amérique.

Quand la campagne fut finie, le colonel Wood resta à Santiago pour gouverner la ville. Ses connaissances de médecin, son esprit à la fois lucide et assimilateur, son infatigable énergie et sa grande puissance de travail le servirent grandement dans ces fonctions improvisées. Son œuvre à Santiago, a été une de celles qui ont recueilli le plus d'éloges. Aussi quand le général Brooke fut rappelé de Cuba, le colonel et désormais général Wood fut envoyé à la Havane pour prendre sa succession.

Ce que fut son programme, nous le trouvons exposé dans un article de mai 1899, de la *North American Review* qu'il a écrit lui-même. (Les officiers américains écrivent beaucoup dans les Revues.)

« Ce dont Cuba a besoin en ce moment, disait-il, c'est d'un gouvernement ferme, mais libéral et juste, exercé par le peuple et pour le peuple, sous la surveillance provisoire de l'armée américaine... Ce qu'il faut éviter par-dessus tout, c'est le militarisme, le pédantisme militaire, les méthodes rigides... Il faut que les hommes qui commandent comprennent bien que l'armée des États-Unis n'est pas à Cuba pour supprimer la loi civile et les droits civils, mais au contraire pour établir et restaurer la loi civile ».

LE GÉNÉRAL WOOD. — D'APRÈS UNE PHOTOGRAPHIE.

Ce programme, il s'est efforcé de l'appliquer pendant les deux ans et demi qu'il a passés à la Havane.

Qu'il ait réussi en tout, qu'il n'ait pas commis d'erreurs, qu'il ait satisfait tout le monde, personne ne le prétendrait. Mais il a consacré toute son intelligence et toute sa puissance de travail à donner à Cuba un gouvernement honnête, juste et libéral.

Il s'est entouré des meilleurs hommes qu'il a pu trouver, et s'est efforcé de suivre ce qu'il estimait être le vœu populaire dans la mesure où cela était compatible avec les nécessités du Gouvernement. Il a payé de sa personne, n'épargnant ni temps, ni fatigue pour étudier les mille questions qui lui étaient soumises et leur donner la solution à la fois la plus pratique et la plus simple. Il a voulu tout voir par lui-même, prisons, hôpitaux, écoles. On lui reproche parfois d'avoir essayé de faire des changements inopportuns et de s'être mêlé de toucher au droit et à la procédure en usage dans les tribunaux cubains, sans avoir pour cela ni la préparation, ni la compétence nécessaires. Il a, par exemple, mis à pied plusieurs juges que le barreau de la Havane a immédiatement élus membres de son Conseil de l'ordre.

Au demeurant, il était respecté et craint. Il a une sorte de courtoisie calme, exempte de familiarité qui est d'une rare distinction.

Grâce aux lettres que j'apportais de New York et à l'intervention obligeante d'un charmant et influent journaliste, M. Bellairs, qui représentait à la Havane l'*Associated Press*, j'ai eu le privilège d'avoir une longue entrevue avec le gouverneur de Cuba, dont le nom sera désormais associé à l'œuvre américaine. C'était à huit heures du matin dans le grand hall du Palais du Gouvernement, réparé et installé avec tout le luxe et le confort moderne. Le général Wood, qui est matinal, m'attendait, très élégant en son sobre uniforme blanc, rasé de frais, habillé avec la distinction et la recherche habituelles aux gens de l'armée. Il fut très accueillant et cordial pour le journaliste français, il compara l'aspect de la Havane à celui d'Alger et fit allusion à l'expérience coloniale de Gallieni à Madagascar.

De son œuvre, il me parla à cœur ouvert. Il m'exposa, par avance, ses plans : il allait graduellement laisser les Cubains administrer leur pays ; puis il convoquerait une convention qui aurait pour mission de faire une Constitution rassurante pour les Etats-Unis avec quelques garanties précieuses pour les habitants de l'île.

Quant aux Cubains, il les jugea avec une grande bienveillance. C'est un peuple doux, poli, facile à manier, exception faite des démagogues des villes qui ne se sont pas battus pendant la guerre et qui livrent toutes leurs batailles dans les cafés et les salles de rédaction. « Ne restez pas dans les villes, ajouta-t-il. Parcourez la campagne. Voyez les Cubains travailleurs et non les Cubains politiciens. Partout où vous irez, et on peut aujourd'hui aller partout, sans danger, vous trouverez des citoyens paisibles, uniquement préoccupés de relever leurs fermes et de replanter leurs champs. Et ceux-là sont reconnaissants au Gouvernement américain de leur avoir apporté l'ordre, la sécurité et la paix. »

Durant cette conversation, le général se montra ami sincère et dévoué du peuple qu'il dirigeait et qu'il avait fini par aimer. Aussi, jusqu'à la fin de son administration, a-t-il lutté par la parole, par des articles de Revues, par la pression sur le Gouvernement pour obtenir du Congrès de Washington les concessions économiques dont dépend la prospérité matérielle de Cuba. On ne lui a fait aux Etats-Unis qu'un reproche, c'est d'avoir pris trop à cœur ces intérêts et d'avoir fait des efforts indiscrets pour peser sur l'opinion américaine. C'est pourquoi, quand il est parti, il a été l'objet, de la part des Cubains de toutes les parties de l'île, d'une imposante manifestation de reconnaissance qui a pris la forme d'un grand banquet où il parla avec la modestie qui lui est habituelle. Des témoignages personnels de sympathie lui sont venus par milliers, prouvant que les sentiments de la masse du peuple étaient bien différents de ceux d'une poignée de professionnels de l'opposition, dont l'importance est en raison inverse du tapage qu'ils s'ingénient à faire.

Quand il est revenu aux Etats-Unis, il a reçu un autre hommage qui a dû le payer amplement de tous les sacrifices qu'il a faits pour la cause cubaine. Le Président Roosevelt, parlant à la distribution des diplômes de l'Université Harvard, a recommandé aux jeunes étudiants qui allaient entrer dans la vie, de prendre modèle sur cet ancien camarade qui vient d'acquérir une gloire dont l'éclat rejaillit sur son *Alma Mater*. Dans un chaleureux et presque lyrique mouvement d'éloquence, après avoir résumé à grands traits ce qui a été fait à Cuba et montré que le général Wood sort pauvre de cette administration de trois années où il a manié 300 millions de francs, M. Roosevelt a rappelé que Wood avait accompli à Cuba une œuvre qui, il y a trois mille ans, l'eût fait mettre au rang des demi-dieux et qui, en Angleterre, de nos jours, lui eût valu, comme à Cromer ou à Kitchener, le titre de pair et une grosse dotation en argent.

Le général Wood n'a pas été, quoi qu'en dise M. Roosevelt, laissé sans récompense, puisque de simple chirurgien militaire qu'il était, il y a quatre ans, il est maintenant général de brigade. Au surplus, ayant eu le privilège d'avoir attaché son nom à une œuvre dont l'histoire parlera, il serait certainement le dernier à se plaindre d'avoir été mal récompensé pour n'avoir été fait ni demi-dieu, ni pair, ni millionnaire. Il est de ces hommes qui savent se contenter à moins, — surtout lorsqu'ils ont la conscience d'avoir bien mérité de leur pays.

Othon Guerlac.

UN CHAMP D'ANANAS. — D'APRÈS UNE PHOTOGRAPHIE.

PROMENADE A L'ILE DE POULO PINANG

PAR M. ÉMILE DESCHAMPS.

1. — De Singapour à Poulo Pinang. — George Town. — Les quais et le port. — Les examens des Indigènes. — Northam Road. — Burmah Road. — Population et climat. — Les environs de George Town.

C'EST la *Straits Steamship C^v*, société d'actionnaires chinois, qui, avec ses jolis bateaux blancs, relie Singapour à la petite île anglaise de Poulo-Pinang, en passant par *Malacca*, territoire anglais assez peuplé, *Kélang*, à une vingtaine de milles dans la rivière du même nom, et *Telok Anson*, dans la rivière de Pérak, après avoir touché à *Port Dickson*.

Nous quittons Telok Anson, vers huit heures et demie du soir.

Le lendemain nous sommes devant George Town, dans une vaste rade, avec des navires nombreux, des barques, des remorqueurs, et toute une ligne de quais, de maisons blanches et noires, un grouillement indécis de grande cité, vue de loin. Au-dessus de la silhouette vague de la ville, un écran de montagnes boisées forme un contraste agréable, avec des hauteurs diverses, descendant au sud pour former un petit cap. De l'autre côté, la côte malaise s'étend jusqu'à l'horizon devant nous, très près de l'île, et, sur le rivage, on peut voir distinctement les grandes taches blanches de deux ou trois constructions.

Un quart d'heure après, un sampan nous déposait au bord du haut appontement de fer qui sert de débarcadère et, en cinq minutes, nos quartiers étaient établis dans un des nombreux hôtels de la ville.

Poulo Pinang est une île montagneuse à peu près rectangulaire, dont la plus grande longueur, dirigée du nord au sud, atteint 26 kilomètres, avec 18 kilom. 1/2 de largeur maxima, à la hauteur de George Town, sa capitale. Elle est parcourue par une chaîne irrégulière de montagnes, qui a des sommets assez élevés, boisée, broussailleuse, rocheuse. On y trouve, du côté de la ville, quelques habitations d'Européens, qui ont été chercher là la tranquillité et la fraîcheur, et des annexes des missions catholiques de l'île. Au pied des premières hauteurs, à 3 milles et demi de George Town, dans une ravissante situation, dominant la mer et touchant les bois, on rencontre une maison de repos des Pères des Missions étrangères, dépendance du collège général qui est à un demi-mille de là, où les missionnaires de la presqu'île viennent se reposer de leurs fatigues ou guérir leurs fièvres en jouant au billard. Ailleurs, un autre sanatorium des Frères des Ecoles chrétiennes. A *Baleh Poulo*, village qui s'élève à treize milles de la ville, se trouve une autre mission, et, à part *Bayau Lepas*, au sud, hameau sans grande importance, on ne trouve plus dans l'île que quelques paillottes malaises disséminées ici et là.

Le climat de l'île est bon, meilleur que celui de Singapour qui passe pour très sain. Placée en face de la côte malaise, à 2 milles à peine dans sa moindre largeur, Pinang est réunie administrativement à la petite province de Wellesley, bande de 7 milles sur 35 milles de long de la côte de la presqu'île, et forme avec le territoire de *Dinding*, Malacca et Singapour[1], la colonie anglaise des *Straits Settlements*, depuis 1867. Sa population, confondue avec celle des deux annexes, était en 1891, de 235 618 habitants[2].

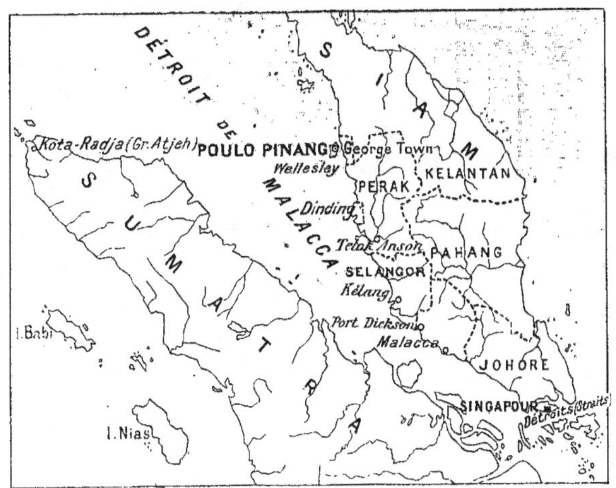

CARTE DE LA PRESQU'ÎLE DE MALACCA.

La ville de George Town est très importante et a grandi rapidement en quelques années. Elle est devenue le centre du commerce de toute la presqu'île malaise de préférence à Singapour[3], et les grands courriers anglais, allemands, autrichiens, y touchent dans leur traversée en Extrême-Orient. Pourquoi notre grande compagnie des Messageries maritimes n'a-t-elle pas suivi ce mouvement et établi, comme ses concurrentes, une escale à Pinang, c'est ce que j'ignore, ne connaissant de la question que ce regret que j'ai entendu exprimer en différentes occasions. En comparant le chiffre élevé du commerce général de l'île et de Wellesley, avec celui que ces deux territoires ont coûté, on ne peut s'empêcher de penser que l'Angleterre a fait là une superbe acquisition. Appartenant à un rajah de Kedah — aujourd'hui dans le Siam, — Pinang fut cédée en 1785 à un agent de la *East India C[y]* contre une rente de 10 000 dollars à fournir pendant huit ans, rente consentie ensuite à perpétuité. Wellesley a coûté à ses occupants 2 000 dollars de plus.

Comme à Singapour, la population principale est chinoise, et les Malais, que l'on distingue facilement à leur *sarong* ou pagne, sont en minorité. Ici et là accroupis, des marchands d'oranges et de petits produits gastronomiques passés à des brochettes de bois, ou autres, dont la couleur et la forme ne révèlent, à l'Européen, absolument rien de connu. Les Chinois, riches comme pauvres, portent le large pantalon et la veste de serge noire, avec des coiffures diverses, chapeaux de paille ou de feutre. Je vois des musulmans, en calottes blanches, et des coolies noirs en turbans rouges et blancs, venus de l'Inde apporter à la colonie les secours de leurs bras lents[4].

Un autre appontement porte une grue; d'autres sont établis sur de simples pilotis, tout le long d'une plage boueuse et noire, couverte de pieux, de barques et de pataches.

Nous débouchons sur la voie publique, où les tireurs de *rickschâs*, les voiturettes si légères que les expositions nous ont fait connaître, nous assaillent, nous empêchant de passer. Devant nous, un grand monument blanc à volets verts représente le bureau de poste; à gauche, un grand pâté de constructions, l'une jaune-rougeâtre, l'autre gris-verdâtre, la suivante bleue et la quatrième panachée, donnent asile aux bureaux des compagnies de bateaux à vapeur et à quelques autres, au commencement et le

FEMME MALAISE VÊTUE A LA CHINOISE.
DESSIN DE J. LAVÉE.

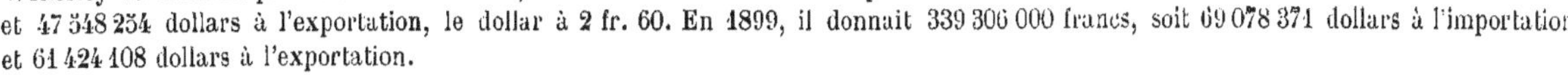

1. Le petit territoire de Dinding, sur la côte, ne fut incorporé à la colonie qu'en 1889; Malacca appartient aux Anglais depuis 1824, Singapour depuis 1819 et l'île de Pinang depuis 1786.

2. La presqu'île entière avait, cette même année, 512 000 habitants.

3. En 1894, le mouvement général du commerce de Pinang, Dinding et Wellesley se chiffrait par 275 239 000 francs, soit 58 320 513 dollars à l'importation et 47 348 234 dollars à l'exportation, le dollar à 2 fr. 60. En 1899, il donnait 339 306 000 francs, soit 69 078 371 dollars à l'importation et 61 424 108 dollars à l'exportation.

4. En 1899, 11 217 Indiens, soit libres, soit sous statut, arrivaient à Pinang, se joignant à 51 299 Chinois, dont 4 618 femmes qui venaient s'établir dans le pays.

PAGODE SIAMOISE DANS BURMAH ROAD. — D'APRÈS UNE PHOTOGRAPHIE.

long du quai qui porte un nom, que l'on voit souvent ici, *Weeld quay*, pour honorer la mémoire d'un ancien gouverneur.

Nous longeons une petite voie ferrée qui porte deux wagons et leur locomotive, un tramway à vapeur, qui va jusqu'au village d'*Aïn Itam*, à 9 kilomètres au sud-ouest de l'île. La plage est infecte, à sec, sur un plus ou moins grand espace, suivant les endroits et les mouvements de la marée, et couverte de barques du pays, larges et bifides à l'arrière, aiguës à l'avant, disgracieuses. A droite, quelques maigres arbres et des terrains vagues, encombrés de tas de bois, de marchandises attendant leur embarquement, d'ateliers de réparation, de petites boutiques de boissons, de détritus de toutes sortes, de magasins en planches utilisés ou en démolition, de tas de pierres, de terre, de briques, de bois de construction, de vieilles ferrailles, de tôles ondulées, des petites paillottes et des constructions de pierre sur un terrain irrégulier et dans un désordre à faire croire, par moments, à un dépotoir de toutes les choses inutiles de la ville. C'est le George Town d'avant les grands monuments de la poste et les autres, probablement. Là débouchent des rues assez larges, qui s'enfoncent dans la ville; au croisement de l'une d'elles, *China Street Ghant*, des voiturettes s'alignent : c'est une station. Une voiture de maître passe, et, sur le siège, je remarque les deux cochers malais ou javanais, en habits collants couleur khaki, les pantalons courts, les pieds nus, et coiffés d'un petit bonnet long qui ne tient que le sommet de la tête. C'est la livrée de tous les cochers et valets de pied, qui semblent taillés, à Singapour et ici, dans le même moule. Beaucoup de travailleurs, la plupart chinois, le buste jaune nu, la queue roulée en chignon ou contournant la tête.

Le quai a un mille environ de longueur; la voie ensuite pénètre en ville, tandis qu'une autre continue le long de la mer, et fait à peu près tout le tour de l'île. Ce côté de la cité, comme toutes les voies fréquentées et habitées par les natifs, n'est pas beau et ne donne pas une haute idée de la succursale de Singapour. Revenons sur nos pas pour ne pas nous perdre et pour échapper aux émanations de poisson pourri dont la brise nous enveloppe ici et là. Au débarcadère, sur la petite place qui le précède et où les coolies noirs de l'Inde vont et viennent, non loin du bureau d'immigration, nous pouvons suivre deux voies : une longue rue populeuse, *Beach street*, commerçante, bordée des grands magasins européens, des banques, mêlés aux boutiques chinoises avec leur imagerie religieuse, au fond noir où brillent les petites chandelles invocatrices, grouillante, au fur et à mesure que l'on s'enfonce au cœur de la ville, et une autre qui contourne le grand monument blanc de la poste. C'est celle-ci que nous prendrons. Elle nous conduit à un fort, bas, entouré d'un fossé et séparé de la mer par une large route qui va longer l'Esplanade située derrière. Là, le soir, les joueurs de *cricket* et de *foot-ball*, anglais et indigènes, prennent leurs ébats. On ne saurait imaginer une seule colonie anglaise sans la grande pelouse court-tondue, le petit ou grand chalet du club et l'appareil ordinaire de ces divertissements, grand tableau pour les communications des *matches* au public, — quelques indigènes oisifs qui vont là comme ils iraient ailleurs, n'y comprenant rien, — filets, cordes, etc. Et il en est qui sont immenses, comme ceux de Madras, de Calcutta, de Singapour, sur lesquels une ville entière pourrait s'ébattre à l'aise. La maison de la municipalité et la bibliothèque publique — car il y en a une à George Town — suivent. Si l'on continue la route, laissant la ville derrière, on passe devant l'église catholique de l'Assomption, desservie par les Pères des Missions étrangères et la grande Institution de Saint-Xavier dirigée par le Fr. Joshera, dont l'aimable obligeance me vint maintes fois en aide.

C'est là que se préparent des examens qui se passent à Singapour et qui sont intéressants au point de vue de l'influence qu'ils ont ou peuvent avoir sur l'avenir du pays. Il est toujours bon, surtout pour nous qui avons des colonies très coûteuses, demandant de nombreuses améliorations administratives, de relever une innovation, et d'en suivre les résultats, chez un peuple qui tire de ses colonies toute sa richesse et passe pour le premier colon du monde. J'ai donc pu voir quelques-unes des questions posées en trigonométrie et géométrie analytique; elles étaient sérieuses, nombreuses, et montrent combien ces pays si peu connus chez nous, hier simples petits ports de commerce pour les trafiquants avec les grands ports d'Extrême-Orient, marchent rapidement dans la voie des connaissances générales, de l'instruction européenne. L'Angleterre, en instituant ces bourses accessibles à tous, chrétiens et païens, Européens, Malais, Chinois et métis, a eu en vue de faire progresser les exemples des hautes études par l'émulation, de déterminer des sujets d'élite qui, après leur complète instruction, doivent, en règle générale, retourner au pays natal servir d'exemple et d'encouragement à leurs concitoyens, et concourir à l'élévation du niveau intellectuel pour donner une plus-value importante à la colonie. Et il y a même des exemples privés qui se greffent sur cette action du Gouvernement, déterminés par elle, et en augmentent l'efficacité. Ainsi, un des boursiers des années précédentes, un Chinois, nommé Gno Lean-tuck, a reçu d'un autre Chinois riche, M. Cheab Choo-eve, à la fin de ses quatre années d'études à Cambridge, une somme supplémentaire de 26 000 francs pour étudier à fond la question de la lèpre, commune dans le pays.

Reprenons notre route, qui s'élargit, s'embellit avec des habitations blanches, élégantes derrière leurs vérandas, disséminées dans les jardins, parfois brillantes de dessins multicolores, éclatant sur la blancheur des murs, résidences de riches Chinois ou d'Européens, et les grands arbres qui la bordent des deux côtés. Nous sommes dans *Northam Road*. Parfois, le long de ces magnifiques voies qui distinguent les colonies anglaises, on rencontre un terrain vague qui jure, une boutique d'indigène ou quelques paillottes égarées....

Coupons pour aller visiter, au nord-est de la ville, la principale « attraction » pour les voyageurs, la cascade située à l'extrémité du Jardin botanique.

Le panorama est très beau, avec les montagnes au second plan, toutes proches, vertes du pied perdu dans les arbres du jardin, tout au fond, aux sommets arrondis, flexueux, montant progressivement à notre gauche. L'entrée est simple; à gauche, la route qui monte, très raide, à la montagne du Gouvernement, où le gouverneur a une résidence qu'il habite rarement. Cette dernière est un but de promenade des plus agréables, mais il faut s'y rendre en palanquin.

MARCHANDS DE FRUITS DANS UNE RUE DE GEORGE TOWN. — DESSIN DE J. LAVÉE.

NORTHAM ROAD A PINANG. — D'APRÈS UNE PHOTOGRAPHIE.

Inutile de décrire le jardin, qui ressemble à tous les autres de ces pays, toujours bien entretenus, luxuriants de la végétation des tropiques, plus ou moins abondamment pourvus de plantes rares, d'arbres magnifiques, de pelouses, de corbeilles, de bouquets de bambous ou de palmiers formant, sous la main directrice de l'homme, un tableau incontestablement inférieur à celui de la jungle, où la nature seule préside à l'arrangement des mêmes végétaux. A son extrémité, la cascade, au pied abrupt de la montagne, offre un coup d'œil merveilleux. Elle est, en ce moment, d'une abondance moyenne, tombant de deux cents pieds environ, mais devient plus pauvre encore pendant la sécheresse. Issue de sources de belle eau claire, la rivière est là, sur son chemin vers la ville qu'elle alimente, pour aller se perdre ensuite près du cimetière, dans la mer.

Rentrant en ville à travers une succession de petites rues grouillantes de passants, de rickschås, de voitures, — caisses à panneaux ouverts, munies d'un toit protecteur, mal suspendues, traînées par les petits chevaux nerveux du pays, — le long des boutiques chinoises, nous allons par le quartier siamois, *Burmah road*, qu'orne une curieuse petite pagode à la pointe dorée, du type birman. La colonie siamoise est formée, à George Town, de quelques centaines de personnes et date d'un conflit qui éclata au Siam, il y a trente ou quarante ans, à la suite duquel des maisons de chrétiens furent détruites par les indigènes. Un grand nombre d'entre les mécontents durent s'exiler et vinrent s'établir ici, non loin de leur pays, en conservant toutes leurs coutumes, brûlant leurs morts comme les Hindous.

Ces derniers ont aussi leurs temples, de même que les musulmans leurs mosquées ; mais aucun, des uns ni des autres, n'est assez remarquable pour être cité. La colonie malabare, toute de passage, sans cesse renouvelée, est trop pauvre pour pouvoir sacrifier beaucoup de ses gains au bénéfice de ses dieux. Et les Malais musulmans sont encore plus pauvres, à de rares exceptions près.

En somme, la population de Pinang est presque toute d'importation et se renouvelle sans cesse en augmentant. D'un côté, les bras nécessaires au travail ; de l'autre, les instruments du commerce : Indiens et Chinois. Sans eux, le pays serait probablement encore sans importance. Le Malais ne compte presque pas. Paresseux plus qu'on ne peut l'imaginer, il est surtout pêcheur, et, sur terre, il ne travaille qu'aux rizières, les siennes ou celles des autres. Les récoltes faites, il dort, ne fait plus rien, cessant toujours son travail, dès qu'il a devant lui pour quelques jours de pitance. Les provisions s'épuisant, il part chercher des fruits sauvages pour prolonger un peu son inaction aimée. Il est hospitalier, extrêmement orgueilleux et vindicatif. Bien traité, on peut attendre de lui les services qu'il est en état de rendre ; il met de la recherche à user de bons procédés. Mais maltraité, on ne doit plus rien attendre de lui ; frappé, toujours il se venge, et aussitôt qu'il le peut faire avec une certaine apparence d'impunité.

Les Chinois ont l'activité qu'on leur connaît ; ils font tous les métiers, depuis les tireurs de rickshâs, qui semblent choisis parmi les moins intelligents de la race, vraies brutes, animaux à deux pieds, jusqu'aux *solicitors* et *barristers,* retors, âpres au gain, intelligents, trouvant toujours à travailler au milieu de cette population chicaneuse.

Il y a, à George Town, que les Européens nomment Pinang, comme l'île, et les indigènes Tandjong (le promontoire), une chambre de commerce, une audience du tribunal pour les petites causes par semaine, une session de cour d'assises tous les deux mois ; 45 écoles avec 4 413 enfants, des routes dont le recensement, en 1900, n'était pas encore fait ; 98 milles de téléphones, 9 milles de tramways, 8 églises catholiques et autant de protestantes, 3 phares, 3 banques, 2 journaux anglais, 4 hôpitaux, 2 dispensaires, 1 bibliothèque publique, et même des courses. Environ la moitié de son étendue est mise en culture.

Son climat varie assez et présente deux saisons de pluies et deux saisons sèches, annuellement : il est humide d'avril à juin et d'octobre à décembre, sec de juillet à septembre et de janvier à mars. Il est bon, mais la population a une tare, la lèpre. En 1899 il y avait, dans l'île de Jéréjak, où ces malheureux sont confinés, 390 lépreux, les 4 cinquièmes venant de l'île, c'est-à-dire une proportion énorme. Pas moins de 36,41 °/₀ moururent : 142 décès, dans l'année, ce qui ne semble pas montrer qu'ils soient accablés de soins médicaux. Au surplus, leur surveillance est médiocre et, la même année, 33 disparurent pour aller se mêler à la population saine. Il est vrai que les barques de pêcheurs qui vont et viennent autour de l'îlot, dont le sud est toujours habité par quelques familles, offrent un moyen facile de fuite.

Enfin, pour terminer cette énumération statistique, ajoutons que le port de George Town a vu, en 1898, 6 778 navires présentant un ensemble de 2 millions de tonnes.

L'autorisation que me donna l'excellent Frère Joshera, d'aller passer quelques jours à la villégiature de l'institution, au milieu des bois, me comblait de joie.

Partons donc pour la montagne, où le directeur lui-même avait tenu à m'accompagner, avec un jeune Français égaré dans ce pays, intéressant néanmoins, et qu'avec sa complaisance habituelle, il avait recueilli quelque temps auparavant. Après la ville, la route est belle entre la double haie de jardins qui la bordent. On y voit des « bengalows », ou habitations européennes de ces pays, des maisons malaises de bois bâties sur pilotis ou de pierres, quelques-unes de très bel aspect avec leurs petites fenêtres à barreaux de fer ; puis de simples paillottes. Aux environs, des plantations, de cocotiers surtout. Nous croisons un embranchement du tramway qui se dirige vers la cascade. Nous passons devant l'hôpital de la prison, à aspect d'ouvrage fortifié, avec son mur gris entourant une vaste cour et les dépendances.

Aïn Itam est une simple ligne de paillottes, avec quelques cases disséminées au milieu des jardins touffus, toutes bâties sur pilotis de pieux, à la mode malaise, et un poste de police, en pierres, de bonne apparence. La station de tramway se trouve sous un hangar couvert à l'extrémité de la première voie, et à l'endroit où celle-ci commence à gravir la hauteur, se trouve un petit autel chinois élevé au pied d'un grand arbre. Sur une plate-forme, c'est une petite construction de bois à toit de zinc avec, des deux côtés de l'ouverture noire, des bandes de papier et des pièces de bois colorié, à caractères mystérieux, des gobelets pleins de petites baguettes, des lampes posées devant une imagerie sombre qui occupe le fond très sale, caractéristiques de l'appareil religieux des Fils du Ciel.

LE JARDIN BOTANIQUE DE PINANG. — D'APRÈS UNE PHOTOGRAPHIE.

Nous sommes au pied des hauteurs vers lesquelles de petits sentiers se dirigent. Pour celle que nous devons atteindre, il y en a deux, l'un qui l'escalade, car il est à pic, le plus court; l'autre qui le contourne, auquel on a donné le nom de « Chemin des Sœurs ». Nous prenons le premier. Il débute, à 100 mètres de la route, par des escaliers de pierre, bas et larges, montant entre deux haies de broussailles. On n'en compte pas moins de 5 000, me dit-on, soit la hauteur d'un deux cent vingt-septième étage! Mais, bien que j'aie cru qu'ils ne finiraient jamais, je ne crois pas qu'il y ait vraiment ce nombre. On commence par trouver la pente, ainsi, très douce; mais bientôt les jambes s'engourdissent à effectuer toujours le même mouvement, et on souhaiterait avoir des roches à escalader, des précipices à passer, une certaine gymnastique à faire, plutôt que cette fatigante régularité. On arrive ainsi, après avoir passé par deux reposoirs, — simples toits posés sur quatre piliers de bois, où l'on rencontre déjà les affiches coloriées à caractères hiéroglyphiques, et les petits lapins dorés ou argentés disséminés à terre, — à un temple chinois curieusement établi sous une immense roche noircie, qui est certainement destinée à l'engloutir un jour, à l'écraser dans sa chute vers la base, car elle tient à peine au sol.

Il faut traverser le temple pour continuer sa route, et ce sont des escaliers encore qui gravissent la pente, dans une multitude de tours et de détours, mais taillés dans la terre, ou formés de pierres superposées, quelquefois d'une seule roche, larges ou très étroits, à peine de quoi poser le pied, ou étayés par des branches, des pièces de bois quelconques, tantôt bien creusés, tantôt unis par le délayage des pluies et ne présentant plus alors qu'une surface glissante, très fatigante par les efforts qu'il faut faire pour conserver l'équilibre. La montée, dans ces conditions, est très dure; mais la vue, au fur et à mesure que l'on monte, s'étend davantage à l'horizon, et devient très belle avec la montagne, devant, et en se retournant, la ville que nous venons de quitter, la plaine qui la précède, le détroit, les petites îles de la côte malaise jusqu'aux hauteurs bleuâtres qui s'élèvent dans le lointain.

Enfin, nous découvrons le sommet, et, dans un dernier effort, passant devant quelques espaliers où se cultivent des légumes, nous arrivons sur l'étroit plateau supérieur. Je n'ai que le temps, dans un arrêt de repos, de contempler le panorama très beau, car la nuit vient, rapide, et le vent souffle très fort.

La bâtisse où nous nous trouvons est large, bien aérée, les vitres ayant été exclues de la multitude des fenêtres, et s'élève, sur des pilotis en maçonnerie, sur le dos de la roche qui forme le sommet de la montagne en pain de sucre, mais qui touche par un dos d'âne à la hauteur suivante, un peu plus élevée, qui est celle dite « du Gouvernement ». A côté, une église. Sur la petite plate-forme qui précède le perron, s'élève une statue de la Vierge, en face du splendide panorama où se découvrent le promontoire entier sur lequel est

bâti George Town, avec les pâtés indécis de ses constructions, les taches noires de ses jardins, la flottille des barques le long du bas-fond qui borde la côte au sud, les vapeurs qui évoluent dans la rade, le détroit bleu, et, tout près, la côte malaise avec sa bordure de végétation sombre, s'étageant graduellement, en plusieurs plans, jusqu'aux hauts sommets de la chaine de montagnes élevées dont les cimes sont couronnées de cumulus blancs et la base plonge dans une vapeur bleuâtre. Dans l'intervalle, de grandes taches noires marquent la jungle, les jardins, et une rivière montre des anneaux de sa traine brillante, dont une partie, près de la côte, élargie en forme de lac, présente le curieux effet d'optique d'être inclinée, sur le plan horizontal, d'au moins dix degrés. En bas, à droite, la brousse monte à l'assaut des sommets environnants, et l'île des Lépreux s'avance tout près, suivie, derrière, par un autre ilot; à gauche, à 1 mille environ, à vol d'oiseau, une colline où l'on aperçoit, au

BEACH STREET A GEORGE TOWN. — D'APRÈS UNE PHOTOGRAPHIE.

sommet, à travers les arbres, une partie du toit blanc d'un pensionnat champêtre de jeunes filles. Puis, derrière, la montagne s'élève, abrupte, entièrement boisée, couverte de jungles épaisses dont les teintes se marient, se suivent, se superposent en un exquis imbroglio. L'eau y est abondante et elle a été canalisée dans toutes les cultures des environs, qui semblent prospérer sous les soins d'un jardinier chinois, aussi bon homme qu'il est laid.

Je restai à la montagne des Frères plusieurs jours. J'en partis à destination de *Balch Poulo*, ou *Balek Pulau* suivant l'orthographe anglaise, village situé de l'autre côté de la ligne de montagnes, à peu près au sud de l'île. Nous descendons par le chemin dit « des Sœurs », très raide au début, mais qui, bientôt, prend une direction oblique le long des flancs de la montagne, diminuant ainsi la pente.

A mi-chemin, nous nous arrêtons à un petit temple, posé sur le bord du sentier, simple paillotte avec l'appareil religieux que nous connaissons; nous continuons; mes coolies se trompent et s'engagent sur une jolie petite route, bien plane, qui semble couper dans la direction que nous avons à prendre, et nous la suivons jusqu'au bout. Nous sommes aux citernes, le second groupe qui alimente la ville, dont nous longeons un moment les énormes canalisations à fleur de terre et les murs de soutien.

Tout ce chemin est charmant. Il y a notamment un passage, le long d'un torrent coulant entre d'énormes blocs de roches que les eaux ont entraînés, au fond d'un ravin très encaissé, à pentes raides et couvertes d'une épaisse forêt, qui est bien le site le plus pittoresque que le voyageur le plus exigeant puisse rêver. Enfin, par un sentier plus large, nous arrivons au village que nous connaissons. De là, la route, sans la pente, serait carrossable; elle est taillée dans la roche, dans une terre jaune ou rouge, bordée de broussailles ou de grands arbres, derrière lesquels la vue à droite s'étend sur la montagne boisée. A gauche, la tranchée est haute. D'intervalle en intervalle, elle est coupée d'escaliers à rebours destinés à l'écoulement des eaux de pluie, et fait de nombreux tours et détours avec une pente tantôt douce, tantôt rapide. Des deux côtés, une espèce de fougère ramifiée envahissante, qui pénètre tous les interstices sur les routes et dans les bois, couvre les bords de la tranchée. Nous coupons la vallée supérieure d'où George Town apparaît plongée dans une buée bleue, et, après une courte descente, nous recommençons à monter. Nous devons être à mi-route; à droite, une boutique chinoise; je puis y boire pour quelques *cents* une sorte de limonade rougeâtre. C'est, avec une dizaine de petits paquets de fabrique locale renfermant des gâteaux pulvérulents, sans goût, ce qui les empêche d'être mauvais, à peu près tout ce que l'on y trouve. Un peu plus loin, nous voyons une autre, boutique, en face d'un poste de police, exactement au sommet des hauteurs. De là, nous descendons rapidement; la route est mauvaise, et une nuée de coolies, Tamouls du sud de l'Inde, sont occupés à la réparer. De temps en temps, nous passons devant un portail encastré dans la haie, petit toit en dos d'âne couvert de feuilles de zinc, porté par deux montants de bois, fermé jusqu'à mi-hauteur par une porte en planches, qui donne accès dans une propriété.

Maintenant, la vue découvre tout le versant sud. Entre les dernières collines de la ligne bifurquée des hauteurs, apparaît une plaine de plusieurs milles de large, très unie, cultivée, aboutissant à la mer. Plus loin, un îlot près d'un promontoire qui fait saillie au sud-ouest de l'île. La côte que nous descendons est très rapide, ravinée par les pluies. Plus bas, nous traversons un torrent près duquel, sous un bel arbre, on a élevé un petit autel, comme à Ceylan et dans l'Inde les autels bouddhistes dressés contre les troncs de l'arbre sacré *Ficus religiosa*. Mes coolies sont infatigables, toujours en avant. Malgré la charge qu'ils portent aux extrémités d'un bambou, pesant de tout son poids sur leurs épaules nues, ils ne se seraient peut-être pas arrêtés tout au long des douze milles que nous venons de parcourir par des sentiers souvent difficiles. Les plantations de cocotiers et d'aréquiers s'étendent à droite et à gauche, et nous longeons le torrent dont les eaux roulent sur et entre les blocs de rocher. Peu de monde sur la route ; depuis Aïer-Itam, nous n'avons pas croisé vingt-cinq personnes : quelques coolies mâchant philosophiquement un morceau de canne à sucre, une famille malaise, se rendant au village, et un employé en costume couleur *khaki*, la casquette ornée d'une plaque de cuivre indicatrice. Dans la vallée, le chemin a repris un meilleur aspect et, au bas de la pente, nous pourrions continuer en voiture. Il est plus fréquenté aussi, au fur et à mesure que nous avançons vers le village que quelques paillottes d'avant-garde nous désignent.

Enfin nous arrivons à un bengalow bas, joliment bâti, presque en face d'une grande construction de pierres qui en domine d'autres plus modestes et une petite église catholique ; quelques centimètres plus loin, je remarque une ligne de boutiques placées d'un seul côté. J'ai deux portes auxquelles je puis aller frapper : la mission des Pères des Missions étrangères et un employé du Gouvernement, chargé des travaux publics, pour qui j'ai une lettre d'introduction, — car Baleh Poulo est encore privé de *rest-house*, ce village ne voyant pas dix voyageurs par an, des résidants de George Town. Mais il faut trouver l'un ou l'autre, ce qui n'est pas facile quand on ignore la langue du pays, le malais. A l'extrémité de la ligne de boutiques, nous tombons sur le poste de police, placé comme en sentinelle au croisement de deux routes, derrière un petit jardin. Mais les *policemen*, en faction à la porte, ne parlent pas un mot d'anglais, et on me dirige vers l'inspecteur, qui arrive à moitié nu, dérangé dans sa sieste, jusqu'au milieu de l'escalier que je gravissais. Il est curieux de remarquer combien peu d'indigènes, dans ces colonies anglaises, parlent l'anglais, si on en excepte les employés d'administration et les métis, portugais ou hollandais. Dans les cités comme Colombo, Madras, Calcutta, Singapour, l'étranger qui sort du centre européen de la ville, a toutes les peines du monde pour retrouver son chemin s'il s'est perdu, ou obtenir

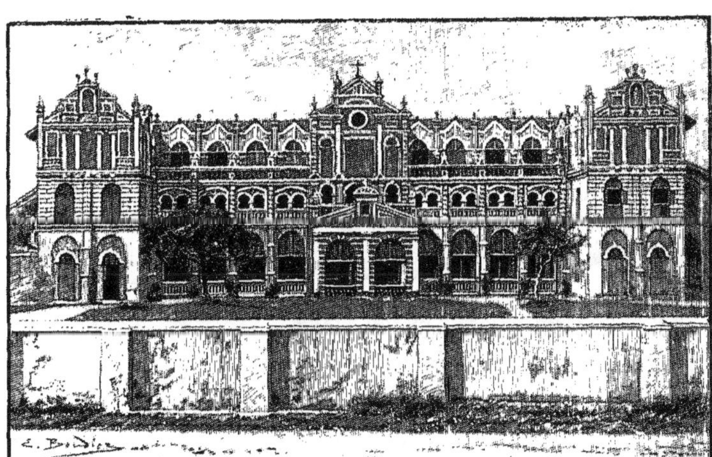

L'INSTITUTION DE SAINT-XAVIER A GEORGE TOWN. — DESSIN DE BOUDIER.

un renseignement s'il cherche quelque chose. Les cochers même ne parlent que leur langue, et, à Singapour ou à George Town, le voyageur se trouve quelquefois embarrassé même en connaissant le malais, avec les tireurs de rickschâ qui, pour beaucoup, ne parlent que le chinois. Je me suis égaré, un soir, dans cette dernière ville, et j'ai bien dû faire 4 kilomètres, en partie à pied, suivi de mon véhicule, à tra-

L'INSTITUTION DE SAINT-XAVIER DANS LA MONTAGNE. — DESSIN DE BOUDIER

vers tout un quartier, avant de rencontrer un indigène qui pût me mettre sur le chemin de mon hôtel. Aussi il y a beaucoup à rabattre de l'estimation que les Anglais font de l'extension de leur langue, qui n'est pas près de devenir, comme ils le prétendent, la langue universelle. Si nous prenons les Indes, par exemple, avec leur population de deux cent quatre-vingts millions d'âmes, nous ne trouverions peut-être pas, en dehors de l'élément européen et des métis, dix mille indigènes parlant l'anglais.

Mais revenons au gîte que nous cherchons et que nous avons dépassé. Nous devons retourner sur nos pas pour frapper à la porte de la mission, où je suis aimablement reçu par le supérieur, le R. P. Faucillon. Il était cinq heures du soir environ, et, en route depuis le matin sept heures, j'avais besoin d'un peu de repos, le soleil rendant les marches toujours fatigantes dans ces régions.

Il ne fallut pas, le lendemain, beaucoup de temps pour connaître le pays. Le village de Balch Poulo est constitué par la ligne de boutiques que nous avons vue, opposée à des terrains vagues où, cependant, sous de simples toits de paille portés par quatre pieux, quelques marchands sont

PLAGE AU SUD DE L'ILE DE PINANG. — D'APRÈS UNE PHOTOGRAPHIE.

également installés; au bout, le poste de police, le bureau de poste où trône un jeune Chinois; à droite, et un peu plus loin, un petit hôpital et des dépendances, le tout bâti en briques, sur pilotis de maçonnerie. Au nord, au sud, et autour de cette rue unique, des paillottes sur pilotis de pieux, sont éparpillées dans les jardins, invisibles de la route et sur les flancs des hauteurs, qui touchent d'assez près le village. Stationnaires ici et là, au hasard d'un coin d'ombre, on peut voir de petites voitures numérotées, *third class*, simples cages de bois où deux personnes doivent être à l'étroit, attelées à de petits chevaux malingres, bien proportionnés aux véhicules, et des rickschâs dont les traîneurs dorment, les jambes allongées, à l'intérieur.

En face de la Mission, est ce bengalow à joli aspect que nous avons vu en arrivant, et qui abrite cet employé du Gouvernement à qui j'allai présenter ma lettre. Il me reçut très cordialement. Il se nomme Misso, corruption de Michaud, branche d'un arbre généalogique très riche dont les membres se retrouvent à Ceylan et au Cap, et qui a eu pour graine notre vieil auteur La Harpe. J'eus occasion, à Colombo, de connaître un de ses nombreux rejetons, tous à la tête d'une multitude de petits descendants, et qui tenait un infâme débit de boissons non alcooliques. Je tombai là, un soir que, surpris par une pluie torrentielle, je cherchais un abri dans le réduit. Et il ne se passa pas longtemps avant que, méthodiquement interrogé par mon hôte, je me transformasse à mon tour en interrogateur et pusse lui faire dire ses origines. Et comme je m'étonnais : « Certainement, La Harpe, l'auteur français (La Harpe n'était pas Français de naissance, je crois, mais Suisse); tenez, je vais vous montrer. » Et d'un coin noir, il tira un chiffon où ses ascendants étaient disposés d'une façon un peu confuse, mais reconnaissable.

Revenons à Balch Poulo. Le village est peu animé. Devant les boutiques à toit de paille où l'on vend de tout, tenues par des Chinois, ornées des ordinaires grands papiers coloriés, et toutes sous la sauvegarde de leurs dieux lares, il y a peu de mouvement; quelques Chinois, des Malais et des coolies hindous qui se groupent dans un coin que l'on croirait de l'Inde. La population ne doit guère dépasser un millier d'habitants, y compris les locataires des paillottes égarées aux environs. Mais en y comprenant les villages, formés de quelques cahutes, situés un peu plus loin, comme *Poulo Bélong* vers la pointe ouest, Bayau Lepas vers celle de l'est, on doit arriver à quelques milliers d'âmes, car la paroisse compte de huit à neuf cents fidèles.

Devant le poste de police, une petite fontaine a été élevée qui met, dans ce tableau tout local, une touche européenne. Si l'on regarde le bourg, de là, on le voit entouré d'une plantation de cocotiers s'étendant loin dans la plaine, suivie des hauteurs par lesquelles nous sommes arrivés. Au moment où je passai pour la première fois, des enfants, petits Chinois jolis (pourquoi deviennent-ils si laids ensuite?) jouent avec des cerfs-volants sur lesquels se détachent, en rouge, les grotesques figures des pagodes. Le cricket et le foot-ball viendront plus tard.

J'arrivai à Baleh Poulo la veille du jour de Noël. La messe de minuit attira à la Mission, gentiment illuminée, une grande partie des chrétiens du district; l'église, assez grande, pauvrement ornée, mais propre avec ses murs comme lavés de frais, est envahie par une foule de Célestes, les hommes à droite, les femmes à gauche, qui regorge jusque sur les marches de l'entrée. Et un chant chinois, joli, invocateur, très religieux, retentit longtemps, toujours répété, alterné par les deux sexes qui débutent seuls et mêlent leurs voix dans un finale grave. Les jours suivants, aux services très suivis, toujours accompagnés du même chant qui résonne, dans sa profonde simplicité, comme une hantise, je puis mieux voir les costumes, — les hommes sans rien de particulier, les femmes habillées à la malaise, avec un sarong généralement rouge, une longue blouse le plus souvent rose et, sur la tête, tombant dans le dos, une mantille noire qu'elles déplient avant d'entrer. Elles amenaient aux cérémonies leurs enfants, trottant derrière ; venant souvent de fort loin, par des sentiers en casse-cou, elles perdaient une journée de leur travail pour assister aux offices religieux.

Deux écoles, une de garçons, une autre de filles, sont entretenues par la Mission avec des professeurs pour les deux sexes, et tous ces petits Chinois font un beau tapage, aux leçons chantées ensemble : c'est là un mode d'enseignement aussi bien oriental qu'extrême-oriental.

Quelques jours après mon arrivée, un voyageur, venant de la montagne des Frères, m'affirma avoir entendu de bonne heure, sur son chemin, le grognement du tigre. Je ne suis pas resté assez pour savoir si un de ces rois de la forêt, dans la presqu'île, était venu se perdre jusqu'ici. Il n'y a pas de tigres dans l'île, bien que le pays malais en soit infesté; mais, il y a quelques années, l'un d'eux avait réussi à passer le détroit et à s'installer à Pinang. Il n'eut pas le temps d'y faire souche. A Singapour, la côte est un peu plus près : ils viennent souvent dans l'île, et, m'a-t-on dit, jusque dans la ville, où l'on a relevé des traces de pas. Pendant mon séjour dans cette ville, deux coolies qui travaillaient sur une route, à deux ou trois milles, furent tués par le terrible félin. Par contre, à Pinang, les sangliers sont nombreux, les singes abondent dans les forêts reculées, où ils peuvent gambader en toute sécurité, et si l'on ajoute l'écureuil à cette liste, on aura épuisé l'énumération du gibier de poil de l'île.

Quelques jours après mon arrivée, le R. P. Faucillon fut obligé de quitter le village. M. Misso, à ce moment, insista tellement pour m'avoir aussi, que le départ de mon hôte ne sonna pas le mien. Je restai deux semaines de plus, et j'y serais encore aujourd'hui si j'avais écouté cet excellent descendant de notre ami La Harpe. Je tiens à le remercier ici de sa franche et cordiale hospitalité.

Mais il n'est si bonne compagnie qui ne se doive quitter, et je me retrouvai, un jour, de nouveau sur le chemin montant de George-Town, entre deux haies de fougères, dans un horizon de belles collines vertes, hanté encore par le chant invocateur de Noël des petites Chinoises, l'envolée religieuse des notes profondes montant aux voûtes de l'église en un soir d'arrivée.

Emile Deschamps.

PETIT AUTEL CHINOIS DANS LA MONTAGNE. — DESSIN DE BOUDIER.

LE CHENIL DE NOS 121 CHIENS A ARKHANGEL. — DESSIN DE J. LAVÉE.

"L'ÉTOILE POLAIRE" DANS LA MER ARCTIQUE

(1899-1900)

PAR S. A. R. LE DUC DES ABRUZZES.

Traduit et résumé par M. HENRY PRIOR.

I. — Plan de l'Expédition. — Derniers préparatifs. — Le *Jason* devient l'*Étoile-Polaire*. — Arrimage de l'*Étoile-Polaire*. — Vivres et provisions. — Départ de Rome. — Séjour à Christiania et départ de cette ville. — Dans la mer Blanche. — Arkhangel. — Les premières glaces dans la mer Arctique. — Premier mouillage. — Tentative pour traverser le canal Britannique par le passage Nightingale.

L'UNIQUE MORSE CAPTURÉ PAR L'EXPÉDITION.

DESSIN DE SLOM.

Pour atteindre le pôle, on avait préconisé, jusqu'à Nansen, le système de gagner, en navire, quelque terre située aux latitudes les plus élevées, d'y chercher un abri durant l'hiver et d'en faire partir les expéditions, en traîneaux, au printemps suivant. Nansen eut l'idée de se servir du courant qui charriait les glaces, dans le bassin Glacial Arctique, pour s'y faire transporter avec son bâtiment. Se trouvant au 84e degré parallèle et persuadé que le *Fram*, pendant la dérive, ne passerait point par le Pôle, il abandonna son navire et partit avec un seul de ses compagnons, pour se diriger vers le Pôle et de là vers l'archipel de l'Empereur François-Joseph. Au moyen de traîneaux, tirés par des chiens, qui étaient destinés à être sacrifiés les uns après les autres pour servir de nourriture, et en renonçant à toute possibilité de retraite, comme il l'avait déjà fait précédemment dans le Groenland, le courageux explorateur réussit à dépasser d'un pas de géant le parallèle atteint par ses prédécesseurs, et à porter à 227 milles du Pôle la zone connue de l'océan Glacial Arctique.

Répéter la tentative du *Fram* en se laissant emprisonner par les glaces, le plus possible à l'est, c'était s'exposer à passer trois et peut-être quatre années dans la mer Polaire.

Or, si vif que fût mon désir d'arriver au Pôle, il ne l'était pas cependant au point de me décider à séjourner pendant des années dans ces régions désertes et glacées. Le danger de voir mourir les chiens par quelque maladie, le risque de se laisser aller à la dérive sur l'océan Glacial (voyage qui, s'il peut être répété avec les mêmes chances de succès, présente pourtant des hasards bien dangereux, même pour des vaisseaux construits comme le *Fram*), me dissuadèrent d'adopter cet itinéraire.

L'*Alert*, qui a hiverné à la terre de Grant, par 82° 27', est le vaisseau qui est arrivé à la latitude la plus élevée près d'une terre. Si l'on réfléchit que souvent, sinon toujours, des bateaux à vapeur ont pu s'avancer dans le bassin compris entre le Groenland et l'Amérique, on comprendra que c'était là la voie la plus praticable. Mais deux expéditions, une norvégienne sur le *Fram* et une américaine sur le *Windward*, l'avaient déjà suivie. Le résultat de ces expéditions et les difficultés qui avaient assailli Markham pendant le trajet en traîneaux, m'engagèrent à renoncer à cette route et à me diriger sur l'archipel de l'Empereur-François-Joseph, qui s'étendait, on le savait d'une façon positive, jusqu'au 82° degré à peu près. Suivant les observations de Payer, de Nansen et de Jackson, on pouvait admettre la possibilité d'atteindre en bateau l'île du Prince-Rodolphe, le point le plus septentrional de l'archipel.

De la mer de Barents au cap Flora, la traversée pouvait être considérée comme sûre, et si même il n'était pas possible d'atterrir au point le plus septentrional de l'archipel, les îles situées au nord auraient en tout cas facilité de beaucoup la marche en traîneaux. Dans le doute de pouvoir atteindre l'île du Prince-Rodolphe, on devait faire en sorte de commencer la marche en traîneaux à partir du cap Flora, à une latitude d'environ 80°. De ce point au Pôle, il restait par conséquent à parcourir 600 milles pour aller et autant pour revenir : total 1 200 milles !

Pourrait-on franchir cette distance, avec les moyens dont on disposait, et durant le peu de mois pendant lesquels il est possible de marcher ?

Le baron Wrangell, dans la Sibérie orientale, en se servant d'une quantité de traîneaux tirés par des chiens, traîneaux qu'il renvoyait lorsqu'ils devenaient inutiles, une fois les provisions consommées, put parcourir, dans les quatre expéditions qu'il dirigea le long de la côte en 1821, 1822, 1823, la distance de 647 milles en vingt-deux jours, de 698 milles en trente-six jours, de 782 milles en cinquante-sept jours et finalement de 1 326 milles en soixante-dix-huit jours. Peary, dans ses voyages sur l'*Inlandis*[1] du Groenland en 1892 et 1895, parcourut quatre fois en cent quarante jours la distance de 444 milles, de la baie de Mac-Cormik à celle de l'Indépendance. Mais restait à savoir si l'on pouvait également tenter, sur les glaces de l'océan Arctique, ce qu'il avait été possible de faire le long des côtes de la Sibérie et sur l'Inlandis du Groenland.

1. On appelle *Inlandis* le manteau de glace qui recouvre l'intérieur du Groenland.

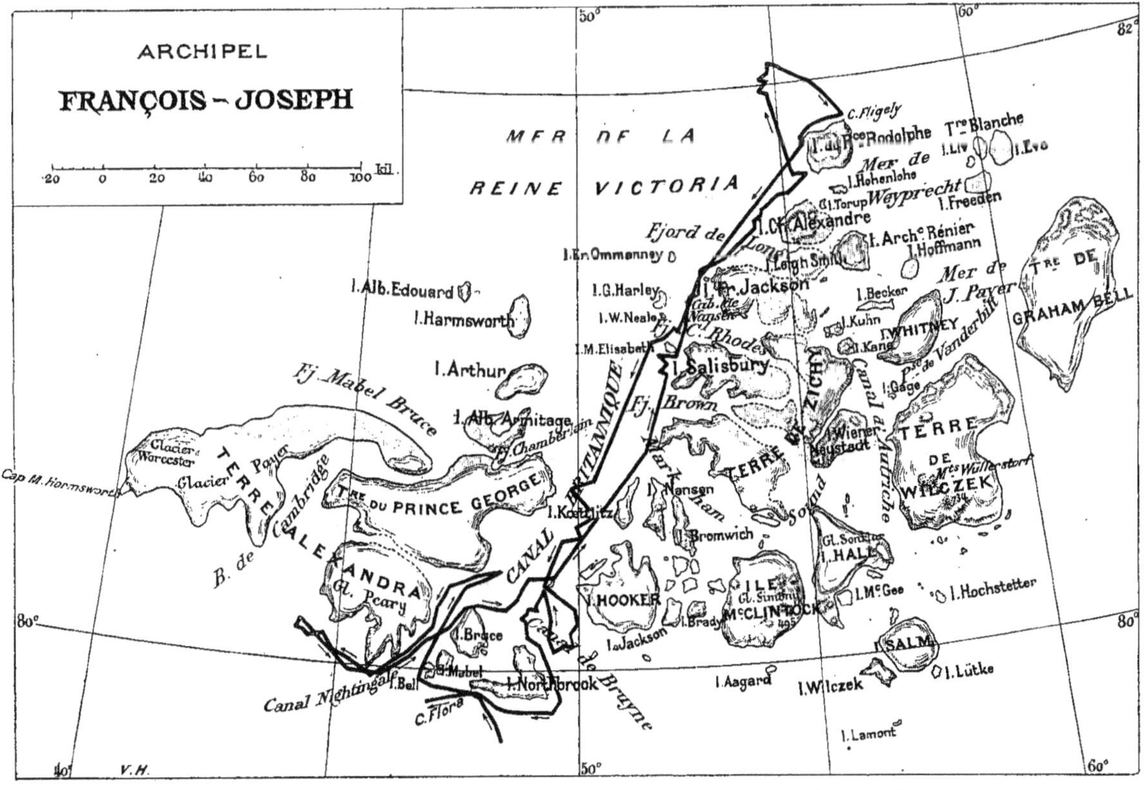

ITINÉRAIRE DE « L'ÉTOILE POLAIRE » DANS L'ARCHIPEL FRANÇOIS-JOSEPH.

Nansen, pendant la saison la plus favorable pour la marche, soit du 14 mars au 15 mai, n'a pu dépasser une moyenne de 5 milles 1/2 par jour. Si donc, en marchant comme Wrangell et Peary, on pouvait faire en moins de cent jours les 1200 milles nécessaires pour atteindre le Pôle et en revenir, on n'aurait pas pu parcourir cette distance, en adoptant le système de Nansen, en moins de deux cents jours.

Or, dans les régions arctiques, pendant l'hiver, l'obscurité ne permet de rien faire, et pendant l'été, la neige amollie, les nombreux lacs et canaux qui se forment à cette époque, rendent la marche bien difficile. Par conséquent, on ne peut guère profiter pour l'expédition que de quatre-vingt-dix à cent jours, pendant les mois de février, mars, avril et mai.

Prises ainsi comme bases, les marches journalières de Nansen n'engageaient guère à tenter l'expédition. La difficulté de marcher rapidement sur les glaces de l'océan Arctique, au printemps, provient surtout des canaux qui s'y forment, même par les grands froids, et des « digues » produites par la superposition des différentes couches de glaces. S'il n'y avait rien à faire pour diminuer le retard causé par ces canaux, il était du moins possible, en disposant d'un grand nombre de traîneaux, légèrement chargés et guidés chacun par un homme, de s'ouvrir, à force de bras, et assez rapidement, un chemin à travers les « digues »; la marche n'en aurait été ensuite que plus facile sur les glaces relativement plus unies. En emmenant un nombre d'hommes égal à celui des traîneaux, j'avais l'espoir de dépasser la moyenne journalière de Nansen et d'arriver à celle de Peary et de Wrangell.

En admettant qu'on pût arriver à une moyenne de 12 milles par jour, en fixant le poids maximum de chaque traîneau à 280 kilogrammes (de façon qu'il pût être facilement dirigé par les hommes et tiré par huit chiens), en assignant à chaque homme une ration de 1 250 grammes par jour (suivant la base adoptée par d'autres explorateurs), et à chaque chien une de 500 grammes, et en décidant également de sacrifier une partie des chiens pour servir de nourriture aux survivants, comment pourrait-on résoudre le problème d'atteindre le Pôle et de revenir au vaisseau dans un temps donné?

L'énorme distance de 1 200 milles ne pouvait pas être franchie par un seul groupe de personnes. Ou les traîneaux auraient été trop chargés, ou bien on aurait dû, comme l'avait fait Nansen, en emmener un nombre supérieur à celui des hommes. Il fallait absolument établir des dépôts sur les terres les plus septentrionales, d'où, au moyen de groupes auxiliaires, on ferait transporter les vivres nécessaires pour envoyer en avant un petit nombre de personnes.

De là la nécessité de diviser le corps d'expédition en trois groupes formés chacun de plusieurs personnes. Un premier groupe, parti du cap Fligely, irait jusqu'au 85e degré parallèle et y porterait des vivres suffisants pour nourrir toute l'expédition durant cette première période, et pour assurer sa propre alimentation pendant le voyage de retour au vaisseau; un second groupe pousserait jusqu'au 88e degré parallèle, avec assez de provisions pour le reste de l'expédition dans sa marche vers le nord et pour sa propre nourriture pendant le trajet de retour; enfin, un troisième groupe partirait du 88e degré parallèle et s'avancerait jusqu'au Pôle.

A la vérité, on ne comptait guère sur le dépôt de vivres laissé au cap Fligely, à cause des nombreuses raisons qui pouvaient éventuellement obliger les différents groupes à changer leur itinéraire, pendant le voyage de retour, et à gagner directement le cap Flora pour y rejoindre le navire. Ainsi conçu, ce plan avait certainement ses côtés défectueux. Le plus grave de tous était le nombreux personnel et la grande quantité de matériel qu'il exigeait.

Bien que les hommes qui devaient composer la caravane pussent être choisis avec soin au moment du départ, il fallait cependant s'attendre à ne pas les trouver tous parfaitement aptes à ce genre de vie, et prévoir une notable augmentation de retards, causés par des incidents, d'autant plus fréquents que la caravane serait plus nombreuse. Malgré cela, ce plan présentait plusieurs avantages. D'abord la possibilité de choisir parmi nos hommes, ceux qui semblaient les plus forts, pour continuer le voyage, et de renvoyer les plus faibles; ensuite la grande quantité de matériel qui aurait permis de remplacer ce qui aurait été avarié en route, sans perdre de temps à faire des réparations; enfin le grand nombre de chiens, qui non seulement serviraient à tirer les traîneaux, mais encore formeraient une réserve de vivres, qui ne nécessiterait pas de transport.

Ma première intention avait été de me rendre à l'archipel de l'Empereur-François-Joseph et d'y construire une maison, afin d'éviter d'y faire hiverner le vaisseau, comme l'avaient fait Wellman et Jackson. Cependant, dans la crainte de ne pas pouvoir renvoyer le navire en toute sûreté, et dans la pensée qu'il pouvait offrir à l'expédition de plus grandes commodités qu'une maison construite à la hâte, je me décidai à m'en servir comme habitation pendant l'hiver.

Le plan de la nouvelle expédition dans la mer Arctique était donc le suivant :

Partir d'Arkhangel, pas plus tard que le 10 juillet, pour le cap Flora et l'île de Northbrook, où on laisserait un dépôt de vivres pour huit mois et quatre embarcations. Se rendre dans la mer de la Reine-Victoria et là, sur les terres occidentales du groupe de l'Empereur-François-Joseph, on chercherait un endroit de mouillage sûr et le plus au nord possible.

Effectuer des expéditions en traîneaux pendant l'hiver et au printemps : les premières auraient pour objet de transporter des vivres sur les terres les plus septentrionales, les autres de chercher à atteindre la latitude la plus élevée.

Au retour de ces dernières expéditions, c'est-à-dire au commencement de l'été, on abandonnerait le lieu d'hivernage, ou bien, si la saison était trop avancée pour que le retour fût possible, on y passerait l'hiver une seconde fois. L'année suivante, avec ou sans vaisseau, on reviendrait au cap Flora.

Dans le cas où l'on ferait naufrage pendant l'automne, on s'ingénierait pour vivre avec les provisions du bord et celles qu'on aurait laissées au cap Flora, jusqu'à l'arrivée du vaisseau de secours, qui devait être expédié à cette localité deux ans après la date de notre départ. Si l'on ne pouvait pas faire autrement, on effectuerait le retour par la Nouvelle-Zemble et les îles du Spitzberg, suivant le cas, avec les embarcations laissées au cap Flora.

Le plan de l'expédition en traîneaux était conçu comme suit :

Avec douze hommes, quatre-vingt-seize chiens et douze traîneaux, on partirait du lieu d'hivernage, au printemps le plus tôt possible, pour se rendre aux dépôts préparés l'automne précédent, et de là, abandonnant la terre, on se dirigerait vers le Pôle à travers les glaces. Les provisions seraient calculées de façon à nourrir un groupe de quatre hommes pendant quarante jours, un second groupe de quatre hommes pendant soixante-dix jours et un dernier groupe, également composé de quatre hommes, pendant quatre-vingt-dix jours. Le premier groupe, avec des provisions pour quarante jours, reviendrait au vaisseau après quinze jours de marche, à partir du dernier dépôt, qu'on suppose à 82° au cap Fligely. Le second, avec des vivres pour soixante-dix jours, se séparerait du reste de l'expédition après trente jours de marche. Le dernier enfin s'avancerait autant que possible dans la direction du Pôle, en marchant quarante jours à partir du cap Fligely. Dès leur séparation, les groupes deviendraient absolument indépendants les uns des autres.

Grâce au dépôt que j'espérais laisser au cap Fligely, je comptais partir de cette latitude avec des vivres suffisants pour les différents groupes, ainsi qu'il a été expliqué ci-dessus, et j'avais bon espoir que le dernier groupe réussirait à atteindre le Pôle et à revenir au vaisseau, que je supposais stationner au 80e degré. Quelle

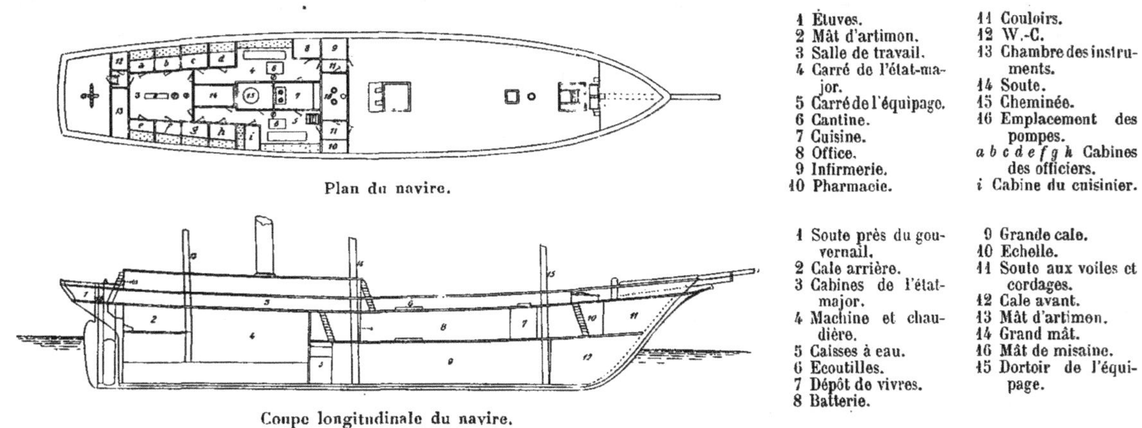

LES AMÉNAGEMENTS DE « L'ÉTOILE POLAIRE ».

que fût la distance qu'on pourrait arriver à parcourir journellement, ce plan ne devait pas subir d'altérations.

L'expédition devait non seulement chercher à parvenir à la latitude la plus élevée, mais encore faire des observations sur la pesanteur et le magnétisme terrestre, et recueillir toutes les informations possibles, sur la faune et la flore de l'archipel de l'Empereur-François-Joseph.

Le chien est, sans aucun doute, le plus utile de tous les animaux qui peuvent servir à l'homme dans les expéditions en traîneaux, sur la glace des mers polaires. Il a le grand avantage de manger son semblable en cas de nécessité, ce que ne font ni les chevaux, ni les rennes. Il pèse peu, et on peut facilement le transporter sur de légères embarcations ou sur la glace. Enfin sa mort représente une perte de forces indifférente, en comparaison de celle causée par la mort d'un renne ou d'un cheval.

Les meilleurs chiens de traîneaux se trouvent dans le Groenland et dans la Sibérie orientale; mais le Gouvernement danois en a défendu l'exportation du Groenland, et il est difficile de se les procurer dans la Sibérie orientale. Il ne nous restait donc que les chiens de la Sibérie occidentale, et en 1898, nous en commandâmes cent vingt à Alexander Trontheim, qui avait déjà procuré ceux dont s'était servi Nansen.

« L'ÉTOILE POLAIRE ». — D'APRÈS UNE PHOTOGRAPHIE.

Le *Jason*, baleinier destiné à la chasse aux phoques, était, par la solidité de sa construction et celle de sa machine, le meilleur des vaisseaux qui fussent en vente au mois de janvier 1899.

Il avait été construit à Sande Fjord en 1881, et pouvait porter un chargement de 570 tonnes. Ses dimensions étaient : longueur du pont, 40 mètres; largeur, 9m25; tirant d'eau, de 5 mètres à 5m50. La machine, de 60 chevaux nominaux, pouvait donner une vitesse de 6 à 7 milles. Le vaisseau était muni d'une chaudière neuve, d'une hélice et d'un gouvernail de rechange; il n'avait ni puits d'hélice, ni puits de gouvernail.

Le *Jason* se préparait à partir pour la chasse aux phoques, sous le commandement du capitaine Evensen, un des capitaines baleiniers les plus hardis et les plus expérimentés. La destination du vaisseau étant changée, on enleva toutes les caisses de fer qui occupaient la cale, à l'exception de quatre, qui servirent pour la provision d'eau douce; on déchargea le charbon et on expédia le bâtiment à Laurvik, au chantier de M. Colin Archer, pour lui faire faire toutes les réparations exigées par la nouvelle campagne. Ces travaux, de trois sortes, concernaient la coque, la mâture et les aménagements.

On changea le nom de ce vieux vaisseau, qui avait déjà navigué dans les mers arctiques et antarctiques et qui était devenu célèbre pour avoir servi à Nansen lorsqu'il se rendit au Groenland. Le but de l'expédition était d'atteindre un point, dont le zénith est voisin d'une étoile brillante, connue de tout le monde, du savant comme du laboureur. Quel nom pouvait mieux convenir au vaisseau, que celui d'*Étoile polaire*?

Celui qui, ne connaissant les glaces des mers polaires que par les descriptions qu'il en a lues dans des récits de voyage, tenterait d'y conduire un vaisseau, avec un équipage entièrement composé d'hommes manquant de la pratique des glaces, exposerait par un faux amour-propre, et dès le commencement, l'expédition à un échec.

Je renonçai donc à emmener un équipage composé exclusivement d'Italiens, et je me décidai à choisir un commandant norvégien, homme sûr et expérimenté, auquel je confierais la direction du navire au milieu des glaces; j'engagerais un équipage de même nationalité, auquel j'adjoindrais des matelots et des guides de montagne italiens, qui auraient pour mission spéciale de prendre part à l'expédition en traîneaux.

L'objet principal de l'expédition, telle qu'elle avait été conçue, était la marche sur les glaces de l'océan Arctique, et l'on devait, par conséquent, s'occuper tout spécialement du choix des hommes que l'on y destinait. Déjà, depuis l'été de 1898, le second de l'expédition avait été choisi. C'était le capitaine de corvette Humbert Cagni, qui se chargea de tout ce qui concernait les observations scientifiques.

Je désignai le lieutenant de vaisseau François Querini, pour le seconder dans les observations et pour diriger un groupe de l'expédition en traîneaux. Le médecin de l'expédition fut le docteur Achille Cavelli Molinelli. Bien que ce dernier n'eût pas été destiné alors à prendre part à l'expédition en traîneaux, il se montra dans la suite si plein d'expérience et de courage, que je le désignai comme un des chefs de groupe, durant la marche vers le Pôle.

Outre les chefs de groupe, tous les hommes qui étaient destinés à faire partie de l'expédition devaient être doués d'une force de résistance physique et morale peu commune. Déjà, lors de mon voyage à l'Alaska, je m'étais convaincu que de tels hommes se trouvaient plus facilement parmi les guides de nos Alpes et parmi les habitants du littoral génois que partout ailleurs.

En conséquence, j'emmenai quatre guides et deux matelots de la marine royale, qui devaient nous être spécialement utiles, lorsqu'il s'agirait de transporter les embarcations sur les traîneaux.

Comme capitaine, on choisit immédiatement Evensen, qui, devenu libre par la vente du *Jason*, accepta avec empressement de faire partie de notre expédition. On engagea ensuite un second, deux mécaniciens, un maître d'équipage, un charpentier et trois chauffeurs. Tous venaient de bon cœur, conscients des dangers auxquels ils s'exposaient, remplis du désir de contribuer par leur courage et leur activité, à dévoiler le mystère qui entoure encore le Pôle arctique et à enrichir la science par de nouvelles observations. [1]

L'ÉQUIPAGE DE « L'ÉTOILE POLAIRE », — D'APRÈS UNE PHOTOGRAPHIE.

1. L'expédition était donc composée comme suit :

S. A. R. Louis de Savoie, lieutenant de vaisseau, 26 ans, commandant de l'expédition. Humbert Cagni, capitaine de corvette, 36 ans, commandant en second de l'expédition et chargé des observations scientifiques. François Querini, lieutenant de vaisseau, 31 ans, chargé des collections minéralogiques et destiné également à assister le commandant Cagni dans les observations scientifiques. Achille Cavalli Molinelli, médecin de première classe, de la marine royale, 33 ans, médecin de l'expédition et chargé des collections zoologiques et de ce qui concernait la botanique.

Carl Julius Evensen, 47 ans, Norvégien, capitaine de l'*Étoile Polaire*. Andreas Andresen, 28 ans, Norvégien, second de l'*Étoile Polaire*. Henrik Alfred Stökken, 24 ans, Norvégien, premier mécanicien. Anton Torgrinsen, 30 ans, Norvégien, second mécanicien. Giuseppe Petigax, 38 ans, de Courmayeur, val d'Aoste, guide. Alessio Fenoillet, 37 ans, de Courmayeur, val d'Aoste, guide. Cipriano Savoia, 30 ans, de Pré-Saint-Didier, val d'Aoste, guide. Felice Ollier, 30 ans, de Courmayeur, val d'Aoste, guide. Giacomo Cardenti, second maître de manœuvre, marine royale, 32 ans, Porto Ferraio. Simone Canepa, matelot

Torgrinsen.   Andresen.   Stökken.
Docteur Cavalli.   Capitaine Evensen.   Commandant Cagni.   Lieutenant Querini.
L'ÉTAT-MAJOR DE « L'ÉTOILE POLAIRE ». — D'APRÈS UNE PHOTOGRAPHIE.

On fit la plus grande partie des provisions en Danemark et en Norvège, et l'on s'en tint aux vivres qui avaient été choisis par Nansen à la première expédition du *Fram*, et par Sverdrup à la seconde.

On ne prit qu'une petite quantité de vins et de liqueurs; s'il est vrai que l'abus de l'alcool soit nuisible dans les régions polaires, cependant son usage modéré non seulement est salutaire, mais encore a une excellente influence morale en contribuant à conserver la bonne humeur de l'équipage.

Pour les provisions prises en Italie, on adopta le système de les préparer en boîtes de 25 kilos, contenant chacune une seule qualité de vivres, système que l'on aurait bien dû suivre pour le reste de nos provisions. Il aurait été ainsi beaucoup plus facile de manier les différentes caisses, et comme on aurait su exactement ce que chacune d'elles contenait, il aurait été beaucoup plus aisé de vérifier à un moment donné ce qui restait de chaque espèce.

On emporta en abondance des fourrures et des vêtements de laine, ainsi que des gants, des bonnets de fourrure et de laine. On prit aussi des couvertures de laine en abondance, des édredons, des lits et deux tentes de campement pour le cas où l'expédition devrait quitter le vaisseau. Quant au matériel qui devait servir au trajet sur la glace, on s'en remit aux indications du professeur Nansen.

Outre les observations météorologiques ordinaires que nous devions faire dans le lieu d'hivernage, nous avions arrêté d'en faire d'autres plus importantes qui concernaient l'astronomie en général, la pesanteur et le magnétisme terrestre; nous prîmes ainsi toute une collection d'instruments ou d'appareils de physique.

J'avais eu l'idée de me servir de ballons captifs pendant l'expédition en traîneaux. Étant donné que le poids d'un traîneau est de 280 kilogrammes et qu'un mètre cube de gaz peut soulever un poids d'environ 1 kilogramme, en attachant un petit ballon de 440 mètres cubes[1] à un traîneau, on pourrait le transporter, ce qui permettait à seize chiens attelés à deux traîneaux mis l'un sur l'autre de ne tirer effectivement que le poids d'un seul. Dans le cas où un coup de vent ou quelque autre accident nous aurait fait perdre nos ballons, la chose n'aurait pas eu d'inconvénients excessifs, puisque nous aurions pu également continuer notre marche: et si même nous ne pouvions nous servir de ces ballons que pendant quelques jours, ils nous seraient également très utiles en nous aidant à surmonter les obstacles les plus considérables, ceux qui sont le plus près des côtes. Nous commandâmes donc quatre de ces ballons et les appareils nécessaires pour la production de l'hydrogène.

L'ensemble des frais occasionnés par l'expédition fut de 922 000 lires.

Nos différents préparatifs nous avaient occupés de la fin de janvier au commencement de mai. Le 7 mai, tous les membres de l'expédition quittèrent Rome pour se rendre en Norvège, salués à la gare par S. M. le roi Humbert et par les officiers de la marine royale. Le 28 mai, les travaux les plus importants étaient achevés et l'*Étoile Polaire* quittait le chantier Archer à Laurvik, pour se rendre à Christiania.

LES CABANES DE L'EXPÉDITION JACKSON AU CAP FLORA.

DESSIN DE GOTORBE.

Notre séjour à Christiania dura jusqu'au 12 juin. D'aimables invitations, d'augustes visites et divers incidents nous occupèrent pendant ces deux semaines. Le 8 juin, nous passâmes la soirée à Lijsaker chez le

de deuxième classe, marine royale, 21 ans, Varazze (province de Gênes). Ces six compagnons étaient destinés à faire partie de l'expédition en traîneaux.

Venaient ensuite : Gino Gini, 35 ans, Acquapendente (province de Rome), cuisinier. Carl Christian Hansen, 37 ans, de Laurvik, maître de manœuvre. Ditman Olavesen, 25 ans, de Tönsberg, charpentier. Hans Magnus Dahl, 21 ans, de Christiania, chauffeur. Johan Johansen, 42 ans, de Sande Fjord, chauffeur. Ole Johansen, 25 ans, de Laurvik, chauffeur.

L'expédition fut pourvue de vivres pour quatre années.

1. Le poids d'un de nos ballons était d'environ 160 kilogrammes.

professeur et Mme Nansen. En quittant nos aimables amphitryons à une heure avancée de la nuit, — une nuit splendide et claire comme le jour — après une joyeuse soirée pendant laquelle on avait même dansé, nous éprouvâmes un sentiment de tristesse en pensant aux régions glacées vers lesquelles nous nous dirigions, régions où il faudrait forcément oublier les danses!

Le 9 juin, nous eûmes la visite de LL. AA. RR. le prince et la princesse de Naples. Leur présence nous réconforta et nous leur

fûmes reconnaissants des vœux de bon voyage qu'ils nous exprimèrent.

Le 12 au matin, nous étions prêts à lever l'ancre.

S. M. le roi de Suède et Norvège nous envoya par dépêche les vœux qu'il faisait pour l'heureuse issue de l'expédition. Tous les bâtiments pré-

DANS LE DÉTROIT DE NIGHTINGALE. — LE CANAL DE BATES ET LE CAP FLORA. — D'APRÈS DES PHOTOGRAPHIES.

sents sur la rade étaient pavoisés. Plusieurs personnes de nos connaissances se rendirent à bord. Des dames nous apportèrent des fleurs.

A onze heures, nous quittâmes Christiania, salués par les vaisseaux de guerre et par les canons du fort. Nous fîmes route vers la mer Blanche. Dans la matinée du 28, nous commençâmes à voir de loin le cap Sviatoï-Nos, et, en même temps, nous eûmes les premiers indices des glaces, signalées par la couleur blanchâtre du ciel. A l'horizon nous aperçûmes des formes étranges qui, lorsque nous nous en fûmes rapprochés, se trouvèrent être des blocs de glace. La proue de l'*Étoile Polaire* les rompait facilement, nous avancions sans difficulté et nous rejoignîmes bientôt un bateau à vapeur qui naviguait devant nous. Notre hélice, placée très bas, et le bord extérieur de notre vaisseau, excessivement solide et n'ayant à redouter ni les heurts ni les aspérités de la glace, nous permettaient de continuer notre route avec rapidité.

Nous arrivâmes à Arkhangel dans la matinée du 30 juin, et nous jetâmes l'ancre à Solombol.

Après avoir fait les visites officielles au gouverneur, S. E. le général Engelhardt, et au vice-gouverneur, le prince Gortschakoff, je voulus aller voir nos chiens avec M. Cook, le vice-consul anglais.

Lorsque nous entrâmes dans le lieu où ils se trouvaient, ils se dressèrent contre nous sur leurs pattes de derrière et se mirent à hurler furieusement. Leur aspect n'était pas des plus rassurants; mais à peine en eus-je caressé quelques-uns, que je m'aperçus qu'ils étaient moins féroces qu'ils n'en avaient l'air à première vue. Ils se couchèrent et je pus les examiner attentivement. Ils me parurent très maigres.

En voyant dans un tel état ces chiens sur lesquels j'avais tant compté, je commençai à craindre qu'ils ne fussent pas capables de parcourir les distances que j'avais fixées. Trontheim avait beau me répéter que l'on ne devait pas les juger sur l'apparence, il ne réussissait pas à me convaincre, et les marches de Peary et de Wrangell me semblaient difficiles avec de tels animaux.

Ce n'était certes pas une chose aisée que d'installer tous ces chiens sur le pont de notre vaisseau, encombré comme il l'était déjà. Nous fîmes construire deux rangées superposées de cages que l'on plaça des deux côtés du pont, le long des murailles du navire. La première rangée était fixée sur le sol et la seconde se trouvait à la hauteur d'un mètre. Les cages étaient séparées les unes des autres par des cloisons de bois. Dans chaque cage on mit quatre chiens : chacun d'eux fut lié par une chaîne à l'un des quatre angles, de façon qu'il ne leur était pas possible de se mordre entre eux, tout en ayant la faculté de se mouvoir suffisamment pour boire et pour manger.

Les cages furent munies en haut et en bas de caillebottis et de toiles cirées, de façon que l'on pût les laver aussi souvent que cela était nécessaire, tout en tenant les chiens au sec. Ce fut une excellente idée, car, grâce à cette disposition, nos chiens vécurent un mois à bord sans avoir trop à souffrir. Ils restèrent assez tranquilles, et, à notre grande satisfaction, ne nous causèrent pas trop d'ennuis.

Le 3 juillet, une agréable surprise nous attendait à notre réveil. Le comte Oldofredi, le comte Rignon, le chevalier Silvestri et le colonel Nasalli venaient d'arriver de Moscou. Le comte Oldofredi nous apportait les salutations de Leurs Majestés et une quantité de cadeaux de la reine et des duchesses Lœtitia et Hélène d'Aoste. Ainsi qu'elles l'avaient déjà fait à l'occasion d'autres expéditions, elles avaient imaginé de renfermer dans des boîtes, avant notre départ, une foule d'objets divers qui, à des époques fixées d'avance, devaient être distribués à tout le monde, aux officiers comme aux hommes d'équipage.

Outre cette aimable visite, nous eûmes encore, le jour suivant, celle de S. E. l'ambassadeur comte Morra de Lavriano, qui me présenta les vœux du personnel de l'ambassade de Saint-Pétersbourg, fixés sur le rouleau d'un graphophone.

Le 9 juillet, le navire, dûment pavoisé, saluait au passage le grand-duc Wladimir, qui revenait du port de Catherine. Il eut l'obligeance de venir visiter notre vaisseau et nous exprimer les souhaits qu'ils faisait pour l'heureux succès de notre expédition.

Notre départ avait été fixé au 12 juillet.

Le jour précédent, dans une chapelle que l'on eut la bonté de faire ouvrir sur notre demande, ceux d'entre nous qui étaient catholiques assistèrent à la célébration de la sainte messe. En ce moment, certes, plus d'une prière s'éleva au Ciel et lui demanda de bénir notre entreprise et de protéger nos familles.

Dans l'après-midi, les chiens furent conduits sur un ponton le long du bord, et l'un après l'autre installés dans les chenils. Sur le soir, après que le drapeau national et celui de Norvège eurent été hissés au haut du grand mât, l'*Étoile Polaire* levait l'ancre et descendait la Dwina, remorquée par deux petits bateaux à vapeur. Le Dr Cavalli et moi nous restâmes à terre, pour passer encore cette dernière soirée avec nos amis venus d'Italie, et le lendemain matin nous quittâmes définitivement Arkhangel.

Tout le long du chemin, les drapeaux s'abaissaient sur notre passage, tandis que nous naviguions entre les radeaux chargés de bois et que nous nous dirigions rapidement vers la barre de Berezov.

DANS L'ILE DE NORTHBROOK : LES CAPS FLORA ET GERTRUDE. — DESSIN DE GOTORBE.

L'*Étoile Polaire*, poussée par l'hélice, se mit en mouvement dans les ondes calmes du port et disparut dans l'éloignement, tandis qu'un croiseur russe la saluait une dernière fois par le signal de : Bonne campagne !

Nous perdîmes de vue la Dwina par une splendide soirée. Quoique excessivement chargé, le vaisseau avançait rapidement dans la mer Blanche.

Nous rencontrâmes les premières glaces dans l'après-midi du 17 juillet. C'étaient de longues bandes qui n'avaient d'importance que parce qu'elles étaient les avant-coureurs de masses plus considérables. Pendant la nuit, ces masses devinrent en effet plus grandes et, le matin suivant, au milieu d'épais brouillards, nous fûmes arrêtés par le *pack*[1], à environ 75° 14′ de latitude.

1. Le *pack* est un amas de glace en dérive, formé de masses séparées et dont on ne voit pas les limites. Il est *ouvert* quand ces différentes masses de glace ne se touchent pas et *fermé* quand elles sont pressées les unes contre les autres.

ASPECT DES TERRES ARCTIQUES : LES CAPS FORBES, STEPHENS ET GRANT. — D'APRÈS UNE PHOTOGRAPHIE.

La perte de temps m'inquiétait énormément, car je comprenais qu'il nous aurait été difficile d'atteindre l'archipel de l'Empereur-François-Joseph, si les obstacles nous arrêtaient déjà, alors que nous en étions éloignés de 300 milles.

Le soleil étincelait sur les pointes aiguës des *hummocks*[1], et se reflétait dans les lacs d'eau douce formés sur la banquise, qui commençait à fondre. De notre pont il semblait impossible d'avancer. Mais en montant sur les haubans, dans la hune, ou au haut du grand mât dans le nid de corbeau[2], à mesure que l'on s'élevait, on s'apercevait que ce que nous avions cru un seul et immense plateau de glace, était divisé en une quantité d'îlots larges de 3 à 500 mètres, et séparés par des canaux dans lesquels le vaisseau pouvait fort bien naviguer. Le capitaine monta lui-même dans le nid de corbeau et, au moyen d'une puissante longue-vue, il se mit à chercher la meilleure route pour continuer notre marche.

C'est alors que notre carène commença à être heurtée violemment par les masses de glaces. Cette glace n'était cependant ni très épaisse ni très forte et la proue ouvrait facilement sa route en la heurtant. La couleur du ciel nous paraissait favorable[3].

En effet, nous ne rencontrâmes bientôt plus de glaces et nous continuâmes librement notre route jusqu'à la nuit du 20, où nous pûmes distinguer les contours indécis de l'île de Northbrook. L'archipel de l'Empereur-François-Joseph était devant nous et nous y étions arrivés facilement.

Lentement, les grandes masses rocheuses du cap Flora et du cap Gertrude s'élevèrent à l'horizon, tandis qu'au couchant apparaissaient les îles de Bell et de Mabel, semblables à celle de Northbrook. Lorsque nous en fûmes plus rapprochés, nous aperçûmes, sur la vaste grève, les cabanes de l'expédition Jackson, et nous entendîmes le bruit étourdissant des oiseaux qui volaient sur les rochers. Quelques morses, qui se reposaient sur la glace, plongèrent dans la mer à notre arrivée et se mirent à suivre en troupe notre vaisseau.

La grève verdoyante, les cabanes de Jackson, la mer libre, qui au sud s'étendait à perte de vue, les oiseaux qui volaient par milliers sur les roches, la journée splendide et tiède, tout nous fit paraître cet endroit moins septentrional qu'il ne l'était en réalité, et notre première impression du cap Flora fut excellente.

Nous ne tardâmes guère à débarquer. Nous désirions visiter les cabanes dans lesquelles d'autres explorateurs avaient vécu, pendant trois ans (1894-1897), loin du monde civilisé. Ensuite nous espérions trouver quelque nouvelle de l'expédition Wellman, qui était arrivée l'année précédente au cap Tegethoff, dans l'archipel de l'Empereur-François-Joseph, et qui devait être ramenée en Europe pendant l'été par le baleinier la *Capella*, parti de Norvège peu de temps après l'*Étoile Polaire*.

1. Amoncellements de glace plus ou moins élevés et produits par la pression des champs de glace les uns contre les autres.

2. Lieu de vedette des baleiniers. C'est un tonneau de la hauteur d'un homme, sans couvercle et qui a le fond mobile, de façon qu'une personne puisse y pénétrer ; il est ordinairement placé en haut du grand mât ou du mât de misaine, à 15 ou 20 mètres au-dessus du niveau de la mer. Il est indispensable aux navires qui naviguent au milieu des glaces, car à cette hauteur on peut découvrir les canaux qui ne sont pas visibles du pont.

3. Même lorsqu'on n'arrive pas à voir l'eau libre, il est facile d'en deviner la présence au milieu du *pack* par la couleur de la portion du ciel qui se trouve précisément au-dessus et qui est foncée, tandis que tout le reste est clair, à cause du reflet de la glace.

Les cabanes de l'expédition Jackson étaient au nombre de cinq. La maison qu'avait habitée l'expédition, adossée à de grands rochers qui la protégeaient contre les tempêtes du nord-ouest, semblait avoir été quittée récemment par les explorateurs, mais les vivres qu'on avait laissés dans les deux cabanes qui avaient servi de magasins, étaient presque tous gâtés.

A un demi-kilomètre de distance et au bord de la mer, se trouvaient les restes de l'habitation qui avait été le refuge de l'*Eira*. Là, quelques hommes avaient passé tout un hiver, incertains de leur avenir, mais ils n'avaient pas perdu courage et, grâce à l'énergie et à l'habileté de leurs chefs, ils avaient réussi à retourner dans leur pays.

Nous nous imaginions être les premiers voyageurs qui fussent arrivés dans cet endroit, cette année-là. Quelle ne fut donc pas notre surprise en trouvant un billet laissé par le commandant de la *Capella*! Ce navire était arrivé le 15 juillet au cap Flora, et, n'ayant pas trouvé trace de l'expédition Wellman, il était reparti pour la rechercher au cap Tegethoff. En naviguant plus au levant que nous, la *Capella* avait trouvé la mer libre sans interruption.

L'équipage se mit à débarquer des vivres pour huit mois ainsi que 5 tonnes de charbon; ce dépôt nous aurait donné la possibilité de vivre jusqu'à l'été suivant dans le cas où, par quelque accident arrivé à notre navire, nous aurions été obligés de rebrousser chemin.

Le 26 juillet, bien que le brouillard persistât, je résolus de lever l'ancre et d'entrer dans le passage de Nightingale, où nous ne tardâmes pas à nous trouver.

Devant nous le passage semblait être libre et nous continuions d'avancer à grande vitesse, en nous arrêtant cependant chaque demi-heure pour jeter la sonde. Sur la pointe de l'île de Bell, nous entrevîmes la maison de bois que Leigh-Smith y avait bâtie. Une quantité de phoques, qui se tenaient près de leurs trous, s'y cachaient lorsque notre navire passait à côté d'eux, tandis que des groupes de morses restaient immobiles. Nous réussîmes à nous approcher de trois d'entre eux. Quelques coups de fusil réveillèrent ces dormeurs; en un instant, ils disparurent dans les flots et, délivré de leur poids, le bloc de glace sur lequel ils se trouvaient, se mit à danser dans tous les sens. Nous nous précipitâmes sur la glace avec des crampons, pour empêcher que l'un d'eux, qui était blessé à mort, ne tombât dans la mer. A grand peine l'immense animal fut hissé sur le pont, après quoi on lui enleva la peau, que nous rapportâmes en Italie. Ce fut le seul morse que nous tuâmes.

Nos épreuves ne tardèrent pas à commencer. Le passage de Nightingale était difficilement praticable. La glace nous arrêtait sans cesse. Nous dûmes faire des crochets et des zigzags nombreux, si bien que, le 28 juillet au soir, nous n'étions encore qu'au nord de l'île Bruce, à l'entrée du canal Britannique.

(A suivre.)

LE DERNIER SALUT QUI NOUS FUT ADRESSÉ. — DESSIN DE GOTORBE.

« L'ÉTOILE POLAIRE » AMARRÉE DANS LA BAIE DE TEPLITZ SUR LA CÔTE OCCIDENTALE DE L'ÎLE DU PRINCE-RODOLPHE. — DESSIN DE MASSIAS.

"L'ÉTOILE POLAIRE" DANS LA MER ARCTIQUE
(1899-1900)

PAR S. A. R. LE DUC DES ABRUZZES.

Traduit et résumé par M. HENRY PRIOR.

II. — Dans les mers de Barents et de la Reine-Victoria. — Près de l'île de Bruce. — Notre journée à bord. — Première pression de la glace. — Nous rencontrons la *Capella*. — L'*Étoile Polaire* atteint 82° 04'. — L'île du Prince-Rodolphe. — La terre la plus septentrionale de l'archipel de l'Empereur-François-Joseph. — Le cap Fligely. — Les ours. — Les chiens dans la baie de Teplitz. — Excursion dans l'île.

RETOUR D'EXCURSION SUR LA GLACE.
DESSIN DE MIGNON.

Nous restâmes trois jours (29, 30, 31 juillet), dans un bassin, à l'extrémité septentrionale de l'île de Bruce, où nous étions complètement entourés de champs de glace et presque continuellement enveloppés de brouillards souvent fort épais. Nous profitâmes de ce repos forcé pour faire sortir les chiens et leur faire prendre un peu d'exercice. Nous craignions d'assister à quelque furieux combat, mais ils furent si surpris de se trouver libres qu'ils ne s'occupèrent pas les uns des autres.

Nos journées se passaient de la manière suivante : nous nous levions entre six et sept heures et nous nous réunissions à huit heures pour le premier déjeuner, composé de jambon cuit ou conservé, de farine d'avoine, de beurre et alternativement de chocolat ou de café au lait. La matinée était toujours consacrée à préparer la nourriture des chiens, c'est-à-dire à couper en morceaux les poissons séchés et à les faire tremper, ou bien à nettoyer les cages dans lesquelles les chiens étaient enfermés; ce nettoyage se faisait du reste assez facilement, grâce aux toiles cirées qui recouvraient le fond de ces cages.

1. *Suite. Voyez page* 145.

A midi, nous nous réunissions de nouveau pour le dîner, qui consistait en une soupe, deux plats de viande et fruits secs.

De deux à cinq heures, on exécutait les travaux nécessaires à bord, pour lesquels — si l'on excepte les officiers, les mécaniciens, les chauffeurs et le cuisinier — il ne restait que sept personnes disponibles. Il y avait donc toujours de quoi occuper tout notre monde; les réparations des chenils exigeaient par exemple des réparations quotidiennes, car les chiens les rongeaient continuellement. Avant souper, on donnait la pâture aux chiens, soit un kilogramme de poisson chacun. Notre souper avait lieu à six heures et demie et se composait d'une soupe, d'un plat de viande et de fruits conservés. Pendant les deux premiers repas, nous buvions du thé et, le soir, un verre de vin chacun. Nous finissions notre journée en nous promenant sur le pont ou sur la glace, ou en faisant marcher le graphophone ou le piano. Comme la lumière ne cessait jamais, nous nous retirions quelquefois très tard dans nos cabines.

Le dimanche, nous disions une prière en commun, et Cagni adressait ensuite une courte allocution à tous nos hommes.

La température n'était pas très basse, le thermomètre était toujours au-dessus de zéro et le temps était presque toujours calme. Mais à cause de ce calme, un brouillard persistait qui rendait impossible toute navigation. Nous étions habillés comme à notre départ d'Arkhangel; seulement nous avions adopté les bottes en caoutchouc, pour éviter de nous mouiller les pieds en marchant dans les flaques d'eau qui se trouvaient sur la glace.

Le 1er août, dans la matinée, le temps s'éclaircit, et nous décidons de forcer avec la proue le bras de glace qui, au nord, ferme le bassin dans lequel nous nous trouvons.

En reculant de deux ou trois longueurs et en avançant ensuite à toute vapeur, l'*Étoile Polaire* brise chaque fois de 10 à 15 mètres, mais reste emboîtée dans les glaces brisées. La machine, en faisant vapeur arrière, réussit presque toujours à nous dégager; dans le cas contraire, nos hommes descendent sur la glace, armés de grands leviers, et repoussent les blocs qui se trouvent près du vaisseau, après quoi la machine peut le faire reculer. A force de répéter cette manœuvre, le vaisseau finit par être emboîté tout de bon et il n'y a plus moyen de le faire aller en arrière.

Le navire s'est malheureusement mis dans une position critique au milieu d'une ligne de pression, tandis qu'à quelques centaines de mètres, à l'avant ou à l'arrière, il serait absolument en sûreté. A notre gauche, la glace frotte lentement le flanc de la carène et, en avançant, rend complètement inutiles tous les efforts que nous avons faits, car notre chemin est de nouveau barré. La glace s'arrête, reste immobile pendant quelques heures, pour se remettre en mouvement vers cinq heures et exercer alors une violente pression contre le navire. Ensuite elle plie, s'étend verticalement, glisse le long de la coque et se soulève jusqu'au couronnement. A l'arrière, le gouvernail subit ce choc énorme et s'incline à gauche en craquant. L'*Étoile Polaire* n'est plus d'aplomb et a une inclinaison de cinq à six degrés.

Pendant que nous sommes à table, notre conversation est interrompue par les craquements du gouvernail, et nous prêtons l'oreille au moindre bruit, bien qu'aucun de nous ne veuille faire voir l'inquiétude qui nous agite. Le gouvernail toujours pressé par la glace, continue à gémir, et de temps

LE NAVIRE SE FRAYE UN PASSAGE AU MOYEN DE MINES.
DESSIN DE GOTORBE.

en temps la coque est agitée de petites secousses. Après souper, les champs de glace se remettent à craquer et à se mouvoir. La pression reprend avec plus de force qu'auparavant et perpendiculairement aux flancs du vaisseau qui, poussé de côté, est emporté à gauche à une vingtaine de mètres, en brisant, non pas avec la proue, mais avec les flancs, la glace qui flotte, s'abaisse et disparaît sous l'eau. Pendant ce mouvement, le gouvernail qui jusque-là était resté complètement à gauche, se rabat du côté droit et cède à la violence de la pression, qui, heureusement, cesse après ce dernier effort.

La glace s'ouvrit devant nous pendant la nuit, et nous pûmes surmonter l'obstacle qui, la veille, nous avait causé tant de fatigues et tant d'émotions. C'est ce qui arrive ordinairement dans ces régions. Pendant des heures et des heures, vous travaillez inutilement pour vous ouvrir un passage dans les champs de glace que vous ne réussissez pas à faire mouvoir ou qui se referment obstinément devant vous, puis tout à coup, pour une raison inconnue et sans le moindre effort, vous trouvez la voie libre et vous pouvez avancer. A quoi attribuer ces mouvements des glaces ? Aux marées, aux courants, aux vents ? Nul ne le sait.

Nous observons sur les glaces des trous de forme circulaire : ce sont les ouvertures que font les phoques pour venir respirer, mais nous n'avons pas la chance d'en voir un seul.

Les jours suivants nous avançons péniblement. Le brouillard nous gêne tout autant, sinon plus que la glace. Le ca-

« L'ÉTOILE POLAIRE » SUBIT LA PREMIÈRE PRESSION DES GLACES DANS LE CANAL BRITANNIQUE.
D'APRÈS UNE PHOTOGRAPHIE.

pitaine n'attend rien de bon de la mer de la Reine-Victoria. Il n'est guère satisfait de notre position et l'idée de passer l'hiver dans le canal Britannique lui sourit aussi peu qu'à moi. Ce serait mal commencer notre expédition que de rester ici cet hiver, dans des contrées déjà connues, pour parcourir ensuite en traîneau des régions que Jackson déclare navigables. Nous reconnaissons les îles de Eaton, de Scott Keltie, de Hooker. Parfois, quand le brouillard se dissipe, nous ne voyons que de vastes champs de glace, séparés par d'étroits canaux où nous ne pouvons pas parvenir.

Un jour, nous fîmes l'essai d'une mine de fulmicoton, pour nous frayer un passage à travers la glace. Mais ce fut en vain et pour continuer notre route, nous dûmes attendre que les canaux se fussent élargis.

Le 5 août, le capitaine, installé dans le nid-de-corbeau, nous signale un navire près de l'île de Scott Keltie. Ce doit être la *Capella*, mais la distance ne nous permet d'en distinguer que la mâture, et nous ne pouvons pas la reconnaître avec certitude. Vers cinq heures de l'après-midi, les champs de glace semblent vouloir s'éloigner et, sans perdre de temps, nous attaquons avec la proue la digue de pression qui nous avait arrêtés. Nous n'avançons que mètre par mètre, en nous dirigeant sur le navire aperçu, qui est bien la *Capella*; mais c'est le lendemain seulement que nous nous en approchons assez pour correspondre avec elle.

Nous nous empressons de demander, par signaux, si l'expédition Wellman se trouve à bord. Je vois un canot qui se détache de la *Capella* et qui vient à nous. Un homme, à l'aspect souffrant et la jambe étendue, se trouve dedans. Bien que sa figure soit très différente des portraits de lui que j'ai vus dans les journaux, je reconnais Wellman. N'ayant pas d'échelle faite exprès, nous devons l'aider pour le faire monter à bord. Le docteur le soutient et nous le faisons passer dans notre carré où, peu après, trois de ses compagnons viennent le rejoindre : le Dr Edward Hofman, médecin et naturaliste de l'expédition, M. Baldwin, météorologiste, et M. Harlan, professeur de physique. Nous les interrogeons avec le plus grand empressement, ils nous racontent l'accident dont Wellman a été victime peu de temps avant d'arriver à l'île du Prince-Rodolphe et le retour forcé de l'expédition à cause des vivres perdus dans une pression des glaces.

Pendant ce temps, le capitaine Stökken de la *Capella* — père de notre mécanicien — et qui était aussi venu à notre bord, discourt joyeusement avec le capitaine Evensen, en montrant tout son étonnement des transformations qu'a subies le vieux *Jason*.

Nous saluons bientôt les Américains, et nous nous portons réciproquement des toasts ; nous buvons à leur heureux retour au pays. Ils nous souhaitent une bonne campagne et les deux vaisseaux se remettent en route. La *Capella* se dirige au sud, pour rentrer dans le monde civilisé, et nous, nous avançons de plus en plus dans des régions inexplorées et désertes.

Nous prenons la direction de l'île de Marie-Élisabeth. Du côté du levant, les rives du canal Britannique ont un aspect moins désolé qu'à l'ouest, et sur plusieurs points elles ne sont pas couvertes de neige. Les icebergs que nous rencontrons sont de moindres dimensions que ceux que nous avons trouvés au sud de l'île de Northbrook, leur hauteur ne dépasse pas 10 ou 15 mètres.

Nous continuons à avancer à toute vitesse, mais pourtant avec les plus grandes précautions. De temps en temps, une violente secousse éprouvée par la coque nous fait comprendre que, par cet épais brouillard, nous avons pris quelque grande masse de glace pour un bloc de moindres dimensions. Les boussoles fonctionnent très mal.

Nous atteignons, le 7 août, le parallèle où Nansen a passé l'hiver. Mais nous ne sommes pas satisfaits de ce résultat, et maintenant, nous voulons arriver, non seulement à l'île du Prince-Rodolphe, mais plus au nord encore, à celle de Petermanr si, comme quelques-uns d'entre nous l'espèrent, cette ile existe réellement et qu'il soit possible de l'atteindre.

Nous reconnaissons bientôt l'île de Marie-Elisabeth sur la gauche et, sur la droite, les caps des iles voisines de Salisbury et Fisher. L'île Marie-Élisabeth est complètement couverte de neige au nord, tandis que les caps les plus élevés de l'ile de Salisbury sont tout découverts.

Nous prenons la direction du cap Norway. A l'est, nous distinguons parfaitement deux *fjords*, avec d'immenses glaciers dans le fond. Dans l'île de Salisbury, nous voyons des montagnes aux pentes verdoyantes, ce qui fait naitre en nous le désir de nous y arrêter.

Nous avions eu d'abord l'intention de chercher ce qui restait de la cabane de Nansen ; mais nous préférons profiter du temps si clair et des eaux libres dont nous jouissons maintenant, et nous nous hâtons de continuer notre route, sans même laisser un dépôt de vivres dans cette ile. En passant en dehors des îlots situés près du cap Mill, et entre ces îlots et les iles de Neale, Harley et Omman-

ÎLE DU PRINCE-RODOLPHE : LE CAP FLIGELY VU DU NORD.
DESSIN DE TAYLOR.

ney, nous continuons à avancer rapidement, toujours dans la direction du nord.

Notre seule pensée est d'avancer sans perdre une minute, et de profiter d'un moment où les glaces sont rares pour gagner le plus possible vers le Pôle. Nous ne tardons pas à nous trouver dans des eaux libres, mais ce n'est que pour un temps. La glace nous force à nous arrêter.

Nous passons la soirée et la nuit au milieu d'un épais brouillard. Le lendemain, la journée s'éclaircit. Par intervalles on distingue une terre blanche au sud-est. Rien à l'est et au nord-est, où nous croyons que se trouve la terre du Prince-Rodolphe.

Il nous vient la crainte de l'avoir dépassée. A midi, sur un champ de glace, nous calculons la latitude. A notre grande joie, le résultat de notre calcul prouve que l'*Étoile Polaire* se trouve à la latitude de 82° 40'. Par conséquent, la terre que nous voyons doit être l'île du Prince-Rodolphe.

Après le *Fram*, emporté à la dérive à 85° 47', après l'*Alert* et la *Polaris*, qui ont atteint 82° 27' et 82° 16', l'*Étoile Polaire* occupe ainsi la quatrième place, parmi les navires qui se sont le plus approchés du Pôle. En vingt-sept jours, depuis notre départ d'Arkhangel, et avec un arrêt de cinq jours au cap Flora, nous avons atteint l'extrémité septentrionale de l'île du Prince-Rodolphe. Et il vaut la peine d'observer ici, que si nous avions pris le passage de De Bruyne, au lieu de tenter à plusieurs reprises celui de Nightingale, nous aurions atteint la même latitude en naviguant — à l'exception de quelques heures — continuellement dans des eaux libres. L'archipel de l'Empereur-François-Joseph, que Payer en 1873 jugeait d'approche difficile, a été atteint avec la plus grande facilité, et parcouru jusqu'au cap Fligely, par l'*Étoile Polaire*.

Avant de quitter la position à laquelle nous étions arrivés, nous observâmes attentivement l'horizon ; le temps était heureusement assez clair pour qu'on pût voir à vingt milles de distance. Au nord, la mer était couverte de glaces, au milieu desquelles nous aurions pu avancer encore de quelques milles ; au sud-est, jusqu'à l'île du Prince-Rodolphe, et au sud, il y avait un large bassin d'eau libre. L'île du Prince-Rodolphe était la seule terre en vue.

Dans la position que nous occupions, plus septentrionale et plus occidentale que celle que Payer

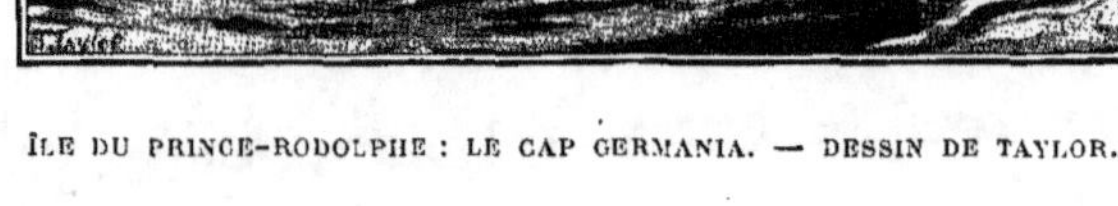

ILE DU PRINCE-RODOLPHE : LE CAP GERMANIA. — DESSIN DE TAYLOR.

avait atteinte, nous étions mieux placés que lui pour voir les terres de Petermann et du Roi-Oscar, qu'il croyait avoir entrevues.

Quoique je fusse préparé à ne pas les trouver, il m'arrivait cependant, dans des moments d'enthousiasme, de me laisser aller à espérer qu'elles existaient réellement et que nous pourrions y arriver et y faire des dépôts de vivres. Maintenant cette espérance s'évanouissait complètement, et il nous fallait par conséquent chercher un mouillage à l'île du Prince-Rodolphe.

A bord, personne ne parlait, mais dans les yeux de tous se lisait la joie d'avoir atteint une latitude aussi élevée. Après avoir pu traverser le canal Britannique et arriver facilement à l'île du Prince-Rodolphe, après tant de jours d'incertitude, j'avais bien le droit d'espérer, qu'avec de la résolution et de la persévérance, nous surmonterions les obstacles qui se présenteraient plus tard devant nous.

Après deux heures et demie de navigation, nous parvînmes au cap le plus septentrional de l'île ; ce cap avait été découvert en 1874 par Payer, qui le baptisa cap Fligely.

Assis commodément sur le pont de l'*Étoile Polaire*, nous contemplions, avec la plus profonde émotion, le lieu où Payer et ses compagnons, vingt-cinq ans auparavant, après des privations et des fatigues inouïes, avaient fait flotter le drapeau austro-hongrois. Et nous éprouvions une grande admiration pour ces hommes, qui, après avoir surmonté tant de difficultés, avaient atteint une telle latitude, sans penser à leur navire, que les glaces pouvaient emporter, et sans se préoccuper de leur retour, qu'ils devaient effectuer en canots.

Les dimensions de l'île du Prince-Rodolphe nous semblèrent devoir être réduites de beaucoup : le cap Fligely ne pouvait se trouver à la latitude de 82°05'[1], indiquée par Payer, si l'on considère que, pour l'at-

---

1. Depuis, la latitude du cap Fligely a été fixée à 81°50'43''

teindre, de la position où nous nous trouvions dans la matinée, nous avions dû parcourir environ 15 milles au sud-est. Nous nous dirigeâmes alors à l'ouest vers le cap Germania. Lorsque nous l'eûmes doublé, nous aperçûmes le cap Auk et, entre les deux, la baie de Teplitz se présenta à nos yeux.

Notre première impression de la baie de Teplitz ne fut pas bonne. La côte, à partir du cap Säulen, se dirige au sud-est, en formant une paroi de glace à pic, haute d'une dizaine de mètres, et, continuant ensuite vers l'est, se transforme en une plage rocheuse qui occupe tout le côté nord de la baie ; la baie était en grande partie exposée à la pression du *pack*. La partie occidentale de l'île était entièrement recouverte par un immense glacier qui de l'intérieur descendait jusqu'à la côte, et le sol n'était visible qu'en de rares points. La faune était presque nulle et se réduisait à quelques oiseaux.

Au sud, l'aspect de la baie était meilleur. Là, la côte ne finissait pas en une paroi de glace, mais bien en une plage qui descendait en pente douce et pouvait avoir environ 500 mètres d'étendue. Le long de la plage il y avait une ceinture de glace, large d'une dizaine de mètres, fixée à la côte ; sur cette ceinture s'appuyait une vaste banquise, d'une superficie de plusieurs kilomètres carrés, qui remplissait la baie ; les marées faisaient mouvoir cette banquise qui, par conséquent, était détachée de la glace côtière.

La configuration de cette baie n'était certes pas la meilleure pour y faire hiverner en sûreté notre navire, mais c'était la baie la plus septentrionale de l'archipel de l'Empereur-François-Joseph. Pour cette raison, qui importait grandement au succès de notre future expédition en traineaux, il fallait tâcher d'y rester. La baie n'était pas protégée naturellement, mais on pouvait se servir de la banquise pour se défendre contre les pressions. Dans cette glace, épaisse souvent de 1ᵐ80 à 3 mètres, il était difficile avec nos scies, qui n'étaient longues que de 90 centimètres, ou avec les mines et la proue du vaisseau, de former un port qui fût assez profond et qui présentât assez de sûreté. Cependant, le long de la glace côtière la banquise était pleine de crevasses, et là, il était certainement plus facile de creuser un canal. En pratiquant des sondages dans ces crevasses, nous trouvâmes un fond de sable à la profondeur de 8 ou 10 mètres, et cette profondeur augmentait de beaucoup à mesure que l'on allait vers le large.

Si nous réussissions à briser la glace en cet endroit, nous pouvions conduire le navire tout près de la plage en pente douce, ce qui faciliterait énormément le débarquement de notre matériel ; en outre, nous serions protégés par la banquise contre les pressions extérieures. La largeur et l'épaisseur de cette banquise, qui s'appuyait à la côte sur une longueur de plusieurs kilomètres, me faisaient croire qu'elle ne pourrait pas se mouvoir, si plus tard le *pack* la poussait contre l'île.

Le 10 août, en heurtant la glace avec sa proue, l'*Étoile Polaire* s'ouvrit un canal long d'environ 180 mètres et large d'une vingtaine. La glace, déjà brisée en cet endroit, se détachait en gros blocs sous les coups de l'étrave, et l'eau des fontes, qui descendait des rochers tout le long de la plage, transportait les blocs au large et facilitait ainsi grandement notre travail. Vers le soir, le canal était terminé et le bâtiment était amarré du côté de l'ouest, au milieu des glaces de la baie.

Nous nous mîmes immédiatement aux travaux nécessaires pour hiverner en cet endroit. Quoique nous fussions tentés de faire d'intéressantes explorations avec notre navire, nous en étions détournés par le danger du *pack*, qui

LE DUC DES ABRUZZES ET L'ÉTAT-MAJOR SUR LA DUNETTE DE « L'ÉTOILE POLAIRE ».
DESSIN DE MIGNON.

était toujours en vue, et par la crainte d'être surpris par les glaces, sans pouvoir revenir au mouillage. Maintenant que nous avions atteint ce point déjà si septentrional, nous devions éviter tout ce qui pouvait, de quelque manière que ce fût, empêcher ou rendre plus difficile notre expédition en traineaux.

Pendant la première semaine de notre séjour dans la baie de Teplitz, le temps fut beau avec une tem-

DÉCHARGEMENT DU MATÉRIEL DANS LA BAIE DE TEPLITZ, EN VUE DE L'HIVERNAGE ET DE L'INSTALLATION A TERRE. — DESSIN DE MASSIAS.

pérature au-dessus de zéro. La fonte des neiges était abondante et des torrents d'eau se précipitaient dans la baie. Le long de la plage, l'eau qui coulait sur la glace y avait formé un canal qui s'élargissait à vue d'œil, nous empêchant de descendre à terre.

Sur la banquise, des lacs s'étaient formés partout où la surface de la glace était un peu concave. Nous devions porter des bottes de caoutchouc pour ne pas être mouillés continuellement, et au milieu de tant d'eau, nous pouvions presque oublier que nous nous trouvions sur une terre glacée.

Les belles journées que nous eûmes alors, facilitaient nos travaux et nous permettaient de faire, le soir, d'agréables promenades dans les environs du navire. Ces promenades avaient pour but ordinaire les caps Germania, Säulen et Auk, qui n'étaient pas couverts de glace et où l'on voyait quelques oiseaux.

Les rochers, pour la plupart composés de basalte, indiquent que cette île est volcanique comme toutes celles de l'archipel de l'Empereur-François-Joseph, que l'on connaissait déjà.

Un bloc de granit erratique, trouvé dans le voisinage du cap Säulen, et des fragments de cornes de rennes découverts dans le même endroit, feraient croire qu'autrefois le cap Säulen et toute la partie septentrionale de la baie ont été submergés. Peut-être même est-ce aussi le cas pour le cap Germania. Du cap Säulen au cap Auk, la côte était presque partout une paroi verticale de glace, qui n'était interrompue que par la courte étendue de plage rocheuse située près de notre vaisseau et dont nous avons déjà parlé. Le cap Auk, élevé de 180 mètres au-dessus de la mer, et dont les flancs étaient fort escarpés, formait l'extrémité méridionale de la baie. Du cap Säulen on apercevait l'île de Charles-Alexandre depuis sa pointe la plus septentrionale jusqu'au cap Brogger, et l'on distinguait également dans le lointain le cap Clément Markham.

Comme je l'ai déjà dit, la faune n'était pas très abondante [1].

Les phoques étaient rares, les morses plus rares encore, mais ces lieux semblaient au contraire très fréquentés par les ours. Le jour même de notre arrivée, nous tuâmes une ourse et deux oursons. Sur trente-sept ours que nous tuâmes pendant notre voyage, trente-quatre le furent dans la seule baie de Teplitz. La plupart de ces ours furent tués par Querini, chasseur passionné et excellent tireur, toujours prêt, la nuit comme le jour, à braver le froid et le vent quand il espérait rencontrer un de ces animaux.

La chasse à l'ours est très facile. L'ours sent et voit un campement bien avant que l'homme puisse s'apercevoir de sa présence, et ordinairement c'est la faim qui le pousse à s'en approcher. Il est, par conséquent, absolument inutile d'aller à sa recherche. Nos nombreux chiens étaient libres et erraient toute la journée; à peine voyaient-ils un ours qu'ils le poursuivaient.

Les ours mâles les plus gros, qui réussissaient à s'échapper lorsqu'ils n'avaient que huit ou dix chiens à leurs trousses, étaient forcés de

OURS POLAIRE ÉTENDU SUR LA GLACE.

1. Les oiseaux les plus communs étaient le Pétrel fulmar (*Fulmarus glacialis*, Linn.), la Pagophile blanche (*Pagophila eburnea*, Gm.), la Mouette bourgmestre (*Larus glaucus*, Brünn.), le Guillemot arctique (*Uria mandti*, Linn.), le Guillemot nain (*Mergulus alle*, Linn.). L'année suivante, nous vîmes également la Mouette tachetée (*Rissa tridactyla*, Linn.), le Stercoraire à longue queue (*Stercorarius crepidatus*, Gm.), l'Ortolan des neiges (*Plectophenax nivalis*, Linn.). Ces derniers et deux autres espèces de Stercoraires (*Stercorarius parasiticus*, Linn., et *Stercorarius pomatorhinus*, Schal.), tués dans le canal Britannique, furent les seuls oiseaux que nous trouvâmes dans l'archipel. Malgré toute notre attention, nous ne réussîmes pas à voir la Mouette de Ross (*Rhodostethia rosea*, Macgill.).

s'arrêter quand ils étaient poursuivis par une meute de trente ou quarante chiens, et de grimper sur un *hummock* ou de s'adosser à quelque bloc de glace pour se défendre. De cette façon nous avions le temps d'arriver et la possibilité de les tuer à quelques mètres de distance. Aucun ours ne put nous échapper. Quelquefois nos chiens furent blessés par les ours mâles, rarement par les femelles, grâce à l'agilité avec laquelle ils savaient éviter les attaques. Ces blessures ne furent jamais graves ; trois ou quatre fois seulement le brave docteur fut obligé de les recoudre, et cela surtout dans les derniers temps, lorsque les chiens, devenus plus hardis, attaquaient avec plus d'audace.

Nous tuâmes beaucoup d'ourses, souvent avec deux oursons qui, par leur taille égale, semblaient être jumeaux. Pendant l'été on tua des femelles en plus grand nombre ; plus tard, pendant l'hiver et au printemps, seulement des mâles ; quelques-uns étaient de dimensions vraiment remarquables le avaient jusqu'à 2^m90 de longueur. Nous mangeâmes souvent de leur chair. Le cœur, les rognons et la langue étaient bons, mais le reste ne plaisait pas à tout le monde.

Un coup de carabine, à l'épaule ou à la tête, tiré de front, était plus que suffisant pour abattre un de ces animaux. Mais s'ils étaient atteints pendant qu'ils fuyaient, il fallait plusieurs coups pour les achever. Nous n'eûmes jamais l'occasion de voir l'ours attaquer, mais nous observâmes qu'il fuyait toujours du côté opposé à celui d'où était parti le coup de fusil. Pendant toute la campagne, nous n'employâmes que des cartouches à balles *dum-dum* et chargées à la cordite.

A notre arrivée, nous avions immédiatement conduit les chiens à terre ; ces pauvres bêtes désiraient un peu de liberté et elles en avaient grand besoin, après tout un mois d'immobilité passé dans les cages du vaisseau. Comme une seule personne

NOUS HISSONS A BORD LE PREMIER OURS TUÉ. — DESSIN DE MIGNON.

ne pouvait pas surveiller tous nos chiens pendant la nuit et qu'il était impossible de les reconduire à bord tous les soirs, nous avions dû construire de nouveaux chenils, sur la glace, afin de les tenir séparés pendant la nuit et de leur assurer un abri quand il faisait mauvais temps. Les portes de ces chenils étaient munies de charnières dans le bas et on les relevait après que les chiens étaient rentrés. Dans l'intérieur nous avions établi des séparations, de sorte que les chiens étaient isolés et ne pouvaient pas se mordre entre eux. Les premiers jours ce fut une affaire longue et difficile de rentrer nos bêtes chaque soir ; mais ensuite la chose devint des plus aisées, lorsque nous eûmes l'idée de leur donner à manger dans les chenils mêmes, après qu'ils y étaient rentrés. Nous n'eûmes plus à nous occuper de leur donner à boire, car la neige servait à les désaltérer. En leur donnant leur pâture dans les chenils, nous avions l'avantage non seulement de les faire rentrer plus facilement, mais encore d'éviter leurs querelles pendant les repas, d'empêcher qu'ils ne se prissent réciproquement leurs rations, de nous assurer que tous étaient également nourris et d'arrêter le gaspillage de nos provisions.

Ces chiens étaient fort intéressants à observer. Ils éprouvaient des sympathies et des antipathies, et quand nous devions en tuer un, c'était une fête pour tout le troupeau. Lorsque l'un d'eux s'éloignait, les oreilles et la queue basses, nous comprenions qu'il était tombé en disgrâce. Alors toute la bande le poursuivait en aboyant et se ruait sur lui ; nous devions intervenir pour les séparer et sauver le malheureux paria. Ils n'épargnaient ni les plus forts ni les plus faibles : les femelles seules étaient respectées. Deux ou trois de nos chiens périrent ainsi, déchirés par leurs compagnons, et nous eûmes l'occasion d'en sauver un grand nombre.

Ils nous étaient peu attachés et obéissaient moins encore. Ils ne craignaient que le fouet et l'eau. Dans les régions froides où ils vivent, l'eau gèle immédiatement sur leur corps lorsqu'ils se mouillent et forme une cuirasse qui paralyse tous leurs mouvements. C'est ce qui explique pourquoi ils ont instinctivement si grand pour de l'eau. Ils aboyaient facilement lorsqu'ils voyaient un ours ou un oiseau, et souvent aussi sans aucune raison. Quelquefois pendant la nuit on entendait un hurlement, que l'un 'd'eux répétait seul pendant quelques instants, et qui était suivi d'un chœur auquel prenait part tout le reste de la bande. Le concert durait des heures, dirigé par celui qui avait hurlé le premier, puis cessait comme il avait commencé, sans cause apparente. Ils se livraient surtout à ces manifestations bruyantes lorsqu'ils étaient seuls. La présence d'un homme suffisait pour les faire taire....

Le *pack* s'éloignait ou se rapprochait de l'île selon le temps plus ou moins calme et la direction des vents; cependant il n'arriva jamais jusqu'à la côte. Après le 20 août, des vents du troisième et du quatrième cadran le poussèrent à la baie de Teplitz et, le 27 août, les pressions contre la côte commencèrent. Nous entendions un bruit semblable à celui des ondes qui se brisent contre le rivage; ce bruit était causé par les glaces qui s'amoncelaient les unes sur les autres. Poussée par le *pack*, la banquise, pendant la nuit, tourna sur le fond de la baie, ferma le canal creusé par l'*Étoile polaire* et accula le vaisseau contre la glace côtière. Le navire tomba sur tribord d'environ 13 degrés, et resta dans cette position après que la pression eut cessé. Le lendemain, le *pack* s'éloigna de nouveau de l'île.

Le mouvement de la banquise détruisit les douces illusions que je m'étais faites à mon arrivée à la baie de Teplitz. Cette immense masse de glace que je supposais, sinon absolument immobile, du moins assez forte pour résister au choc du *pack*, s'était au contraire ébranlée au premier heurt et, au retour du *pack*, elle se déplacerait sans doute de nouveau.

La position du vaisseau était loin d'être sûre; d'un autre côté, embarquer une seconde fois le matériel que nous avions porté à terre, travailler pendant plusieurs jours pour sortir du lieu où nous étions emprisonnés et devoir retourner au sud, peut-être même jusqu'à la baie de Nansen, tout cela non seulement augmentait de beaucoup les difficultés de l'expédition en traîneaux, mais encore exigeait des travaux considérables et exposait même notre navire à des risques sérieux. Je résolus donc de rester dans la baie de Teplitz.

Vers la fin du mois d'août, la température qui, pendant le jour, se maintenait à quelques degrés au-dessous de zéro, commença à baisser jusqu'à neuf degrés pendant la nuit. Déjà, depuis le 20 août, il s'était formé une nouvelle glace autour du vaisseau et dans les nappes d'eau douce, ce qui nous permit de patiner quelques jours après. Nous montâmes sur la glace côtière la chambre magnétique, préparée à Christiania, pour les observations sur le magnétisme terrestre, et une tente de campement pour celles sur la pesanteur. Ce fut Cagni qui s'occupa de ces importantes expériences.

Les derniers froids avaient assez durci la neige pour que l'on pût commencer des excursions en traîneau dans le but de reconnaître la côte est de l'île du Prince-Rodolphe et pour essayer les chiens.

A Arkhangel, on avait attelé les chiens de front avec des traits séparés et fixés au traîneau. Ce système, adopté également par Nansen pendant son expédition, et qui est aussi celui des Esquimaux et des Samoyèdes, a l'avantage de laisser les chiens plus libres de leurs mouvements et d'utiliser toutes les forces qu'ils peuvent fournir en tirant les traîneaux. Il présente cependant l'inconvénient que les traits s'enchevêtrent fréquemment, ce qui nécessite un travail pénible et continuel pour les remettre en place

LES CHAMPS DE GLACE DE LA BAIE DE TEPLITZ. — DESSIN DE TAYLOR.

Pour obvier à cet inconvénient, à Christiania déjà, j'avais pensé suivre le système des Yacouts du bas Lena, qui consiste à faire usage d'un seul et long trait, auquel les chiens sont attachés d'un côté et de l'autre par des traits plus courts. Ces traits plus courts sont unis au trait central par des anneaux mobiles afin d'éviter qu'ils ne se mêlent. Je fis placer une perche de bambou sous le trait central pour empêcher les chiens de tête de se retourner et de porter le désordre dans les rangs de ceux qui venaient derrière eux.

Dans l'après-midi du 2 septembre, je quittai le vaisseau, accompagné par Querini et Savoia, et je me mis en route sur un traîneau tiré par neuf chiens. Nous suivions la côte, à la distance de quelques centaines de mètres : le premier jour, nous allâmes camper près du cap Fligely, le second au cap Rath.

Du cap Germania au cap Rath, la côte est une paroi verticale de glace, qui n'est interrompue que par le cap Fligely. Ce cap est formé d'un large plateau de 1 kilomètre de longueur, non recouvert de neige, et semblable à celui qui se trouvait près du

LE CHENIL CONSTRUIT SUR LA GLACE A LA BAIE DE TEPLITZ.
DESSIN DE J. LAVÉE.

cap Säulen. A une hauteur d'environ 90 mètres au-dessus du niveau de la mer, au lieu même où Payer avait cru entrevoir les terres de Petermann et du Roi-Oscar, nous nous mîmes à observer attentivement l'horizon et cela par une splendide journée. Nous ne découvrîmes rien du côté du nord et de l'ouest, mais à l'est nous aperçûmes, cette fois, les îles de Nansen, que quelques jours auparavant, nous n'avions pas pu voir ; au nord, les îles Eva et Liv projetées l'une sur l'autre ; au sud, l'île Freeden, et au milieu, l'île Adélaïde. Si d'un côté j'ai la persuasion que Payer a été trompé par les brouillards lorsqu'il crut apercevoir les terres du Roi-Oscar et de Petermann, qui n'existent pas, de l'autre je pense qu'il a réellement vu le cap Sherard Osborn, et que ce cap n'est pas autre chose que la pointe septentrionale de l'île Eva. La méprise qu'il a commise en faisant le relevé de ce cap s'explique par une erreur de la boussole dans une région où les rochers, composés en grande partie de minerai de fer, ont une sensible influence sur les aiguilles.

Au cap Habermann, la côte s'élevait en pente raide à plus de 300 mètres au-dessus du niveau de la mer. Les légers vents d'ouest qui avaient soufflé, ces jours-là, avaient éloigné le *pack* de l'île du Prince-Rodolphe du côté de l'est, et la mer était libre depuis le cap Rath jusqu'aux îles de Nansen et, vers le sud, jusqu'à l'île de l'Archiduc-Rénier.

DISTRIBUTION DE LA NOURRITURE AUX CHIENS. — DESSIN DE J. LAVÉE.

Ne pouvant plus continuer notre marche en traîneau près de la côte, nous fûmes obligés de remonter sur l'île, et, le troisième jour, nous campâmes sur le glacier de Middendorf, au haut du cap Habermann. Nous vîmes, dans le lointain, les îles de Hohenlohe et de l'Archiduc-Rénier. En continuant notre marche, au milieu d'épais brouillards, dans la partie haute de l'île, nous arrivâmes le quatrième jour au cap Brorok, où nous campâmes. Le pays compris entre le cap Habermann et le cap Brorok, comme les autres îles plus méridionales de Northbrook, de Bell et de Mabel, est élevé et escarpé, mais n'est pas couvert de glace. Le cinquième jour, malgré la persistance du brouillard épais, nous campâmes dans la baie de Teplitz, et, le 6 septembre, nous revînmes au vaisseau après avoir parcouru environ 70 kilomètres.

Le système de la perche placée sous le trait n'était pas pratique, car elle rendait celui-ci trop dur. Avec ce système il fallait, en outre, qu'un homme précédât continuellement les chiens, ce qui, naturellement, diminuait la rapidité de notre marche et empéchait cet homme de rester près des traîneaux. Le système des anneaux ne valait rien non plus, car ils étaient la cause de fréquentes ruptures des traits et étaient, en outre, un surcroît de poids. Pendant cette excursion, les chiens furent parfaits; leur force et leur courage dépassèrent notre attente et augmentèrent de beaucoup notre confiance en eux, qui avait été un peu ébranlée à Arkhangel, où ils nous avaient parus si faibles et si décharnés.

L'île du Prince-Rodolphe, comme la partie intérieure du Groenland, est entièrement ensevelie sous un unique et vaste glacier qui descend jusqu'à la mer dans toutes les directions, excepté en quelques points : au cap Säulen, au cap Germania, au cap Fligely, au cap Habermann, au cap Brorok et au cap Auk. Partout où la neige peut séjourner, on trouve des glaciers qui vont jusqu'à la mer, en dressant une paroi verticale semblable à celle du glacier général; aussi peut-on dire que toute la côte est formée d'une paroi de glace verticale, à l'exception de la plage de peu d'étendue qui se trouve près de la baie de Teplitz. Comme l'île du Prince-Rodolphe n'est pas très élevée, il s'ensuit que la glace ne peut pas s'y mouvoir beaucoup. Nous n'y trouvâmes en effet que de rares crevasses, et nous n'eûmes jamais l'occasion de voir qu'il s'y formât des *icebergs*; nous en eûmes la preuve en plantant des pieux sur une même ligne : et pendant les mois de mars, d'avril, de mai et de juin nous constatâmes qu'aucun d'eux n'avait bougé. Près de la côte et sur les pentes les plus escarpées, il y a des crevasses qui, contrairement à celles qu'on trouve dans les Alpes, sont presque invisibles, de telle façon qu'il faut une grande prudence pour éviter des accidents; l'œil du guide le plus expérimenté ne saurait les prévenir. Pendant l'été et par les journées où la température est au-dessus de zéro, la fonte des neiges est fort abondante; des torrents d'eau se précipitent des glaciers jusqu'à la mer, en formant de véritables cascades qui ont quelquefois plusieurs mètres de largeur.

Des lignes de stratification observées sur plusieurs points dans la partie du glacier qui regarde la mer, près du cap Säulen et du cap Fligely, indiqueraient une précipitation plus considérable de la fonte et de l'évaporation, et les photographies de la baie de Teplitz, que nous avons montrées au capitaine Payer, lui ont fait croire que l'état glacial a augmenté depuis 1874. Il m'a assuré à plusieurs reprises qu'il a parcouru des plateaux découverts, situés entre le cap Germania et le cap Fligely; actuellement ces plateaux n'existent plus, et il n'y a plus guère à découvert qu'un millier de mètres près du cap Fligely. Si, depuis 1874, les conditions glaciales ont été en augmentant dans l'île du Prince-Rodolphe, on ne peut cependant révoquer en doute le fait que, pendant notre séjour dans la baie et jusqu'à l'époque de notre départ, l'évaporation et la fonte ont surpassé la précipitation. On reviendrait donc à une époque de diminution dans l'état glacial, qui ramènerait peut-être l'île aux conditions dans lesquelles elle se trouvait lorsqu'elle fut découverte par l'explorateur autrichien.

(A suivre.)

LE CAP SÄULEN FERMANT LA BAIE DE TEPLITZ AU NORD.
DESSIN DE TAYLOR.

NOS HOMMES TRANSPORTÈRENT LE CHENIL SUR LA GLACE. — DESSIN DE J. LAVÉE.

"L'ÉTOILE POLAIRE" DANS LA MER ARCTIQUE

(1899-1900)

PAR S. A. R. LE DUC DES ABRUZZES.

Traduit et résumé par M. HENRY PRIOR.

. III. — Préparatifs d'hivernage. — Pression de lag lace sur le navire le 8 septembre. — Nous abandonnons l'*Étoile Polaire*. — Construction d'une tente. — Les oiseaux quittent la baie de Teplitz. — Nos premiers efforts pour relever notre vaisseau. — Vie sous la tente. — Violent ouragan du 4 novembre. — Le drift. — Les vêtements que nous portons. — La température. — Observations météorologiques. — La lumière disparait.

MOUETTES ARCTIQUES. — DESSIN DE MIGNON.

PENDANT mon absence, on avait remis le vaisseau d'aplomb au moyen de quelques mines de fulmicoton qu'on avait fait partir sur son flanc gauche. Le pack s'était de nouveau rapproché de la baie, et les champs de glace, par ces premiers froids, commençaient à s'unir les uns aux autres : tout cela augmentait l'espoir que nous avions de passer un hiver tranquille.

Le matériel aérostatique avait été mis en ordre et déposé sur la plage, tout prêt pour le printemps prochain. Le pont, depuis le grand mât jusque près du mât de misaine, avait été recouvert par une tente.

La soirée du 7 septembre se passa à discuter sur ce que nous devions faire en automne, à parler de l'expédition en traîneaux et de notre retour en Italie. Jamais nous ne fîmes tant de projets! Hélas! quelques heures plus tard, ils devaient s'écrouler comme un château de cartes.

Depuis quelques jours, de légers vents de l'ouest avaient poussé le pack contre la côte, où il s'était arrêté, sans cependant exercer aucune pression. Dans la nuit du 7 septembre, il s'éleva une légère brise du sud. Plus tard cette brise fraîchit et vint du sud-ouest. Le pack fut poussé dans la baie contre la banquise

1. *Suite. Voyez pages* 145 *et* 157.

qui, à son tour, vint s'appuyer contre la glace côtière. Pendant la nuit, je m'étais éveillé plusieurs fois en entendant de légers craquements. Vers six heures et demie, je fus réveillé en sursaut par un fracas violent, qui provenait de tous les côtés à la fois, et par les mouvements désordonnés du vaisseau, qui d'abord s'inclina à droite et ensuite, à gauche, de 20 degrés. Ces bruits n'avaient pas encore cessé, que je me précipitai sur le pont, à moitié habillé, pour voir ce dont il s'agissait. Poussée par le pack, la banquise de la baie était montée par-dessus la glace côtière et arrivait déjà tout près des chenils. Quelques gros blocs s'étaient amoncelés contre les portes, qu'on ne pouvait plus ouvrir. Nos hommes, attirés par les aboiements des chiens, s'étaient hâtés d'aller les délivrer et les avaient fait sortir du côté de la terre, en brisant les cloisons intérieures des chenils. Une digue de pression s'était formée le long de la côte avec des hummocks, hauts de 5 à 6 mètres. Étranglé de l'avant, dans un point de violente pression, le navire avait été repoussé en arrière à environ une trentaine de mètres ; en même temps, il s'était soulevé sur la glace de façon que, seul, l'avant restait dans l'eau et s'était incliné d'environ 20 degrés du côté gauche.

En reculant, il s'était ouvert un chemin au milieu d'énormes blocs de glace, qu'il avait soulevés avec les flancs et avec l'arrière. L'inclinaison du navire nous montra la coque défoncée sur une longueur de 6 à 7 mètres. Cette fois-ci les glaces avaient été plus fortes que les flancs du vaisseau, et comme la voie d'eau que nous apercevions sur le côté droit pouvait s'être produite également du côté gauche, resté sous l'eau, je donnai l'ordre d'allumer la chaudière pour pouvoir utiliser les pompes de la machine.

Pendant que je m'habillais, on s'aperçut dans la machine que le vaisseau faisait eau, et que l'eau était déjà arrivée à la hauteur de la soute aux cordages. Elle entrait en abondance, et il fallait se hâter de mettre les pompes en mouvement. Nous n'avions, du reste, qu'un seul parti à prendre : c'était de jeter à terre nos provisions d'hiver et de nous assurer les moyens de nous construire une habitation.

Toutes les illusions de la veille s'étaient envolées et ne m'avaient laissé que la lugubre perspective de passer l'hiver dans cette baie, sans ressources, et d'opérer notre retraite au printemps suivant, avec moins de ressources encore. Malgré moi, les épreuves des expéditions de De Long, de Greely et de Franklin me hantaient l'esprit, et les angoisses que j'éprouvais augmentèrent lorsque je pensai aux graves responsabilités qui m'incombaient dans cet avenir incertain.

L'équipage, comprenant la gravité de notre position, se mit à l'œuvre avec la plus grande activité et le plus grand ordre, lorsque je commandai de débarquer les vivres sur la glace. Il était sept heures lorsque nous commençâmes, les uns à l'avant, les autres au centre du navire, à retirer nos provisions de la cale ; nous jetâmes sur la glace, à notre gauche, les caisses de vivres, les vêtements, les tentes de camp et le pétrole transvasé provisoirement dans tous les récipients disponibles, dans les baquets de la cuisine, dans des seaux et dans des barils. L'inclinaison du vaisseau et la glace qui couvrait le pont, rendaient difficile le travail à bord. C'est alors que nous reconnûmes l'avantage des caisses légères et de petites dimensions. Nos hommes se les passaient de main en main, tandis qu'ils devaient soulever les plus pesantes avec des palans et, une fois hissées sur le pont, il était fort difficile de les transporter. A l'exception de deux mécaniciens qui veillaient au feu et de quatre hommes qui étaient à la pompe, tout le monde travaillait au débarquement de nos provisions.

CONSTRUCTION DE LA TENTE. — DESSIN DE MASSIAS.

Vers huit heures, agités comme nous l'étions et les vêtements salis par notre travail, nous vînmes nous mettre à table ; nous prîmes à la hâte notre déjeuner, presque sans échanger un mot, et retournâmes de suite à l'ouvrage. Le vent était tout à fait tombé et la pompe à bras n'était plus suffisante à elle seule pour arrêter l'eau, qui, au fourneau de gauche, arrivait déjà jusqu'aux grilles. Pendant que les mécaniciens travaillaient, les pieds dans l'eau, nous leur demandions continuellement quel était le degré de pression de la chaudière. Enfin, lorsque vers huit heures et demie, nous entendîmes le bruit du petit cheval qui fonctionnait, nous crûmes avoir un moment de répit.

Grâce au petit cheval et à la pompe à bras, l'eau cessa de monter, mais dans les conditions où nous nous trouvions, nous ne pouvions guère espérer qu'elle restât longtemps au même niveau. Nos hommes ne pouvaient pas résister pendant longtemps au travail fatigant de la pompe à bras. Seul, le petit cheval était insuffisant; nous ne pouvions pas compter sur la pompe à vent et, pour faire fonctionner la pompe d'épuisement, il aurait fallu désembrayer l'arbre d'hélice, ce qui n'était plus possible, à cause de l'eau qui en avait envahi le puits. Force nous était donc de renoncer à arrêter l'eau au-dessous des fourneaux et de nous résigner à nous servir de la pompe à bras, durant le temps nécessaire au débarquement du matériel; ensuite, il ne nous resterait plus qu'à abandonner le navire.

Nous continuâmes toute la journée le travail de débarquement, et nous ne l'interrompîmes que pour prendre nos repas. Les circonstances ne se modifiant pas et la position de la malheureuse *Étoile Polaire* restant la même, je dus me préoccuper de l'avenir. Comme tout ce qui était nécessaire pour notre hivernage était déjà en sûreté, nous nous mîmes à débarquer égale-

« L'ÉTOILE POLAIRE », VUE PAR L'AVANT, APRÈS LA PRESSION DU 8 SEPTEMBRE. — DESSIN DE MASSIAS.

ment le matériel de l'expédition en traîneaux, afin que, même dans le cas où le vaisseau serait perdu sans retour, nous eussions les moyens d'accomplir l'entreprise qui était l'objet de notre expédition. Malheureusement, toutes les pompes étaient impuissantes et l'eau nous envahissait toujours.

A cette époque de l'année, la lumière du jour durait encore vingt-quatre heures sans interruption.

La cale ouverte, les caisses éparpillées çà et là, les lampes enlevées de leur place, les cabines en désordre, tout trahissait notre malheur et le travail accablant auquel nous venions de nous livrer. Notre navire, où d'ordinaire régnait un ordre parfait, faisait mal à voir sous la lumière diffuse qui éclairait ce désordre.

A six heures du matin, nous avions mis en sûreté des vivres pour plus d'une année, des vêtements, des tentes, ce qui était nécessaire pour notre éclairage et tout le matériel de l'expédition en traîneaux. Alors nous cessâmes de faire aller la pompe à bras, et nous laissâmes l'eau monter et éteindre les feux. Nous débarquâmes bientôt la dernière caisse, après avoir travaillé vingt-quatre heures sans interruption; puis nous hissâmes à l'arrière et au grand mât le drapeau national et mon drapeau particulier. Si le vaisseau devait couler, les drapeaux seraient ainsi les derniers à disparaître, et si, au contraire, le navire restait immobile là où la pression l'avait jeté, la vue de ces couleurs si chères à nos cœurs nous aiderait à conserver l'espoir de le recouvrer.

A neuf heures, quand je me levai, Cagni m'annonça que notre position n'avait pas subi de changement et que l'eau continuait à monter. Pourtant le vaisseau n'avait pas bougé, soit qu'il fût appuyé sur le fond, soit seulement enchâssé dans la glace. Journée calme, temps splendide, sans un nuage. Autour de nous, le paysage était d'une tristesse intense....

Quel changement en moins de vingt-quatre heures! Encore étourdi par le travail fébrile de la veille, je ne parvenais pas à me persuader que nous dussions abandonner l'*Étoile Polaire*, dont l'armement nous avait coûté tant de peines. J'en fis plusieurs fois le tour, suivi des chiens qui jeûnaient depuis vingt-quatre heures et attendaient que je leur donnasse quelque nourriture; ensuite, je me rendis à bord et descendis à la machine. L'eau montait lentement. Le fourneau de gauche, déjà submergé, était éteint; bientôt il en serait de même de celui de droite.

J'avais la conviction que le vaisseau devait être endommagé des deux côtés. Il était plus que probable qu'il ne pourrait plus nous servir et que, pour retourner en Europe, nous devrions nous efforcer d'arriver au cap Flora, soit en traîneaux, au printemps, soit en canot, l'été suivant. Désormais, il n'était plus question d'atteindre le Pôle! Nous ne devions plus penser qu'à retourner en Norvège et à y retourner en naufragés....

Vers dix heures, l'eau qui était encore montée de quelques centimètres, s'arrêta définitivement. L'inclinaison de l'*Étoile Polaire*, qui rendait la vie à bord plus qu'incommode, les difficultés que nous aurions eues à surmonter pour la redresser en faisant autour d'elle éclater la glace, au moyen de mines, difficultés auxquelles s'ajoutait le danger de la voir couler encore davantage, la crainte d'une autre pression qui pouvait la renverser complètement et nous obliger à l'abandonner tout à fait, toutes ces raisons nous convainquirent que le mieux était de la quitter et de nous établir à terre, où nous serions à l'abri de toute surprise. Nous ne manquions, d'ailleurs, pas de ressources pour nous construire une habitation.

Nous nous étions munis de deux tentes de campement, qui pouvaient abriter tout l'équipage. Cependant elles auraient été insuffisantes pour nous protéger contre les rigueurs de l'hiver et pour résister à la violence des vents; mais en les recouvrant d'une seconde toile, de façon à former des couches d'air entre ces parois superposées, nous pouvions facilement obtenir une température assez élevée à l'intérieur, et, avec de la toile à voile un peu plus forte, construire une paroi extérieure susceptible de résister aux vents. Rien n'était plus indiqué, pour recouvrir nos tentes de campement, que la tente en toile que nous avions construite sur le pont, avec ses traverses et ses longues perches qui en formaient la carcasse. Nous pouvions ensuite recouvrir le tout avec une troisième couverture formée des voiles et des vergues du vaisseau.

Nous nous mîmes immédiatement à l'ouvrage; Cagni fut l'architecte de notre nouvelle demeure. Le soir même, nous dormions sous nos nouvelles tentes improvisées.

11 septembre. — Nous devons d'abord mettre un peu d'ordre dans les monceaux d'objets de tout genre jetés hors du vaisseau le jour de la pression. Les premiers inconvénients de notre nouvelle habitation se font déjà sentir. De la façon dont elle est couverte maintenant, nous sommes dans l'obscurité à l'intérieur et devons continuellement y tenir les lampes allumées. Le premier jour, nous nous étions servis de la forge pour faire notre cuisine, mais aujourd'hui nos fourneaux sont remontés et nous les plaçons entre les deux tentes de campement.

La seule personne qui ait trouvé quelque avantage à notre changement d'habitation est le cuisinier, car

L'ENTRÉE DE LA NOUVELLE DEMEURE. — DESSIN DE SLOM.

LA TENTE ACHEVÉE SUR LA CÔTE OÙ NOUS ALLONS VIVRE... — DESSIN DE GOTORRE.

il travaillait auparavant dans un local étroit, peu aéré, et par conséquent toujours rempli de fumée[1]. Cependant faire la cuisine à une température de 7 degrés au-dessous de zéro est loin d'être une occupation agréable. Il n'est guère agréable non plus, à l'heure des repas, de rester assis sous les tentes par une semblable température. Aussi devons-nous continuellement nous frotter les mains, et battre la semelle sur le sol gelé, en faisant des vœux pour que le repas se termine rapidement et que nous puissions de nouveau nous réchauffer en marchant.

12 septembre. — Nous cousons les voiles; quoique le temps soit beau, c'est un pénible travail. Nos hommes sont souvent obligés de descendre de leur échafaudage et de se mettre à courir pour se réchauffer. Pourtant, le soir, tout est fini.

Nous devons tenir nos chiens à la chaîne toute la journée; autrement, au grand désespoir du maître-coq, ils dévoreraient tous nos vivres déposés sur la neige.

Avant d'aménager définitivement les tentes intérieures, nous aplanissons le terrain. Une opération qui nous coûte beaucoup de fatigue et de temps est celle qui consiste à enlever les grosses pierres gelées qui se trouvent dans le sol. Nous devons les remuer à coups de pioche et creuser la terre tout autour avec des haches. Le soir, le sol de notre habitation est aplani et nous pouvons nous y installer définitivement.

14, 15, 16 septembre. — Bien que pendant la nuit, la température soit de 16 degrés au-dessous de zéro, nous dormons tous parfaitement sous notre tente. Le temps continue à être au beau, ce qui facilite nos travaux d'installation.

17 septembre. — Aujourd'hui, après sept jours de travail, nous nous reposons et, dorénavant, nous reprendrons notre genre de vie habituel. Dans ses parties principales, la cabane est presque terminée. Il ne reste plus que des travaux secondaires dont nous nous occuperons tranquillement plus tard. Ainsi, en sept jours, les vingt personnes qui étaient à bord se sont établies à terre, dans une habitation construite avec les voiles, les vergues et les tentes du vaisseau, et cela sans endommager sérieusement le matériel tout à fait indispensable au navire.

---

1. Les fourneaux de notre cuisine pouvaient fonctionner aussi bien avec le pétrole qu'avec le charbon; on ne devait pas consommer plus de 4 litres de pétrole par jour pour obtenir 225 litres d'eau bouillante. En employant le pétrole, outre l'énorme économie de combustible, on aurait fait la cuisine plus rapidement et on n'aurait pas eu l'inconvénient de la fumée. Mais peu de jours après notre départ de Christiania, nous dûmes renoncer au pétrole et recourir au charbon. Nous nous étions aperçus que la consommation réelle du pétrole était de plus de 8 litres par jour, sans compter les fuites que nous eûmes fréquemment à constater. En nous servant du charbon, le manque d'air et les proportions étroites de la cuisine faisaient que chaque matin, non seulement cette cuisine, mais encore nos logements, étaient remplis de fumée. Nous n'avions pas encore pu remédier à cet inconvénient le jour où nous fûmes victimes de la pression.

Les jours suivants, nous nous occupâmes spécialement de transporter les vivres, le charbon et les vête-ments dans la tente ou dans son voisinage, et nous enlevâmes tout ce qui se trouvait sur la glace pour le mettre en sûreté sur la plage.

On plaça tout ce qui était vêtement dans l'espace compris entre les deux tentes de campement, sur un échafaudage élevé au-dessous du plafond. Dans l'intervalle ou corridor, compris entre les tentes inté-rieures où nous dormions et la première cabane, nous plaçâmes les caisses de lait non sucré et le vin, qui souffraient particulièrement du froid et qu'il fallait tenir par conséquent dans un lieu relativement chaud. Les caisses, bien appuyées les unes contre les autres, formaient une muraille qui contribuait à nous pro-téger contre le froid. Pour empêcher que l'air froid ne pénétrât dans les tentes de campement, nous eûmes l'idée de coudre des bandes de toile sur les côtés de ces tentes, et nous plaçâmes des sacs de charbon sur la partie de ces bandes qui retombait sur le sol. L'espace libre entre les deux tentes de campement fut divisé en deux parties; dans l'une, on mit la cuisine et, dans l'autre, des sacs et des caisses contenant des vêtements. Nous démontâmes sur le vaisseau les parois de la cabine des matelots, et nous en prîmes les planches pour en faire un plancher. Les tentes étaient chauffées par deux poêles. Les cheminées traversaient les parois de toile superposées, ce qui assurait le tirage des poêles par quelque vent que ce fût. Des disques d'amiante protégeaient les toiles contre le danger d'un incendie. Entre la première et la seconde cabane, nous plaçâmes les caisses qui contenaient les vivres dont nous devions avoir le plus besoin pendant l'hiver, et ces caisses devenaient un autre rempart contre le froid. Autour de la première cabane, nous mîmes des sacs de charbon. De plus, pour diminuer autant que possible l'entrée de l'air froid, nous fabriquâmes devant la cabane exté-rieure un vestibule qui formait ainsi une troisième entrée à notre habitation.

En dehors de la tente, nous plaçâmes des caisses de biscuit et d'autres provisions, et dans l'enceinte que formaient ces caisses, nous mîmes une trentaine de tonnes de charbon. Tout près de ce dépôt, nous construi-sîmes, avec des caisses et des voiles, une cabane destinée à abriter notre foyer.

Enfin, les chenils qui étaient restés sur la glace côtière, furent transportés et établis près de notre habitation.

Tous ces travaux nous occupèrent jusqu'à la fin de septembre. Pendant tout le mois, le temps fut calme et beau, malgré quelques coups de vent de l'est, de peu de durée. Après la pression du 8 septembre, la ban-quise qui se trouvait entre le cap Säulen et le cap Cléments-Markham au sud, les îles de Charles-Alexandre et du Prince-Rodolphe à l'est, n'avait plus bougé. Au large, au contraire, quand soufflaient les vents de l'est, le pack tendait à s'éloigner, ce qui formait un large canal le long de la glace qui entourait les îles ci-dessus. La température descendit quelquefois jusqu'à 19° au-dessous de zéro; mais la moyenne se maintint entre 5 et 6° au-des-sous de zéro et nous ne fûmes pas obligés de modifier notre système d'habillement. Le 21 et le 22 septembre, nous eûmes de la pluie, et la température s'éleva à 3° au-dessus de zéro, ce qui provoqua la fonte des neiges. Quelques oiseaux avaient déjà commencé à émigrer vers le sud. Les petits guillemots et les colombes du Groen-land furent les premiers à abandonner le cap Säulen, et cela au commencement de septembre. Il ne restait que les pétrels, les mouettes bourgmestres et les mouettes blanches, qui nous quittèrent aussi vers la fin du même mois.

VISITE DE LA COQUE. AVEUGLEMENT DE LA VOIE D'EAU. — DESSIN DE MIGNON.

Cependant, nous devions tenter de remettre à flot notre navire. L'eau avait submergé une partie des machines, le condenseur et les fourneaux de la chaudière, après quoi elle s'était gelée et la glace avait là une épaisseur d'environ 50 centimètres. La position du navire n'avait pas changé, seulement la glace qui le soutenait ayant quelque peu cédé, son inclinaison avait augmenté d'autant.

Il fallait d'abord enlever l'eau pour trouver l'avarie du flanc gauche, la réparer ainsi que celle qui était

LE DÉBARQUEMENT DU MATÉRIEL PENDANT LA PRESSION DES GLACES DU 8 SEPTEMBRE. — DESSIN DE COTORBE.

visible sur le flanc droit, voir s'il était possible de tenir le navire étanche et, dans le cas où nous ne le pourrions pas, mettre nos machines en état de rester submergées tout l'hiver sans être endommagées. C'étaient là les travaux que nous avions à accomplir. Pour moi, je ne croyais guère qu'il fût possible de les effectuer ; Cagni, au contraire, ne désespéra pas un seul instant, et c'est à sa force de volonté et à sa persévérance qu'aucun obstacle ne put abattre, que nous devons de les avoir accomplis.

Nous savions que, par des journées de vent, la pompe à vent pouvait faire baisser le niveau de l'eau dans la cale ; mais il ne fallait guère y compter, car c'était une ressource incertaine, et les pompes à bras, seules, n'étaient pas suffisantes. Déjà, le 26 septembre, nous avions enlevé l'eau de la chaudière pour empêcher, qu'en se gelant, elle n'endommageât les tubes. Il fallait donc trouver quelque autre moyen efficace dont on pût se servir pendant un certain nombre de jours.

C'est alors que nous eûmes l'idée d'employer la pompe que nous avions prise pour la production de l'hydrogène nécessaire au gonflement des ballons. Cette pompe était double et avait deux puissants tuyaux de déversement ; elle devait donc être un excellent moyen d'épuisement. Comme pour la faire marcher, on se servait d'une petite chaudière Field, unie au générateur, nous pouvions l'employer facilement. D'abord ce fut sur le pont et au grand air que nous établîmes la petite chaudière et que nous la fîmes fonctionner. Mais l'eau gelait rapidement dans les tuyaux placés sur le pont et la petite chaudière ne marchait plus que par intervalles. Bref, nous dûmes la démonter et nous la plaçâmes dans un lieu couvert, dans l'ancienne cuisine du bord, où, en fermant les portes et en allumant les fourneaux, il était facile d'obtenir une température assez élevée.

Lorsque nous fûmes assurés du bon fonctionnement de la petite chaudière et de la pompe, nous dûmes songer à enlever la partie supérieure de la glace qui se trouvait dans la chambre de la machine. Par une bonne journée de vent, nous fîmes marcher la pompe à vent et réussîmes à enlever de la cale la plus grande partie de l'eau qui s'y trouvait ; à l'aide de la petite chaudière, nous pûmes ensuite vider complètement le vaisseau. Avec des paquets d'étoupe imbibés de pétrole et allumés, nous pûmes faire fondre la glace et détacher la plus grande partie de celle qui se trouvait autour des machines ; le reste disparut quand il fut possible d'allumer la chaudière. Nous débarquâmes le charbon et les vivres, puis nous nous mîmes à réparer la carène. Le côté droit avait surtout souffert, la voie d'eau y était considérable ; de plus, la pression énorme subie par les flancs, avait encore causé de sérieux dégâts à l'intérieur du navire : les épontilles avaient été détachées des baux ou de la carlingue et repoussées à une dizaine de centimètres ; de même les entretoises obliques, placées entre les baux et les membres transversaux, avaient été, en partie, détachées à leurs extrémités[1].

Heureusement, l'hélice n'était pas trop endommagée : en creusant la glace jusqu'au niveau de la mer, nous entrevîmes le bout d'une aile, avec laquelle à la rigueur nous pouvions revenir en Europe. Une seule aile nous aurait, en effet, permis non de courir, mais du moins d'avancer.

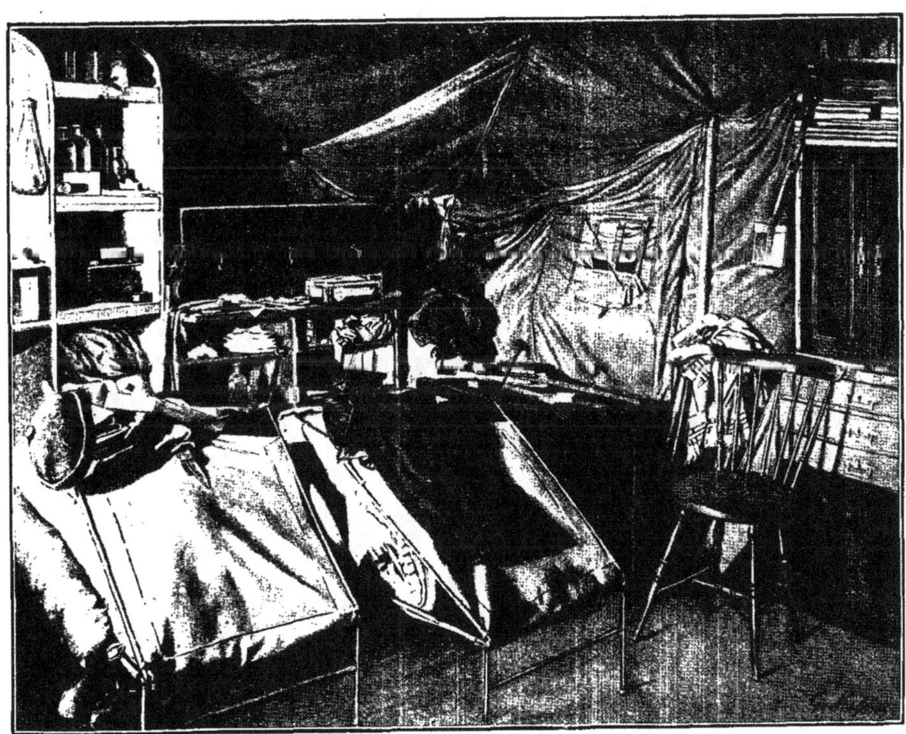

INTÉRIEUR DE LA TENTE. — DESSIN DE MASSIAS.

1. Quand le vaisseau eut été remis à flot, il ne reprit plus sa forme primitive ; alors nous pûmes constater que l'arbre avait fléchi de 2 centimètres et demi ; de même, malgré les puissants renforts qui se trouvaient entre la quille et la coque, l'arrière avait joué, ce qui avait causé une voie d'eau considérable.

Quoi qu'il en soit, le moment était venu de prendre un parti : il fallait décider si nous devions continuer à pomper pour tenir la cale étanche, ou bien, si nous devions la laisser de nouveau envahir par l'eau. Dans le premier cas, nous aurions abîmé notre petite chaudière et sa pompe, qu'il nous importait de conserver intactes pour l'été, et, en même temps, malgré tous nos soins, nous aurions imposé à nos hommes un rude travail pendant tout l'hiver. Dans le second cas, c'est-à-dire en laissant rentrer l'eau dans le vaisseau, il n'y avait guère que la chaudière et le condenseur qui auraient à souffrir de ce bain prolongé ; et encore, en fermant tous les tubes de ces deux organes principaux, avec des bouchons de bois, nous avions presque la certitude de les conserver en d'assez bonnes

« L'ÉTOILE POLAIRE » ÉTAIT ABANDONNÉE. — DESSIN DE J. LAVÉE.

conditions. Par conséquent, il était beaucoup plus sage d'abandonner le vaisseau et de laisser l'eau envahir la cale et la chambre de la machine. En attendant, le charpentier et le guide Petigax avaient été chargés de réparer, par l'extérieur, la voie d'eau du flanc droit. Sur toute la longueur de la partie endommagée, ils commencèrent en conséquence, par pratiquer une incision profonde d'environ 5 centimètres. On la recouvrit entièrement de toile goudronnée et, là-dessus, au moyen de longs boulons, on fixa des planches provenant du pont de la batterie. Quand ce travail fut fini, on pouvait considérer le flanc droit comme parfaitement solide à ce point-là, bien que la ligne en eût subi une légère altération, puisque les membres transversaux avaient pris une autre forme sous l'effort de la pression. Toutefois, dans la crainte que l'*Étoile Polaire* ne s'abattît, nous la reliâmes solidement à la terre avec de puissants câbles d'acier fortement tendus, dont les bouts étaient fixés d'un côté au haut du grand mât et du mât de misaine et de l'autre à la plage.

Ces travaux, commencés le 3 octobre, durèrent jusqu'au 15 novembre. Nous acquîmes la certitude que le vaisseau pouvait encore servir, si nous réussissions à lui faire quitter la position critique où la pression l'avait jeté. Nos hommes furent donc occupés pendant plus d'un mois, ce qui leur remonta le moral, car tous avaient été un peu abattus par l'événement du 8 septembre.

Pendant ce temps, nous avions cherché à rendre la cabane aussi commode que possible en y transportant les objets qui nous étaient le plus nécessaires. Dans notre tente, nous nous étions installés de la manière suivante : Cagni, le docteur, Querini et moi, nous occupions l'un des côtés. Les officiers norvégiens, c'est-à-dire le capitaine, le second et les deux mécaniciens, occupaient l'autre côté. C'est là aussi qu'on avait placé notre table de bord, dont nous nous servions pour les repas et pour les travaux de chaque jour.

Sous la tente, nous avions le même horaire qu'à bord. Tout le monde se levait à sept heures ; du reste, en vivant tous dans la même tente, on était forcé de se lever tous plus ou moins au même moment. À huit heures, premier déjeuner. Après neuf heures, on se mettait au travail, qui durait jusqu'à midi et que l'on continuait, après dîner, jusqu'à cinq heures. On soupait à six heures et demie, et vers dix heures, presque tout le monde était endormi.

Ainsi, notre vie était à peu près celle d'un collège où tous les élèves doivent faire la même chose aux mêmes heures. Pendant la journée et occupés comme nous l'étions, les heures s'écoulaient rapidement, mais les soirées nous semblaient bien longues. Après quelques mois de vie en commun, les sujets de conversation étaient devenus rares et l'on parlait peu pour ne pas toujours répéter les mêmes choses.

Nous jouissions tous d'une excellente santé; nous vivions continuellement au grand air; nous dormions dans un endroit sec et bien aéré; nous étions habillés chaudement; notre nourriture était saine et variée — nous avions une ou deux fois par semaine une distribution de viande d'ours fraîche. — Nous devions cette bonne santé non seulement à nos excellentes conserves, mais encore à la cuisine saine et variée de notre maître coq, et nous lui en étions fort reconnaissants. Il était occupé du matin au soir, puisque deux fois par jour il devait préparer la nourriture de vingt personnes et, outre cela, faire le pain. Pendant toute une année, le pauvre homme dut travailler sans interruption et sans repos; les jours de fête même ne lui apportaient qu'une augmentation de travail.

Le 4 novembre, le temps devint mauvais et un très fort vent de l'est se déchaîna sur nous. La neige que le vent soulevait et faisait tourbillonner, nous empêchait presque de respirer et de voir au delà de quelques mètres. Cette tempête fut la plus violente et la plus prolongée de celles dont nous fûmes spectateurs pendant toute la durée de notre séjour dans la baie de Teplitz. Durant huit jours de suite, nous n'eûmes pas un moment de répit. Notre cabane, qui n'était pas encore recouverte de neige, fut exposée à toute la violence du vent. Lorsqu'il s'engouffrait dans l'intervalle compris entre la première et la seconde toile par les déchirures qui s'étaient produites dans les coutures, il secouait toute la baraque avec un vacarme épouvantable, semblable à celui que font les voiles d'une frégate. Nous ne parvenions pas à nous entendre, et si l'on pense que ce divertissement dura sans interruption huit jours de suite, on comprendra quelle fut notre joie en voyant que le baromètre montait, nous annonçant la fin prochaine de l'ouragan.

Cette fois, nos chiens furent sérieusement menacés. Comme nous avions l'habitude de les renfermer chaque soir dans leurs chenils, nous les y avions fait rentrer aussitôt que le mauvais temps avait commencé. Mais, le jour suivant, lorsque nous voulûmes tenter quelque moyen de leur porter leur pitance, nous trouvâmes que le vent avait transporté une telle quantité de neige autour des chenils qu'ils étaient en partie ensevelis, au point qu'il était impossible d'en ouvrir les portes. Nous dûmes nous mettre tous à l'œuvre pour délivrer nos bêtes. Nous passâmes des heures peu agréables au milieu des tourbillons de neige, et avec un vent qui éteignait continuellement nos lanternes. A peine les chenils furent-ils ouverts, qu'ils furent entièrement remplis de neige; de sorte que nos chiens n'eurent plus aucun abri. Nous en oubliâmes deux ou trois, et le surlendemain l'un deux fut trouvé absolument muré dans la neige qui, devenue dure comme la glace, aurait été certainement son tombeau si nous ne fussions arrivés à temps pour l'en retirer et le sauver du trépas.

Après la tempête, notre cabane resta à moitié ensevelie sous la neige qui, en pesant sur les voiles, les tendit bien mieux que nous n'aurions pu le faire et diminua de beaucoup la partie qui en était exposée aux vents; aussi, depuis lors, notre habitation fut-elle on ne peut plus sûre.

Le vent violent du 4 novembre poussa de nouveau le pack au large, et, du cap Säulen au cap Cléments-Markham, il se forma une vaste zone de mer libre qui, malgré la saison avancée, aurait permis la navigation jusqu'à la baie de Teplitz. Plus tard, la couleur foncée du ciel, dans la direction de l'ouest, nous fit comprendre que de ce côté-là les eaux restent libres pendant une longue période de temps.

Pendant le mois de novembre les vents furent fréquents; d'ailleurs nous eûmes des journées pendant lesquelles le thermomètre marqua 1 degré au-dessous de zéro, de sorte que nous pouvions nous croire en Europe et non pas dans les régions polaires. La neige ne tombait jamais en larges flocons, mais toujours en grains, et à peine tombée elle acquérait, par l'effet du vent,

LES CHENILS FURENT INSTALLÉS A TERRE. — DESSIN DE MASSIAS.

une consistance telle que nous marchions dessus sans y laisser l'empreinte de nos pas. Le vent l'emportait comme il emporte le sable dans le désert; quand il ne soufflait que de légères brises on les voyait courir au ras du sol; mais lorsque le vent devenait plus fort, la couche de neige qu'il transportait s'élevait toujours plus, au point d'atteindre la hauteur de plusieurs mètres et de nous faire douter, pendant les ouragans, si la neige qui nous enveloppait tombait du ciel ou si elle était simplement soulevée par la violence de la tempête[1]. Elle ne formait jamais une couche unie sur le sol, mais elle s'amoncelait partout où elle trouvait un appui, sans s'arrêter sur les surfaces planes, de telle façon qu'il était impossible d'apprécier d'une manière quelconque la quantité qui en était tombée. Les vents produisaient en outre des sillons qui suivaient la direction du vent dominant et qui rendaient absolument inégale la surface de la glace[2].

Nous avions continué à porter les mêmes vêtements que nous avions à bord. Pourtant nous avions remplacé les souliers de cuir par des sabots de bois ou des bottes de feutre pour l'usage quotidien, et par des *kömager* et des *finsko*[3] pour les marches. Les sabots de bois, doublés de peau de phoque, et les bottes de feutre étaient des chaussures fortes et chaudes, mais peu commodes pour marcher. Les jours de bourrasque nous passions par-dessus nos vêtements ordinaires ce que nous appelions « l'habit de vent », sorte de « complet » en toile assez forte, sans ouvertures, serré aux poignets et aux chevilles avec des lacets, et qui nous protégeait parfaitement contre la neige. Comme coiffure nous avions adopté le bonnet des baleiniers, muni de petites ailes qui nous recouvraient les oreilles.

NOS INSTRUMENTS, PENDANT LE BEAU TEMPS. — DESSIN DE SLOM.

Nous éprouvions toutes sortes d'ennuis avec nos instruments enregistreurs. La « guérite » que le Bureau météorologique nous avait fournie était parfaite pendant l'été, mais de peu d'utilité pendant l'hiver. Le drift s'accumulait dedans au point d'isoler les instruments de l'air extérieur. Nous eûmes l'idée de remédier à cet inconvénient en entourant la guérite de plusieurs cloisons formées de persiennes, ce qui devait arrêter la neige tout en permettant à l'air de circuler librement dans l'intérieur. Mais cela ne servit à rien. Nous entourâmes alors la guérite d'une enveloppe de toile, dans laquelle nous fîmes des trous avec de grosses aiguilles; puis, nous plaçâmes les instruments dans une espèce de cage intérieure formée d'une toile semblable. Toutes ces cloisons assises l'une sur l'autre empiraient, au lieu de les améliorer, les conditions dans lesquelles se trouvaient nos instruments. La neige passait entre une cloison et l'autre, s'amoncelait de tous côtés, pénétrait dans les ouvertures des instruments enregistreurs et en arrêtait le mouvement d'hor-

LA CONSTRUCTION COUVERTE DE TOILE QUI DEVRAIT LES DÉFENDRE CONTRE LE DRIFT.
DESSIN DE SLOM.

logerie. Petit à petit elle s'était élevée à la hauteur de la guérite extérieure, ce qui fait que les instruments se trouvaient comme dans un puits.

Au commencement, nous supposions que ce fait ne se produirait que rarement, mais la fréquence des vents et le drift, soulevé et emporté continuellement, nous obligèrent bientôt à chercher un autre système pour pouvoir continuer à faire nos observations.

Dans les belles journées nous commençâmes les observations sur les étoiles. Plus tard, ces observations devinrent fort pénibles à cause du froid. Si nous mettions des gants, nous ne pouvions pas manier les vis des instruments, et si nous les ôtions, nos doigts gelaient! En outre, il était fort

1. C'est cette neige violemment transportée par le vent qu'on appelle *drift*. Elle est aussi désagréable que possible.

2. Les Esquimaux appellent ces ondulations *sastrugi*.

3. Les *kömager* sont des souliers lapons en peau de phoque, de la hauteur d'un soulier ordinaire, sans ouverture sur le cou-de-pied et fixés à la cheville par deux lacets. Les *finsko* sont des chaussures finlandaises en peau de renne, avec la fourrure en dehors et de la même forme que les *kömager*. De plus, l'expédition avait fait une grande provision de bas de toute espèce.

difficile de faire les lectures, car notre haleine, en se condensant, ternissait les graduations. Les chronomètres, transportés sous la tente avaient subi de notables variations dans leur marche diurne. Nous dûmes renoncer aux observations sur la pesanteur à cause des variations de température dans les tentes, et nous abandonnâmes également les observations magnétiques, car elles étaient devenues trop difficiles par la basse température que nous avions dans le kiosque magnétique. En résumé, nous étions dans la presque impossibilité de nous livrer à des travaux scientifiques.

Il est bon de faire observer ici que les instruments destinés aux régions arctiques doivent être d'un maniement facile. Là, une foule d'opérations délicates que nous exécutons avec la plus grande facilité dans nos climats, deviennent fort difficiles et même impossibles[1].

Le soleil avait disparu depuis le 15 octobre, mais pendant la seconde moitié du mois et presque tout novembre nous continuâmes à avoir plusieurs heures de lumière crépusculaire par jour. Le 3 novembre, à midi, nous aperçûmes les étoiles de première grandeur et peu à peu nous pûmes distinguer les autres. Les aurores boréales commencèrent à apparaître et pendant tout l'hiver elles éclairèrent la voûte céleste avec plus ou moins d'intensité. Peu à peu les teintes de l'horizon diminuaient de force et nous approchions du moment où aucune différence de lumière ne devait plus faire distinguer le jour de la nuit. A la date du 20 novembre, je trouve dans mon journal que, si l'on peut encore distinguer l'horizon légèrement éclairé, à midi, la lumière n'altère plus en aucune façon l'aspect des objets qui nous entourent....

La nuit polaire venait de commencer.

(A suivre.)

1. Pour ce qui concerne les observations scientifiques, voir les *Relazioni* qui s'y rapportent dans l'ouvrage : chapitre II, *Observations astronomiques*, etc., lieutenant de vaisseau Alberto Alessio; chapitre VII, *Observations sur la pesanteur*, professeur Cesare Aimonetti; chapitre VIII, *Observations sur le magnétisme terrestre*, professeur Luigi Palazzo.

LA TENTE SOUS LA NEIGE. — DESSIN DE TAYLOR.

"L'ÉTOILE POLAIRE" DANS LA MER ARCTIQUE

(1899-1900)

PAR S. A. R. LE DUC DES ABRUZZES.

Traduit et résumé par M. HENRY PRIOR.

IV. — La nuit polaire. — Modifications au plan de notre expédition en traîneaux. — Entraînement des chiens. — J'ai les doigts de la main gauche gelés. — Noël et le 1er janvier. — Préparatifs de l'expédition au Pôle. — Je cède à Cagni le commandement de l'expédition en traîneaux. — Nous sommes ensevelis sous notre tente. — Retour à la lumière.

SOUS LA TENTE DE L'ÉQUIPAGE.
DESSIN DE MIGNON.

EN novembre, la maigre lumière crépusculaire que l'on entrevoyait encore vers l'heure de midi, devint plus faible de jour en jour, et, dans la première semaine de décembre, elle disparut complètement; même par les journées les plus claires, elle ne nous donnait pas la plus pâle lueur.

La limpidité du ciel ne frappa ni mes compagnons, ni moi. Un continuel tourbillon de poussière de neige, suspendu dans l'atmosphère, empêchait les astres, même par les journées claires, d'avoir cet éclat que j'avais si souvent admiré dans les régions tropicales, et même dans notre pays. A la vérité, le paysage semblait être très éclairé, mais, c'était là l'effet du reflet intense de la glace.

L'obscurité devait durer environ deux mois. Nous ne manquions pas de travaux à exécuter dans l'intérieur de la tente ou dans le voisinage. Ne pouvant pas faire de promenades, nous devions, faute de mieux, nous contenter, pour prendre un peu d'exercice, de marcher entre des points de repère établis sur un terrain que nous connaissions.

Par les journées calmes et belles, à la lueur blanchâtre de la lune, ces heures d'exercice étaient presque agréables; mais dans l'obscurité, par le drift et par le vent, à une température de 20 degrés au-dessous de zéro, lorsqu'on ne pouvait rien distinguer devant soi et qu'une pluie gelée vous coupait la figure, c'était un véritable tourment de rester dehors, ne fût-ce que pendant une heure, et il fallait une grande force de volonté pour ne pas céder à la tentation de rentrer dans la cabane.

Nous commençâmes à préparer l'expédition au Pôle, qui devait avoir lieu au printemps. Et ainsi, malgré tout, les journées s'écoulaient rapidement. Pour mon compte, quoique je me fusse muni d'une volumineuse bibliothèque, dans la persuasion que j'aurais de longues heures à consacrer à la lecture, j'eus au contraire tellement à faire que je finis par lire relativement peu.

Depuis l'ouragan des premiers jours de novembre, les chiens n'avaient plus d'abri pendant les tempêtes et venaient se réfugier les uns dans notre vestibule, les autres dans la cabane des instruments. Quelques-uns restaient en plein air; les plus forts pouvaient résister à ce régime, mais à la longue les plus faibles auraient fini par succomber. Parfois, lorsqu'ils étaient restés couchés pendant quelque temps, il arrivait que, sous l'influence de la chaleur de leur corps, la neige se fondait sous eux; puis, quand elle gelait de nouveau, leur queue restait soudée à la glace; alors les pauvres bêtes ne pouvaient plus se dégager.

Nous eûmes l'idée de leur préparer un abri dans la neige même qui avait été apportée et amoncelée par le drift, et qui quelques jours auparavant avait menacé de les ensevelir. Tout le monde se mit avec ardeur à ce nouveau travail; on creusa

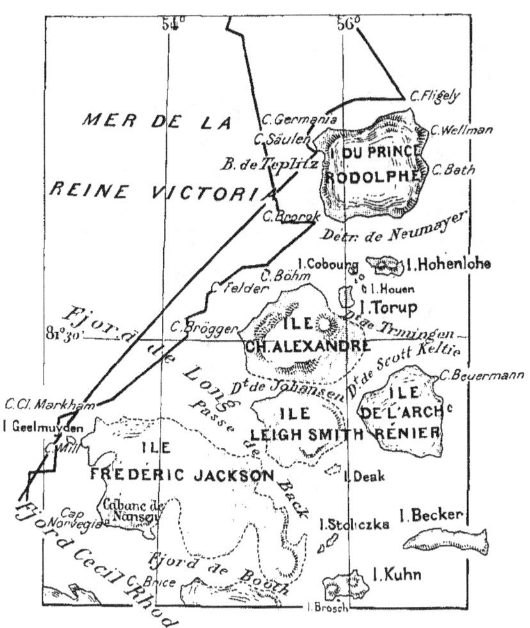

L'ILE DU PRINCE-RODOLPHE ET LES ILES VOISINES.

avec des pelles et des haches deux cavernes de plusieurs mètres carrés, hautes d'un peu plus d'un mètre et aérées au moyen des manches-à-vent de la machine. A la lueur de nos lanternes ces grottes avaient un aspect fantastique. Nous y renfermâmes tous les chiens; mais en s'aidant des griffes et des dents, ils se creusèrent, à côté des portes, un passage par où ils sortirent. Nos guides, en bons montagnards qu'ils étaient, s'entêtèrent à vouloir les emprisonner; ils placèrent près des portes des caisses de biscuit autour desquelles ils jetèrent de l'eau qui se gela; ils formèrent ainsi un véritable mur dans lequel les ongles des chiens ne pouvaient pas faire brèche. Tout cela fut inutile, car nos bêtes creusèrent alors à côté des caisses de véritables tunnels dont quelques-uns avaient jusqu'à cinq ou six mètres de longueur. Au prix d'efforts inouïs ils réussirent même quelquefois à sortir par les manches-à-vent, dont l'orifice intérieur était à 1ᵐ20 au-dessus du sol! Ils nous avaient vaincus en ruse et en persévérance; dès lors nous renonçâmes à les tenir enfermés et nous les laissâmes rentrer d'eux-mêmes à leur abri, pendant les tempêtes. Plus tard nous fîmes subir un dernier changement aux chenils; nous enlevâmes les séparations intérieures, et nous les transformâmes en longs corridors. C'est sous cette forme qu'ils servirent de refuge à nos bêtes jusqu'à l'époque de notre départ.

Le 20 novembre, nous fêtâmes l'anniversaire de la naissance de S. M. la Reine, en distribuant les cadeaux qu'elle m'avait fait tenir à notre départ d'Arkhangel, par l'entremise du comte Oldofredi. Au moment du désastre que l'*Étoile Polaire* avait subi, les boîtes qui les contenaient n'avaient pas été oubliées, car j'attachais un grand prix à ces souvenirs qui nous étaient encore plus chers dans les circonstances où nous nous trouvions. Déjà le 21 octobre, nous avions ouvert une de ces boîtes, et les cadeaux

LE DOCTEUR CAVALLI SOUS LA TENTE.
DESSIN DE MIGNON.

que la duchesse Hélène d'Aoste avait eu l'amabilité de nous faire, furent partagés ce jour-là entre les officiers et les matelots. S. M. la Reine avait destiné des chaînes d'argent aux matelots et divers autres objets aux officiers. Chaque objet portait le nom de la personne à laquelle il devait être remis. Ces délicates attentions me permirent de répandre un peu de joie parmi mes compagnons, et je fus heureux de pouvoir leur distribuer ces souvenirs de notre chère Italie, dont nous étions alors si éloignés. La journée ne fut pas des plus belles, car je lis dans mon journal : « Vent faible du nord-est qui tombe vers six heures de l'après-midi ; température 22 degrés au-dessous de zéro ; le ciel est couvert par moments ; la lune nous éclaire. Avant dîner, je fais en « habit de vent » ma promenade habituelle et monotone, près de notre tente, pendant environ deux heures. »

Mais quoique les circonstances dans lesquelles nous nous trouvions ne nous permissent pas de grands divertissements, la pensée que nous étions les premiers Italiens qui eussent fêté l'anniversaire de la naissance de notre Reine à une latitude aussi élevée, et les souvenirs de notre chère Patrie qui ce jour-là affluaient à notre esprit avec plus de force que jamais, suffisaient à nous remplir le cœur de joie.

Le 15 décembre, j'exposai à mes compagnons le plan de l'expédition en traîneaux, que jusqu'alors ils n'avaient connu que dans ses lignes générales et non en détail. J'avais calculé que nous pourrions commencer notre expédition dans la seconde moitié du mois de février, époque à laquelle il ferait assez clair pour pouvoir marcher six ou sept heures par jour. En avançant le plus possible notre départ — ce qui n'augmenterait pas de beaucoup le froid auquel nous devions nous attendre, puisque les basses températures durent jusqu'à la fin de mars — nous hâterions d'autant notre retour en Italie. Je ne voulais absolument pas que ce départ fût retardé au delà du milieu du mois de février. En partant le 15 février, l'expédition, munie de vivres pour quatre-vingt-dix jours, pouvait être de retour entre le 15 et le 20 mai. En même temps, je fis connaître les

NOTRE DÎNER LE JOUR DE NOËL. — DESSIN DE MIGNON.

modifications que mon plan original devait subir dans l'exécution et en développai l'économie définitive.

En effet, le Dr Cavalli et moi, nous avions déjà presque définitivement fixé la ration quotidienne de vivres à 1 300 grammes, sans compter le poids de l'emballage, avec lequel nous prévoyions que chaque ration dépasserait les 1 500 grammes dont il avait d'abord été question. Cette augmentation nous persuada qu'il était nécessaire de diminuer le nombre des personnes qui composeraient chaque groupe, — trois au lieu de quatre — mais non pas le nombre des traîneaux. Au moment du départ, le nombre des traîneaux serait supérieur à celui des hommes, mais après quelques jours, lorsqu'une partie des vivres serait consommée, il deviendrait égal à celui des membres de l'expédition. Dans mon plan original j'avais décidé de former, dès l'automne, des dépôts de vivres au nord du lieu d'hivernage. Mais puisque nous avions eu la chance d'atteindre la terre la plus septentrionale de l'archipel, et que je ne croyais pas à l'existence de terres situées plus au nord, ce n'était plus le cas d'y penser. De même j'avais d'abord calculé que l'expédition en traîneaux aurait à revenir jusqu'au 80e degré de latitude au lieu de 81°47, latitude de la baie de Teplitz ; par conséquent, dans le plan définitif, le nombre de jours devait nécessairement subir un changement.

L'expédition partirait du cap Fligely et se composerait de trois groupes, comptant chacun trois hommes ; le premier groupe aurait des vivres pour trente jours, le second pour soixante et le troisième pour quatre-vingt-dix (soit, quarante-cinq jours dans le sens de l'aller et autant dans le sens du retour). Un quatrième groupe auxiliaire prolongerait de deux jours la marche du troisième groupe, qui, de cette façon, serait de quarante-sept jours, et aiderait toute l'expédition pendant les deux premiers jours de marche.

Nansen avait pris un *kayak*[1] par homme, afin de pouvoir avancer plus rapidement le long de la côte et au besoin retourner au Spitzberg. J'avais emporté plusieurs kayaks semblables à ceux de Nansen ; les uns

---

1. Embarcation dont se servent les Esquimaux. On en trouvera la description page 189 et un dessin page 186.

à une personne, les autres à deux ; je voulais munir chaque groupe de deux de ces embarcations. Mais étant donné le lieu de notre hivernage, je me décidai, d'accord en cela avec mes compagnons, à fournir les deux derniers groupes, seulement, de deux kayaks à une seule place. Le dernier groupe, qui, suivant toutes probabilités, se servirait le plus de ces embarcations, ne devait en avoir besoin que pour traverser des canaux ou pour envoyer, des limites du pack, un ou deux hommes chercher des secours à l'île du Prince-Rodolphe où se trouvait notre campement. Dans ces deux éventualités, ils étaient plus que suffisants, car deux de ces canots liés l'un contre l'autre pouvaient porter quatre hommes. Quant aux ballons, nous fûmes tous d'accord pour déclarer qu'ils ne pouvaient pas nous être utiles. Au moment du désastre de notre vaisseau, une partie de notre bagage aérostatique (la petite chaudière et la pompe) avait servi à l'épuisement de la cale, l'autre (la limaille de fer) était restée à fond de cale d'où nous n'avions pas pu l'enlever. Ensuite, pour construire nos habitations, nous avions employé le matériel qui aurait dû servir à préparer et à gonfler les ballons. De plus l'état dans lequel se trouvait la glace près de l'île du Prince-Rodolphe exigeait que, pendant la marche, un homme restât constamment à côté des traîneaux ; et par conséquent il n'y aurait eu qu'un seul homme par groupe qui aurait pu s'occuper des ballons. Enfin, avec les vents fréquents qui soufflaient alors dans ces régions, nous ne pouvions guère espérer de nous en servir et même d'arriver à les gonfler. Aussi bien, avec les nombreux travaux dont nous avions encore à nous occuper et dans les conditions où se trouvait alors l'expédition, il était absolument inutile de perdre un temps précieux à préparer un matériel dont nous étions convaincus de ne retirer aucun avantage.

Presque chaque soir nous avions une aurore ; mais il était rare qu'elles attirassent notre attention par leur intensité. C'est dans la soirée du 1er décembre que nous vîmes un des plus beaux de ces phénomènes. Presque toute la voûte céleste était éclairée par des draperies lumineuses qui retombaient de tous côtés ; les unes semblaient être à peu de distance du spectateur, tandis que les autres paraissaient se mouvoir à une hauteur considérable. Au nord-est, au delà de la montagne derrière laquelle l'aurore se levait, le ciel semblait être de feu, et s'élever au milieu des flammes d'un incendie fantastique. La lumière était si intense qu'elle nous donnait absolument l'impression d'une nuit de pleine lune. Cette période d'intensité dura à peu près deux heures, et ensuite l'aurore reprit ses proportions ordinaires.

Le 16 et le 18 décembre étaient les anniversaires de naissance de Cavalli et de Querini, que nous fêtâmes par de nombreux toasts.

Le 19 décembre, nous commençâmes à atteler les chiens pour les entraîner et pour forcer les plus rebelles à tirer comme les autres. Les premiers essais auraient vraiment suffi à nous faire perdre toute patience. Le départ d'un traîneau mettait sens dessus dessous le reste de la troupe. C'étaient des courses folles, des sauts, à n'en plus finir. Tandis que plusieurs de nos bêtes étaient pleines de courage, les autres se faisaient traîner et tentaient de mordre lorsqu'on leur administrait des coups de fouet. Aussitôt que les traîneaux s'arrêtaient, la plupart des chiens se mettaient à ronger les traits dans l'espérance de s'échapper. Dès lors nous observâmes que, lorsqu'ils travaillaient de bon cœur, ils arrivaient facilement à traîner le poids de 280 kilogrammes que nous avions fixé.

Dans l'après-midi du 23, nous sortîmes comme d'habitude ; la température était d'environ 2 degrés au-dessous de zéro et il soufflait un léger vent de nord-ouest. Nous nous dirigeâmes rapidement vers le fond de la baie ; la neige, qui était meilleure que les jours précédents, nous permit de prendre une allure plus rapide que d'ordinaire. Tandis que nous avancions, le vent fraîchit et souleva une légère brume qui nous empêchait d'apercevoir les traîneaux et nous permettait à peine de distinguer la lanterne de Petigax, qui marchait à la tête de notre groupe. Après une heure et demie de marche, Cagni, qui était à l'avant-garde,

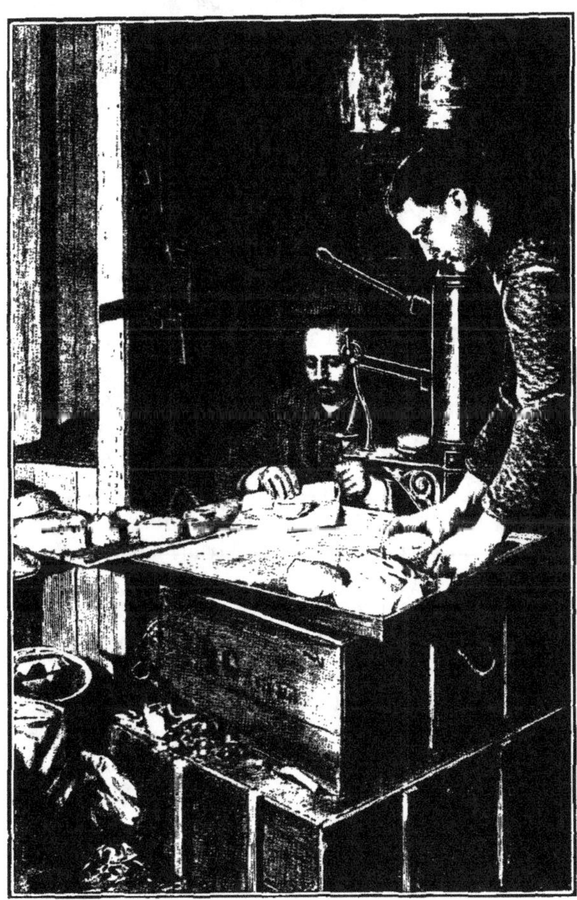

LE DOCTEUR PESANT LES RATIONS. — DESSIN D'OULEVAY.

CLAIR DE LUNE. — DESSIN DE MASSIAS.

s'arrêta afin que les autres traîneaux pussent le rejoindre. Juste à ce moment le vent tourna et se mit à souffler avec violence; la température s'abaissa rapidement à 20 degrés au-dessous de zéro. Les traces des traîneaux furent bientôt recouvertes de neige. Dans ces conditions, il nous était excessivement difficile de nous orienter; nous voulûmes rebrousser chemin. Cagni, qui se trouvait avec Petigax et moi dans le premier traîneau, était persuadé que les chiens sauraient retrouver d'eux-mêmes le chemin de notre cabane; mais, après quelques minutes, nous dûmes nous convaincre qu'ils avaient perdu le souvenir de la route que nous avions suivie. Et aussitôt les traîneaux se mirent à courir avec une telle vitesse qu'il devint évident que nous descendions une pente assez rapide.

Où donc étions-nous arrivés? Il n'y avait pas à en douter; nous nous trouvions sur le glacier de l'île, tandis que nous avions cru être sur la glace de la baie. Je m'élançai en avant avec Petigax, mais à peine avions-nous fait une vingtaine de mètres que nous nous aperçûmes que la glace cessait subitement. Alors nous essayâmes d'arrêter nos compagnons par nos cris: mais ce fut inutile; les chiens voyant devant eux la lanterne de Petigax s'élancèrent au galop dans cette direction; deux traîneaux et leurs chiens, Cagni et moi, nous fûmes précipités du glacier sur la baie! Un saut de 7 ou 8 mètres! Par bonheur les autres traîneaux purent s'arrêter à temps. Les premiers mots de Cagni mêlés aux hurlements des chiens me firent d'abord trembler, mais bientôt je fus rassuré. Comme moi il ne s'était fait aucun mal. Après avoir tranquillisé nos compagnons, qui du haut du glacier nous interrogeaient avec anxiété, nous attendîmes qu'ils pussent nous rejoindre.

Un quart d'heure s'écoula qui me parut un siècle. Finalement je respirai quand je vis briller une vague lueur et apparaître l'ombre d'un homme de haute stature. C'était Petigax: il était déjà tout près de moi et précédait nos camarades et leurs traîneaux.

Nous nous mîmes aussitôt à la recherche de notre route. Petigax marchait en tête. A chaque instant le vent éteignait notre lanterne et nous étions obligés de nous arrêter, et de former cercle tout autour, pour pouvoir la rallumer. D'abord nous essayâmes de suivre une direction donnée, mais bientôt nous dûmes rebrousser chemin à cause des trous et des crevasses que nous rencontrions à chaque pas. L'obscurité et le drift ne nous permettaient de rien voir, et il était bien difficile d'avancer sur ce terrain escarpé. Enfin nous pûmes sortir du trou où nous étions tombés, et nous retrouvâmes une glace plus unie qui devait être celle de la baie. Mais là nous n'étions pas encore au bout de nos ennuis. Nous marchions à l'aventure, croyant être dans la bonne direction, mais sans savoir où nous allions, car on n'y voyait absolument pas.

La neige, emportée par le vent, se glaçait sur nos cils, et de temps en temps nous devions les frotter de la main nue afin de la faire fondre et de pouvoir tenir les paupières ouvertes.

Le vent violent et excessivement froid nous faisait horriblement souffrir.

Déjà je commençais à craindre que nous dussions rester exposés à cette tempête pendant plusieurs heures, lorsque tout à coup le ciel s'éclaircit nous permettant de voir les étoiles. Nous pûmes en reconnaître une et nous dirigeâmes notre marche d'après sa position.

Bientôt nous entendîmes le son lointain d'une cloche : c'était celle du campement, que nos compagnons inquiets agitaient pour nous aider à retrouver notre route.

Heureusement nos maux étaient finis. Nos pertes se réduisaient à un chien qui s'était blessé en tombant, et à deux traîneaux que nous avions dû aban-

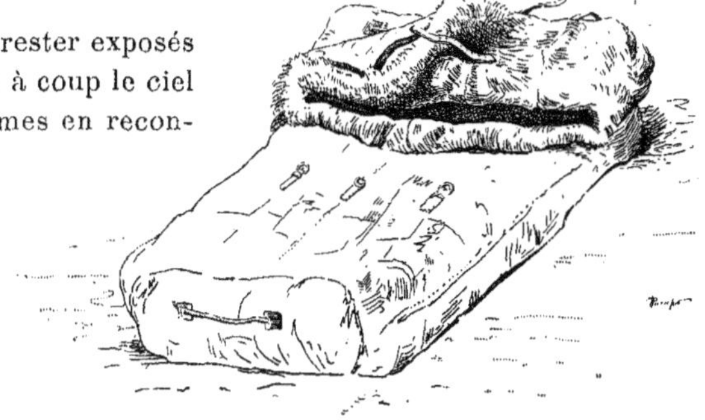

UN SAC DE COUCHAGE.

donner. Je me félicitais déjà du bon résultat de notre excursion lorsque, en ôtant mes gants, j'eus la douloureuse surprise de voir que les doigts de ma main gauche étaient en partie gelés.

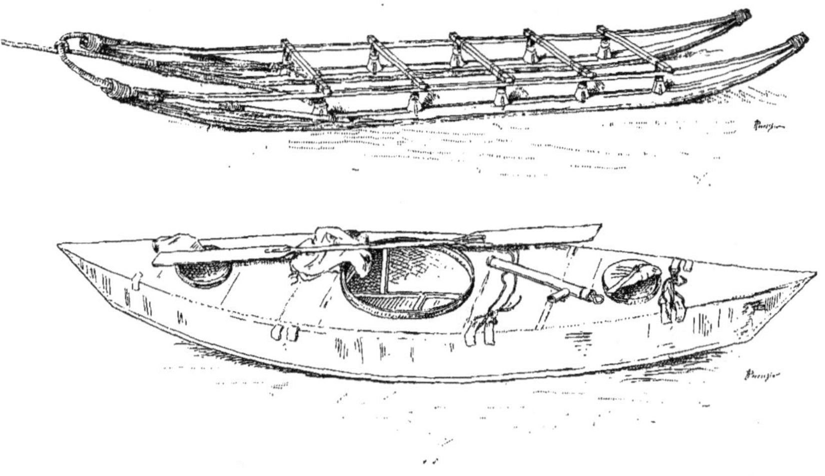

TRAÎNEAU ET KAYAK.

La main droite de Cagni se trouvait dans le même état, ainsi qu'une oreille du cuisinier que le docteur était déjà en train de lui frotter. Vite, nous fîmes apporter dans la tente de l'eau et de la neige, et l'on nous fit de suite des frictions qui durèrent longtemps, sans pouvoir malheureusement rétablir la circulation dans les dernières phalanges de deux de mes doigts.

Nous fêtâmes Noël avec toute la pompe possible. Pour cette solennité nos tentes furent soigneusement lavées; cette opération était vivement désirée. Quand elle fut terminée, nous eûmes l'impression que notre cabane n'était plus la même; lorsque nous nous mîmes à table pour déjeuner, tout avait pris un autre aspect à nos yeux que réjouissait cette propreté. Après avoir réuni les cadeaux de S. M. la Reine et des princesses Lœtitia et Hélène d'Aoste, nous fîmes une espèce d'arbre de Noël. Le sapin était remplacé par les pieux de notre tente sur lesquels on plaça la plus grande partie des cadeaux; les plus beaux furent réservés pour une grande loterie. Nous fîmes venir dans notre tente tous les hommes de l'équipage et nous passâmes avec eux la plus grande partie de la journée. La fête finit par un dîner : à cette occasion, le cuisinier, nous fit un plat doux, confectionné avec nos derniers œufs, qui, quoique gelés, étaient encore passables.

Dans les derniers jours de décembre, la température tomba à 35 degrés au-dessous de zéro. Pendant la nuit du 27, quatre jours après notre malheureuse excursion,

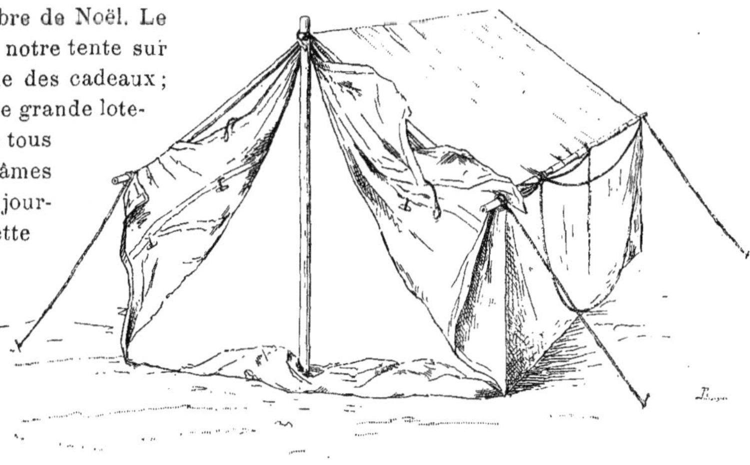

TENTE DE CAMPEMENT.

la douleur que j'éprouvais à mes doigts devint si violente qu'il me fut impossible d'avoir un seul instant de repos. C'était l'inflammation qui commençait entre la chair vive et la chair morte. Mes doigts avaient pris

RETOUR DE CHASSE. — DESSIN DE J. LAVÉE.

une couleur noirâtre et sur la partie gelée la peau se détachait en formant des ampoules pleines d'un liquide séreux. Ils semblaient avoir été fortement brûlés. Ces douleurs durèrent trois ou quatre jours; ensuite elles cessèrent, mais depuis lors ma main fut toujours extrêmement sensible au froid.

La fin de l'année approchait et nous célébrâmes cette nouvelle fête avec tout l'enthousiasme possible. Ce fut le docteur qui contribua le plus à nous égayer en pareille occasion. On prépara des feux d'artifice. Nous eûmes des fontaines lumineuses et des fusées pour souhaiter — à l'heure de minuit — la bienvenue à la nouvelle année, la dernière du siècle qui allait finir.

Lorsque les douze coups sonnèrent nous tirâmes de grandes salves avec le petit canon du vaisseau, nos matelots lancèrent leurs fusées, allumèrent leurs fontaines lumineuses et firent brûler, tout autour de la tente, des tas de bois imbibé de pétrole qui jetaient une lueur blanchâtre sur les glaces d'alentour. La température assez rude de cette nuit-là — 31 degrés au-dessous de zéro — nous fit bientôt rentrer dans notre cabane où nous goûtâmes le premier sommeil de la nouvelle année....

Les préparatifs d'une expédition au Pôle doivent être faits avec la plus scrupuleuse attention, car, si d'un côté il est nécessaire de réduire au minimum le poids des objets que l'on doit emporter, de l'autre il faut cependant mettre le personnel à même de résister aux fatigues qui l'attendent et de supporter des températures auxquelles il n'est pas habitué; il s'agit donc de fixer, avec le plus grand soin, la qualité et la quantité des aliments que l'on doit prendre et d'apporter la plus méticuleuse attention à tout ce qui concerne l'équipement.

Le matériel que nous devions emporter sur les traîneaux se divisait en deux catégories. La première comprenait nos provisions et les vivres des chiens : la consommation de chaque jour devait en diminuer graduellement le poids. La seconde, dont le poids au contraire restait invariable, comprenait les kayaks, les tentes, les sacs de couchage, les armes, les instruments et les vêtements de rechange.

LA PORTE DE LA TENTE APRÈS L'OURAGAN. — DESSIN DE MASSIAS.

Le Dr Cavalli avait fixé notre ration de chaque jour à 1 264 grammes. Cette ration comprenait les denrées suivantes : biscuit, viande conservée en boîtes, *pemmican*[1], beurre, lait, liebig, légumes, pâtes d'Italie, sucre, sel, poivre, café, thé, chocolat, oignons. Il fallait en outre se munir d'alcool, de stéarine et de pétrole[2].

Nous avions fixé la quantité de pétrole nécessaire pour cuire nos aliments, en prenant pour base la consommation de Nansen. Comme nous avions les mêmes fourneaux que lui, et que nous devions nous en servir dans les mêmes conditions de température, la quantité qu'il avait employée chaque jour devait également nous suffire. Cette quantité était fixée à 100 grammes par personne et par jour. Ainsi, le poids total de notre provision de vivres de chaque jour, était de 1 364 grammes, sans compter l'emballage.

Ce poids de l'emballage que, par erreur, j'avais d'abord cru insignifiant, vint au contraire augmenter d'une fraction importante le poids total de notre ration quotidienne. Nansen l'avait réduit au minimum, en renonçant à toute espèce de vases, pots, boîtes, etc., en renfermant dans des sacs ses vivres, réduits en poudre. Quant à nous, pour plusieurs espèces de provisions, comme le lait et la viande, qui pouvaient souffrir des changements de température, nous ne crûmes pas devoir renoncer à des récipients soigneusement fermés. La différence totale entre le poids net de nos vivres et leur poids brut, c'est-à-dire

1. Le *pemmican* est de la viande réduite en poudre, à laquelle on mêle de la graisse de bœuf, en quantité égale ou supérieure, ce qui forme un aliment contenant en même temps les albuminoïdes, les azotés et les hydro-carbures nécessaires à l'homme. Il se cuit facilement et la à rigueur peut aussi se manger cru. Il se conserve fort bien, même sans être renfermé dans des boîtes hermétiquement closes. Il a pourtant un inconvénient, c'est que tous les estomacs ne le supportent pas également.

2. Au moment du départ définitif de l'expédition, la quantité de pétrole que nous devions consommer chaque jour fut portée à 180 grammes : le poids total de la ration fut donc de 1 430 grammes, y compris le pétrole.

avec l'emballage, était d'environ 14 pour 100, ce qui portait à 1 520 grammes, le poids brut de notre ration.

Nous ne crûmes pas devoir diminuer la ration de 500 grammes de pemmican pour chaque chien. C'était une ration abondante, mais nous pensâmes qu'elle était nécessaire à ces pauvres bêtes pendant les longues marches qu'elles auraient à supporter.

Après avoir pesé les chiens, je m'aperçus qu'en les tuant je n'aurais pas les vingt rations sur lesquelles j'avais cru d'abord pouvoir compter, en me basant sur les données de Nansen. Dans le but de faire nos comptes largement, et d'avoir plutôt un excédent de rations, nous décidâmes que chaque chien ne représenterait que dix rations.

Déjà, dès le mois de décembre, nous avions fait des essais pour arriver à disposer le mieux possible notre matériel d'équipement, c'est-à-dire le poids mort que nous devions transporter sur les traîneaux. Nos embarcations étaient des kayaks, semblables à ceux dont Nansen s'était servi. Ils avaient la forme de périssoires, mais le bordé extérieur, au lieu d'être en bois, était en toile, cousue avec le plus grand soin, de façon à rendre l'embarcation aussi solide que possible. Le pont était également recouvert de toile avec un seul trou au milieu, dans lequel se mettait le rameur qui se trouvait avoir ainsi les jambes dans l'intérieur du kayak. L'armature seule était en bois. On l'avait recouverte de toile, et elle était formée de baguettes de bois, extrêmement minces, et aussi légères que possible. Nos kayaks avaient le fond plat, afin de pouvoir les placer plus facilement sur les traîneaux et différaient en cela de ceux de Nansen, qui l'avaient légèrement convexe.

Voici quelles étaient leurs dimensions : la plus grande longueur 3^m55, la plus grande largeur 0^m78, hauteur 0^m30. Une petite voile, une pompe pour enlever l'eau, une paire de rames et leurs doubles tolets en formaient tous les accessoires.

LE NAVIRE APRÈS LA TEMPÊTE DU 4 NOVEMBRE. — DESSIN DE GOTORBE.

Bien que nos kayaks, formés de toile et de légères baguettes de bois, eussent l'inconvénient d'offrir peu de résistance aux heurts et aux frottements de la glace, ils étaient suffisamment solides et c'était certainement le plus léger moyen de transport connu et le plus facilement réparable.

Nos traîneaux avaient été fabriqués sur le modèle de ceux de Nansen, dont nous avions suivi les conseils pour leur construction, comme nous l'avions fait pour celle des kayaks. Leur longueur était de 3^m50, leur largeur 0^m48 et leur hauteur 0^m17. Le patin, large de 0^m085, était convexe, afin que les traîneaux pussent plus facilement tourner. On l'avait revêtu de feuilles de métal blanc, pour pouvoir mieux le faire glisser sur la neige molle, et muni d'un sous-patin de bois, qui s'attachait avec des courroies, et dont on devait se servir pendant les grands froids, sur la glace ou sur la neige mêlée de sable. Les extrémités antérieures des patins étaient réunies par un arc auquel on fixait les traits. Pour faire ces traîneaux on n'avait pas employé un seul clou, mais toutes les pièces en avaient été liées les unes aux autres, afin d'obtenir une plus grande élasticité.

Pour soutenir et protéger ses kayaks sur les traîneaux, Nansen les avait placés sur ses sacs de provisions comme sur des coussins. En les plaçant ainsi je craignais que nos sacs n'eussent trop à souffrir des heurts de la glace et que leur contenu ne devînt une proie trop facile pour nos chiens. Je préférai mettre sur les traîneaux des chantiers d'aluminium sur lesquels nous placerions les kayaks. Les patins des traîneaux furent enduits d'un mélange de poix, de stéarine et de suif, ce qui les rendait plus glissants et en même temps plus solides.

En Alaska je m'étais toujours servi d'une tente Mummery rectangulaire, capable de contenir trois personnes, et soutenue par deux pieux à ses deux bouts. Je fis construire de nouvelles tentes sur ce modèle, mais en augmentant les proportions, de façon que quatre personnes pussent y dormir, trois dans le sens de la longueur et une dans celui de la largeur. Ces tentes étaient longues de 2m75, larges de 1m98, hautes de 1m51 dans le centre et de 0m91 sur les bords. Les dimensions avaient été calculées, de façon qu'il n'y eût que juste l'espace nécessaire pour quatre personnes[1]. Elles étaient en soie, le fond seul était de toile.

Les sacs de couchage, en peau de renne, à une et à deux places, que nous avions pris en Norvège, étant trop courts, nous en fîmes d'autres pour que trois ou quatre personnes pussent commodément y trouver place. Nous les fîmes assez longs, pour que ceux qui y dormaient pussent s'étendre, sans que leur tête dépassât la partie supérieure de l'ouverture et qu'ils eussent ainsi les épaules toujours couvertes. Le tablier qui servait à recouvrir l'ouverture de ces sacs était très ample, de façon qu'on pût le rabattre et le fermer hermétiquement par des courroies munies de boucles, sans que l'air froid pût pénétrer à l'intérieur. En faisant ces sacs capables de contenir plusieurs personnes, on obtint une notable diminution de poids et une augmentation de chaleur à l'intérieur.

Nos lampes étaient à pétrole, les plus pratiques et les plus sûres pour une expédition de ce genre. Les fourneaux et leurs accessoires étaient, comme ceux de Nansen, entièrement en aluminium, excepté les casseroles qui étaient en métal blanc.

Chaque membre de l'expédition devait être muni d'une petite gamelle, d'un verre et d'une cuillère. Ces ustensiles étaient faits de façon à s'emboîter les uns dans les autres et à pouvoir se placer dans une casserole. En fait d'armes nous choisîmes les fusils de petit calibre, qu'on pouvait employer à balles et à grenaille. Pendant les mois durant lesquels devait avoir lieu l'expédition, nous ne pouvions guère rencontrer beaucoup de gibier et nous décidâmes par conséquent de ne pas nous charger de trop de munitions.

Nos cuisines portatives, qui s'adaptaient exactement aux trous des kayaks, étaient ainsi assez en sûreté et à l'abri des dégâts pendant les marches. Les lampes, les instruments scientifiques, les chronomètres, quelques livres et almanachs, les cartouches et d'autres objets de première nécessité, tels que cordes, aiguilles, fil, furent placés dans une boîte en bois faite expressément pour cet usage. Une petite pharmacie contenait les médicaments les plus nécessaires à l'expédition en cas d'accidents ou de maladie.

Séduit par leur légèreté et leur souplesse, j'avais pris en Angleterre, pour l'expédition en traineaux, des vêtements en peau de chameau. Comme ils me semblaient très chauds, je les crus préférables à ceux de fourrures que nous avions d'abord; mais ensuite nous nous aperçûmes qu'ils nous échauffaient trop pendant que nous marchions, ce qui nous exposait à prendre froid lorsque nous étions arrêtés, car alors la transpiration se gelait sur notre corps. Pour chaussures nous adoptâmes les *finsko* et les *kömager*, qui, avec deux ou trois paires de chaussettes et un peu de laiche, tenaient les pieds au chaud, tout en étant fort légers.

Tandis que la main de Cagni était en voie de guérison, l'amputation de l'extrémité de mes doigts était au contraire devenue nécessaire. Je désirais que le docteur la fît le plus tôt possible, afin que les blessures

LES ABORDS DE LA TENTE ENSEVELIS SOUS LA NEIGE. — DESSIN DE TAYLOR.

se fermassent à temps. Il voulait au contraire la retarder, dans l'espoir de sauver la partie de mes doigts qui n'était pas irrémédiablement perdue.

Comme cette opération ne pouvait se faire avant le milieu du mois, je commençai à craindre de ne pas pouvoir prendre part à l'expédition. Avec des doigts récemment opérés, je n'aurais pas pu me servir de ma main et de plus on aurait dû la panser, chose impossible sous la tente et pendant des marches semblables à celles que nous allions entreprendre. Si, dans la vie ordinaire, il est toujours désagréable de ne pas pouvoir se servir d'une main, dans les régions où nous nous trouvions j'aurais été

obligé de me faire aider continuellement par une personne et serais devenu inutile, lorsque tous, et spécialement les chefs, devaient donner le bon exemple. En outre, si l'on réfléchit qu'une augmentation imprévue

---

1. Les tentes ne servirent que pour trois personnes. L'espace libre qui était au fond fut occupé par la cuisine et on y déposa les provisions. Elles furent ensuite agrandies, de façon que quatre hommes, placés les uns à côté des autres, pussent y dormir.

du mal ou une rechute, chose fort probable, quand il s'agit d'un doigt gelé, pouvait m'obliger à revenir à notre cabane, on comprendra facilement que j'aurais été un objet de préoccupations pour mes compagnons, et que j'aurais pu, d'un moment à l'autre, faire échouer toute l'expédition.

Dès le 15 janvier, alors que le docteur n'avait pas encore prononcé sa sentence, j'avais déjà annoncé à Cagni qu'il devait prendre à ma place le commandement de l'expédition. Je ne pouvais le confier à un chef qui eût plus d'énergie, d'activité, d'esprit, de ressources et plus de force de résistance physique et morale. En lui remettant le commandement de l'expédition, je lui donnai la plus absolue liberté de prendre toutes les dispositions de détail qu'il croirait les plus convenables pour en assurer le succès; il devait seulement se conformer au plan général que nous avions dressé de commun accord. Le 18 janvier, on me fit l'amputation de presque toute la dernière phalange du médius de ma main gauche et dix jours après, celle d'une partie de l'annulaire.

Dans la soirée du 12 janvier, un ouragan violent se déchaîna sur nous et dura jusqu'au surlendemain matin. Nous ne pûmes faire aucune observation scientifique, car il était impossible de sortir de la tente. Ce fut la seule fois, de tout l'hiver, qu'il nous fut absolument impossible de vaquer à nos travaux habituels et de faire nos observations. Pendant l'ouragan, notre tente, bien qu'elle fût ensevelie sous la neige, tremblait de fond en comble sous les coups répétés du vent, et les tourbillons de neige qui venaient se briser contre les parois de notre habitation faisaient un bruit semblable à celui de l'eau qui gronde dans un canal.

Le 14 au matin, lorsque nous voulûmes sortir, nous trouvâmes notre porte

L'AVANT DE « L'ÉTOILE POLAIRE ». — DESSIN DE GOTORBE.

bloquée par 3 ou 4 mètres de neige. Nous dûmes tirer dans notre vestibule une partie de cette neige et ensuite creuser un passage par lequel une personne pût sortir. Le vent, qui n'avait duré que quelques heures, nous occasionnait deux ou trois journées de travail.

Ces tempêtes de neige nous avaient fait renoncer à abriter nos instruments dans des cages. Nous décidâmes de les suspendre à un poteau de bois et de les laisser continuellement exposés à l'air. Si la neige venait se déposer sur eux, le vent se chargerait de l'emporter.

D'abord, nous éprouvâmes quelque difficulté à assurer le fonctionnement du thermographe; mais, en bouchant les plus grands trous avec du papier gommé et en sacrifiant plusieurs boîtes de beurre pour fermer les fissures qui se trouvaient autour du couvercle, nous arrivâmes ensuite à le faire marcher même par les vents les plus forts; depuis, comme il n'était plus obstrué par la neige, il nous donna toujours les indications les plus exactes. Sur ce même poteau, nous plaçâmes le thermographe, les deux hygromètres à cheveu et le thermomètre; ils y restèrent pendant tout l'hiver et pendant le printemps jusqu'au mois de mai.

Le 17 janvier, la température remonte à 6° et plus tard, le 19, à 2° au-dessous de zéro. Tout autour de l'île, au nord-ouest et au sud-ouest, il y avait de vastes zones d'eau libre. On entendait la mer se briser contre la glace de la côte, et la pâle lueur de la lune ne permettait pas d'apercevoir les limites du pack à l'occident. Le fait ne nous plaisait guère, car ces eaux libres étaient un obstacle au début de notre expédition en traîneaux.

Pourtant le mois de janvier fut froid, et les journées où nous eûmes une température élevée furent fort rares. Dans l'intérieur des tentes, avec les poêles allumés presque tout le jour, la température se soutint toujours entre 15° et 16° au-dessus de zéro. Pendant la nuit, lorsqu'ils étaient éteints, nous avions 1° au-dessus de zéro. Dans la première tente, la température qui, pendant le jour, s'élevait à 10° au-dessus de zéro, descendait, pendant la nuit, à 5° ou 6° et dans la seconde à 15° au-dessous de zéro, tandis qu'au dehors, il y avait environ 40° au-dessous de zéro. La consommation du charbon nécessaire pour les poêles et la cuisine ne dépassa jamais 50 kilogrammes par jour.

Chaque jour, à la lumière crépusculaire qui, petit à petit, augmentait d'intensité, nous attelions nos chiens dans le but de mater les plus récalcitrants et de reconnaître les meilleurs d'entre eux.

C'était le 21 janvier que finissait la nuit polaire. Cet heureux événement coïncidait avec l'anniversaire de la naissance de S. M. le roi de Suède et Norvège, que nous voulûmes dignement fêter. Le 26 janvier, entre onze heures et une heure, le ciel était déjà assez clair pour que nous pussions, en marchant sur la glace, voir les objets qui se trouvaient autour de nous. A mesure que le soleil se rapprochait, l'horizon s'éclairait de teintes de mille nuances, d'abord verdâtres et ensuite rouges. Le matin, ces couleurs faisaient leur apparition à l'est et suivaient ensuite le cours du soleil dans son lent voyage vers le midi et le couchant. Quoique bien des jours dussent encore se passer avant que nous vissions de nouveau le soleil, nous nous apercevions cependant qu'il se rapprochait lentement de nous.

Dans les derniers jours de janvier, par les journées calmes et les basses températures, la mer avait de nouveau gelé, et du haut du cap Säulen, aussi loin que le regard pouvait s'étendre, on n'apercevait que de la neige et de la glace.

Le 29 janvier, qui était l'anniversaire de ma naissance, la tente fut pavoisée de drapeaux italiens et norvégiens. La vue de ces drapeaux qui flottaient au gré de la brise et sous la caresse de la lumière qui, chaque jour, continuait à augmenter, nous remplit l'âme d'émotion. Mais en les voyant sur la cabane, sur la terre ferme, et non sur le vaisseau, je ne pouvais m'empêcher de penser que, pour retourner en Italie, nous devions encore trouver le moyen de dégager l'*Étoile Polaire* des glaces au milieu desquelles elle était emprisonnée.

(A suivre.)

ESSAI D'ATTELAGE DES CHIENS A UN TRAÎNEAU. — DESSIN DE MASSIAS

LES CHIENS DEVANT LA TENTE. UN TRAÎNEAU CHARGÉ AU PREMIER PLAN. — DESSIN DE MASSIAS.

"L'ÉTOILE POLAIRE" DANS LA MER ARCTIQUE

(1899-1900)

PAR S. A. R. LE DUC DES ABRUZZES.

Traduit et résumé par M. Henry PRIOR.

LA CARAVANE SE DIRIGE VERS LE CAP ROHLFS.
DESSIN D'OULEVAY.

V. — Aspect de la baie de Teplitz. — Excursion de Cagni. — État des chiens. — Nous formons un groupe auxiliaire. — Départ de l'expédition au Pôle. — Son retour imprévu. — Départ définitif. — Anniversaire de la naissance de S. M. le Roi. — En vedette au cap Fligely. — Inquiétudes au sujet du premier groupe.

A la fin de janvier, la lumière du jour augmentait rapidement, et nous, qui avions vécu dans l'obscurité, nous suivions les progrès qu'elle faisait avec une joie qu'il est facile d'imaginer. Le 8 février, les étoiles n'étaient plus visibles à midi. L'aspect de la baie et de tout ce qui nous entourait était complètement changé. Au nord, la cabane et le vaisseau étaient entièrement ensevelis sous la neige, qui recouvrait aussi notre vestibule, la maisonnette du charpentier et les chenils. Des corridors creusés dans la neige conduisaient à la porte d'entrée de notre cabane, et donnaient accès aux autres locaux également ensevelis. Partout la mer était gelée, et les zones de glace, récemment formées, se distinguaient facilement des autres en ce qu'elles étaient parfaitement unies.

Nous travaillions avec ardeur à l'équipement de l'expédition au Pôle; à bord on préparait les traîneaux et les kayaks et, sous la tente, les vivres, les vêtements, les sacs de couchage et les tentes. Le chargement des traîneaux s'effectuait, et à mesure qu'ils étaient prêts, on les

1. *Suite. Voyez pages* 145, 157, 169 *et* 181.

tirait au dehors et on les recouvrait de toile pour les protéger contre le mauvais temps, jusqu'au moment du départ.

Cagni eut l'idée d'aller faire du côté du cap Fligely une reconnaissance, avec les guides Petigax et Fenoillet. Il fut absent du 12 au 14 février, et il put s'assurer qu'entre le cap Germania et le cap Fligely, la descente était possible sur plusieurs points de la côte. En même temps, il eut l'occasion de faire l'essai de notre équipement par une température de 31 degrés au-dessous de zéro. Il put ainsi s'assurer que les sacs de couchage étaient suffisamment chauds et les rations de vivres — pour les hommes comme pour les chiens — assez abondantes. Le peu de lumière ne permettait pas encore, surtout par les temps brumeux, d'y voir clairement pendant plus de six ou sept heures par jour. Cela nous décida à retarder encore le départ de quelques jours.

Durant l'absence de Cagni, nous voulûmes essayer de nourrir les chiens de pemmican pendant quelques jours, et dans ce but nous les attachâmes devant notre cabane. Nous n'avions perdu que treize chiens pendant les six mois que nous avions passés à la baie de Teplitz. Six étaient morts pendant l'automne et les sept autres pendant l'hiver. Les uns avaient été tués par leurs compagnons, les autres étaient tombés dans quelque crevasse ou avaient été ensevelis dans les tempêtes de neige. Les querelles qu'ils avaient entre eux avaient été fréquentes pendant l'automne, mais elles étaient devenues fort rares dans les ténèbres de l'hiver, et quoique nous ne pussions plus les surveiller attentivement, une lutte n'aurait pourtant pas pu avoir lieu sans attirer notre attention.

Nous avions plaisir à revoir nos bêtes en aussi bon état qu'à l'automne précédent. Pendant l'hiver, la basse température, le poisson sec durci par le gel et qu'ils ne pouvaient plus manger, la neige glacée avec laquelle ils devaient se désaltérer, les fréquentes tempêtes et peut-être même aussi l'obscurité, tout cela avait influé sur leur santé, et ils étaient devenus d'une maigreur qui n'était pas sans nous inquiéter. Depuis ils s'étaient un peu remis, car nous leur donnions une nourriture plus substantielle et plus facile à prendre. Quoiqu'ils fussent nés dans un pays très froid, ils étaient sensibles aux températures inférieures à 30 degrés au-dessous de zéro. De temps en temps, pendant les froids les plus rigoureux, on les voyait soulever leurs pattes de dessus la neige, et les tenir en l'air pendant quelques instants, ou bien ils se mettaient en quête d'un peu de paille ou de quelque bout de planche pour s'y coucher. Quelquefois, ils montaient sur la tente et se tenaient autour de la cheminée de la cuisine pour y jouir d'un peu de chaleur.

Pendant les essais d'entraînement et pendant les tempêtes, nous avions eu l'occasion de nous convaincre de l'énorme supériorité des chiens au poil court sur les chiens au poil long; la force de résistance des premiers pendant les tempêtes et leur ardeur à tirer les traîneaux étaient au-dessus de tout éloge. Dans les moments de bourrasque, le manteau des chiens à poils longs se remplissait de neige; cette neige en se gelant formait comme une cuirasse tout autour de leur corps, ce qui naturellement les empêchait de se mouvoir avec facilité. Cela n'arrivait pas aux chiens à poils courts, qui de plus étaient beaucoup plus agiles, plus forts, plus courageux, plus résolus lorsqu'ils étaient attelés aux traîneaux et plus hardis pendant les chasses à l'ours. Durant la nuit polaire, notre troupe s'était augmentée de vingt et un petits chiens; sept naquirent

plus tard; ainsi vingt-huit de nos chiens avaient vu le jour dans la baie de Teplitz. Pourtant, à part quelques exceptions, ces chiens nés pendant l'hiver restèrent petits et nous furent de peu d'utilité pour le traînage.

Nous avions décidé de former un groupe auxiliaire, composé du capitaine Evensen et des matelots Hans et Ole. Ce groupe ne devait accompagner l'expédition que pendant deux jours et devait spécialement l'aider à traverser la zone de glace voisine de l'île, où, d'après les observations que nous avions faites, la marche pouvait rencontrer de sérieux obstacles. Pour faciliter aux groupes le retour dans l'île, au cas où il existerait des zones d'eau libre ou de glace nouvelle, nous décidâmes de laisser un poste d'observation au cap Fligely.

Nous établîmes les conventions suivantes avec les chefs de groupe : Le vingt-cinquième jour après que la caravane aurait quitté la baie de Teplitz, nous enverrions des hommes au cap Fligely pour guetter le retour du premier groupe et lui porter secours en cas de besoin. Ces hommes seraient munis d'une très forte longue-vue et d'un canot.

Dans le cas où le premier groupe se trouverait dans l'impossibilité de continuer sa route, il devrait, à une distance de la côte septentrionale ne dépassant pas huit milles, élever en l'air une espèce de ballon fixé à l'extrémité des bambous de sa tente, liés les uns au bout des autres. A ce signal du groupe en détresse, nos hommes en vedette au cap Fligely élèveraient, de leur côté, dans un endroit bien en vue et au plus haut point possible, un ballon de signaux qui devrait se détacher du fond de l'île. On ferait la même chose le cinquante-cinquième jour après le départ de la caravane, à l'époque du retour du second groupe et le quatre-vingt-cinquième jour, pour le retour du dernier.

Le dimanche 18 février, nous fêtâmes d'avance l'anniversaire de la naissance de Cagni, qui tombait quelques jours après. Nous nous réunîmes ensuite pour la prière habituelle du dimanche, après quoi Cagni m'adressa quelques paroles pour me saluer au nom de tous et pour m'assurer que ses camarades et lui feraient leur possible en vue d'obtenir l'heureux résultat que nous espérions. Je leur répondis en leur disant combien je

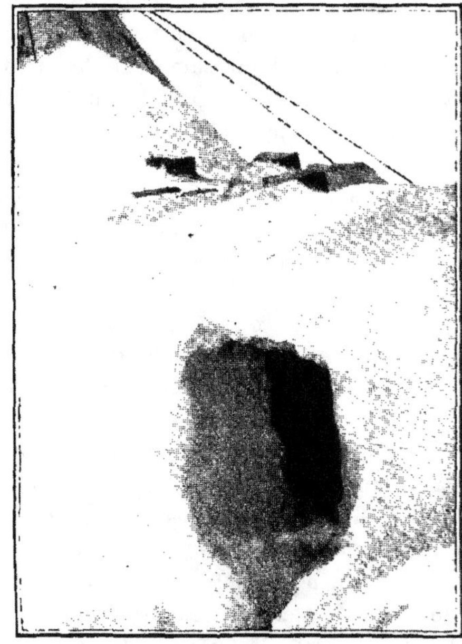

ENTRÉE DE LA TENTE PAR LA NEIGE. — DESSIN DE SLOM.

regrettais de devoir me séparer d'eux et combien j'étais sûr du succès de l'expédition, en les voyant partir avec la ferme résolution de surmonter tous les obstacles et de supporter toutes les privations.

On avait fixé le départ au 19. A notre grand regret, il y avait à l'ouest de l'île une zone de glace trop légère pour que l'on pût y risquer les traineaux. Il n'aurait pas été prudent de la traverser à cause du peu d'épaisseur

LA CABANE DES OBSERVATIONS MAGNÉTIQUES. — DESSIN DE SLOM.

de la glace, et aussi à cause des nombreux canaux qui la sillonnaient dans tous les sens. Il fallait donc renoncer à partir de la baie. En conséquence, dès le matin, nous nous mîmes à transporter les traineaux du côté du cap Germania. Ce fut long et difficile.

Le 21 février au matin, Cagni quitta de bonne heure la cabane avec le reste de nos hommes, pour aller rejoindre Petigax et Fenoillet, qui avaient été chargés de conduire les traineaux au cap Germania. Peu après je les suivis avec le docteur. Nous trouvâmes l'expédition prête à se mettre en marche. Les traineaux étaient tous placés sur une seule ligne et les chiens étaient attachés à des haches plantées dans la glace devant les véhicules. Au commandement de Cagni, ils se mirent en mouvement. La neige était bonne et le terrain en pente douce, ce qui facilitait la marche ; les traineaux s'avançaient les uns derrière les autres sur une ligne d'environ 200 mètres. Peu après, comme la descente devenait de plus en plus rapide, nous fûmes obligés de lier des cordes autour des patins, en guise de freins, et de cette façon nous pûmes tous marcher à peu près du même train, en nous arrêtant toutes les quinze ou vingt minutes pour attendre les traîneaux qui étaient en arrière. La caravane s'arrêta près de la côte. L'heure de la séparation, si douloureuse pour moi, avait sonné. Les yeux humides et sous l'impression des intenses émotions de ce moment, je serrai la main à tout le monde. Ensuite, tandis que la caravane s'éloignait lentement, nous nous saluâmes encore en criant par trois fois : *Vive le Roi!* Lorsque je la vis pour la dernière fois, elle était arrêtée près du cap Rohlfs.

La température se maintint à 35 degrés au-dessous de zéro par une journée calme, limpide et splendide. L'expédition s'éloignait en ordre parfait; elle était composée de douze hommes, cent quatre chiens et treize traîneaux, qui avec leur chargement, pesaient 280 kilogrammes. Le dernier groupe qui avait des vivres pour quatre-vingt-dix jours et pouvait être de retour le 20 mai, devait passer sur la glace les trois mois les plus propices à ce genre d'expédition. Elle avait un chef vaillant et des hommes résolus, qui n'en étaient pas à leurs débuts avec les dangers et les privations, et qui tous désiraient ardemment que l'Italie eût la gloire d'arriver au Pôle. Cependant je ne pouvais pas me dissimuler les difficultés de notre entreprise. L'avenir de l'expédition et son heureux résultat étaient maintenant dans les mains de Dieu, qui, en éloignant de nous les accidents et le mauvais temps et en nous facilitant la route, pouvait seul nous accorder d'atteindre au but que nous nous étions fixé. Ce soir-là, je me sentis envahi d'une grande tristesse, bien que je fusse comblé de soins et d'attentions par tous ceux qui étaient restés avec moi.

Le matin suivant, mon premier soin fut d'aller voir quelle avait été la température de la nuit, et je constatai, à mon grand déplaisir, qu'elle était descendue à 43 degrés au-dessous de zéro. Andreas m'était arrivé avec un doigt gelé; sans être médecin, je commençais déjà à m'entendre assez à ce genre d'accidents, et je vis avec joie qu'il n'avait pas à redouter de conséquences fâcheuses. Nous employâmes cette journée à remettre un peu d'ordre dans notre cabane, que nous avions quelque peu négligée pour les travaux urgents des derniers jours. L'absence des chiens rendait la baie déserte et silencieuse, et il nous semblait que la solitude dans laquelle nous nous trouvions avait encore augmenté.

Le 23, pas de vent et température froide. La glace en se brisant contre la côte vers laquelle elle était poussée, faisait un bruit que l'on entendait à plusieurs milles de distance, semblable au grondement du canon ou au fracas d'un train qui entre dans une gare. D'un côté ce fait me rassurait, car il me prouvait que le long de la côte, il ne s'était pas formé de canaux qui auraient pu faire obstacle au retour du groupe auxiliaire, mais, d'un autre côté, il m'inquiétait et me faisait craindre que l'expédition ne se trouvât sur quelque zone de glace nouvelle, exposée à des pressions.

Mais quelle ne fut pas ma stupéfaction en voyant tout à coup Querini paraître devant moi ! Il me raconta que toute l'expédition était de retour, qu'on l'avait envoyé en avant; que ses compagnons, qu'il précédait de peu, allaient arriver sans les traîneaux, laissés en partie au cap Germania et en partie au cap Rohlfs.

Le peu que m'avait dit Querini m'avait fait une grande impression, et je me dirigeai sur le champ du côté du cap Germania avec Andreas et Stökken. Peu après, nous rencontrâmes Hans entouré des chiens. En voyant revenir ainsi l'un après l'autre tous les membres de l'expédition, je commençai à craindre que quelque chose de plus grave ne fût arrivé et qu'on ne voulût me le tenir caché; mon anxiété était si grande que je courus plutôt que je ne marchai. Je respirai lorsque, sous la tente, je vis enfin Cagni, le docteur et le capitaine, tous en bonne santé. Cagni était en train d'ôter son pantalon, qui s'était gelé sur lui à la suite d'une chute dans

L'EXPÉDITION AU PÔLE EN LIGNE POUR LE DÉPART. — DESSIN DE MASSIAS.

LES TRAÎNEAUX DE LA CARAVANE SUR LE PACK. — DESSIN DE MIGNON.

un canal. En ce moment, les autres mangeaient de grand appétit et, dans la tente voisine, les matelots en faisaient autant. Tous se portaient bien, à l'exception d'Ollier qui avait eu un orteil gelé. Lorsque Cagni m'eut fait le récit sommaire de ce qui était arrivé, je le félicitai de la décision qu'il avait prise, quelque pénible qu'elle eût été pour lui. Il avait ramené ses hommes en parfaite santé; il n'avait rien perdu du matériel; il ne s'agissait donc que d'un retard de quelques jours, après quoi l'expédition pourrait se remettre en route. Pendant les trois jours passés sur le pack, on avait reconnu des inconvénients qu'il fallait tâcher d'éviter lors du prochain départ.

Pour bien s'y préparer et faire les choses avec plus d'ordre et de précision que la première fois, il fallait une vingtaine de jours. C'est pourquoi Cagni et moi, d'un commun accord, nous modifiâmes le plan de l'expédition. J'avais la conviction qu'il était absolument nécessaire que tous fussent de retour le 20 mai, au plus tard. Le départ étant remis au 20 mars, le retour de chaque groupe ne pouvait plus avoir lieu après quinze, trente et quarante-cinq jours de marche, comme il avait été fixé dans le premier plan, mais bien après douze, vingt-quatre, trente-six jours selon les groupes, de façon que la durée totale de l'expédition était réduite à soixante-douze jours. En faisant encore accompagner la caravane pendant les deux premières étapes par le capitaine, nous pouvions prolonger de deux jours la durée de la marche vers le nord, qui serait ainsi de trente-huit jours. Cagni étant d'avis qu'il serait utile d'augmenter d'une personne le premier groupe, pour faciliter la marche pendant les premiers jours, on porta donc à dix le nombre des hommes qui devaient prendre part à l'expédition. Nous désignâmes pour cela le mécanicien Stökken, qui avait exprimé le désir d'en faire partie. Nous décidâmes en conséquence que le premier groupe serait composé du docteur, de Stökken et des deux plus jeunes guides; que deux des matelots feraient partie du second et les deux autres du troisième. Ces dispositions n'étaient cependant que provisoires, et Cagni, une fois en marche, pouvait les modifier, selon qu'il le jugerait convenable.

Le 26 février, le soleil aurait dû se montrer, mais une légère brise du nord-est, chargée de drift, s'était levée pendant la nuit et empêchait de voir le ciel. Le 26, le 27 et le 28, nous eûmes un violent vent du nord-est, toujours accompagné de drift, ce qui rendit le travail fort pénible et ne nous fit pas regretter le retour de l'expédition.

Le 1ᵉʳ mars, le temps s'étant remis au beau, nous reportâmes à la cabane les traîneaux qui avaient été laissés au cap Rohlfs. Par cette belle et claire journée, nous pûmes enfin saluer de nouveau l'astre du jour que nous ne voyions plus depuis si longtemps. Après tant de mois d'obscurité et de lumière crépusculaire ou lunaire, la teinte rosée que prenait le paysage, sous le soleil de midi, nous causait une joie extraordinaire. Ce jour-là, la couleur du ciel nous parut splendide. Le soleil, qui descendait à l'horizon au milieu du brouillard et avait pris une teinte d'un rouge noirâtre; la mer, qui alors n'était pas gelée et qui était d'un azur extrêmement foncé, tranchant davantage encore sur les glaces d'alentour et les rochers noirs du cap Säulen, tout cela nous rappelait les décors fantastiques de quelque théâtre à grand spectacle.

Avec la lumière revinrent aussi les oiseaux (des guillemots nains et de petits guillemots); ils arrivèrent presque en même temps, comme pour nous apporter un salut des régions habitées.

Les jours suivants, jusqu'au 8 mars, nous fûmes occupés à recharger les vivres sur les traîneaux.

Le dimanche 11 mars, la caravane composée de treize traîneaux, chargés cette fois de 250 kilogrammes seulement, et tirés par cent deux chiens, se mit en marche, par une belle matinée et une température de 28 degrés au-dessous de zéro.

Cagni se trouvait à la tête du convoi avec les traîneaux qui appartenaient à son groupe; après lui venait Querini, et en dernier lieu le docteur. Nous parcourûmes ainsi environ 2 kilomètres, sur une glace qui se mouvait continuellement sous nos pieds; nous marchions à la file; seuls les chiens du premier traîneau étaient précédés par un homme; d'autres hommes marchaient à côté des traîneaux suivants et aidaient à les pousser.

Si tout le pack avait été semblable à la zone que nous venions de traverser, il aurait été facile d'atteindre le Pôle, d'abord à cause de la rapidité avec laquelle on pouvait marcher, ensuite parce que sur une glace unie les traîneaux étaient rarement exposés à des avaries. Au contraire, sur la glace inégale dans laquelle nous entrions, deux guides, armés de haches, devaient nous précéder pour égaliser le sol sur les points les plus difficiles, et nous étions obligés d'avancer en zigzag pour éviter les zones par lesquelles il était absolument impossible de passer.

Sur les points les plus accidentés les traîneaux se renversaient, et nos hommes devaient s'arrêter pour les relever, ou bien il arrivait que les patins restassent pris dans les aspérités de la glace. Nos traîneaux étaient ainsi exposés, à chaque instant, à des accidents, et la route que nous parcourions effectivement s'allongeait des détours continuels que les guides devaient faire pour trouver les passages les plus praticables.

C'est alors que je quittai nos camarades. Quand je les eus salués l'un après l'autre, je pris congé de Cagni, en lui adressant quelques cordiales paroles; nous nous exprimâmes réciproquement le souhait de nous revoir bientôt, après une heureuse expédition. Je comprenais que cette fois la séparation était définitive, et que je ne le reverrais plus avant de longues semaines, lorsqu'il aurait subi l'épreuve la plus dure qu'il lui serait donné d'affronter pendant toute sa vie. Quoique dans l'espace étroit de notre unique tente, la vie en commun n'eût pas toujours été facile, cependant, dans ce moment solennel, le souvenir de légers dissentiments ne troubla en rien la tranquillité de nos âmes et ne rendit certainement pas moins affectueuse notre dernière poignée de main.

Les traîneaux reprirent leur marche. Le docteur fut le dernier qui me salua, et la caravane s'éloigna au milieu des hummocks. Gini et moi nous montâmes sur un amoncellement de glaces pour voir encore l'expédition qui s'éloignait. L'autre fois nos camarades nous avaient envoyé le dernier salut; cette fois, ce fut nous, et ils nous répondirent de loin par un triple *hurrah!* C'était l'adieu définitif. Peu après, la caravane disparut.

Notre retour à la cabane fut fort triste, comme il l'avait été quelques jours auparavant. Les mêmes pensées revenaient m'agiter l'esprit : le chagrin d'avoir dû me séparer de mes camarades, et l'inquiétude où

LE PACK POLAIRE. — DESSIN DE GOTORBE

LA CABANE AU PRINTEMPS DE 1900. — LE NAVIRE EN MARS 1900. — DESSIN DE GOTORBE.

me mettait l'idée des privations auxquelles ils allaient être exposés. J'étais distrait, et, tout en marchant, je ne remarquai pas un canal récemment formé qui se trouvait devant moi; la glace se rompit, et je tombai dans l'eau. Mes bottes, mon pantalon et ma camisole devinrent en un instant raides comme des morceaux de bois.

De retour à la cabane, je dus me faire aider pour ôter tous ces vêtements glacés, qui en se dégelant à la chaleur de notre habitation, commençaient à me mouiller. Quelques heures plus tard — vers deux heures de l'après-midi, — le reste de mes hommes était rentré.

Toute notre vie se résumait en une seule pensée : le retour de nos camarades. Je crois opportun de transcrire ici tout ce que j'ai écrit dans mon journal pendant cette période; on y trouvera toutes les observations que nous avons faites, observations qui peuvent donner une idée suffisante des conditions de l'atmosphère et de celles de la glace dans le voisinage de l'île; on y verra aussi les pensées qui nous agitaient et les résolutions que nous dûmes prendre.

12 mars. — Belle journée, pas de vent. Température, 22 degrés au-dessous de zéro. En revenant à la cabane, nous apercevons un gros ours qui, n'étant inquiété par aucun chien, s'avance jusqu'à notre habitation. Andreas et Christian s'approchent de lui et le tuent. Nous fabriquons une guérite pour abriter nos instruments du côté du midi et les tenir à l'ombre.

13 mars. — Le calme des jours précédents continue. Le ciel est limpide. Pendant toute la journée, le soleil est entouré d'un halo légèrement coloré. C'est la première fois que nous voyons ce phénomène dans les régions où nous nous trouvons. Je me rends au cap Germania et au cap Säulen avec Andreas, et là je dois me persuader que l'on ne peut guère apercevoir quoi que ce soit à de grandes distances.

Par les jours de soleil et quand le temps est clair, les ombres des hummocks produisent une quantité de taches noires, au milieu desquelles il doit être impossible de distinguer une caravane.

La glace continue à être agitée de légers mouvements et tend à s'ouvrir: pourtant on peut la traverser en traineau. Nous revenons à la cabane sans avoir vu le traineau du groupe auxiliaire. Grande est notre surprise lorsque, vers six heures du soir, nous voyons arriver Evensen. Il nous raconte que l'expédition continue bien, que les chiens se conduisent à merveille, que les traineaux ne se brisent pas, que le froid ne s'est pas trop fait sentir et que les marches ont été assez bonnes, quoiqu'elles aient été entravées par une quantité énorme de digues de pression. Il a ramené les cinq chiennes.

14 mars. — Anniversaire de la naissance de S. M. le roi. J'aurais préféré le fêter avec mes camarades,

tandis que je suis le seul Italien de ma tente, comme Gini est le seul de celle des matelots. Ne pouvant célébrer cet anniversaire comme nous l'aurions voulu, nous le fêtons de cœur et tous les Norvégiens s'unissent à nous. Ils prennent part à nos fêtes, comme nous prenons part aux leurs. Le soir, la température descend de nouveau à 37 degrés au-dessous de zéro. Pendant la nuit, nous entendons le bruit de fortes pressions près du cap Säulen.

15 mars. — Le froid continue et arrive pendant la nuit à 39 degrés au-dessous de zéro. Lentement le pack se rapproche de l'île, en soulevant la glace nouvelle et en la brisant.

16 et 17 mars. — Journées belles et calmes comme les précédentes. Pas un nuage à l'horizon. Le soleil se couche à six heures, et du haut du cap Säulen on n'aperçoit aucune terre du côté de l'ouest. Et pourtant, si quelque terre existait de ce côté, ce serait le vrai moment pour l'apercevoir. Mes hommes mettent un peu d'ordre sur le pont du navire et enlèvent la neige qui s'y est accumulée. Pendant toute la journée nous entendons des craquements le long de la ligne qui sépare la glace fixe de la glace mouvante; c'est l'effet des marées de l'équinoxe.

18 mars. — Le beau temps, qui a continué jusqu'aujourd'hui, doit avoir permis à la caravane d'avancer, et les pressions que nous avons eues et qui viennent de l'ouest sont un indice que le pack n'a pas bougé, ou ne s'est mû que légèrement du côté de l'est. Aujourd'hui, nous avons un vent de l'est assez frais, avec beaucoup de drift. En même temps, la température monte de plusieurs degrés. A quoi devons-nous attribuer cette hausse du thermomètre?

Il devient bien difficile de faire des observations maréométriques à cause de la neige, que le vent transporte en grande quantité dans le puits de notre perche. Chaque fois que l'on veut faire une lecture, il faut un travail d'une dizaine de minutes pour enlever la neige.

Le vestibule de notre tente s'est de nouveau rempli de neige pendant la nuit, ce qui nous a coûté beaucoup de travail pour pouvoir sortir ce matin. La température s'est élevée et reste stationnaire à 22 degrés au-dessous de zéro. A bord nous avons dû transformer en tannerie notre carré, jusqu'ici l'objet de tant de soins.

Christian s'y est établi avec les peaux d'ours: il les nettoie, enlève la partie grasse et les prépare pour être tannées.

20 mars. — Le vent souffle par intervalles; tantôt le drift est léger, tantôt il est tellement violent que nous ne pouvons rien distinguer autour de nous.

21 mars. — Journée sereine, pas trop froide, sans vent. Température, 24 degrés au-dessous de zéro. Entre le cap Saülen et le cap Clément-Markham, nous découvrons un vaste canal formé par le vent ces jours derniers. Nos hommes recommencent à enlever la neige du vaisseau.

22 mars. — Encore une belle journée sans vent. Pour la première fois — quoique la température soit de 26 degrés au-dessous de zéro, — je commence à sentir la chaleur du soleil qui, jusqu'ici,

LA BAIE DE TEPLITZ, VUE DU LEVANT. — D'APRÈS UNE PHOTOGRAPHIE.

s'était borné à nous éclairer. Il se forme une glace nouvelle, là où, le jour précédent, il y avait des eaux libres. Au cap Saülen, nous voyons une quantité de petits guillemots et de guillemots nains. Sur la façade de la tente extérieure exposée au midi, la neige fond pour la première fois, ce qui produit une gouttière à l'intérieur, sur notre seconde tente.

23 et 24 mars. — Ciel serein; baromètre stationnaire. A dix heures du soir, il fait encore jour; bientôt nous aurons de nouveau la lumière pendant vingt-quatre heures de suite.

25 mars. — Suivant ce dont nous sommes convenus avec Cagni, le premier groupe devrait être de retour aujourd'hui. Pendant la soirée, dans notre cabane, nous discutons la latitude à laquelle il aura pu arriver. Si, sur le pack, le temps a été semblable à celui que nous avons eu à la baie de Teplitz, il aura dû interrompre sa marche le 18 ou le 19 au plus tard. On peut donc admettre que, s'il n'a pas trouvé de trop sérieux obstacles sur la glace, ce groupe n'aura pas mal avancé. C'est avec cet espoir que nous vivons et c'est ce sujet qui fait l'objet de toutes nos conversations.

La température redescend à 30 degrés au-dessous de zéro. Nous allons nous coucher plus tard que d'habitude, car nous profitons de ces belles soirées pour causer en plein air, quoique la température soit toujours entre 25 et 30 degrés au-dessous de zéro.

26 et 27 mars. — Calme et ciel serein. Les conventions suivant lesquelles nous devons nous trouver au cap Fligely, pour y attendre le retour des différents groupes, ont été modifiées : au lieu du vingt-cinquième, du cinquante-cinquième et du quatre-vingt-cinquième jour après le départ de l'expédition, nous avons décidé que nous nous retrouverions à ce cap, le vingtième, le quarante-quatrième et le soixante-huitième jour à dater du départ. Je décide donc de me rendre demain au cap Fligely.

28 mars. — Le traîneau, sur lequel nous avons fixé le canot avec des étais fabriqués par le charpentier, présente un aspect curieux; mais c'est aussi un pesant fardeau pour les sept chiens qui nous restent, quatre femelles et trois mâles qui ne sont pas des plus forts. Nous partons à huit heures du matin. Le temps est serein, pas de vent. La température est fort basse : 32 degrés au-dessous de zéro. Pourtant, nous ne sentons pas le froid en marchant, et, chose étrange, nos yeux ne souffrent pas d'avoir le soleil en face et un soleil peu élevé sur l'horizon. Vers onze heures, je me sépare de mes hommes et, avec Andreas et Hans, je continue ma marche vers le nord. Du haut de l'île, à environ 350 mètres au-dessus du niveau de la mer, nous apercevons l'immense plaine de glace qui nous entoure de toutes parts. On ne pourrait pas désirer de conditions plus favorables au retour de nos camarades. Vers midi, après une courte halte, nous nous dirigeons de nouveau du côté du cap Fligely où nous arrivons après huit heures de marche. Là, nous dressons nos tentes; demain, nous chercherons l'endroit le plus propre pour y placer le signal convenu. Le soir, la température descend à 36 degrés au-dessous de zéro.

29 mars. — Pas de vent. Il fait froid. Temps splendide. Le pack est contre la côte. C'est la première fois que je dors dans le sac en peau de renne, par une température de 34 degrés au-dessous de zéro. Le froid y est supportable. Cependant, je me persuade encore davantage que j'ai eu raison de ne pas prendre part à une longue expédition dans l'état où je me trouve. Comme je ne puis me servir que d'une main, je suis toujours obligé de me faire aider, pour me mettre dans le sac, pour me chausser et pour m'habiller. Quoique j'aie la main bandée et recouverte de deux paires de gants, et qu'en outre elle soit entourée d'une double enveloppe, l'une en peau de renne, l'autre doublée de plumes, je souffre cependant continuellement du froid, et je suis obligé de la réchauffer à la chaleur de la lampe. Nous transportons le traîneau, le bateau et la tente, un peu à l'est, sur une petite colline recouverte de neige, à environ 90 mètres au-dessus du niveau de la mer, et d'où la vue s'étend sur presque tout l'horizon dans la direction du nord. Comme les groupes doivent revenir de l'ouest et que, du cap Fligely, au cap Germania, la direction de la côte est presque celle de l'ouest, ils devront aborder d'abord au cap Saülen ou au cap Germania. C'est pourquoi nous ne cessons de regarder dans cette direction. Nous transportons le bateau près du petit promontoire et le laissons au pied des rochers.

Ensuite, nous nous occupons à préparer une habitation qui nous permette de rester sur ce cap exposé à tous les vents. Nous souvenant des grottes des chiens que nous avons creusées dans la neige pendant l'hiver, nous pensons d'abord à faire quelque chose d'analogue, mais nous ne trouvons pas assez de neige pour cela

DÉPÈCEMENT D'UN OURS. — DESSIN D'OULEVAY.

et il faudrait trop de temps pour tailler une semblable habitation dans la glace. A l'endroit où nous avons dressé notre tente, la neige, transportée par le vent, a une épaisseur de 30 centimètres.

Nous y faisons une excavation de la grandeur de notre tente, excavation que nous continuons ensuite dans la glace jusqu'à ce que la profondeur soit égale à la moitié de la hauteur de la tente. Tout autour, nous élevons un mur avec de gros blocs de neige, dont nous nous servons comme de briques, et sur ce mur, nous plaçons le traîneau et les rames de rechange du bateau. Ensuite, nous recouvrons le tout de neige. Nous formons ainsi une cabane semblable à celle des Esquimaux, avec cette différence qu'ils placent les blocs de neige en cercle et que, chaque couche de ces blocs faisant saillie sur la précédente, les murs finissent par se rejoindre au sommet, tandis que nous nous servons du traîneau et des rames pour soutenir la voûte de notre édifice. Le 30 mars, notre cabane est finie. Nous avons placé la porte au nord et de manière à ce qu'elle soit à l'abri de tous les vents. Dans cette maison de glace, nous plaçons notre tente; elle nous protégera contre les gouttières des parois de neige. Près de là, nous plantons le poteau au haut duquel nous devons attacher

LE CAP FLIGELY. — DESSIN DE MASSIAS.

notre ballon-signal, qui sera tout à fait en vue et se détachera sur le fond du glacier. Le temps est toujours beau; pas de vent; le pack est contre la côte et la température varie entre 25 degrés et 36 degrés au-dessous de zéro.

1er avril. — Le temps est devenu mauvais; le vent souffle du sud. Ensuite, vent de l'est et neige. Comme la température s'est élevée à 17 degrés au-dessous de zéro, nous nous trouvons très bien dans notre cabane pendant la nuit. Le rempart de neige nous procure une température plus élevée que si nous n'étions abrités que par la tente seulement, et, pendant les repas, lorsque le fourneau de la cuisine est allumé, nous pouvons même rester sans gants. Pendant la nuit, les chiens, chassés par le drift, viennent se coucher devant notre porte; mais ils font un tel vacarme que nous sommes obligés de les renvoyer à plusieurs reprises. Le soir, le brouillard augmente, et il est impossible de distinguer quoi que ce soit au delà de la distance d'un mille. Les camarades que nous attendons n'auront certainement pas pu bouger.

2 avril. — La journée d'aujourd'hui est meilleure que celle d'hier. Nous regardons sans cesse la limite des glaces, mais nous ne découvrons aucune trace du premier groupe. Le pack, près de l'île, n'a pas bougé; seule la glace moins épaisse, qui s'est formée dans le canal, se meut. Chose étrange, la température, pendant la journée, s'élève jusqu'à 5 degrés au-dessous de zéro. En se promenant, près du plateau, Hans enfonce et tombe dans la tanière d'une ourse. Cette tanière est creusée dans la neige, et ne communique avec le dehors que par une petite ouverture à travers laquelle Hans tue la bête d'un coup de fusil. C'est à ce moment que nous arrivons, et, après avoir élargi l'ouverture de la tanière, nous en retirons le corps de l'ourse et deux petits oursons à peu près de la grosseur d'un chat. Nous les tuons à coups de hache.

DEUX DE NOS VICTIMES. — DESSIN DE MASSIAS.

3 avril. — Comme nous ne pouvons pas sortir de la cabane, puisqu'on n'y voit pas, nous passons toute la journée dans le sac de couchage. Hors de ce sac, il nous est impossible de rester immobiles dans la cabane, car nos mains et nos pieds gèleraient. Ainsi, dans cette délicieuse alternative, nous sommes obligés, ou de nous mouvoir, ou de rester enfermés dans notre sac! Le soir, le vent tombe et, dans un moment d'éclaircie, nous apercevons le pack de nouveau contre la côte.

5 avril. — Aujourd'hui, dernier jour de vivres du premier groupe. Rien en vue! Avec les belles journées que nous avons eues jusqu'au premier avril, je n'arrive pas à comprendre comment il n'est pas encore de retour; il est certain pourtant que, le premier avril et pendant une partie du 2 et du 3, il n'a guère pu faire de grandes marches. Comme la journée est très claire, nous distinguons parfaitement les îles de Nansen du côté de l'est. Cette clarté de l'atmosphère me donne quelque espoir.

6 avril. — Nous avons beau regarder avec la longue-vue, nous ne découvrons rien. Comme le canal n'a pas plus d'un demi-kilomètre de largeur, nous devrions apercevoir nos camarades s'ils étaient en vue. Nous donnons à nos chiens la chair de l'ourse que nous avons tuée, et ils semblent la goûter énormément. Nous avions eu l'idée de faire cuire les petits oursons; mais comme aucun de nous n'est bon cuisinier, nous devons renoncer à ce plat. Nous continuons à faire notre soupe de chaque jour, dans laquelle nous mettons tous les ingrédients que nous avons à notre disposition, et, grâce à notre appétit, nous la trouvons toujours excellente. Hans prépare des lampes alimentées avec de la graisse d'ours; nous les allumons dans la soirée et elles nous donnent un peu de chaleur, mais nous enfument terriblement.

7 avril. — Rien en vue à l'horizon. Je commence à concevoir des inquiétudes sur le sort du premier groupe. Quoique le docteur ait acquis une grande expérience des calculs et des observations, c'est cependant la première fois qu'il se trouve dans le cas de devoir atterrir, et cela dans des conditions qui sont loin d'être faciles; il peut, par conséquent, être fort embarrassé et éprouver des difficultés à reconnaître sa position, s'il s'est éloigné de l'île. Peut-être aussi le retard est-il dû à quelque malade, à cause duquel on aura ralenti la marche; mais pourtant, il y a quatorze jours aujourd'hui que ce groupe doit être en marche pour le retour. Andreas fait observer qu'il est possible que Cagni ait modifié son programme et qu'il ait fait rester le premier groupe quelques jours de plus avec lui. Je ne crois pas ce changement probable, mais dans tous les cas, si le plan a été altéré, je suis sûr que ce groupe aura été renvoyé avant le temps fixé, non après.

Comme nous n'avons plus de provisions que pour deux jours, je décide que nous retournerons demain matin à la cabane. Nous laisserons ici Hans qui sera remplacé lundi par Evensen et Ole.

8 avril. — A sept heures, je quitte la tente avec Andreas; nous marchons rapidement, et, à midi, nous arrivons à la cabane. Là, nous trouvons tout notre monde inquiet.

Du 9 au 15 avril. — Le temps est tour à tour couvert et serein. La température varie beaucoup. Elle monte à 12 degrés et, un jour, le 13 avril, à 4 degrés au-dessous de zéro. Je vois le premier pétrel de la saison. Outre les chiens, nous avons à la cabane, deux oursons vivants qui ont été pris près du cap Germania, dans leur tanière. Ils sont plus gros que ceux que nous avons tués au cap Fligely, et, pendant quelques jours, nous les gardons vivants dans la baraque du charpentier. Mais ils y font un tel vacarme que nous devons les tuer. Par la température relativement élevée dont nous jouissons, la neige s'est encore amollie, et on y enfonce de plus en plus. Pour la première fois, je vois la neige fondre au soleil sur le pont de l'*Étoile Polaire*.

Mes inquiétudes sur le sort du premier groupe augmentent. Non seulement je m'imagine que ce groupe s'est perdu, mais encore que quelque malheur est arrivé à toute la caravane.

Nous passons une bien triste journée de Pâques.

(A suivre.)

OURS TUÉ AU CAP FLIGELY. — DESSIN DE SLOM.

LE RETOUR DU GROUPE DE CAGNI, LE 23 JUIN 1900. — DESSIN DE MASSIAS.

''L'ÉTOILE POLAIRE'' DANS LA MER ARCTIQUE

(1899-1900)

PAR S. A. R. LE DUC DES ABRUZZES.

Traduit et résumé par M. HENRY PRIOR.

VI. — Retour inattendu du second groupe avec le Dr Cavalli. — Lettre de Cagni. — Nous renonçons à toute recherche pour retrouver le premier groupe. — Station au cap Fligely. — Anxiétés que nous cause le retard de Cagni. — Nous commençons à dégager le vaisseau. — Retour de Cagni. — Marche de son groupe. — Son record. — Observations sur une future expédition au Pôle.

UN DE NOS MEILLEURS CHIENS.
DESSIN DE J. LAVÉE.

LE 18 avril, au matin, tandis que je songeais avec inquiétude à ceux dont l'absence se prolongeait outre mesure, j'entends Johan crier à plusieurs reprises : « Cardenti est arrivé ! » Impatient de l'interroger, je m'habille en grande hâte; j'entends également prononcer le nom du docteur et celui de Savoia. Le premier groupe est donc de retour! Mais aussitôt je me demande comment il se fait que Cardenti se trouve avec ce groupe, et que Cavalli ait un kayak. Peut-être les deux groupes sont-ils revenus ensemble! A moitié vêtu, je me précipite hors de la tente, je demande à Cardenti :

« A quel groupe appartenez-vous ?

— Au second, me répondit-il; le premier, composé de Querini, de Stökken et d'Ollier, a quitté, le 23 mars, le commandant Cagni, dont nous nous sommes séparés le 31. »

Cardenti me remet un billet du docteur. Il m'écrit le 17, c'est-à-dire hier, que depuis le 15, jour de Pâques, il se trouve dans le voisinage du cap Saülen sans pouvoir arriver à l'île, et qu'il expédie Cardenti en kayak pour me demander de l'envoyer prendre avec une embarcation. Nous tirons de dessous la neige un canot de toile qui est en parfait état. Nous le plaçons sur un traîneau auquel nous attelons les sept chiens que nous avons à la cabane et, tous ensemble, nous nous mettons immédiatement en route pour le cap Germania.

Le pack est à 3 ou 400 mètres de la côte; les bords en sont brisés et fort escarpés. Il se meut lentement du côté de l'est, ce qui doit avoir entraîné le docteur dans la direction du cap Rohlfs. Du glacier, où nous

1. *Suite. Voyez pages* 145, 157, 169, 181 *et* 193.

sommes, il ne nous est pas possible de découvrir le campement de nos camarades, que masquent probablement les hummocks. Une heure se passe. Nous commençons à être inquiets, lorsque nous apercevons d'abord une, ensuite deux personnes circulant sur la glace. Ce sont eux, et eux aussi nous ont vus....

Evensen et Christian montent de suite dans un canot pour aller à leur rencontre. En attendant, je me fais raconter par Cardenti ce qu'il a fait pendant la nuit.

Lorsque Cavalli l'a envoyé à nous, le pack se trouvait à peu de distance de la terre; il s'était dirigé vers l'île, avec son kayak, pour tenter d'escalader le glacier, qui, à cet endroit, se terminait par une muraille de 3 à 4 mètres de hauteur. Profitant d'une crevasse qui arrivait jusqu'à la mer, il essaya d'y grimper et pour cela quitta son kayak. Le courant le lui emporta, et il se trouva dans la crevasse sans être sûr de pouvoir avancer. Pendant deux heures il dut travailler de sa hache pour se creuser un passage dans la glace. Ensuite il s'achemina vers la baie; mais ne pouvant pas s'orienter, il se dirigea sur la partie élevée de l'île.

Au matin, il aperçut de loin les mâts du vaisseau et arriva à la cabane, après être resté debout toute la nuit!

Bientôt nous voyons revenir l'embarcation avec trois personnes, huit chiens et une partie de l'équipement. Lorsqu'elle arrive à terre, nous l'accueillons par un triple *hurrah*, que nous répétons en serrant la main du bon docteur; tous nous l'aimons et tous nous le revoyons avec joie après l'avoir cru perdu.

Un second voyage ramène Savoia et le reste du matériel. A huit heures du soir nous sommes de retour à la cabane. Cavalli, Cardenti et Savoia n'ont que très peu maigri et se portent parfaitement. Il en est de même des quinze chiens qu'on a ramenés. Ce jour-ci est un jour de fête dans notre logis. Après tant de semaines d'anxiété, le retour d'un groupe me donne quelques heures de bonheur. En retrouvant le docteur, je suis du moins délivré de l'horrible crainte dont j'avais été particulièrement tourmenté, ces jours derniers, à l'idée que quelque catastrophe avait pu arriver à la caravane. Malheureusement, chaque heure qui passe augmente ma conviction que quelque chose de grave doit être arrivé au groupe de Querini.

Ce soir-là je reste avec le docteur, et longuement nous parlons de Cagni et de Querini. Le docteur avait laissé le premier en parfaite santé, le matin du 31 mars, s'apprêtant à continuer sa marche sur le nord, avec quarante-huit chiens et six traîneaux. En le quittant, Cagni lui avait remis à mon adresse le billet suivant :

« Le froid ne veut pas cesser, et c'est un grave obstacle à notre marche; de plus il paraît que, ces jours derniers, le pack a dérivé du côté du sud, et nous nous trouverions à une latitude fort basse. Cependant, depuis trois jours, notre marche est plus facile; nous trouvons de larges plateaux de glaces, et de rares digues de pression, qui du reste sont aisées à traverser. Je ne désespère donc pas d'arriver à un bon résultat. Je marcherai encore pendant vingt jours, et au besoin deux jours de plus, si le succès devait dépendre de cela. Le docteur vous expliquera les raisons pour lesquelles je continue ma marche, avec quatre hommes et six traîneaux. De cette manière, je suis persuadé d'avancer plus vite. Je répète encore à V. A. R., que je ferai tout ce qui dépendra de moi et tout ce que mes forces me permettront de faire, sans jamais exposer sciemment l'existence de mes hommes. Nous sommes tous en parfaite santé. »

PRÉPARATION DES TRAÎNEAUX. — DESSIN D'OULEVAY.

En s'avançant vers le nord, Cagni avait modifié le programme de l'expédition, suivant lequel le premier groupe, composé de quatre hommes, aurait dû revenir quatorze jours après le départ de la baie de Teplitz, c'est-à-dire le 25 mars au matin, et le second groupe de trois hommes, après vingt-six jours, c'est-à-dire le matin du 6 avril. Au lieu de cela, il avait renvoyé le premier groupe, composé de Querini, Stökken et Ollier, dans la matinée du 23 mars avec des vivres pour dix jours, et le second groupe, Cavalli, Cardenti et Savoia, le matin du 31 mars, avec vingt-quatre chiens et des vivres pour dix-huit jours.

Je ne veux pas m'étendre sur les raisons de ce changement que Cagni expliquera dans sa relation. Mais je répète ici que la formation des groupes au moment du départ n'était que provisoire. Le fait de renvoyer d'abord l'un plutôt que l'autre des hommes qui avaient pris part à l'expédition, c'est-à-dire la formation définitive des groupes, dépendait exclusivement de Cagni. Dès le début, il avait été décidé qu'à mesure que l'on avancerait vers le nord, on choisirait pour continuer la marche les hommes les plus robustes et les plus résistants.

Querini aurait dû être de retour à l'île, au plus tard, dix jours après qu'il s'était séparé de Cagni, c'est-à-dire au

LE LIEUTENANT QUERINI QUI, AVEC OLLIER ET STÖKKEN, FORMAIT LE PREMIER GROUPE JAMAIS REVENU.

plus tard le 2 avril. Avec ses deux camarades, il avait quitté la caravane à environ 45 milles de l'île du Prince-Rodolphe; deux jours avant leur renvoi, la caravane pouvait encore apercevoir notre île vers le sud, et les belles journées que nous avions eues, du 25 au 31 mars, auraient dû faciliter leur retour. Le 8 avril, c'est-à-dire vingt-neuf jours après avoir quitté la baie de Teplitz, le second groupe avait aperçu, vers le sud, l'île du Prince-Rodolphe. Pour revenir à la cabane, à partir de la plus haute latitude à laquelle il était parvenu, le docteur avait parcouru en seize jours, une distance de 89 milles; la moyenne de chaque jour était donc de 5 milles, et il n'y a pas de raison qui puisse faire admettre que Querini, lui aussi, n'ait pas pu atteindre cette moyenne.

Le docteur et moi nous discutons diverses hypothèses sur la route suivie par Querini, nous tombons d'accord pour conclure, qu'il a dû être entraîné vers l'ouest et vers le sud. En admettant que la marche ait été retardée par quelque malade, ou

LE GUIDE OLLIER. — DESSIN DE MIGNON.

LE MÉCANICIEN STÖKKEN. — DESSIN DE MIGNON.

que le mauvais temps et les vents aient arrêté la dérive vers le sud et poussé le pack à l'est, le premier groupe ne peut pas avoir été entraîné au delà du méridien des îles de Nansen.

Nos incertitudes rendent cependant difficile le tracé d'un itinéraire pour l'expédition de secours, que je veux envoyer à la recherche du premier groupe. Il me paraît inutile de rien tenter dans la direction du sud, parce que si nos camarades se trouvent de ce côté, et si jusqu'à présent ils ne sont pas encore arrivés à l'île, c'est qu'ils doivent avoir été entraînés fort loin, et qu'ils se dirigeront probablement sur le cap Flora sur l'île Northbrook. Il est également inutile de tenter des recherches à l'ouest et au nord, où le pack, toujours en mouvement, est fort escarpé et où l'horizon est excessivement borné.

Il ne reste donc que la Terre-Blanche, sur laquelle il est possible que le premier groupe puisse avoir été transporté, où il peut même s'être dirigé, en la prenant par erreur pour l'île du Prince-Rodolphe, et d'où il n'aura plus bougé. L'hypothèse semble à peine vraisemblable. Mais comme c'est la seule supposition qui permette de faire quelque chose, je me décide à envoyer une expédition vers cette île, et j'en donne la direction à Andreas.

Le docteur, Cardenti et Savoia expriment le désir d'y prendre part; mais il me semble qu'après les fatigues qu'ils ont endurées, ils ont un absolu besoin de repos.

Les 19, 20 et 21 avril, nous avons beau temps. Température qui varie entre 15 et 29 degrés au-dessous de zéro. Le 22 au matin, Andreas, accompagné de Hans et de Ole, part avec deux traîneaux, seize chiens, des provisions pour vingt-six jours, et un bateau de toile pliable, pour traverser plus rapidement les canaux. Je lui ai donné l'ordre de marcher pendant douze jours dans la direction des îles de Nansen. Si au bout de ce temps il n'a pas pu y arriver, et qu'il s'en trouve encore éloigné, il devra revenir sur ses pas.

Sur le soir je me rends au cap Säulen avec Cavalli. Le calme des derniers jours et de légères brises, de l'ouest, ont de nouveau amené le pack contre la côte. Au sud du cap Säulen, nous apercevons une digue, dont la hauteur est certainement de 7 à 8 mètres; cela me donne une idée précise de l'absolue impossibilité d'avancer en traineau sur une glace semblable.

Sur une digue de formation récente, des masses de glace, amoncelées les unes sur les autres, et les immenses blocs qui s'élèvent, presque perpendiculairement, sur la surface de la glace, présentent de telles aspérités qu'il serait extrêmement difficile, à un homme seul, de pouvoir la traverser, et que ce n'est qu'au prix de beaucoup d'efforts qu'on pourrait y faire passer un traîneau.

De retour à la tente, quoique la température soit de 22 degrés au-dessous de zéro, le soleil est déjà assez haut pour que nous en sentions la chaleur, et que nous puissions rester plus d'une demi-heure hors de notre habitation.

23, 24, 25 et 26 avril. — La glace est toujours contre la côte. Maintenant, grâce au soleil, nous sentons la différence entre le jour et la nuit.

Nous nous mettons à préparer la tente pour la saison d'été. Enfoncée comme elle l'est maintenant, il est certain qu'au moment de la fonte des neiges, l'eau s'y précipitera comme dans un trou. Il faut donc enlever la neige, qui se trouve massée sur son avant, afin que l'eau puisse passer de côté, et couler plus loin. La neige, qui s'est amoncelée près de la porte, a atteint une hauteur de 3 ou 4 mètres, et ce ne sera pas une petite affaire que de l'enlever de là. Dans la soirée du 25, nous avons le spectacle d'un halo solaire. Ces phénomènes atmosphériques n'ont jamais eu une grande intensité pendant notre séjour et leur manifestation n'a jamais été parfaite.

Ces jours-ci, le froid diminue et la fin de l'hiver semble prochaine. Le 25 avril, pendant la nuit, nous avons eu 35 degrés au-dessous de zéro. Depuis lors, et petit à petit, la température a continué à s'élever.

Le 27, de légers vents de l'est ont éloigné le pack de l'île. Le 29, il se lève un vent frais, qui, pendant la

LE NORVÉGIEN HANS MARCHANT AVEC LES SKIS. — DESSIN DE MIGNON.

nuit se change en tempête, et a une rapidité de 80 kilomètres à l'heure. Le matin suivant, le vent saute au nord, mais a toujours la violence d'un ouragan. Le drift est si fort qu'il n'est pas possible de rester dehors. Ce temps continue, sans interruption, jusqu'au 1er mai : circonstance terrible pour les hommes que nous avons envoyés à la recherche du premier groupe; ils doivent se trouver encore dans le voisinage de l'île et ont dû, par conséquent, essuyer cette violente tempête.

A l'ouest et au sud-ouest, il s'est formé de vastes zones d'eau libre. Le soir du 2 mai, la masse d'eau, qui se trouve à l'ouest de l'île, fait monter la température à 9 degrés au-dessous de zéro, et lorsque nous sortons de la tente nous éprouvons une véritable sensation de chaleur. La neige durcie par le vent est fort bonne pour la marche.

Le temps est variable ; les vents repoussent de nouveau le pack contre la côte, où il reste jusqu'au 9 mai. Petit à petit, la température monte.

Devant la tente, là où nous avions déjà enlevé une partie de la neige, les derniers vents en ont transporté beaucoup, ce qui rend inutile le travail que nous avons fait. Je n'aurais jamais cru que le drift pût causer tant de dégâts. Depuis le mois de septembre de l'année passée jusqu'aujourd'hui, la brise la plus légère n'a jamais manqué de soulever la neige ; cette neige transportée par le vent a enseveli tout ce qui se trouvait au dehors et pénétré partout dans notre tente. Des travaux que nous avions mis des heures et même des journées à achever, ont été détruits en un moment par un coup de vent et par le drift. Nous enlevons nos caisses de vivres et les portons au haut d'un rocher. Nous les éloignons ainsi de la neige dans laquelle elles étaient

ensevelies et les mettons toutes au sec. La lumière intense du soleil nous oblige à porter des lunettes.

9 mai. — Le thermomètre, pour la première fois, marque 1 degré au-dessus de zéro. Sur notre vaisseau la neige amoncelée fond et coule goutte à goutte.

Le soir du 10 mai, à sept heures et demie, Andreas, Hans et Ole arrivent à la cabane. Nous sommes heureux de les revoir, mais en même temps douloureusement affligés d'apprendre qu'ils n'ont découvert aucune trace de nos camarades. Andreas a exécuté mes ordres et il est revenu le douzième jour, après huit jours de marche effective sur une glace extrêmement accidentée ; pendant quatre jours il lui a été impossible d'avancer à cause du mauvais temps. Il a parcouru environ les deux tiers du chemin qui mène aux îles de Nansen et s'est arrêté à peu de distance d'une zone de mer libre qui s'était formée à l'ouest de ces îles pendant les dernières tempêtes. Mes hommes auraient pu y arriver en douze jours de marche effective, et il aurait fallu encore cinq ou six autres jours pour explorer les îles. En tout, l'expédition aurait duré environ un mois. J'avais muni Andreas d'un canot de toile pliable, plus commode que les kayaks pour traverser les petits cours d'eau. J'aurais mieux fait d'y renoncer, vu la saison, et de lui donner une plus grande quantité de vivres.

La disparition des trois hommes du premier groupe m'avait peut-être rendu d'une prudence excessive, mais j'étais peu disposé à risquer l'existence d'autres personnes. D'un autre côté je me persuadais de plus en plus que des hommes à court de vivres, sachant que la cabane se trouvait dans leur voisinage, auraient facilement pu, en partant des îles de Nansen, revenir à la baie en huit ou dix jours; donc puisque nos malheureux compagnons n'étaient pas encore revenus, c'était qu'ils n'étaient pas arrivés à ces îles. Je renonçai par conséquent à faire d'autres tentatives nouvelles pour rechercher le groupe qui manquait. Il était certain qu'il n'était pas dans notre voisinage; s'il se trouvait sur le pack loin de nous, nous ne pouvions rien faire pour lui et s'il était au sud, il devait déjà s'être dirigé sur le cap Flora. Pauvres camarades!

Du 11 au 18 mai. — La désagrégation du pack est maintenant complète. Près de l'île, des canaux le divisent partout. Les champs de glace ne sont pas très étendus, les plus grands n'ont guère que de 300 à 400 mètres. Les canaux qui les séparent sont pleins de blocs de glace et de neige mouillée, ce qui fait qu'il est impossible de les traverser en bateau et difficile de le faire à pied avec des traîneaux. La glace se meut continuellement; les vents de l'ouest la poussent contre l'île, tandis que ceux de l'est l'en éloignent.

Le temps est presque toujours couvert, ce qui m'inquiète pour Cagni. Il lui sera difficile d'apercevoir l'île et de la reconnaître. Cependant la neige, surtout après les journées de vent, n'est pas trop mauvaise et on peut encore y marcher.

19 mai. — Le docteur, Andreas et Cardenti partent pour le cap Fligely, avec des provisions pour dix jours. Leur mission est de surveiller le retour de Cagni. Chaque jour, du haut du cap Germania, j'observe les environs avec une longue-vue. Le ciel reste constamment couvert, et nous avons fréquemment des brouillards. Le soleil est de plus en plus rare.

22 mai. — Dans la soirée, nous tuons quatre ours, toute une famille : le mâle, la femelle et deux robustes oursons. Nous avions tué d'abord la mère et les petits, et nous nous étions déjà retirés en laissant notre proie à la garde du cuisinier Gini et de deux matelots, lorsque le mâle se présenta tout à coup devant eux. Seul le cuisinier était armé, et ses camarades exécutèrent une prudente retraite. Par bonheur, Gini réussit à abattre la bête féroce du premier coup.

Le soir du 22, il se lève un vent de l'est qui dure jusqu'au matin du 25; il se forme un vaste bassin d'eau libre le long de la côte, à 6 ou 7 milles de la terre.

26 mai. — Cagni, suivant ce qu'il a écrit, doit s'être mis en marche pour le retour, il y a trente-sept jours. Il a donc encore des vivres pour trois jours, après quoi il devra subsister jusqu'au 10 juin avec les économies qu'il aura faites sur les rations. Dans ces derniers jours, le ciel a toujours été couvert et l'horizon fort peu clair, ce qui l'aura empêché d'apercevoir l'île et de faire des observations. S'il se trouve à l'ouest de l'île dans les conditions actuelles, il ne peut pas arriver à la cabane. Il faut donc aller à sa recherche le long

LE COMMANDANT CAGNI, PETIGAX, FENOILLET ET CANEPA A LEUR RETOUR A LA CABANE LE 23 JUIN 1900. — DESSIN DE J. LAVÉE.

de la côte avec un canot. A cinq heures, Cavalli arrive du cap Fligely. Le pack n'est éloigné de ce cap et du cap Rohlfs que de quelques centaines de mètres. Entre les îles de Nansen et celle du Prince-Rodolphe, on aperçoit pourtant de nombreux canaux.

27 mai. — Le soir, je pars pour le poste du cap Fligely avec Savoia, où je vais attendre le retour de Cagni. Nous avons presque continuellement du brouillard. Le 10 juin, il dégèle pour la première fois et nous voyons l'eau couler sur le plateau.

Nos journées se passent de la façon suivante : le matin, à neuf heures, réveil général; déjeuner vers dix heures; à six heures du soir, dîner; et, à neuf heures, nous rentrons dans nos sacs de couchage pour y dormir jusqu'au lendemain. Nous passons des heures entières à observer la mer, de façon que rien de ce qui est à portée de vue ne puisse nous échapper. Dans le poste, nous parlons bien souvent de nos camarades, et quels que soient nos efforts pour conserver notre bonne humeur, nous ne réussissons pas à vaincre la pénible préoccupation qui nous obsède. Cette vie est loin d'être agréable, et maintenant nous n'avons, cependant, à nous plaindre d'aucune souffrance physique, ce qui n'était pas le cas au mois de mars. La cuisine est excellente, quoiqu'il arrive quelquefois que Cardenti et Savoia oublient de mettre le liebig dans la soupe. Par la température actuelle, nos sacs de couchage en peau de renne sont très chauds; nous pouvons dormir déshabillés sans crainte du froid, et de cette façon nos sacs ne sont jamais mouillés à l'intérieur. L'ennui de courir de temps en temps pour nous réchauffer nous semble bien peu de chose, quand nous pensons au temps où nous étions presque continuellement obligés de nous livrer à des exercices violents pour lutter contre le froid ou bien de nous fourrer dans nos sacs en en fermant toutes les ouvertures et d'y rester pendant de longues heures, même lorsque nous n'avions pas la moindre envie de dormir.

J'ai baptisé le poste de veille du cap Fligely du nom d'*Eldorado*. Un beau jour, j'apprends que nos hommes appellent la cabane *Columbia* et qu'ils préfèrent tous le séjour de la *Columbia* à celui de l'*Eldorado*, excepté Cardenti, qui est heureux d'y être et répète à chaque instant : « Où peut-on être mieux qu'ici? » En cela je ne suis pas de son avis et je trouve qu'il y a beaucoup d'autres endroits où l'on peut se trouver mieux que sur ce cap désert, dans cette maison de neige, où les seules heures tranquilles sont celles pendant lesquelles nous dormons et nous oublions les angoisses que nous éprouvons pour nos camarades. C'est aujourd'hui le 10 juin. Suivant nos calculs, Cagni doit être au bout de ses vivres. Quand il s'est séparé du second groupe, il avait quarante-huit chiens et des vivres pour soixante jours, savoir : vingt jours de marche vers le Pôle et quarante jours pour le voyage de retour. Ses rations devaient finir le 26 mai, mais il a dit qu'en économisant ses vivres il pourrait aller jusqu'au 10 juin. Maintenant cette date est arrivée, et s'il n'a pas trouvé le moyen de refaire des vivres en chassant, sa position actuelle doit être critique. Je sais quelle confiance on peut avoir dans son énergie, dans sa persévérance et dans son habileté à trouver les moyens de surmonter quelque obstacle que ce soit; ce sont là des qualités que Cagni possède à un haut degré, mais il y a des limites à tout....

Peut-être ses chiens n'ont-ils plus la force de marcher. Savoia et Cardenti, qui les ont vus à l'œuvre pendant quarante jours, pensent de ces animaux tout le bien possible, et le seul fait que les chiens du second groupe sont revenus en parfait état et prêts à repartir immédiatement pour une autre expédition, prouve combien ils sont durs à la fatigue. Pourtant il est certain que, lors de précédentes expéditions, les chiens ont été subitement attaqués d'une maladie qui les a fait mourir en peu de temps. Néanmoins il me semble peu probable que ce malheur puisse être arrivé à Cagni; autrement, nous aussi, nous aurions eu quelques cas de cette maladie parmi ceux de nos chiens qui sont restés à la cabane.

LES ROCHERS DU CAP SAÜLEN. — DESSIN DE TAYLOR.

Peut-être aussi Cagni et son groupe ont-ils été atteints du scorbut. Pendant l'expédition anglaise de 1873, la marche fut précisément interrompue à cause de cette maladie. Il est vrai que Cagni et ses hommes se portaient encore fort bien vingt jours après leur départ, mais qui peut dire si soixante autres jours de fatigues ne les ont pas rendus victimes de cette maladie? Quoi que j'eusse, au moment du départ, fait tout ce qui avait été fait à cet égard sur le *Fram* et pris toutes les précautions possibles contre le scorbut, je ne

LA MARCHE EST DIFFICILE SUR LA NEIGE MOLLE. — DESSIN DE MASSIAS.

pouvais cependant pas être absolument sûr que nous pussions l'éviter, d'autant que les médecins ne savent pas positivement à quelle cause on doit attribuer cette terrible maladie. Tous croient, et cela surtout depuis les dernières expéditions dans lesquelles on a renoncé à se nourrir de viande salée, que la madadie provient de cette viande. Mais ce n'est encore qu'une supposition, et la vraie cause du mal n'est pas connue.

Il est possible que quelque accident soit arrivé à l'un des hommes du groupe, peut-être à Cagni lui-même; dans ce cas le groupe serait privé de l'unique personne capable de calculer le point. Ne peut-il pas aussi avoir été empêché, par le brouillard et le mauvais temps, de faire les observations nécessaires pour pouvoir se diriger?

Le 10 juin, comme nous sommes à la fin de nos provisions de vivres et de pétrole, je me décide à retourner à la cabane avec deux hommes. En marchant le long de la côte que nous suivons pour reprendre un canot abandonné près du cap Rohlfs, nous arrivons à la cabane après quatre heures et demie de marche. Là, nous trouvons de nombreux changements. A cause du dégel, on a dû enlever toutes les caisses avec lesquelles on avait construit la maisonnette du charpentier, et on les a transportées sur le rocher pour en fabriquer une nouvelle. On a enlevé la neige qui se trouvait au sud de notre cabane, de façon que l'eau pût couler jusqu'à la mer. Bien que la neige soit molle, nous sommes parfaitement au sec dans notre tente.

J'expose au docteur mon opinion sur notre situation actuelle. Le moment est venu de penser à dégager notre vaisseau, et Cagni n'est pas encore de retour. Que devons-nous faire? Je me suis sans cesse posé cette question, pendant les longues heures passées dans mon sac au cap Fligely. Rester dans la baie de Teplitz et y attendre un second hiver jusqu'au retour de Cagni, ne servirait pas à grand'chose. Ce ne sera que pendant l'automne que nous pourrons envoyer à la Terre-Blanche une expédition en traîneaux à la recherche de nos camarades, et pendant l'été nous ne pourrons explorer en canots que le bassin de la mer de la Reine-Victoria, qui se trouve dans le voisinage de l'île du Prince-Rodolphe. Or, si Cagni est arrivé à un point quelconque de ces régions, il a eu, d'une façon ou de l'autre, la possibilité de se rendre à notre cabane ou au cap Flora. En laissant quelques hommes ici et en repartant sur le vaisseau avec les autres, non seulement nous diminuons les chances de secours pour ceux qui restent, mais encore nous rendons plus difficile le retour du vaisseau avec un équipage nécessairement réduit. Le plan le plus rationnel semble être celui-ci: nous en aller tous en laissant autant de vivres que possible à la baie de Teplitz et au cap Flora, et envoyer un vaisseau au cap Flora l'été prochain. Nous ne partirons pas de la baie de Teplitz avant la fin de juillet, et si, à cette époque, Cagni n'est pas encore de retour, nous pourrons presque être sûrs qu'il ne se trouve pas au nord. Dès lors les recherches devront être faites au sud, ce qu'il nous sera plus facile de faire avec le vaisseau.

Tandis que le docteur et Andreas retournent au cap Fligely, nous nous occupons des travaux nécessaires pour dégager notre navire. Tous nos hommes se mettent à l'œuvre. Nous commençons à enlever la glace qui se trouve dans la cale ou dans la chambre de la machine, et qui a une épaisseur d'environ 1ᵐ20. Comme l'automne passé, nous nous servons de la petite chaudière, avec laquelle nous enlevons facilement l'eau de la cale. Ce travail, qui pendant l'automne avançait si lentement parce que l'eau gelait dans les tubes, se fait maintenant sans une minute d'arrêt. Le vaisseau étant adhérent à la glace, il fait très peu d'eau en comparaison de ce qui avait lieu alors; nous arrivons facilement à enlever toute celle qu'il contient; après quoi, il suffit de pomper deux ou trois heures pour que la cale reste étanche. Il s'agit ensuite de dégager les fourneaux qui sont complètement remplis de glace. Ce n'est pas une petite affaire, et pour aller plus vite nous devons encore recourir au pétrole et au charbon.

L'aspect de la baie est le même que pendant l'hiver, et la glace qui s'y trouve n'a pas de crevasses. La neige s'est amollie et on enfonce jusqu'aux genoux, mais la fonte n'est pas encore assez forte pour que l'eau puisse couler. Nous sommes à peu près au milieu du mois de juin. Le pack est contre la côte où l'ont poussé les vents persistants de l'ouest.

Tous ces jours-ci, je n'ai jamais manqué de me rendre au cap Germania et d'observer avec la longue-vue l'immense étendue de mer gelée, que l'on domine du haut de ce cap. La neige molle rend ce trajet tellement long que j'y perds chaque fois une demi-journée. J'essaie alors de me servir des *skis*, et je m'habitue à cheminer avec ce genre de patins. Je me persuade pourtant qu'ils peuvent être utiles à une personne qui en a l'habitude et qui s'en sert sur un terrain uni, mais que sur une surface accidentée comme l'est celle du pack, ils ne peuvent que causer une grande perte de temps, surtout si celui qui les porte doit suivre un traîneau. Lorsque la neige est encore dure, les patins ne sont qu'un embarras si l'on doit s'occuper de quoi que ce soit; ensuite, comme les traîneaux avec leur chargement ne peuvent guère atteindre qu'une vitesse relative, on gagne peu de chose en se servant des skis. Ils pourraient au contraire devenir utiles à l'époque où la neige s'amollit, c'est-à-dire à la fin du printemps; mais alors l'expédition est encore pourvue de chiens qui ne peuvent avancer là où les hommes enfoncent.

Les champs de glace sont de petites dimensions et peu épais. Partout il y a des canaux; on dirait que cette glace ne s'est formée que tard dans le voisinage de l'île, vers la fin du printemps. Nous n'apercevons aucun champ de glace d'une grande étendue. Le pack semble se mouvoir assez peu, mais dès que le vent de l'est se met à souffler, il s'éloigne de la côte en quelques heures.

Ces jours-ci nous n'avons eu que calme et brouillard. Le pack est resté contre la côte jusqu'au 17. Le dimanche 17 juin, nous voyons pour la première fois un guillemot, et Hans découvre sur les roches du cap Säulen des œufs de mouettes bourgmestres; ce sont les premiers œufs d'oiseaux que nous trouvons dans cette saison. Après les mouettes bourgmestres, les premiers oiseaux qui firent des œufs furent les guillemots nains, le 28 juin.

Le 19 juin, le docteur revient du cap Fligely. Je m'y rends à mon tour. J'y resterai jusqu'à la fin du mois, après quoi j'abandonnerai définitivement cette station.

Arrivés à *l'Eldorado*, nous trouvons notre poste à moitié détruit par le dégel, mais le fait n'a maintenant que peu d'importance, puisque le temps est au calme. Le 23, la journée qui le matin était couverte et obscure, s'éclaircit dans la soirée; il se lève une brise du nord. Nous en profitons pour observer l'horizon. Nous rentrons au poste plus tard qu'à l'ordinaire, et tandis que nous sommes en train de préparer la soupe, nous entendons aboyer nos chiens.

Notre première pensée est qu'un ours s'approche, et nous

LES SEPT CHIENS RAMENÉS PAR L'EXPÉDITION CAGNI. — DESSIN DE J. LAVÉE.

nous hâtons de sortir. Quel n'est pas notre étonnement en apercevant dans le lointain un traîneau, qui s'avance rapidement de notre côté. Comme depuis longtemps nous ne sommes plus habitués aux bonnes nouvelles, je m'imagine immédiatement que quelque malheur est arrivé à la cabane : un incendie s'est déclaré ou quelqu'un de nos camarades est gravement malade. Mais toutes mes inquiétudes s'évanouissent, lorsque

j'entends Andreas crier : « Cagni est de retour! » et qu'à ma demande : « Avec ses camarades? » il répond :
« Oui, et il a atteint 86°34! » Cardenti et moi, nous poussons un véritable hurlement. Toutes nos angoisses
disparaissent, et nous nous abandonnons à la joie que nous cause le retour de nos camarades, qui sont arrivés

à une latitude à la-
quelle jusqu'à ce jour
personne n'est encore
parvenu.

Nous chargeons
immédiatement nos traî-
neaux et partons à onze
heures et demie pour la
cabane, où nous arrivons
à cinq heures du matin.
Ma voix éveille Cagni,
qui s'empresse de sortir,
et, après cent quatre
jours de séparation, nous
pouvons enfin nous em-
brasser. Quoique toutes
nos inquiétudes ne soient
pas passées, pourtant le
retour de quatre des
personnes que je croyais
perdues et le succès rem-
porté par Cagni me don-
nent un moment de vraie
joie.

CE QUI RESTAIT DU MATÉRIEL DU 3ᵉ GROUPE. — DESSIN D'OULEVAY

Cagni, Petigax, Fenoillet et Canepa avaient l'air souffrant. Ce dernier était celui qui avait le moins pâti.
Bien que le manque de nourriture les eût excessivement abattus, on ne pouvait pourtant pas dire qu'ils
fussent épuisés. Les sept chiens survivants avaient moins bonne mine; deux ou trois n'avaient à la lettre
que la peau et les os. La tente, quoique toute rapiécée, était le seul objet rapporté qui pût encore servir. Les
kayaks avaient la carcasse enfoncée et la toile en était toute déchirée; pour pouvoir encore les utiliser il aurait
fallu leur faire subir une réparation, qui nous aurait coûté environ une semaine de travail. Quelques-uns des
traîneaux avaient été réparés avec des pièces prises à d'autres qui s'étaient brisés. La cuisine ne se composait
plus que d'un cercle du fourneau, d'une casserole raccommodée et de quelques ustensiles. La lampe *Primus*
avait été remplacée par un récipient dans lequel, pendant les dernières semaines, on avait brûlé de la graisse
de chien. Le sac de couchage avait été laissé en route et on n'en avait conservé que la seconde enveloppe en
toile à voile. Les vêtements étaient en lambeaux.

Pendant la marche, la santé des hommes avait été excellente; Cagni seul avait eu l'index de la main
droite gelé pour la troisième fois, et le docteur croyait qu'il serait nécessaire de lui amputer une partie des
os de ce doigt. Les chiens avaient fait preuve de beaucoup de vigueur, et aucun d'eux n'était mort de
maladie. On n'en avait ramené que sept, parce que les autres avaient servi à nourrir leurs compagnons et,
dans les dernières semaines, avaient alimenté les hommes aussi.

Cagni a marché vers le pôle pendant quarante-cinq jours, du 11 mars au 24 avril. En voyant les difficultés qu'il y avait à surmonter pour atteindre la latitude de Nansen, et sans se laisser abattre par les
marches décourageantes des premiers jours, il avait calculé qu'en renvoyant à la cabane les deux premiers
groupes avant l'époque fixée, il pourrait, avec les vivres économisés par ce renvoi, marcher vers le nord
pendant un plus grand nombre de jours. C'est à cette combinaison qu'il dut de pouvoir arriver à 86°34', et si le
pack en dérive ne l'avait pas entraîné à l'ouest, il aurait eu assez de rations pour subsister jusqu'à son
arrivée à la baie de Teplitz. Cagni, comme chef de groupe, aussi bien que ceux qui l'ont suivi, sont vraiment
dignes d'appartenir à l'histoire, par le courage dont ils ont fait preuve, et cela non pas dans un moment
d'exaltation, mais pendant des jours et des jours, et avec une admirable persévérance. Quoique les difficultés,
contre lesquelles les deux premiers groupes eurent à lutter, fussent moindres, puisque leur marche a moins
duré, elles ne pouvaient cependant être surmontées que par des hommes d'une énergie et d'un courage peu
ordinaires. Du premier au dernier, tous les membres de l'expédition ont rempli leur devoir avec une abné-
gation vraiment héroïque, et c'est ce qui les rend tous également dignes de mon admiration et de ma reconnaissance.

La marche de Cagni a surpassé toutes celles qui ont été faites sur l'océan Arctique, de quelque terre que l'on soit parti. En calculant la distance — en ligne droite — de la baie de Teplitz au point le plus septentrional où Cagni est arrivé et de ce point à l'île Ommanney, on arrive à un total de 601 milles qu'il a franchis en quatre-vingt-cinq jours. En y ajoutant la distance qui sépare l'île Ommanney de celle du Prince-Rodolphe, on trouve 637 milles[1] en ligne droite, parcourus en cent quatre jours, sans avoir fait de dépôts de vivres.

On peut diviser cette remarquable marche en trois périodes distinctes, si l'on se place au point de vue des moyennes de la vitesse quotidienne :

1° Du départ de la baie de Teplitz (11 mars) au renvoi du second groupe (31 mars).

2° Du 31 mars au 15 mai.

3° Du 15 mai au retour à la cabane (23 juin).

Tandis que, dans la première et la dernière de ces périodes, la moyenne de la distance parcourue n'est que de 5 milles par jour, pendant la seconde elle dépasse 10 milles. Donc la marche de Cagni a été le double de celle de Nansen, qui dans la meilleure période a été de 5 milles par jour.

Tout de suite après son départ, lorsqu'elle était au milieu des glaces escarpées qui se trouvaient près de l'île et pendant le trajet de retour, c'est-à-dire après le dégel, l'expédition Cagni a pu encore dépasser la plus haute moyenne de Nansen. Malgré cela les marches de Cagni prouvent que la vitesse qu'il a pu atteindre n'est pas suffisante pour qu'une caravane puisse franchir la distance qui sépare l'archipel de l'Empereur-François-Joseph du Pôle, dans le court espace de temps pendant lequel il est possible de faire une semblable expédition. La moyenne de 10 milles par jour, que Cagni n'a pu atteindre que dans la meilleure période de sa marche, c'est-à-dire lorsqu'il a trouvé la glace dans des conditions particulièrement favorables, devrait être celle d'une marche de cent jours. Est-ce à dire pourtant qu'il faille renoncer à l'espérance d'arriver au Pôle?

Il ne servirait à rien de tenter une seconde fois cette entreprise avec le plan que nous avions adopté. On pourra tout au plus arriver à quelques milles plus au nord, si la glace se présente dans des conditions extraordinairement favorables, mais ce résultat ne compenserait certainement pas les fatigues auxquelles on s'exposerait, et les sacrifices qu'il faudrait faire. C'est pourquoi, pour les raisons exposées au chapitre premier de ce livre, en m'en tenant toujours au principe de partir d'une terre et non d'un vaisseau en dérive au milieu des glaces, je crois qu'il conviendrait de choisir une autre route, afin de diminuer autant que possible la distance à parcourir en traîneau.

Pour mon compte, je conseillerais de suivre avec un navire la côte occidentale du canal de Kennedy, où, si les circonstances sont favorables, on devrait pouvoir atteindre une latitude encore plus élevée que celle à laquelle est parvenu l'*Alert* sur la terre de Grant.

(A suivre).

1. En mesurant sur la carte la distance totale qui a été parcourue par Cagni, on trouve 753 milles.

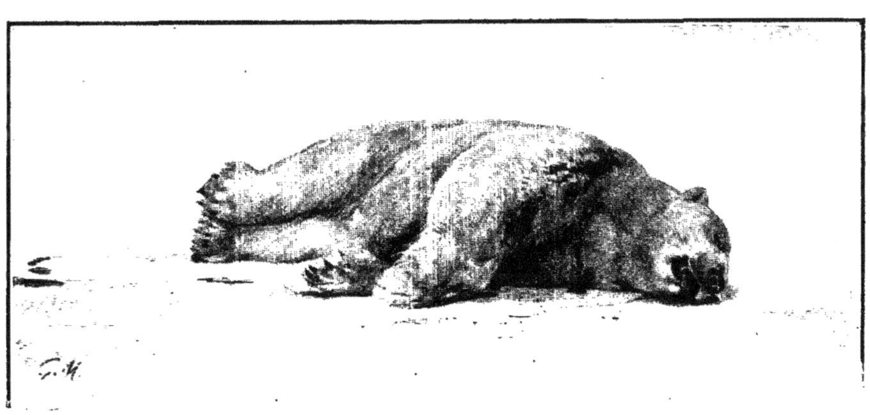

OURS TUÉ AU CAP SAÜLEN. — DESSIN DE MASSIAS.

CANAL CREUSÉ POUR DIRIGER VERS « L'ÉTOILE POLAIRE » L'EAU DE LA FONTE DES NEIGES. — DESSIN DE MASSIAS.

"L'ÉTOILE POLAIRE" DANS LA MER ARCTIQUE

(1899-1900)

PAR S. A. R. LE DUC DES ABRUZZES.

Traduit et résumé par M. Henry PRIOR.

VII. — Position de l'*Étoile Polaire* sur la banquise. — La tente pendant l'été. — Canaux pratiqués dans la glace pour dégager le navire. — Difficultés que nous éprouvons pour remettre le vaisseau d'aplomb. — Nous minons la banquise. — L'*Étoile Polaire* est redressée. — Elle est dégagée de la banquise. — Départ de la baie de Teplitz. — Notre retour à Tromsö.

APRÈS le retour de Cagni, la tente et le vaisseau restèrent pavoisés pendant plusieurs jours. La joie avait succédé à la tristesse, et les quelques jours de repos que s'était accordés le troisième groupe, étaient pour nous aussi des jours de repos moral.

Après tant de mois, nous ne pouvions plus espérer que le premier groupe se trouvât au nord, sur la Terre-Blanche. Le fait que Cagni, épuisé de fatigue, et à une époque de l'année beaucoup plus avancée, eût pu arriver à la baie de Teplitz, en partant de l'île de Harley, prouvait clairement que si le groupe de Querini avait réussi à gagner les îles découvertes par Nansen ou quelque autre terre située dans le rayon parcouru par Cagni, ce groupe, qui marchait dans une saison plus favorable, aurait certainement pu revenir à la cabane.

Il s'agissait maintenant de dégager l'*Étoile Polaire*. Nous avions enlevé la glace qui se trouvait dans la cale, et les machines étaient en état; notre navire était donc prêt à partir. Cependant, il fallait non seulement le redresser, mais aussi le faire sortir du champ de glace qui l'emprisonnait. Or, non loin de lui, l'épaisseur de cette prison avait jusqu'à 5 mètres d'épaisseur.

Notre été commença le 5 juillet. Déjà, dès la fin de juin, quelques petits ruisseaux commencèrent à

LE COMMANDANT CAGNI OBSERVANT.
DESSIN D'OULEVAY.

1. *Suite. Voyez pages* 145, 157, 169, 181, 193 *et* 205.

couler çà et là, et sur le plateau qui dominait notre campement il s'était formé un petit lac, qui gelait et dégelait tour à tour, suivant la température.

Pendant la journée du 6 juillet, la température se maintint constamment au-dessus de zéro, ce qui produisit une fonte abondante ; l'eau se mit à courir de tous côtés, avec un bruit qui nous assourdissait, mais qui en même temps nous faisait grand plaisir. Ensuite, pendant quinze jours, nous eûmes un véritable été. Plus de vent, plus de brouillard. Il était agréable de travailler en plein air, et nous pouvions presque nous imaginer avoir été transportés sur une autre terre. Le 11 juillet, il plut pour la première fois.

Dans notre tente, la température devint tellement chaude, que nous fûmes obligés de pratiquer le plus possible d'ouvertures pour l'aérer. Lorsque nous avions de 5 à 7 degrés au-dessus de zéro, nous pouvions commodément rester étendus sur la tente extérieure, pendant des heures entières, sans souffrir du froid, et c'était là qu'était notre lieu de réunion dans les moments d'oisiveté. Il suffisait toutefois que le soleil se voilât pendant quelques minutes pour nous rappeler que nous étions dans les régions arctiques. Durant les journées pluvieuses, nous restions sous la première tente ; nous la tenions ouverte, et nous en soulevions les côtés de façon que nous fussions au grand air, sans courir le risque d'être mouillés ; nous évitions autant que possible de demeurer dans l'autre tente, où les lampes à pétrole brûlaient continuellement. Après une semaine de repos, Cagni et les hommes de son groupe se remirent au travail. Cagni reprit ses observations sur la pesanteur. On recommença également les observations sur le magnétisme terrestre, dans la cabine magnétique.

L'année précédente. nous avions été surpris de la rapidité avec laquelle la glace fondait, partout où il y avait de l'eau courante. Cela nous avait donné l'idée de nous servir de l'eau elle-même pour délivrer le flanc droit de notre navire. Nous avions creusé deux canaux pour amener, le long de la coque, l'eau qui descendait du glacier. Au premier moment, le résultat ne fut guère satisfaisant, mais plus tard, vers la fin de juillet, ces canaux hâtèrent le dégel ainsi que nous l'avions espéré.

La neige fondait rapidement, et sur plusieurs points on apercevait déjà la couleur bleue de la glace. Les chenils, qui, à l'arrivée de Cagni, étaient encore ensevelis sous la neige, étaient maintenant presque entièrement découverts. Nous nous trouvions sur une terre inondée, comme l'année précédente.

La chasse aux œufs d'oiseaux, dans les nids des environs, fut pour nous une amusante distraction. Nous remîmes au docteur les premiers que nous trouvâmes, afin qu'il les conservât. Mais plus tard nous eûmes l'idée d'en faire provision pour notre cuisine, et nous fîmes, dans ce but, plusieurs excursions au cap Auk.

A partir du 20 juillet, la période de beau temps cessa. Dès lors, le ciel recommença à être presque toujours couvert, avec de fréquents brouillards et, par intervalles, la pluie et la neige. L'été polaire était déjà fini, et malheureusement l'automne commençait.

Nous ne savions pas encore si l'*Étoile Polaire* qui, au moment de la pression de l'automne précédent, avait été poussée contre la côte, était appuyée sur la terre ou sur la glace. Il était pour nous de la plus grande importance de le savoir, afin de pouvoir décider ce qu'il y avait à faire. C'est pourquoi nous pratiquâmes, tout autour du vaisseau, des trous d'essai sur la glace et nous trouvâmes qu'à droite, du côté de l'île, la glace avait jusqu'à 5m50 d'épaisseur. A gauche, du côté de la mer, cette épaisseur variait entre 3 et 5 mètres, et au-dessous on trouvait l'eau. Il n'y avait donc pas à craindre que le bâtiment fût échoué sur la plage.

Les canaux qui conduisaient l'eau vers le navire finissaient, l'un à l'arrière, vers le puits de l'hélice, l'autre à l'avant, du côté droit.

PANORAMA DE LA BAIE DE TEPLITZ. — DESSIN DE GOTORBE.

Une partie de l'eau, amenée par le canal de l'arrière, se répandait sur le flanc droit du vaisseau et allait rejoindre celle du canal de l'avant, et le reste, passant par l'ouverture du puits et autour du gouvernail, se portait sur le flanc gauche et ensuite allait se perdre dans la mer, à travers les crevasses de la glace.

A l'avant du vaisseau, une autre partie de l'eau s'en allait aussi vers le large et s'était creusé, à la limite de la glace côtière et de la glace mouvante, un canal dont la profondeur dépassait un mètre.

Le désir du départ nous poussa à tenter de remettre l'*Étoile Polaire* d'aplomb, au lieu même où elle se trouvait. Ce devait être un travail long et pénible, si auparavant nous ne réussissions pas à enlever la glace du côté de la mer. Il s'agissait non seulement de la briser, mais encore de l'emporter, afin qu'il y eût assez d'espace libre du côté gauche, pour que le vaisseau pût y être à flot. Comme cette glace était fort épaisse et qu'il n'était pas possible d'emporter les gros blocs produits par les mines, nous devions les réduire en plus petits morceaux, pour arriver à former une nappe d'eau. Ensuite, pour soulever les morceaux de glace de cette nappe d'eau, il fallait les tirer sur le rivage avec des palans ou les envoyer à la mer par les canaux qui se trouvaient le long du vaisseau. Le nombre des mètres cubes de glace dont nous devions nous débarrasser de cette manière était considérable. Y réussirions-nous?

Nous nous étions pourvus de 200 kilogrammes de fulmicoton, en disques hexagonaux, pesant chacun 310 grammes. Il fallait dix de ces disques pour former une mine et nous avions ainsi soixante-quatre mines. Nous avions également, mais en très petite quantité, de la poudre de mine et de la poudre à fusil. Des cylindres de fer-blanc, contenant 4 kilogrammes de poudre, formaient trente-cinq de ces mines.

Afin d'être fixés sur l'effet que ces mines devaient produire, nous en plaçâmes une de fulmicoton sous la glace, à 4^{m}50 d'épaisseur et à 12 mètres du vaisseau. Lorsqu'elle éclata, le vaisseau fut violemment secoué, mais l'effet qu'elle produisit sur la glace se borna à quelques fêlures.

Ce maigre résultat nous fit comprendre que nous devions placer nos mines plus près du vaisseau, si nous voulions qu'il se formât une nappe d'eau dans son voisinage immédiat. Les jours suivants, nous essayâmes d'autres mines sur le flanc droit, à 6 et 8 mètres de distance du vaisseau, et nous ne les chargeâmes que de huit disques de fulmicoton. Nous les avions placées sur la roche qui formait le fond de la mer, à cet endroit, et dans la glace côtière; au moment de l'explosion, elles formèrent un puits de 2 mètres de diamètre. Nous tentâmes alors de mettre une double charge, dans le même trou, vers l'avant du vaisseau, sous une glace qui avait 4^{m}50 d'épaisseur, et sans toucher le fond, de la mer. Lorsque nous mîmes le feu, le vaisseau fut de nouveau fortement secoué, et la surface de la glace à peine fendue. Nous plaçâmes encore, autour du vaisseau, trois autres mines, mais elles ne donnèrent aucun résultat. Ces mines semblaient ne devoir être d'aucune utilité et elles ébranlaient le navire à un tel point que l'on pouvait craindre qu'il fût endommagé. Quand nous les placions dans la glace, à une profondeur de 3 ou 5 mètres, elles ne produisaient que quelques craquelures; quand au contraire nous les mettions sur le fond de la mer, elles formaient bien un puits, mais d'un diamètre si restreint, que pour arriver à faire une nappe d'eau autour du vaisseau, il aurait fallu une quantité de mines que nous étions loin de posséder. Nous en avions employé huit à ces tentatives: il nous en restait cinquante, et nous devions les ménager pour ne pas nous trouver pris au dépourvu lorsque la saison serait plus avancée.

Quand nous vîmes combien il était difficile d'arriver à quelque résultat en procédant de cette façon, et comme le canal qui se trouvait à la limite de la banquise s'était élargi, nous essayâmes de placer une mine de fulmicoton près du bord de ce canal, à un endroit où la glace avait environ 4 mètres d'épaisseur. En opérant sur un point où la glace pouvait se mouvoir un peu, au moins d'un côté, il était permis d'espérer que la mine fit détacher quelque gros morceau. Et pourtant elle ne réussit pas à rompre la glace, quoiqu'elle ne

PANORAMA DE LA BAIE DE TEPLITZ. — DESSIN DE GOTORBE.

fût qu'à 5 ou 6 mètres du bord. Comme la distance entre le vaisseau et la limite de la banquise était de 180 mètres, toutes nos mines n'auraient pas suffi pour faire un canal en opérant de cette façon.

Le résultat de nos deux essais était donc décourageant. Nous suspendîmes nos travaux, et nous décidâmes d'attendre une semaine dans l'espoir que la chaleur augmenterait et pourrait agir sur la glace.

En attendant, nous continuâmes à forer la glace du côté gauche du vaisseau et nous formâmes ainsi une couronne de treize mines, que nous voulions faire sauter trois par trois. Le 21, nous y mîmes le feu. Le vaisseau ressentit des secousses si violentes que toutes les portes furent arrachées de leurs gonds ; mais même alors il ne bougea pas et, comme les autres fois, nous n'obtînmes que quelques craquelures sur la glace. Bref, nous avions vingt-deux mines de moins, et notre travail ne semblait pas avoir avancé d'un pas.

Le long des îles, la glace ne paraissait pas devoir se mouvoir, et il convenait par conséquent de continuer notre travail autour du navire. Mais toutes nos mines y auraient passé sans résultat. Le mieux était d'essayer de refaire le canal du dehors au dedans et d'utiliser le petit canal, qui se trouvait le long de la glace de la baie, pour nous débarrasser des blocs de glace que nous parviendrions à briser. Sans aucun doute, c'était là le meilleur moyen de dégager le vaisseau, mais chaque fois que nous avions tenté de briser la glace de ce côté, le résultat avait été si maigre, que nous n'avions plus eu le courage de continuer. Le 29 et le 30 juillet, nous fîmes sauter huit mines de poudre et une de fulmicoton sur le bord opposé du canal. Nous détachâmes ainsi 6 ou 7 mètres de glace ; c'était là le résultat d'environ dix-huit heures de travail !

Ces mécomptes successifs étaient aussi inquiétants que fâcheux. Etions-nous donc condamnés à passer là un second hiver, et à perdre l'*Étoile Polaire*?

Nous nous remîmes avec une activité fébrile à forer la glace autour de notre bâtiment. Nous plaçâmes trois mines de poudre, à 1^m50 de distance l'une de l'autre et à la même distance du vaisseau, dans l'immense masse de glace qui se trouvait vers l'arrière, entre le flanc du navire et une crevasse. Ces mines détachèrent finalement un grand bloc de glace ; au moyen d'autres petites mines de poudre, nous le réduisîmes en plus petits morceaux, qui à leur tour furent brisés à coups de pioche. C'est ainsi que nous réussîmes à former une première nappe d'eau, qui devait ensuite faciliter notre travail. Nous poussâmes avec des perches la glace brisée dans les canaux qui passaient le long du vaisseau et qui l'emportaient à la mer. Comme ces canaux n'avaient pas plus de 50 ou 60 centimètres de profondeur, nous devions réduire toute cette glace en très petits morceaux afin qu'elle pût y passer. Le 2 et le 3 août, nous continuâmes à travailler de la même façon, et nous dégageâmes l'arrière et la moitié du flanc gauche du vaisseau.

Les blocs brisés qui flottaient sur l'eau étaient si nombreux que, pour nous en débarrasser, nous dûmes nous servir d'une bigue qui soulevait les plus grosses de ces masses de glace, mais avec beaucoup de difficultés.

Tout le monde travaillait avec ardeur ; nous devions faire en sorte de ne pas perdre un seul jour, puisque la possibilité de notre retour en Europe, cette année-là, dépendait de notre activité. Pendant que la bigue soulevait les plus gros blocs brisés par les mines, nos hommes continuaient à réduire les autres en morceaux, et à les pousser dans les canaux. Ces canaux avaient donc une double utilité : ils transportaient à la mer la glace brisée par les mines et, comme l'année précédente, faisaient rapidement fondre celle qui se trouvait le long du vaisseau.

REPOS APRÈS LA CHASSE. — DESSIN DE MIGNON.

La pression avait eu pour effet d'amonceler la glace sous le vaisseau ; il s'y trouvait donc d'immenses masses de glace superposées et séparées les unes des autres par des couches d'eau. Nous fûmes souvent induits en erreur par ces couches d'eau ; car, lorsque nous arrivions à l'une d'elles, nous nous imaginions que toute la glace avait été enlevée, tandis qu'il en restait encore contre les flancs du navire et sous la quille. Bien que ce travail fût très pénible, le temps

UN VASTE CHAMP DE GLACE S'ÉTENDAIT DEVANT NOUS. — D'APRÈS UNE PHOTOGRAPHIE.

passait encore assez rapidement, grâce aux incidents qui survenaient de temps en temps. Lorsque de gros blocs de glace apparaissaient à la surface de l'eau, nos hommes se précipitaient dessus, armés de piolets. Mais l'équilibre de ces blocs variait à mesure qu'on réduisait leur volume en les brisant; au bout d'un peu de temps on voyait un bloc osciller, il tournait finalement sens dessus dessous et faisait prendre un bain à ceux qui le montaient.

Les 6, 7 et 8 août, nous continuâmes à placer des mines près du vaisseau, à 2 ou 3 mètres d'intervalle et à la suite l'une de l'autre, et à travailler avec les piolets, après que chaque mine eut sauté. De cette façon, nous réussîmes à arriver jusqu'aux haubans de misaine, et à former ainsi une nappe d'eau large de 4 à 5 mètres du côté gauche du vaisseau. Le navire n'était donc plus retenu que par la glace qui se trouvait à l'avant. Le 8 août, il y avait précisément onze mois que nous avions abandonné l'*Étoile Polaire*. Dans l'après-midi, après l'explosion d'une mine, nous vîmes tout à coup notre vaisseau se mouvoir et se redresser lentement. Ce fut alors un enthousiasme général. Nos dures fatigues des jours précédents avaient été récompensées! Nous redevenions maîtres de notre navire, et cet événement nous permettait de bien augurer de l'avenir.

Les deux jours suivants, les 9 et 10 août, nous continuâmes à briser la glace qui restait à l'avant, dans le but de former une nappe d'eau suffisante pour que le vaisseau pût s'y mouvoir et de terminer, avec la proue et la machine, le travail que nous avions fait avec la poudre et les piolets. Nous réussîmes, avec deux ou trois mines, à briser une dizaine de mètres de glace, à l'avant; mais là le travail devenait beaucoup plus difficile. C'est alors que nous nous aperçûmes que ces mines, qui d'abord semblaient n'avoir donné aucun résultat, avaient au contraire produit la désagrégation des glaces dans leurs parties les plus profondes. Là où il n'y avait pas eu de mine, il fallait le double de temps pour avancer de quelques mètres.

Le long de la côte, toute la banquise, poussée par les vents de l'est, s'était détachée de la terre, et à 180 mètres seulement du navire, il y avait des eaux libres dont, du haut de la plage, nous n'arrivions pas à apercevoir les limites. Pour nous qui étions enfermés dans notre étroite prison, c'était un vrai supplice de Tantale. Le soir du 9 août, nous n'avions plus que cinq mines. Le bâtiment, devant lequel il n'y avait que 10 mètres d'eau, n'avait pas l'espace nécessaire pour se mouvoir et pour agir au milieu de la glace.

Ce jour-là, nous avions un vent frais de l'est qui poussait la glace vers le large; jamais nous n'aurions pu désirer une journée plus favorable pour faire notre canal en procédant de l'extérieur à l'intérieur. Tandis que, près du vaisseau, tous nos hommes continuaient à briser la glace à coups de piolet, nous fîmes partir une mine à la limite de la glace de la baie. Cette fois notre surprise fut grande ; le bruit sourd de tous les ponts de neige qui croulaient répondit à l'explosion et, sur un rayon de 50 mètres, la glace se brisa dans tous les sens et vint flotter à la surface de l'eau.

Nous abandonnâmes tous notre travail, et nous comprimes immédiatement que nous étions arrivés au terme de nos fatigues. Puisqu'une seule mine avait brisé 50 mètres de glace, quelques autres devaient suffire pour amener notre canal jusqu'à l'avant du navire, et le vent favorable que nous avions transporterait les blocs de glace au large, sans nous occasionner aucune fatigue. Il était six heures du soir. Avec trois mines seulement nous arrivâmes à 30 mètres du vaisseau, et le vent emportait rapidement la glace au large. Un immense morceau de glace, plus épais que les autres, séparait encore le vaisseau des eaux libres.

Soudain, ce bloc se détacha sous l'action du vent et des marées. Le vent poussa vers le large, non seulement la glace qui était à l'avant du vaisseau, mais encore celle qui se trouvait au nord de la baie ; puis la glace entraîna avec elle le navire, qui n'était retenu que par une ancre à jet. Il n'y avait pas de danger qu'il fût écrasé, mais il pouvait être poussé fort loin dans la baie. Alors, vétus comme nous l'étions, les uns en pantoufles, les autres en souliers, nous nous mîmes à courir comme des fous pour arriver à bord avant que le navire ne se fût éloigné de la plage. Nous jetâmes immédiatement des câbles à terre, que nous attachâmes aux rochers qui se trouvaient à l'arrière du bâtiment. De cette façon nous réussimes à arrêter et à fixer l'*Étoile Polaire*. La glace avait été emportée tout autour de nous, du fond de la baie jusqu'à la mer, et le théâtre de toutes nos fatigues s'était transformé en un splendide port naturel. Après ces émotions, nous rentrâmes dans notre tente, où nous nous reposâmes tranquillement avec la certitude que rien désormais ne pouvait plus nous empêcher de partir. En effet la route était libre, et il ne nous restait qu'à embarquer nos vivres, le charbon et tout ce qui nous était nécessaire.

Le lendemain 13 août, nous enlevâmes le vieux gouvernail et le remplaçâmes par celui que nous avions de rechange. Le 14 au matin, nous embarquâmes une partie du charbon que nous avions déposé à terre. Dans l'après-midi, nous fîmes les préparatifs nécessaires pour amener le vaisseau près de la tente, afin de pouvoir y embarquer plus facilement nos vivres et le reste du matériel, et pour être prêts à partir dans le cas où le vent tournerait et menacerait de nous fermer la route. Mais lorsque nous voulûmes faire mouvoir le vaisseau,

nous découvrimes qu'il était échoué ; la marée basse et le charbon que nous avions chargé à l'arrière avaient fait appuyer la quille sur des écueils. Nous dûmes attendre la marée haute pour remettre l'*Étoile Polaire* à flot. Une fois que la machine fut mise en mouvement, nous vîmes, à notre grande joie, le vaisseau heurter la glace dans le canal et venir mouiller à quelques centaines de mètres de notre cabane.

Quoiqu'il eût souffert des effets de la pression, il était encore solide et, en le voyant re-

LES PREMIERS TRAVAUX DE DÉGAGEMENT DE « L'ÉTOILE POLAIRE ». — DESSIN D'OULEVAY.

dressé, libre et prêt à partir, nous ne pensions pas même aux difficultés que nous avions encore à surmonter. Le soir même, nous quittâmes définitivement la tente, et nous transportâmes nos lits à bord, dans la nouvelle chambre que le charpentier avait préparée.

Le 16 août, tout étant embarqué à bord, je me décidai à quitter la baie. A une heure et demie après

DÉGAGEMENT DE « L'ÉTOILE POLAIRE ». — DESSIN DE GOTORBE.

minuit, nous nous mîmes en mouvement et, lentement, nous nous éloignâmes de la côte. En passant devant la glace de la baie qui nous avait si longtemps retenus prisonniers, nous poussâmes trois *hurrahs*! Mais nos cris réveillèrent un douloureux écho dans nos âmes; en ce moment, le souvenir de nos camarades qui ne devaient pas revenir avec nous vivait plus que jamais dans nos cœurs! Nous avions presque complètement perdu l'espérance de les revoir. Nos regards se tournaient vers le nord, au delà des eaux libres, du côté des glaces lointaines où devaient malheureusement se trouver les dépouilles du brave Querini, du courageux Stökken et du fidèle Ollier, dépouilles qu'il ne nous serait jamais possible d'aller prendre, car la mer Arctique est jalouse de ses secrets. Puisse du moins venir bientôt le jour où, lorsque le mystère polaire sera dévoilé, le nom de ceux qui lui ont offert leur vie en holocauste brillera d'une gloire plus éclatante; le jour où l'homme, triomphant enfin de ces régions glacées et inhospitalières, vengera tous les sacrifices et toutes les vies perdues dans cette lutte séculaire!....

Outre les vêtements renfermés dans des caisses que nous avions déposées dans la maisonnette du charpentier avec un fusil et des cartouches, nous laissâmes des vivres en abondance, suffisants pour nourrir plus de vingt personnes au delà d'un an. Nous abandonnâmes également toute la partie du matériel de l'*Étoile Polaire* que nous n'avions pas embarquée, et qui ne nous était pas absolument indispensable à bord, du pétrole, du charbon et un canot. Nous n'emmenâmes que les plus forts des chiens que nous avions encore et ceux qui avaient fait partie de l'expédition en traîneaux. Nous tuâmes tous les autres à l'exception de huit (quatre mâles, deux femelles et deux de ceux qui étaient nés pendant l'hiver) qui restèrent dans l'île. Ils pouvaient en tout cas vivre assez longtemps, grâce aux provisions que nous leur avions laissées sur la plage, et pouvaient éventuellement être d'un grand secours à nos camarades.

C'était une belle matinée sans vent, et l'horizon était assez clair; nous comptions donc pouvoir avancer rapidement vers le sud. Le pack était éloigné et tout autour de nous, à l'ouest, au nord et au sud, s'étendaient les eaux libres.

EMBARQUEMENT DU CHARBON POUR LE DÉPART. — DESSIN DE MASSIAS.

Nous avancions lentement, parce que de grandes masses de glace étaient encore restées attachées sur le flanc du vaisseau, depuis l'avant jusqu'au centre. Petit à petit cette glace se détacha de la carène, notre marche augmenta de rapidité et bientôt nous arrivâmes de nouveau à faire 6 milles à l'heure. La baie où nous avions vécu pendant douze mois disparut peu à peu à nos regards. D'abord les roches du cap Säulen s'évanouirent dans le lointain, ensuite le cap Auk et le cap Brook, tandis que du côté du sud nous commencions à entrevoir le cap Clement Markham.

Pendant trois jours, du 16 au 18 août, notre navigation fut exempte d'incidents, si l'on ne compte pas pour tels les arrêts et les changements de route que la glace rendait obligatoires. Le 18 et le 19, nous restâmes enfermés dans un petit bassin ouvert près de l'île de Hooker. Ce lieu était plein d'animation. Pendant cet emprisonnement forcé, nous eûmes, pour nous distraire, des ours, des dauphins blancs, des narvals et des phoques, et nous assistâmes à une chasse aux phoques faite par un ours. Il suivait le bord de la banquise, en se dissimulant autant qu'il le pouvait, afin de pouvoir sauter sur le premier phoque qui s'approcherait de lui et le saisir.

Insensiblement, il arriva à une cinquantaine de mètres du vaisseau sans s'apercevoir que quelques-uns de nos hommes suivaient ses mouvements avec la même attention qu'il mettait à épier ceux de son phoque. Au moment où il s'y attendait le moins, nous le tuâmes.

Dans cette navigation spéciale, la grande expérience du capitaine Evensen était pour nous d'un extrême secours. Au milieu de tant de canaux, il distinguait, au premier coup d'œil, du haut du nid de corbeau, ceux où le navire pouvait passer. Il nous faisait aller d'un canal dans l'autre et savait, avec une admirable sûreté, nous mettre en bon chemin. Il fallait continuellement changer de route, arrêter la machine, la faire aller en avant ou en arrière à toute vapeur pour briser de petits champs de glace, pour forcer quelque passage et pour ne pas se trouver pris entre les glaces. Les meilleurs vaisseaux, pour avan-

« L'ÉTOILE POLAIRE » PRÊTE A PARTIR. — DESSIN DE MASSIAS.

cer dans ces conditions, sont ceux qui sont courts et qui ont l'avant relevé. Ils peuvent mieux manœuvrer dans les passages étroits, ils rompent plus facilement la glace, et lorsqu'ils ne parviennent pas à la briser par leur élan, ils y arrivent par leur propre poids, puisque l'avant relevé leur permet en quelque sorte de monter dessus.

Le 19 août vers minuit, nous nous trouvâmes entourés de glaces de tous les côtés et nous ne pûmes plus bouger.

Notre position n'était guère sans danger, surtout avec un bâtiment dont les flancs étaient déjà endommagés. Pour être prêts à toute éventualité, nous mîmes sur le pont, à la portée de la main, tout ce qui était nécessaire pour pouvoir, en cas de besoin, effectuer une marche jusqu'au cap Flora : vivres, tentes, pétrole, vêtements, fusils, cartouches, etc. Du 20 au 23 août, nous continuâmes à être transportés par les glaces dans la direction du nord-ouest.

Le soir du 23, il se leva un vent frais du sud-est. C'était le pire de tous les vents pour nous, car il produisait non seulement une rapide dérive vers le nord, mais encore une plus grande pression des champs de glace qui, poussés par le vent et étranglés entre les îles, devaient nécessairement s'amonceler en entrant dans le canal. Toute la glace se mit à dériver du côté du nord-ouest, et, vers sept heures du matin, nous n'étions qu'à 2 ou 3 milles de l'île d'Eaton. Le navire était emporté à la dérive dans la direction de trois grands icebergs échoués au sud de l'île. Le vent soufflait, la neige tombait par intervalles, et les glaces qui se mouvaient de tous côtés faisaient pression contre le vaisseau. Notre position était critique; grâce au sang-froid et à la décision du capitaine, nous sortîmes d'embarras.

Cependant la dérive de la glace ne cessait pas, et cela indiquait que la glace était en mouvement hors du canal, dans la mer de Barents. Pour arriver au cap Barents, nous devions donc tenter de nous jeter au milieu des glaces, et de nous laisser aller à la dérive avec elles. Si la dérive était rapide, nous pouvions franchir, en deux ou trois jours, les 25 milles qui alors nous séparaient du cap Barents. Ce moyen présentait un inconvénient: si le vent, au lieu de continuer à souffler du nord, se mettait à souffler du sud, nous étions de nouveau poussés dans le canal et peut-être obligés d'y passer l'hiver. Mais notre position près de l'île d'Eaton était si peu sûre, qu'il valait mieux nous en éloigner; du reste, quel que fût l'accident qui pût nous arriver au milieu des glaces en dérive, le voisinage du cap Flora nous assurait dans tous les cas un refuge.

Dans la journée et dans la nuit du 29, nous avançâmes assez rapidement et sans la moindre pression, toujours poussés par le vent. Nous faisions plus de 8 milles par jour, ce qui était une marche assez rapide. Dans la soirée du 30, nous étions à peu de distance du cap Barents et nous pouvions être sûrs que, si le vent continuait à souffler dans la même direction, nous arriverions à ce cap le jour suivant. La nuit qui suivit fut pour nous une nuit d'angoisses, car si le vent changeait nous étions repoussés dans le canal, peut-être pour n'en plus sortir, et cela au moment d'arriver au terme de nos peines. Nous devions passer un hiver sur ces terres dans de pires conditions que l'année précédente et peut-être même perdre notre bâtiment. L'inquiétude nous tourmenta toute la nuit et plusieurs fois nous montâmes sur le pont. Le vent du nord-ouest ne semblait pas vouloir cesser et nous nous rapprochions de plus en plus du cap Barents.

Heureusement, dans la matinée du 31, nous réussîmes à atteindre les eaux libres, après avoir fait marcher la machine pendant plusieurs heures. Nous en avions fini avec les difficultés, et notre retour en Europe, jusque-là si incertain, n'était plus désormais qu'une question de jours.

Nous nous dirigeâmes rapidement vers le cap Flora. En y arrivant, nos âmes étaient agitées par l'espérance d'y retrouver les camarades que nous avions perdus et des lettres qui pouvaient y avoir été portées par quelque baleinier. Nous descendîmes à terre, mais hélas! nous n'aperçûmes rien qui indiquât que nos pauvres camarades fussent arrivés là.

Cette douloureuse constatation tempéra, comme on le devine, la satisfaction que nous éprouvâmes en trouvant un paquet de lettres dans la cabane de Jackson. Ce paquet y avait été porté par la *Capella*, le 13 juillet. Tous nous reçûmes d'excellentes nouvelles de nos familles et nous lûmes avec avidité les journaux les plus récents. Je me rendis sur la montagne avec le capitaine Evensen, afin de voir quelle était la meilleure direction à prendre pour continuer notre route vers le sud. Vers l'ouest, on distinguait la ligne blanchâtre du pack à partir du cap Barents, jusqu'à une distance de la côte de plus de 10 milles. Des bancs de glace sortaient des canaux de Miers et de Nightingale et se dirigeaient vers le sud.

Nous débarquâmes des vêtements et des lits pour le groupe absent, auquel il restait en outre les vivres que nous avions laissés là l'année précédente, et qui étaient suffisants pour nourrir vingt hommes pendant huit mois. Nous laissâmes également des lettres annonçant l'envoi d'un navire l'été prochain, et le soir même nous reprîmes notre navigation.

Le jour suivant, vers sept heures du matin, le vaisseau commença à éprouver un léger tangage, et ce mouvement, qui alla toujours en augmentant, nous fit comprendre que nous nous éloignions définitivement du pack. De temps en temps, nous apercevions encore les glaces du côté de l'ouest, plus ou moins éloignées de notre route, vers le Cap Nord.

Le 2 septembre, nous rencontrions, pendant une bourrasque de l'ouest, d'énormes masses de glace, qui tantôt s'élevaient avec les vagues à la hauteur du pont de l'*Étoile Polaire* et tantôt disparaissaient dans les abîmes de la mer. Heurtés de tous côtés par ces

UN DAUPHIN TUÉ. — DESSIN DE MASSIAS.

blocs, nous eûmes pour notre hélice des craintes sérieuses. Ce fut la dernière fois que nous eûmes affaire au pack et la dernière nuit que nous passâmes tous sans dormir. Finalement, vers deux heures, nous entrâmes dans une zone assez praticable, et, lorsque nous l'eûmes traversée, nous nous retrouvâmes dans la mer libre. Le matin, la tempête se calma et, à la pâle lueur de l'aurore, nous ne vîmes plus que la mer autour de nous.

Dès lors notre navigation devint facile et, dans la matinée du 5, nous étions déjà en vue des montagnes escarpées de la Norvège. Nous étions tous fort émus en revoyant le continent européen et certes plus préoccupés des nouvelles que nous apportions, que de celles que nous allions recevoir. Les lettres que nous

avions trouvées au cap Flora nous avaient presque entièrement tranquillisés sur la santé des personnes qui nous étaient chères, tandis que, dans quelques heures, nos télégrammes allaient porter en Europe et la joie et le désespoir. Près du mouillage de Hammerfest, un navire, l'*Hertha*, vint à notre rencontre. Sur le pont je reconnus le chevalier Silvestri; c'était lui qui, le dernier, m'avait dit adieu au moment de notre départ et c'était lui qui, le premier, m'apportait le salut de la patrie. Hélas! ce n'était pas un salut qu'il m'apportait, mais une mort qu'il venait m'annoncer. Le sort cruel me frappait dans la plus chère de mes affections. Le jour même où, le cœur brisé, j'étais obligé d'annoncer à trois familles la perte de leurs braves enfants, j'apprenais la mort tragique de S. M. le roi Humbert!

LES CAPS AUK ET BROOK. — DESSIN DE MASSIAS.

Nous continuâmes notre route vers Tromsö, d'où j'envoyai les télégrammes suivants :

« S. M. le Roi Oscar, Stockholm.

« L'*Étoile Polaire* est de retour. Le capitaine de corvette Cagni est arrivé au parallèle de 86° 34'. Je déplore, malheureusement, la perte du Norvégien Stökken et de deux Italiens qui faisaient partie de l'expédition en traîneaux et ne sont plus revenus au vaisseau. L'assistance que m'ont prêtée les Norvégiens qui ont pris part à l'expédition, augmente ma sympathie pour le peuple norvégien. Que V. M. veuille bien agréer les hommages des membres de l'expédition. »

« S. M. le Roi Victor-Emmanuel III :

« L'*Étoile Polaire* est de retour. Elle repart pour Christiania. L'été dernier, après avoir traversé le canal Britannique, elle a dépassé le cap Fligely, dans l'île du Prince-Rodolphe, et a passé l'hiver dans la baie de Teplitz, à une latitude de 81° 47'. Le 8 septembre, une forte pression a écrasé le vaisseau en causant une large voie d'eau. Ne pouvant arrêter l'eau, nous dûmes abandonner le vaisseau. Nous sauvâmes les vivres et l'équipement. Avec les vergues, les voiles et les tentes, nous construisîmes une cabane sur la plage, où nous avons assez bien passé l'hiver. Au commencement de l'hiver, on dut m'amputer l'extrémité de deux

NOTRE ARRIVÉE A TROMSÖ. — DESSIN DE MIGNON.

doigts de la main gauche, qui s'étaient gelés. Je cédai à Cagni le commandement de l'expédition en traîneaux. Il partit le 20 février. Un froid intense l'obligea à revenir deux jours après. L'expédition repartit le 11 mars, commandée par Cagni, composée de Querini, Cavalli, le mécanicien du vaisseau, deux matelots italiens, quatre guides, treize traîneaux, cent quatre chiens, et assistée, pendant les deux premiers jours, de trois Norvégiens. Le premier groupe, composé de Querini, du mécanicien du vaisseau et d'un guide, renvoyé après douze jours de marche, ne fit pas retour à la cabane. Le second groupe, composé de Cavalli, d'un matelot et d'un guide, renvoyé après vingt jours de marche, revint à la cabane, le 18 avril, en parfait état.

Cagni, avec deux guides et un matelot, après avoir marché vers le nord jusqu'au 25 avril, a atteint la latitude de 86° 34'. Une forte dérive et le manque de vivres rendirent le retour de ce groupe difficile et pénible. Il revint à la cabane, le 23 juin, après avoir passé cent quatre jours sur le pack et s'être nourri de viande de chien pendant plusieurs semaines. Les terres de Petermann et du Roi Oscar n'existent pas. L'*Étoile Polaire*, soutenue par la glace, n'avait pas coulé. Dans l'espoir de pouvoir la sauver, nous avions fait, à la fin de l'automne, les travaux les plus essentiels pour la réparer ; nous reprîmes ces travaux en juillet et, après de longs efforts, je réussis, le 8 août, à la remettre à flot. Le 16, nous quittâmes la baie de Teplitz. Dans le canal Britannique, nous fûmes bloqués par les glaces pendant quatorze jours. Nous atteignîmes le cap Flora, le 31 août ; aujourd'hui, nous sommes à Tromsö. Querini fut renvoyé par Cagni lorsque l'île du Prince-Rodolphe était encore en vue, par un temps froid, mais qui devint excellent les jours suivants, la glace étant contre la côte et dans des conditions exceptionnellement favorables au retour. C'est avec la plus grande douleur que je dois considérer comme certaine sa perte et celle de ses deux hommes ; cette perte est due à quelque accident. Le courage extraordinaire et la persévérance dont ont fait preuve, malgré d'excessives souffrances, le chef de l'expédition en traîneaux et tous les hommes qui en faisaient partie, ont assuré le succès de l'expédition et conquis un nouveau titre de gloire à notre pays en faisant flotter la drapeau tricolore à la plus haute latitude qui ait été atteinte jusqu'ici.

« Que V. M. veuille agréer les hommages de tous les membres de l'expédition. »

CE QUE NOUS LAISSIONS A LA BAIE DE TEPLITZ. — DESSIN DE SLOM.

A PIED ET EN TRAINEAU VERS LE POLE NORD

PAR LE COMMANDANT UMBERTO CAGNI

Traduit et résumé par M. Henry PRIOR.

I. — Préparatifs du départ : les vivres, les vêtements, le matériel. — Formation des groupes. — Choix d'un itinéraire. — La colline du cap Germania. — Nous quittons S. A. R. — Les émotions d'un premier campement. — Intensité du froid. — Retour à la cabane.

EN ROUTE VERS LE NORD. — DESSIN D'OULEVAY.

LE problème le plus important pour l'expédition au nord était la question de la nourriture, sa répartition et son transport. Aussi nous arrêta-t-il longtemps. Après avoir établi minutieusement la composition des rations, fixé leur nombre à 540 et leur poids à 815 kilos, nous en attribuâmes à chacun de nos trois groupes de trois hommes une charge sensiblement égale, soit 272 kilos environ.

Ensuite se posa la question des vêtements et du matériel de campement. Des neuf hommes de la caravane, quatre devaient séjourner plus longtemps sur le pack : il eût été logique d'emporter pour eux de plus nombreux vêtements. Mais il eût fallu les désigner d'avance et faire arbitrairement un choix que le temps et la nature feraient ultérieurement beaucoup mieux en désignant les plus endurants, sinon les plus énergiques d'entre eux. C'est pourquoi on décida qu'il n'y aurait aucune différence entre les membres de l'expédition quant aux vêtements et objets personnels à emporter. Leur poids total atteignit 128 kilos. Le matériel de campement (tentes, ustensiles de cuisine, instruments, armes, pharmacie, etc.) pesait, pour les trois groupes, 258 kilos. Nous devions ajouter à ce chargement les quatre kayaks qui, avec leurs accessoires, voiles, pompes, rames, etc., pesaient chacun 25 kilos, soit 100 kilos ; et, pour avoir le compte exact de la charge que les chiens auraient à tirer, le poids de douze traîneaux, de 20 kilos chacun, soit 240 kilos.

Restait la question des vivres pour les chiens. Nous avions fixé à 280 kilos la charge de chaque traîneau, y compris le poids du traîneau ; les douze traîneaux devaient donc représenter un poids de 3 360 kilos. Si l'on retranche les 1 542 kilos détaillés plus haut, il restait 1 818 kilos disponibles pour les vivres des chiens, ce qui correspond à 3 380 rations de pemmican. D'autre part, la charge d'un chien au départ représentant 35 kilos, chaque consommation de 35 kilos rend un chien inutile et entraîne la suppression de l'un d'eux : soit dix rations environ à servir aux survivants.

Le chargement des traîneaux fut soigneusement exécuté. Le 10 février, le gros du travail était fait : les traîneaux étaient alignés devant la cabane, recouverts de grandes toiles cirées. J'avais rigoureusement interdit l'addition d'aucun objet étranger au règlement; aussi j'eus la satisfaction de constater que le poids total de notre chargement (3 tonnes et 1/2) n'excédait que d'une quantité négligeable le poids fixé d'avance. Cette différence provenait de quelques sacs plus épais, de quelques cordes plus grosses.

Nous n'attendions plus pour partir que l'époque où la lumière crépusculaire dure plus de cinq heures par jour. Dans la baie de Teplitz, le pack restait trop éloigné de la terre pour que nous pussions y accéder. Accompagné de Fenoillet et de Petigax, j'allai, avec un traîneau, explorer la côte entre le cap Germania et le cap Fligely. Nous restâmes deux jours absents et par une température variant de 24 degrés à 31 degrés, nous passâmes notre première nuit sous la tente : nuit sans souffrance, à cette époque où les fatigues et les privations n'avaient pas encore altéré notre santé.

A 3 milles du cap Germania s'offrait un terrain d'où, avec quelques coups de piolet pour former un talus en pente douce, l'accès du pack serait facile.

Au retour de cette petite expédition, nous apportons quelques améliorations à nos tentes, à notre équipement : nous remplaçons les capuchons Jäger, qui nous étouffent, par des bonnets à oreillettes confectionnés sur un modèle fourni par le docteur.

Avec l'assentiment de S. A. R., je forme, comme suit, trois groupes provisoires : les guides Petigax et Fenoillet avec moi; Querini avec les matelots Cardenti et Canepa; le docteur avec les guides Ollier et Savoia.

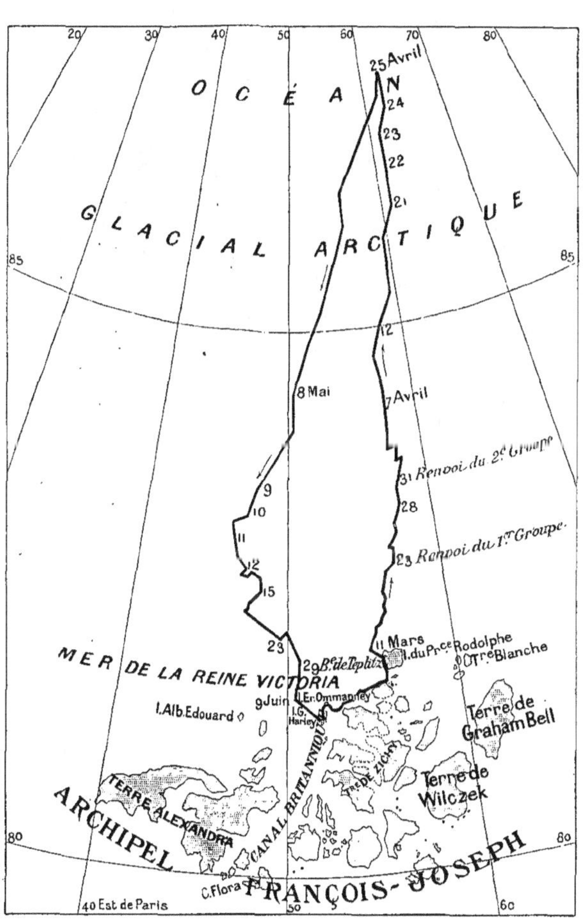

ROUTE SUIVIE PAR L'EXPÉDITION EN TRAÎNEAUX.

Il est convenu qu'après trente jours je continuerai à marcher vers le nord, accompagné seulement d'un guide et d'un matelot non désignés d'avance. J'évite ainsi, dans une certaine mesure, les ennuis d'une élimination ultérieure, toujours pénible pour les sacrifiés.

Nous préparons un treizième traîneau, qui doit nous accompagner et nous fournir de vivres pendant les deux premiers jours de marche. Il sera conduit par le capitaine Evensen, accompagné des matelots norvégiens Ole et Hans.

Entre temps, nous dressons nos chiens, peu traitables encore. Les plus rebelles restent enfermés dans un chenil; l'un d'eux, depuis trois mois, ne s'est pas laissé approcher; à tel autre, nous avons dû donner la chasse pendant trois jours. Beaucoup montrent les dents quand on essaye de les prendre par le collier. Tous les jours, avant midi, les plus dociles sont attachés par des chaînes d'acier à des pieux plantés devant la cabane. Ils y restent jusqu'à six heures et, après une distribution de pemmican, reçoivent leur liberté. Ce sont alors des cris de joie, des sauts, des courses folles, un vrai sabbat qui dure une demi-heure! Ils se jettent sur le pemmican qu'ils dédaignent tant qu'ils sont à la chaîne, et s'en disputent rageusement les meilleurs morceaux... Le 17, un tourbillon de drift nous a empêchés de les mettre à la chaîne; ils profitent du loisir que leur laisse notre dîner pour tuer un de leurs camarades. Avec la victime nous faisons un essai de boucherie et sa chair produit onze rations abondantes, mais nul n'y veut toucher.

Dans la matinée du 18 février, veille du départ, le capitaine Evensen, avec les deux Norvégiens, va inspecter le pack au-delà du cap Saülen. Il nous rapporte des nouvelles décourageantes : un large canal s'est ouvert entre le pack et la côte, et s'étend à perte de vue vers le nord. Après le dîner, je pousse jusqu'au cap Germania. Le canal qui sépare le pack de la côte est bien large de 200 mètres, mais il diminue à mesure qu'on s'avance vers le cap Fligely.

Nous dressons pour le lendemain le plan du départ. Si, contre tout espoir, le pack vient s'unir à la glace de la baie, nous y descendons sans hésiter et gagnons le nord après un crochet vers l'ouest. Si le pack touche la côte en un point situé entre les caps Germania et Fligely, nous franchissons la colline du cap

Germania en hissant d'abord sept traîneaux, puis les six autres et le soir même nous prenons pied sur le pack. Enfin si le pack reste éloigné de la côte entre Germania et Fligely, nous gravissons la crête de l'île et nous descendons sur le pack par la côte orientale, où nous sommes à peu près sûrs qu'ils se touchent encore.

Après le souper, j'adresse devant nos hommes quelques mots d'adieu à S. A. R. au nom des membres de l'expédition en traîneau. Ensuite nous écrivons nos dernières lettres à nos familles : l'émotion étreint nos cœurs au souvenir des êtres chers que nous allons peut-être quitter pour jamais. On rêve, et les pensées se transforment en visions d'une telle acuité qu'elles évoquent la présence d'ombres bien-aimées... La voix d'un camarade fait évanouir le rêve; la plume reprend sa tâche douloureuse et s'efforce de tracer des adieux auxquels l'âme se refuse de croire...

Le ciel est étoilé; l'atmosphère est calme et limpide, mais à l'ouest la terrible tache noire, indice des eaux libres, s'étend au-delà de la moraine, dans la direction du cap Saülen.

Lundi 19 février. — Sous le couvercle de mon chronomètre je trouve un billet de ma fiancée : talisman précieux qui repose mes nerfs fatigués.

LE COMMANDANT UMBERTO CAGNI. — D'APRÈS UNE PHOTOGRAPHIE.

Malgré la conscience des responsabilités qui m'incombent, je me sens fort, j'ai foi en l'avenir.

A sept heures, Andresen, Stökken et Torgrinsen sont partis pour le cap Saülen; une heure après, Torgrinsen de retour m'apprend qu'il est impossible de doubler le cap, car il est entouré d'eaux libres. Les deux autres hommes ont poussé jusqu'au cap Germania : ils exploreront la route à suivre pour gagner le pack entre les caps Germania et Fligely.

Suivant notre plan nous attelons les chiens à sept traîneaux, et à neuf heures, sous une pâle lumière, cette demi-caravane se met en marche pour gravir la colline du cap Germania. La montée est rude : après une heure d'efforts, nous avons à peine franchi 200 mètres. Les chiens perdent courage : par groupes de seize nous les attelons aux deux premiers traîneaux, qu'ils enlèvent vigoureusement jusqu'au tiers de la colline; nous descendons reprendre les traîneaux laissés au bas de la côte et, deux par deux, nous les hissons jusqu'en un point où, quel que soit l'itinéraire adopté, il nous faudra passer.

Pendant ce temps, Andresen et Stökken, le visage tuméfié par de nombreuses frictions à la neige, reviennent du cap Germania où, aveuglés par le drift et le brouillard, ils n'ont pas vu grand'chose : ce n'est pas encore aujourd'hui que nous gagnerons le pack.

Dans l'après-midi, nous hissons les six autres traîneaux auprès des sept premiers; pour les protéger tous contre la visite possible d'un ours, nous laissons, attaché près d'eux, un chien rachitique qui assouvira l'appétit du vorace rôdeur. Précaution inutile : le lendemain nous retrouverons sain et sauf le malheureux sacrifié. Le soir venu, nous gagnons nos lits dans la cabane, heureux en somme de cette journée bien remplie, préface des fatigues et des difficultés qui nous attendent.

Mardi 20 février. — Dès l'aube, tandis qu'avec nos cent huit chiens à la corde nous gagnons l'endroit où sont groupés nos traîneaux, apparaît un ourson qui s'avance en se balançant d'une façon ridicule. Quel accueil! Nos cent huit bêtes hurlent à mort, se démènent comme des possédés. Si elles rompent leurs liens, c'en est fait de la journée : il faudra des heures pour les rattraper. Heureusement l'ours bat en retraite, épouvanté de ce vacarme.

Andresen et Stökken, qui sont retournés de grand matin au cap Germania, m'apportent de bonnes nouvelles du pack : on peut le joindre à trois ou quatre milles du cap.

Vers neuf heures du matin, nous commençons la descente des traîneaux, au revers de la colline. La neige est si dure que nous avons peine à les empêcher de prendre une course vertigineuse; plusieurs nous échappent et se renversent. Enfin après sept heures de travail, nous les amenons sur un large plateau, au pied de la colline. Deux hommes resteront ici pour surveiller le matériel et les chiens; tous les autres rentreront cette nuit encore à la cabane. Petigax et Fenoillet dressent leur tente et se préparent à passer la nuit dans cet endroit.

La journée a été bonne : j'ai pu constater combien les Italiens sont robustes et endurants. Nous avons traîné un poids de trois tonnes et demie pendant 6 kilomètres et en franchissant une montagne; c'est presque le double du travail d'hier.

Mercredi 21 février. — Partis de la cabane à huit heures, nous arrivons une heure après à la tente de Petigax et Fenoillet. Nous sommes tous pressés d'arriver au pack : nous croyons y trouver un repos relatif; et puis, c'est le commencement du vrai voyage! A dix heures, avec nos treize traîneaux, nous nous acheminons en longue file, suivant la côte à 1 kilomètre de la mer. Petigax et Fenoillet vont en éclaireurs et l'ordre se met peu à peu dans notre caravane.

A midi, S. A. R. nous serre la main avant de retourner à la cabane. Si préparé qu'il fût à cette séparation, le prince dut éprouver un indicible serrement de cœur à nous voir partir; ce fut pour lui une cruelle désillusion que de renoncer à l'exécution des projets qu'avait conçus son noble esprit. Tandis qu'il gravit la colline, nous nous retournons pour lui envoyer un dernier adieu, et, les yeux humides d'émotion, nous poussons par trois fois le cri de « Vive le Roi »!

Nous reprenons notre marche vers un point de la côte où Petigax et Fenoillet nous font signe de venir, et vers deux heures nous commençons à faire descendre les traîneaux sur le pack. Une demi-heure après, nous sommes tous sur la glace flottante. Nous prenons congé des Norvégiens qui nous ont accompagnés jusque-là et notre caravane avance rapidement.

A marcher si vite nous éprouvions un véritable soulagement. La mer sans limite s'ouvrait devant nous. Jamais nous ne fûmes plus remplis d'espérance qu'à nos débuts sur cette couche de glace qui nous réservait tant de douleurs!

TOUS LES DEUX CENTS PAS, LA HACHE DES GUIDES DOIT NOUS OUVRIR LE CHEMIN. — DESSIN DE GOTORBE.

NOS TRAÎNEAUX ALIGNÉS SONT PRÊTS POUR LE DÉPART. — DESSIN DE J. LAVÉE.

Au nord et au nord-est, s'étend un champ de vieille glace de difficile accès; nous nous dirigeons vers le nord-ouest sur la glace de formation récente, couverte de petites fleurs de sel qui semblent de minuscules fougères : immense prairie blanche sur laquelle nos traîneaux tracent de brillants sillons.

Vers trois heures, nous entrevoyons à l'est le cap Fligely. La nuit tombe; bêtes et gens sont rompus. Il faut camper. Nous nous installons près d'une digue élevée, qui sépare la vieille glace de la jeune; nous allions apprendre à nos dépens ce qu'il en coûte de s'arrêter longtemps sur la glace de formation récente....

Nous campons sur un plateau de glace relativement épaisse. Les chiens font entendre des gémissements et refusent de se coucher sur cette surface humide et extrêmement froide. Les pauvres bêtes, qui meurent de soif, se lèchent mutuellement les glaçons que la transpiration a formés sur leurs poils. Nous allons prendre de la neige sur le champ de vieille glace pour nous procurer l'eau nécessaire à notre souper. Le thermomètre marque — 38 degrés. Soudain, vers sept heures, les pressions se font sentir de tous côtés. La nuit est noire : ce serait folie de chercher un autre gîte. Les hurlements des chiens se mêlent au grondement de la pression : bruit sourd d'un train qui passe ou mugissement de tempête. Le bloc sur lequel nous campons commence à gémir et plie sous le poids des champs de glace qui l'enserrent et montent par-dessus ses bords. S'il se brise, c'en est fait de nous ou tout au moins de notre matériel... Une lanterne à la main, j'en faisais le tour et le voyais diminuer petit à petit! Rien à faire; attendre!

La température baisse encore; à minuit, nous avons — 39°5. Les gémissements des chiens augmentent avec les craquements de la glace...

Jeudi 22 février. — Vers quatre heures, la glace geint comme écrasée sous un pressoir. La nuit est d'une extrême clarté et une pâle aurore boréale argente l'immense étendue; tous nos hommes sont debout.

Dans trois heures l'aube apparaîtra; préparons-nous à partir dès qu'il fera petit jour. Nous attelons nos chiens à la lueur des lanternes. Les harnais gelés sont durs comme du bois; les chiens les ont emmêlés et amoncelés pour s'en faire une litière. Pauvres bêtes! Un chiffon, un morceau de papier, une boite de fer blanc, tout pour elles était préférable au froid humide de cette glace salée!

La lumière nous permet enfin de distinguer les objets, et le fracas de la pression fait moins d'effet. Huit heures arrivent et nous nous mettons en marche vers le nord.

A coups de piolet, nous nous frayons un passage dans une longue digue de pression qui nous barre le chemin; après 400 mètres de jeune glace, se dresse une autre digue que nous franchissons encore. Puis, pendant une demi-heure, nous filons entre deux digues qui vont du sud au nord; c'est un sentier tortueux qui est bien le plus fantastique des chemins. Sur un champ de glace récente, recouvert d'une couche de neige, nos pauvres chiens trouvent enfin de quoi calmer la soif dont ils sont dévorés depuis hier.

Malgré les obstacles, la caravane avance rapidement; d'ailleurs tout arrêt est fatal; les chiens en profitent pour se quereller, emmêlent les harnais et les traits; il nous faut une grande patience pour tout remettre en ordre; nous devons ôter moufles et gants pour travailler; or, quand nous ne marchons plus, il est presque impossible de supporter l'intensité du froid.

A deux heures, je fais dresser les tentes sur un plateau couvert de neige; tandis que je prépare le dîner je touche imprudemment, de mes mains nues, le métal de la lampe; deux de mes doigts se gèlent, et plus imprudemment encore je me frotte avec de la neige, à une température de — 45 degrés. A l'instant mes mains deviennent blanches, puis livides, jusqu'aux poignets. Petigax appelle le docteur, et à eux deux ils sauvent mes doigts en me faisant de violentes frictions.

Le docteur lui-même a eu deux fois le nez gelé. Ollier, lui aussi, a un orteil gelé.

A huit heures, le thermomètre marque — 49 degrés. Nous nous fourrons dans nos sacs et nous nous endormons profondément, car depuis trente-six heures nous n'avons guère fermé les yeux.

Nous avons aujourd'hui parcouru une douzaine de kilomètres; nous devons être à 82º6.

Vendredi 23 février. — Cette nuit, le thermomètre atteint son point extrême — 52 degrés. La plupart des harnais et des chaînes ont besoin de réparations, et avec cette température le travail est un supplice; mais il faut le faire, sous peine de voir le traînage devenir impossible...

Si cette température continue, il faudra battre en retraite. Je risque, en m'obstinant, de voir mes hommes gelés, mes traîneaux désemparés; la retraite peut devenir un désastre. En retournant immédiatement à la cabane avec mes hommes valides et mon matériel intact, je ne blesse que mon amour-propre. J'attendrai dans la cabane une température plus clémente pour repartir avec ma caravane remise en état.

Je réunis sous ma tente Querini, le docteur, Petigax et Fenoillet et leur expose la situation; ils sont tous d'avis de revenir à la baie de Teplitz.

Nous rechargeons les traineaux et, à dix heures, nous partons. Nous suivons à peu près les traces de notre marche d'hier, souvent effacées par les pressions nouvelles ou des canaux de formation récente. En cherchant un passage, je tombe à mi-corps dans une crevasse pleine d'eau. En me cramponnant, j'évite la noyade; mais je n'étais pas encore debout que mes jambes étaient emprisonnées dans un tube de glace formé sur mes bottes et mon pantalon. L'eau avait gelé si rapidement qu'elle n'eut pas le temps de pénétrer cuir ni drap; au lieu d'avoir les jambes gelées je n'eus même pas à changer de vêtements.

LA VEILLE DU DÉPART VERS LE POLE. — DESSIN DE MASSIAS.

Nous franchissons digues et canaux, et après une marche fatigante à travers une jeune glace, nous arrivons sur un plateau qui fait face à l'île du Prince-Rodolphe, précisément à l'endroit où, deux jours auparavant, nous descendîmes sur le pack. Nous hissons les traineaux sur le glacier, et nous recommençons, en sens inverse, mais avec autant de mal, l'escalade de la colline Germania.

Quand les derniers traineaux sont au haut du col, j'envoie Querini à la cabane afin d'informer S. A. R. de notre retour. La nuit est tombée. Après avoir rassemblé tout le matériel, je donne l'ordre de détcler les chiens. Les pauvres bêtes sont si épuisées que je les laisse en liberté; elles nous suivent docilement jusqu'à la cabane où nous arrivons un peu après huit heures.

Avec son exquise courtoisie, le prince approuva notre retraite, et ses premiers mots furent des paroles d'éloges. Baume précieux pour la blessure de mon amour-propre!

Je persiste à croire que j'eus raison de revenir: nous avions résisté pendant quarante heures à une température variant entre — 43 et 52 degrés; effectué, sans interruption, une marche de dix heures et parcouru plus de 40 kilomètres. Hommes, bêtes et matériel étaient saufs. Mon bilan eût été probablement moins satisfaisant si je m'étais obstiné à aller de l'avant, par une température moyenne de — 47 degrés.

Nos membres engourdis ne se sont pas encore ranimés à la douce chaleur de la cabane, que déjà nous parlons de repartir, et le plus tôt possible.

II. — En route! — Le pack. — Les digues de pression; les canaux. — Le froid. — Départ d'Evensen. — L'heure de la soupe. Congélations diverses. — Les guides vont en avant frayer le passage.

Un mauvais temps, qui dura huit jours, une tempête, dont la violence nous eût été funeste sur le pack, nous consolèrent tout à fait du désenchantement de la retraite. Notre courte expérience nous permit d'apporter à la caravane quelques améliorations. La nécessité reconnue d'alléger notre chargement pour franchir les digues de glace, eut cette heureuse contre-partie, qu'ayant perdu quinze jours, sûrs désormais de ne partir que le 10 ou 11 mars, et obligés d'opérer le retour vers le milieu de mai, époque où commence le dégel, nous pouvions réduire, respectivement, à douze et vingt-quatre, le nombre de jours pendant lesquels le premier et le second groupe marcheraient avec moi vers le nord et diminuer en proportion les rations des hommes et des chiens.

En revanche, nous avions constaté l'insuffisance probable de notre provision de pétrole et l'obligation d'avoir un homme de plus aux traineaux, pour qu'il y eût toujours deux guides en avant de la colonne. C'était le seul moyen d'avancer rapidement et de rattraper les quinze jours perdus.

Le choix tomba sur le jeune Stökken qui désirait vivement nous accompagner.

Malgré la surcharge de pétrole et le surcroît de vivres et de vêtements nécessaires pour un homme de plus, nous pûmes alléger notre chargement de 320 kilogrammes.

Nous remplaçons les vêtements Jäger, qui s'imprègnent d'humidité et se transforment rapidement en fourreaux de glace, par de forts vêtements de drap gris, ayant culottes en knickerbokers et jaquettes en anorakers, avec ceinture à la taille et capuchon bordé de renard.

NOS CHIENS, ENCORE MAL DRESSÉS, NE SE LAISSENT GUÈRE APPROCHER. — DESSIN DE J. LAVÉE.

Nous échangeons, contre de gros bas de laine, les bas en peau de chèvre qui se déchirent facilement et abandonnons les bottes de renne pour les finsko; nous nous munissons d'édredon pour lutter dans nos sacs de couchage contre l'humidité; enfin nous remplaçons par des sachets de peau les boîtes de fer-blanc quand

LES CHIENS SONT ATTACHÉS PAR DES CHAÎNES D'ACIER A DES PIEUX. — DESSIN DE MASSIAS.

elles ne sont pas indispensables. Après avoir ainsi ajouté et retranché à notre chargement, nous nous trouvâmes à la tête de quatre cent cinquante-six rations à consommer, ce qui nous faisait en définitive une charge de 3 048 kilogrammes à traîner.

Les vents de la semaine précédente avaient poussé le pack dans la baie de Teplitz et la glace côtière nous paraissait assez résistante pour que nous pussions y risquer nos traîneaux.

Dimanche 11 mars. — A huit heures quarante-cinq, je donne le signal du départ. Nous traversons la baie de Teplitz dans la direction du cap Saülen où nous trouvons une jeune glace sur laquelle nous passons rapidement pour atteindre la zone du vieux pack. Les chiens souffrent beaucoup des efflorescences de sel formées sur la jeune glace, et nos hommes s'attellent aux traîneaux pour les aider. La caravane forme une longue file en tête de laquelle je m'avance avec S. A. R.

Vers onze heures, nous trouvons la vieille glace qui est fort escarpée; le prince assiste à nos premières luttes contre les digues de pression; puis il nous salue et retourne sur ses pas. Cette séparation est plus pénible que celle du mois passé; à l'ivresse du début, a succédé la conscience avertie des difficultés à vaincre, des dangers à courir. Ce n'est plus l'enthousiasme du triomphe qui nous transporte, mais l'espérance qui nous soutient de faire mieux que nos illustres prédécesseurs.

Le vieux pack est difficile à parcourir; tous les deux cents pas, le piolet des guides doit nous ouvrir un chemin à travers les digues de pression. La température se maintient à — 33 degrés. Un peu après midi, nous renvoyons les Norvégiens auxiliaires et le traînage devient encore plus fatigant. Vers sept heures, j'aurais voulu camper; mais nous apercevons un canal, que nous franchissons dans la crainte de le voir s'élargir; puis un autre, que nous franchissons encore pour ne pas camper entre deux canaux. Enfin, vers quatre heures, nous dressons nos tentes. Bêtes et gens sont exténués. Au sud-est, le cap Saülen, à l'est, le cap Fligely s'effacent dans la nuit. A six heures, nous sommes tous dans nos sacs, dormant d'un lourd sommeil.

Lundi 12 mars. — Nous sommes décidément dans une région de canaux; quelques-uns sont gelés de la nuit précédente et couverts d'une glace qui n'est guère solide. En traversant l'un d'eux, un traîneau plonge dans l'eau son arrière-train. Un de nos hommes s'avance à quatre pattes et lie une corde à l'extrémité des traits; cinq de nous s'attellent à cette corde en s'éloignant les uns des autres afin de distribuer leur poids sur différents points de la glace. Nous halons ferme et amenons le traîneau sur une glace plus forte.

Cet incident nous servit de leçon : quand la glace était peu sûre, j'expédiais un homme qui devait s'arrêter à l'endroit où la glace, redevenant forte, formait presque toujours un léger renflement. J'envoyais un premier traîneau qu'un homme suivait à distance; puis, à 20 ou 30 mètres les uns des autres, les traîneaux passaient, chacun d'eux entrant dans la zone dangereuse quand son prédécesseur en était sorti. Ce système n'était pas très rapide, mais évitait les accidents; et ruser avec l'obstacle n'était, en somme, pas plus long que de le tourner.

Est-ce la fatigue, l'usage du pemmican? Tout le monde souffre de la soif. A midi, pendant une courte halte, je fais une distribution de thé prélevé, bien entendu, sur la ration du jour. A une heure, nous reprenons notre marche à travers canaux et digues de pression ; mais nous commençons à en avoir l'habitude, et nous avançons assez rapidement.

Vers deux heures, tombe une neige légère, qui nous incommode d'ailleurs beaucoup moins qu'un plateau de jeune glace, où fatiguent extrêmement les chiens et les hommes obligés de venir en aide aux chiens. Aussi, vers six heures donné-je l'ordre de camper.

Mardi 13 mars. — Depuis hier, nous suivons le nord magnétique dont la direction nous conduira beaucoup plus à l'est que le méridien de la baie de Teplitz ; nous compenserons ainsi le déplacement que le courant nous fait subir vers l'ouest. J'ai pris pour base de mon calcul les moyennes de la dérive du *Fram ;* mais, comme le mouvement des glaces varie avec les années et les parallèles, nos résultats n'offrent pas grande certitude. Dès que le soleil sera plus haut, nous pourrons, en calculant la longitude, ne pas nous écarter du méridien de Teplitz ; en attendant, nous nous dirigeons d'après le nord de la boussole et, quand notre marche, en faisant trembler l'aiguille, nous défend l'usage de l'instrument, nous prenons, comme repère, les pointes de glace en évidence au loin. Nous avançons ainsi dans la direction générale que nous nous sommes fixée.

Le pack aujourd'hui nous semble de meilleur aspect : peu de digues à l'horizon, mais un large plateau. En aurions-nous fini avec la glace escarpée? Je crois pouvoir congédier Evensen qui s'en retourne avec ses Norvégiens, un traîneau et cinq chiens, et nous le chargeons pour le prince d'un message plein d'espérance.

Nous dressons nos tentes, vers cinq heures, après avoir fait 9 ou 10 milles dans la bonne direction. Hier nous en avons fait 7. Nous sommes encore au-dessous de la moyenne ; mais nous avons devant nous une glace plus facile et nos forces redoublent avec l'entraînement.

Mercredi 14 mars. — C'est aujourd'hui l'anniversaire du Roi! A peine levés, nous hissons aux pieux des tentes de petits drapeaux italiens qui flottent au gré d'une bise de nord-ouest par une température de — 38 degrés. Nous comptons sur la marche pour nous réchauffer ; mais nous trouvons une glace horrible, un champ interminable de blocs hérissés de pointes, qu'une main gigantesque semble avoir disposés contre nous en manière de chausse-trapes. Nos quatre guides, avec une rapidité incroyable, nous frayent, à coups de piolet, un sentier où s'engagent traîneaux et piétons. Chemin faisant, nous rencontrâmes par deux fois un canal de glace assez résistante et orienté précisément vers le nord-nord-ouest. La caravane s'y engagea naturellement, heureuse pour les guides et pour soi de reprendre haleine avant d'affronter de nouveaux obstacles.

Quand le soir nous dressâmes nos tentes, nous avions avancé de 3 milles et demi après un travail de huit heures. Nous sommes fatigués et engourdis par un froid de — 43 degrés.

Sous nos petits drapeaux qui flottent encore, je partage entre mes hommes un morceau de chocolat

secrètement emporté pour fêter ce grand jour. Innocent sybaritisme, le seul auquel nous nous livrâmes pendant tout le voyage en traîneaux!

Canepa, en coupant du beurre, s'est fait une blessure au poignet. Je lui adresse une sévère réprimande. Nous n'avons pas le droit de nous exposer au moindre accident ; un homme hors de service serait une calamité pour la caravane.

Malgré le chocolat, nous sommes mécontents de notre journée ; et le froid, qui nous fait souffrir jusque dans nos sacs, ne contribue pas à nous rendre notre bonne humeur.

Jeudi 15 mars. — A huit heures, le thermomètre marque — 44 degrés ; mais nous nous réchauffons un peu au passage d'un plateau assez étendu, coupé seulement d'une longue chaîne de séracs que nous mettons deux heures à franchir. Ensuite nous marchons facilement, d'abord sur de la jeune glace, plus tard sur de la vieille glace sans digues ni canaux. Mais le froid nous fatigue encore plus que la marche et, vers trois heures et demie, je me vois obligé de camper; nous avions fait 7 milles dans la direction du nord.

Le soleil n'est guère chaud; cependant quand il disparaît à l'horizon, la température baisse encore d'un ou deux degrés.

La colonne de mercure du thermomètre à minima s'est scindée en deux parties. Je les rapproche à la chaleur d'une chandelle ⸢et dépose⸣ l'instrument sur un sac pour me livrer à mes fonctions de cuisinier; soudain j'entends un coup sec, je me retourne vivement : je ne pus jamais retouver la cuvette du thermomètre qui venait de se détacher violemment de son tube. J'étais fort contrarié, ne possédant que ce thermomètre à minima, le seul, par des froids pareils, capable d'indiquer exactement la température; la présence d'un homme près d'un thermomètre libre pouvant causer des variations de trois et même quatre degrés.

Le soir, nos sacs d'édredon sont gelés; il faut deux hommes pour les tirer et les étendre. Nous nous y fourrons à grand'peine, moins pour dormir qu'y claquer des dents. Sur les genoux de nos pantalons nous avons des plaques de glace; nous en avons sur les joues, sous les aisselles, partout où la sueur a pu couler. Quand nous sommes dans nos sacs depuis quelques heures, cette glace se décide à fondre et, au milieu de l'humidité, nous trouvons enfin un sommeil réparateur.

CONTRE NOTRE ATTENTE LA GLACE EST BONNE. — DESSIN D'OULEVAY.

Vendredi 16 mars. — Le froid de la nuit a dû être intense; à six heures du matin, nous avons encore — 50 degrés. Les préparatifs de départ se font lentement. A l'extrémité de mes doigts j'ai la chair en lambeaux et, quand il faut ôter mes moufles, à travers mes seuls gants, je souffre le martyre. Heureusement nous trouvons une glace assez facile et nous faisons 9 milles dans la direction du nord.

Je crains toujours de voir s'épuiser chez nos hommes leurs ressources d'énergie : mais la conscience du devoir, la nécessité du travail, la présence des camarades les soutiennent d'admirable façon.

Il est pendant la journée une heure à laquelle nous pensons délicieusement : c'est l'heure du dîner.

Quand l'ordre est donné de camper, Petigax, qui mène la colonne, choisit l'emplacement convenable; les traîneaux, par groupe, se mettent à l'alignement. C'est entre eux que nous dressons nos tentes, dont les cordes latérales sont attachées aux patins et les cordes extrêmes à un piolet planté dans la glace. Entre les traîneaux éloignés des tentes sont tendues des cordes d'acier où sont liés les chiens à mesure qu'on les détèle. Pendant qu'ils se querellent et se battent pour la meilleure place, Savoia emmène à l'écart la victime désignée et d'un coup de hache l'immole à l'appétit de ses semblables.

Pendant ce temps, Cavalli, Querini et moi nous préparons la soupe de nos groupes respectifs : les pâtes d'Italie, l'extrait de Liebig, la viande et le beurre mêlés ensemble forment une excellente pâtée. Quand les hommes ont distribué aux bêtes le pemmican quotidien, ils viennent sous la tente s'asseoir sur les sacs de couchage roulés en manière de divan. Alors on verse dans les gamelles alignées la soupe délicieusement chaude! Nous oublions toutes nos souffrances, toutes nos difficultés, toutes nos inquiétudes. La gamelle réchauffe les jambes sur lesquelles nous l'avons posée et la main engourdie qui la tient; sa douce fumée fait fondre la glace qui borde notre passe-montagne; chaque cuillerée apporte une sensation de bien-être à tout notre corps. Et nous mangeons lentement, lentement, pour prolonger ce moment de plaisir....

Ce soir nous sommes entrés fort tard dans nos sacs; le chien Basket, un des meilleurs, a une patte gelée et nous le torturons pendant des heures avec de l'eau tiède et des frictions. Ollier a également un talon gelé. Encore des frictions et de l'eau tiède.

Samedi 17 mars. — La distribution d'hier a complètement vidé un de nos traîneaux. Querini me demande de le prendre et d'abandonner plutôt un de ses traîneaux en assez mauvais état. Le transfert du chargement augmente les embarras du départ toujours si lent à se faire. Nous nous mettons en route, à onze heures passées, mais la glace est bonne. A cinq heures et demie, nous avions gagné 10 milles en latitude. Le thermomètre marque — 44 degrés. La température ne se décide donc pas à monter!

Dimanche 18 mars. — Après deux heures d'une marche relativement facile, malgré de nombreux coups de vent, nous retombons sur une série de digues. C'est décourageant! Bientôt le vent souffle par rafales et, quoique la température s'élève jusqu'à — 33 degrés, il devient impossible d'avancer; nous campons.

Voilà huit jours que nous avons quitté la cabane; notre moyenne de marche est absolument insuffisante. Tous nos hommes font admirablement leur devoir; je ne peux exiger d'eux rien de plus, et il faut, à tout prix, avancer plus rapidement. Que faire? C'est la question que je me pose sans cesse, et durant la marche, et le soir dans mon sac, et pendant que je prépare nos pauvres repas. Dans cinq jours, je devrai renvoyer quatre hommes, rester avec six hommes et huit traîneaux. Si la température et les conditions de la glace ne se modifient pas, il faudra renoncer à nos chimériques espoirs....

Lundi 19 mars. — Un vent violent a soufflé toute la nuit; mais la tente a tenu bon, calée à l'extérieur par la neige, à l'intérieur par le poids des hommes. La réparation d'un brancard cassé nous empêche de partir avant onze heures. Contre notre attente, la glace est bonne; elle forme une sorte de plateau sur lequel nous avançons rapidement.

Il en est continuellement ainsi : comme notre horizon visuel est très limité, la présence d'une digue nous fait craindre de trouver derrière d'autres digues encore : et, au contraire, nous trouvons le plateau! Et quand la glace facile remonte notre courage, nous la trouvons bien vite barrée par une digue ou un canal. Cette incertitude continuelle sur l'état de la glace prochaine fait qu'en bon terrain nous sommes énervés par l'appréhension du mauvais, tandis qu'aux passages difficiles, nos fréquentes déceptions nous empêchent d'en espérer de meilleurs.

Enfin aujourd'hui, malgré le départ tardif, le drift et le vent, nous avons, grâce à une température plus clémente (— 27 degrés), avancé de 9 milles vers le nord. Nous campons à l'abri d'une digue de pression, et la bonne soupe bouillante vient réchauffer nos membres et notre espérance aussi.

Mardi 20 mars. — J'expédie Petigax et Fenoillet avec un traîneau attelé des meilleurs chiens. Ils nous précéderont d'une bonne demi-heure, avec mission de frayer le passage sans nous obliger à attendre à chaque obstacle; nous les retrouverons au campement du soir. J'espère ainsi trouver toujours la voie libre, et éviter les arrêts dont les chiens abusent pour emmêler leurs traits.

Pendant la matinée, nous traversons de nombreux plateaux, mais l'après-midi, la route devient mauvaise, surtout à cause de la neige dans laquelle nous enfonçons jusqu'aux genoux. Les chiens fatiguent énormément et, vers quatre heures et demie, nous dressons nos tentes, car les pauvres bêtes sont à bout de forces.

La bonne route du matin nous a permis de faire 11 milles aujourd'hui, et nous sommes ravis de ce résultat. Pour nous rendre compte du chemin parcouru, nous faisons, chacun séparément, notre calcul et, le soir, au campement, nous établissons une moyenne; nos évaluations se corroborent presque toujours. Je n'ai pas d'autre moyen de contrôle; dès les premiers jours, nos quatre podomètres se sont détériorés; un odomètre, fixé à l'arrière d'un traîneau, a été brisé; j'en ai bien un autre, mais je le garde pour m'en servir sur la glace unie, qu'au fond de mon cœur j'espère toujours trouver quand nous serons plus au nord.

(A suivre.)

POSITION DE L'HOMME EN MARCHE PRÈS DE SON TRAÎNEAU. — DESSIN DE SLOM.

NOUS ÉTABLISSONS NOTRE TENTE A L'ABRI D'UNE DIGUE DE PRESSION. — DESSIN DE MASSIAS.

A PIED ET EN TRAINEAU VERS LE POLE NORD

PAR LE COMMANDANT UMBERTO CAGNI

Traduit et résumé par M. HENRY PRIOR.

III. — A travers le pack. — Le groupe Querini nous quitte pour opérer son retour. — Grande fatigue de la caravane. —
La route devient meilleure. — Le groupe Cavalli nous quitte pour opérer son retour.

NOUS TROUVONS D'ABORD UNE ROUTE
EXTRÊMEMENT FATIGANTE. — DESSIN D'OULEVAY.

MERCREDI *21 mars*. — Depuis dix jours déjà nous avons quitté la cabane pour marcher vers l'Inconnu. La matinée est pénible; des digues épaisses ont arrêté nos éclaireurs que nous rattrapons bientôt. Ollier et Savoia leur viennent en aide. Dans l'après-midi, nous avançons passablement et faisons une quinzaine de kilomètres dans la direction nord-nord-est. La température a de nouveau baissé : ce matin — 30 degrés; ce soir — 38 degrés. Les hommes sont très fatigués; les chiens, par contre, n'ont jamais été plus dispos.

Au coucher du soleil, du haut d'un bloc de glace, nous apercevons l'île du Prince-Rodolphe, à l'horizon. Nous en sommes cependant éloignés de 70 milles. Se pourrait-il que nous en fussions plus près? Est-ce un effet de réfraction qui nous permet de voir une terre placée au-delà de notre rayon visuel? L'air est excessivement limpide et je préfère m'en tenir à cette dernière supposition, car la première serait décourageante.

En marche, l'idée m'est venue de ne renvoyer que trois hommes avec le premier groupe et d'en garder un de plus avec le mien. Le service de deux hommes en éclaireurs m'a si bien réussi que je veux pouvoir en user ainsi jusqu'au bout; or il serait dangereux qu'un homme restât seul en arrière pour s'occuper des traineaux. En avançant le départ du premier groupe, en modifiant la répartition des vivres et en restreignant un peu les rations, je pourrai emmener avec moi un quatrième compagnon. J'appelle dans ma tente Querini et Cavalli et leur fais admettre mon projet. Je désigne les hommes du groupe qui nous quittera après-demain matin; il sera composé de

1. *Suite. Voyez page* 229.

Querini, Ollier et Stökken : Querini, parce qu'il est moins robuste et moins utile à l'expédition que le docteur; Ollier, parce qu'il semble disposé à la congélation, dont il a souffert déjà deux fois; Stökken, parce qu'il n'est pas Italien.

Jeudi 22 mars. — La marche est bonne pendant la matinée; vers deux heures, nous nous arrêtons devant une zone de séracs difficiles et qui s'étendent de l'est à l'ouest à perte de vue. Comme ce soir nous aurons à remanier le chargement des traîneaux, nous campons de bonne heure pour nous livrer à ce travail, prélude de la séparation du lendemain. Les préparatifs terminés, j'écris sur l'agenda de Querini une lettre à S. A. R.; je lui remets un lot de photographies et je vais préparer le repas de mes hommes.

Vendredi 23 mars[1]. — Querini emmène un traîneau et six bons chiens; nous avons tracé à l'avance le chemin qu'il suivra au retour : il lui faudra peu de temps pour regagner la cabane. Avant son départ, il est venu dans ma tente et m'a exprimé ses vœux pour le succès de l'expédition. Nous nous sommes embrassés avec émotion. Ollier, avec son bon sourire, me prie naïvement de lui pardonner les embarras que nous causa naguère son pied gelé. Si Querini nous quitte à regret, Ollier n'est pas fâché de renoncer à une expédition qu'il sent au-dessus de ses forces.

Nos traîneaux se mettent en mouvement. Nous suivons, à travers la digue qui nous arrêta hier, un vrai sentier de mulets qui dut coûter mille peines à Petigax et Fenoillet partis en éclaireurs. Au sommet du chemin, je me retourne vers le sud, et j'aperçois au loin la petite caravane de Querini qui vient de se mettre en marche. Nous nous saluons une dernière fois....

Pauvres camarades! Nous ne pûmes nous défendre d'un secret sentiment d'envie en les voyant s'éloigner, persuadés qu'ils allaient retrouver le bien-être, la vie, la patrie!

Nous poursuivons notre route, Petigax et Fenoillet en avant-garde, Savoia et moi venant ensuite avec trois traîneaux, enfin le docteur et ses deux hommes avec les cinq autres. Journée fatigante : pendant 4 kilomètres, le pack n'est qu'une suite de blocs, de pointes et de fossés. Nos traîneaux en sortent en piteux état. Quand donc verrons-nous ces plateaux dont parle Nansen et qui lui permettaient de faire 30 kilomètres par jour? Nous dressons notre tente vers six heures, après en avoir fait une douzaine seulement.

Je pense invinciblement à l'étrange vision apparue l'avant-veille : l'île du Prince-Rodolphe se profilant à l'horizon. Si le pack avait tourné sur lui-même en s'appuyant sur l'île et s'était reporté au sud, ce serait le comble du malheur, la ruine de l'expédition.

Samedi 24 mars. — Il faut encore raccommoder les traîneaux; et nous partons à onze heures seulement. Nous trouvons, d'abord, une route extrêmement fatigante, puis 10 kilomètres de plateau que nous franchissons d'une traite. Enfin, après quelques heures d'une marche dans la neige, qui nous brise les jambes, nous campons dans le voisinage d'un énorme bloc qui nous abrite contre le vent du nord. Nous sommes exténués, nos traîneaux sont dans un état lamentable; mais nous avons fait plus de 10 milles et nous sommes heureux.

Dimanche 25 mars. — Nous réparons toujours les traîneaux. Ce travail accompli sans gants par une température de — 39 degrés est un supplice pour mes pauvres mains très imparfaitement guéries et pour lesquelles je re-

IL FALLUT DÉGAGER LES TRAÎNEAUX ENSEVELIS SOUS LA NEIGE. — DESSIN DE MIGNON.

doute la congélation. Une heure après le départ, nous rejoignons Petigax arrêté par un long canal qu'il a vainement tenté de traverser ou de tourner. J'envoie trois guides en exploration dans des directions diffé-

1. Latitude 82° 32′ N. Longitude 56° 39′ 55″ E.

rentes et, accompagné du docteur, je monte sur une éminence d'où nous pouvons les suivre avec nos jumelles. Après deux heures de recherches, nos trois hommes nous apportent des nouvelles décourageantes : le canal communique à l'est avec un autre canal qui se dirige vers le sud aussi loin que la vue peut porter.

A l'ouest se trouve un réseau de canaux qui nous obligerait à un immense détour. Sans doute, ces canaux se sont ouverts pendant la grande marée du 21 mars. Il n'y a qu'à attendre : par une température de — 39 degrés, ils seront bien vite gelés et nous pourrons les traverser demain.

Lundi 26 mars. — Petigax, envoyé en reconnaissance vers le canal qui nous barre le nord, vient nous dire qu'il est imparfaitement gelé ; il en a vu sortir un morse. Nous explorons le canal de l'est : il est couvert d'une couche de

UN GUIDE EMMENAIT LE CHIEN DÉSIGNÉ POUR LE SACRIFICE. — DESSIN DE MASSIAS.

glace encore bien mince. Néanmoins, c'est la seule route possible et je suis résolu à en courir le risque. Un à un, et avec mille précautions, passent tous nos traineaux. Comme compensation, nous trouvons un autre canal couvert d'une forte glace et qui se dirige vers le nord. Pendant deux heures entières, nos traineaux y glissent comme sur une grande route et nous avons peine à suivre l'allure des chiens. Après une succession de digues, de plateaux et de canaux, nous atteignons six heures et nous dressons notre tente. Nous avions (qui l'eût dit le matin?) parcouru plus de 20 kilomètres !

Mardi 27 mars. — Ce matin, à huit heures, le thermomètre marque — 41 degrés et le vent du nord continue à souffler. Après les inévitables réparations, nous piquons vers l'ouest, car une digue infranchissable nous barre la route du nord. Heureusement nous la traversons avant midi. La journée est fatigante, mais assez bonne. Hommes et chiens ne s'arrêtent qu'après 15 kilomètres.

Mercredi 28 mars. — Bien que j'aie réveillé mon monde à six heures, nous ne démarrons qu'à dix. Partis à bonne allure, nous trouvons bientôt une digue très profonde qui nous arrête une grande heure. J'en profite pour prendre la hauteur méridienne qui me donne la décourageante latitude de 83 degrés. Est-ce que nos horizons artificiels seraient détraqués ? Rien ne l'indique. Je ne crois cependant pas m'être trompé dans l'évaluation quotidienne du chemin parcouru. Nous la contrôlons avec soin, nous tenant au-dessous de la réalité. Nous devrions être aux environs de 83° 50'. Cinquante minutes de différence en

C'ÉTAIT UNE SÉRIE DE PLATEAUX COUVERTS D'UNE NEIGE COMPACTE. — DESSIN DE SLOM.

deux semaines ! Il faut à tout prix presser l'allure, ou c'en est fait de nos rêves ambitieux.

Après le passage de la digue, nous trouvons une série de plateaux couverts d'une neige compacte sur laquelle nous avançons avec rapidité. Aurions-nous enfin atteint ce pack uni et facile après lequel nous soupirons? Encouragés par le succès, ne trouvant, d'ailleurs, pas d'endroit propice au campement, nous poussons de l'avant, et nous nous arrêtons seulement à huit heures sur un large plateau où nous dressons la tente.

Je compte que nous avons avancé d'une trentaine de kilomètres; mais l'effort est trop grand et nous ne pourrions, sans danger, nous y astreindre deux ou trois jours de suite. Nos hommes ont été debout seize heures, ont travaillé quatorze. C'est un surmenage qui nous serait fatal. Si dorénavant la glace est bonne, j'avancerai le renvoi du second groupe, afin de gagner quelques jours de vivres; nous pouvons encore réussir!

Jeudi 29 mars. — Mauvaise nuit : l'excès de fatigue, le froid intense, des craquements continuels de la neige fouettée par un fort vent de nord-ouest, nous ont empêchés longtemps de dormir. Durant toute la journée, nous cheminâmes assez facilement; vers six heures, une digue nous arrêta, et comme je ne voulais pas forcer l'étape, nous dressâmes notre tente, pendant que Petigax et Fenoillet allaient, pour le lendemain, reconnaître les conditions du sol. Décidément la route est meilleure; les plateaux se succèdent plus nombreux à mesure que nous avançons vers le nord. Je renverrai le second groupe après-demain et je continuerai ma marche avec trois hommes et cinq traîneaux.

Vendredi 30 mars. — A dix heures, les guides ont frayé un chemin dans la digue qui nous arrêta hier et la caravane se trouve bientôt sur un plateau dont les limites se perdaient à l'horizon. A midi je puis observer la hauteur méridienne et je trouve 83° 10'. Le pack doit dériver vers le sud de 3 à 4 milles par jour et le vent souffle du nord. Les vents du sud ne nous apporteront-ils donc pas une compensation? Qu'importe, d'ailleurs! L'essentiel est d'avoir un chemin semblable à celui d'hier. En vingt jours, nous franchissons 200 milles! L'avenir m'apparaît en rose... et j'allonge le pas.

Malgré la bonne route, nous campons, à trois heures, car il faut faire les préparatifs de la nouvelle séparation. Je remets au docteur, qui emmènera Cardenti et Savoia, vingt-quatre chiens, trois traîneaux. des vivres pour dix-huit jours. Pendant toute la soirée, nous discourons de la cabane et de ses richesses, des camarades que nous y avons laissés, de notre chère *Étoile polaire*. Et ces hommes, si intimement unis par la communauté du travail et des dangers et qui allaient peut-être se séparer pour toujours, parlaient sans inquiétude de l'avenir! Loin des sources de la vie, dans cet immense désert de glace, leur bonne humeur m'apparut comme la plus haute expression de la valeur morale.

Samedi 31 mars. — Pendant qu'on attelle les chiens, je fais voir mon index à Cavalli. Pour tout remède, il me promet de me l'amputer au retour. J'écris sur son carnet une lettre à S. A. R., contenant le détail de mes projets. Je donne au docteur, comme à Querini, le conseil de marcher vers le sud-est, et de ne pas céder, sauf absolue nécessité, à la tentation de changer de route, puis nous nous faisons nos adieux.

En nous serrant les mains, Cavalli et moi, nous sommes pris d'une subite émotion et nous nous jetons dans les bras l'un de l'autre. Bien bas je le charge d'un dernier adieu pour ma mère et ma fiancée, et je m'élance vers les traîneaux en donnant, d'une voix rauque, le signal du départ. Le temps est magnifique : nos cinq traîneaux s'éloignent rapidement. Je suis en tête, Canepa en queue. Avant de traverser une petite digue de pression, nous nous retournons pour envoyer aux camarades un dernier salut. Le docteur agite son drapeau, les hommes leur bonnet.

LE TRAÎNEAU QUI PORTAIT LA TENTE ET LES SACS DE COUCHAGE. — DESSIN DE SLOM.

Tous nous crient : « Adieu! Bon voyage! » Nous voudrions leur répondre, mais la voix nous manque.... Adieu, chers camarades! Que Dieu vous protège[1]!

1. Campement du 31 mars : 83°16' N., 57°40' E.

LE PACK ÉTAIT, EN MAI, SILLONNÉ DE CANAUX. — DESSIN DE TAYLOR.

IV. — Bloqués par le vent. — Délivrance. — Passage difficile. — Le sacrifice des chiens. — Le parallèle 84. — Une digue superbe. — La journée des bains. — Histoire d'une casserole trouée. — Encore bloqués. — Une bonne étape. — Par 85°48′. — Plus loin que Nansen. — Le parallèle 86°34′.

Nous voici seuls sur la plaine immense! Le départ de nos amis a brisé le dernier lien qui nous unissait au monde. Toutes mes espérances, toutes mes ambitions s'élancent à la suite du premier traineau, dont les deux sillons m'attirent impérieusement vers le nord. Petigax et Fenoillet le dirigent: neuf chiens le tirent, les meilleurs du troupeau. En compagnie de Canepa, je ferme la marche, à la tête de cinq autres traineaux attelés de quarante chiens. Nous avons aujourd'hui fait une bonne étape; plus de 28 kilomètres, sur de vastes plateaux à peine accidentés...

Dimanche 1ᵉʳ avril. — Après la prière du matin, nous avons poussé le cri de « Vive le Roi! » qui nous apporte une bouffée d'air de la patrie, un chaud souvenir de tout ce que nous aimons.

Il fait un vent endiablé; il a beaucoup adouci la température, et le thermomètre marque — 25 degrés; mais sa violence nous empêche de partir. Comme dans notre tente nous ne pouvons pas nous tenir, même assis, sans avoir le dos courbé, nous nous fourrons résolument dans nos sacs, où nous essayons de dormir.

A quatre heures, l'intensité de la bourrasque a un peu diminué. Je sors de la tente; impossible de rien distinguer à trois mètres, car il tombe maintenant une neige abondante. Les chiens en sont complètement couverts; on ne voit dépasser que le bout de leurs museaux. Par leur silence inusité, ils semblent approuver ce repos imprévu. Après une heure d'attente, je renonce à marcher aujourd'hui. Je prépare le diner, pour lequel je n'emploie que deux rations. N'ayant pas travaillé, nous devons moins manger.

Avec ces 25 degrés nous restons dans la tente sans souffrir; j'écris comme un vrai sybarite, la moitié du corps hors du sac. Je fais mon travail de Pénélope : le décompte des rations de pemmican. La diminution graduelle des vivres à trainer; la réduction consécutive des bêtes dont le nombre à garder peut varier encore suivant l'état possible de la glace et la longueur éventuelle des marches; la transformation successive d'une unité qui mange, en rations qui sont mangées; tous ces éléments font du problème du pemmican un passe-temps toujours nouveau. Mes calculs me rassurent : au milieu du mois de juin, nous pourrons avoir encore douze chiens bien nourris. C'est plus qu'il n'en faut, car à cette époque, si nous ne sommes pas encore de retour à la cabane, nous commencerons à mourir de faim.

Lundi 2 avril. — Nous avons passé une excellente nuit; la température a atteint — 17 degrés, et nous transpirons avec volupté. A cinq heures, nous sommes debout; mais le vent qui souffle avec violence nous oblige à différer le départ. Nous déjeunons sans dire un mot. Ce vent commence à nous inquiéter. Passe encore pour hier : c'était dimanche, et nous avions besoin de repos. Mais les heures s'envolent et notre impatience grandit. Nos yeux interrogent continuellement le baromètre qui baisse peu à peu et sans discontinuer.

Vers midi se produit une éclaircie. Nous partons. A travers la neige qui est molle, et souvent très haute, nous avançons de 8 milles environ. Mais à cinq heures, un tourbillon de neige nous enveloppe, et c'est à tâtons que nous dressons notre tente à l'abri d'un hummock voisin.

Mardi 3 avril. — Le drift extrêmement violent nous contraint encore à rester dans nos sacs : nous sommeillons toute la journée. La neige, poussée par la tempête, pénètre dans la tente par les moindres fissures et nous recouvre d'une couche blanche...

Mercredi 4 avril. — Nous sommes encore bloqués! Le drift est tellement épais que nous perdons l'espérance de partir. Quelques traîneaux sont ensevelis sous la neige. Nous avons délié, dans la crainte qu'ils ne soient étouffés, les quelques chiens qui n'avaient pas réussi à se détacher eux-mêmes. C'est le quatrième jour de mauvais temps! Que sera devenu le second groupe? Son sort nous préoccupe. Si du côté du sud la neige est tombée comme ici, il n'aura plus retrouvé les traces de nos traîneaux après la deuxième étape. Notre inquiétude pour les camarades calme l'irritation que nous cause cette inaction forcée. Je conseille à mes hommes de dormir pour ne pas s'exciter l'appétit; mes pauvres chiens jeûnent aussi.

Jeudi 5 avril. — Pendant la nuit, le vent s'est enfin calmé. Tandis qu'à grand'peine mes compagnons dégagent le matériel enfoui dans la neige, je prépare un solide déjeuner dont nous avons grand besoin.... Nos braves chiens n'ont jamais eu plus d'entrain; ils s'essoufflent pour rejoindre le traîneau de Petigax, qu'ils aperçoivent au loin, et la caravane avance rapidement sur la neige fort dure, battue par le vent. Vers neuf heures, pendant que je fais passer un traîneau par un chemin que les guides ont frayé dans une digue de pression, je m'aperçois qu'il s'est formé à cet endroit une crevasse qui s'élargit de plus en plus.

Le second traîneau la traverse non sans peine. Il n'en fut pas ainsi pour le troisième : j'avais lié une corde au traîneau et le tirais d'un bord, tandis que Canepa poussait de l'autre. Les quatre premiers chiens enjambent la crevasse, mais les autres se refusent obstinément à sauter, entraînent les premiers dans l'eau et y tombent à leur tour. Le traîneau allait suivre, quand, par bonheur, il s'accrocha à la glace par son avanttrain, et le voilà qui reste suspendu au-dessus du gouffre, tandis que nos malheureux chiens se débattent dans l'eau, étranglés par leurs cordes. Nous pûmes les délivrer; mais je ne sais ce qui serait advenu du traîneau si les deux bords de la crevasse n'eussent, en se rapprochant, repris les patins par en-dessous et rétabli le traîneau sur une surface à peu près plane, que le reste de la caravane traversa sans difficulté.

Vers une heure, s'élève un vent du sud-sud-est, et l'atmosphère s'obscurcit; maintenant, la glace est extrêmement agitée; tout autour de nous, nous voyons des digues qui se forment, un bouleversement général. C'est l'effet ordinaire des changements de vent subits, sur cette glace peu épaisse, peu compacte et

NOUS INSTALLONS LA TENTE DERRIÈRE UN PETIT HUMMOCK. — DESSIN DE MASSIAS.

LE CHOIX DE LA VICTIME DEVIENT TOUS LES JOURS PLUS DIFFICILE. — DESSIN DE J. LAVÉE.

qui est déjà divisée en champs de peu d'étendue par les vents des jours précédents. Poussés heureusement par un vent du sud, nous cheminons pendant plusieurs heures à travers ce réseau interminable de digues et de canaux, et, vers six heures, nous établissons notre campement.

Ce soir, nous avons immolé Jason, un de nos meilleurs chiens, que ses camarades avaient cruellement maltraité. Le choix de la victime devient tous les jours plus désagréable et plus difficile : d'abord, nous avions sacrifié les chiens les plus faibles, puis les plus paresseux, enfin ceux qui avaient la mauvaise habitude de manger les harnais; maintenant il faut faire notre choix parmi les bons, au milieu de compagnons auxquels nous nous attachons davantage, à mesure que leur nombre diminue. Les survivants n'ont pas les mêmes scrupules que nous, et déchirent à belles dents une viande dont naguère ils ne voulaient pas.

Vendredi 6 avril. — Le vent est tombé; le thermomètre marque — 26 degrés; la neige est excellente, et de sept à deux heures nous cheminons rapidement. Mais un large canal nous empêche alors d'atteindre un superbe plateau que nous apercevons au delà. Il s'allonge à gauche et à droite en fer à cheval; nous sommes dans un cul-de-sac. Il faudrait faire plusieurs kilomètres pour en doubler l'une des extrémités. Je préfère rester où nous sommes et attendre qu'avec la nuit le canal se gèle ou se ferme.

Samedi 7 avril. — Le canal est gelé; nous le traversons et trouvons le plateau entrevu sur lequel nous cheminons plusieurs heures, ne nous arrêtant qu'une fois pour l'observation de la hauteur méridienne. La latitude que nous obtenons (83°54′2″ N.), correspond à celle que nous avions calculée au juger.

Notre système pour l'évaluation des étapes est donc juste, et les différences trouvées, au début de notre expédition, provenaient de la dérive des glaces qui a dû cesser en même temps que les vents du nord.

A l'heure du campement, nous avions, sur un chemin assez bon, parcouru plus de 10 milles. Si seulement nous avions quinze journées comme celle d'aujourd'hui!.... Avant d'entrer dans nos sacs, nous fêtons le passage du quatre-vingt-quatrième parallèle avec une goutte de rhum, pris dans notre pharmacie. Il nous semble boire du feu; il y a si longtemps qu'aucun alcool n'a touché nos lèvres!

Dimanche 8 avril. — Pendant une bonne heure, nous avançons rapidement; soudain nos chiens s'arrêtent devant un canal dont ils refusent obstinément de traverser l'eau. Sans comprendre la cause de cet entêtement, nous leur fabriquons, avec de gros blocs détachés des séracs voisins, un superbe pont, chef-d'œuvre des architectes Petigax et Fenoillet.

Du lundi 9 au mercredi 11 avril. — A travers digues et canaux dont le passage, grâce à notre expérience, devient un jeu, le long de plateaux de vieille glace ou de neige fortement battue, la caravane s'avance de 10 bons milles par jour; notre satisfaction serait complète si le vent, le drift et l'obscurité de l'atmosphère ne semblaient s'ingénier à contrarier notre marche quand le sol nous est favorable.

Je souffre cruellement de l'estomac; Petigax aussi. Il faudra nous méfier du pemmican dont nous avons abusé pour ménager les autres vivres. L'index de ma main droite me tourmente également; mais je n'ose le débander, craignant que l'infection ne s'y mette. Je l'examinerai... de retour à la cabane!

Le 11 à quatre heures, le soleil apparaît avec un splendide halo bleu, vert, jaune et rouge, et un contre-halo vert, jaune et rouge. A six heures, la température est de — 26 degrés, et le ciel est de nouveau couvert.

Jeudi 12 avril. — Ce matin, à sept heures, se forma, devant nos yeux, la plus belle digue de pression que nous ayons jamais vue.

LA NEIGE RÉCEMMENT TOMBÉE REND LA ROUTE EXCESSIVEMENT MAUVAISE.
DESSIN DE SLOM.

Deux champs de vieille glace, poussés par le vent, sont entrés en lutte : comme deux immenses murailles, leurs bords se dressent l'un contre l'autre, et se recourbent ensuite chacun de son côté; la partie supérieure s'en détache par son propre poids. Des blocs énormes roulent avec un grand fracas, soulevés par d'autres blocs, que la pression amène comme des brins de paille jusqu'au sommet de la digue, d'où ils s'écroulent à leur tour. Leur chute produit un nuage de

C'ÉTAIT UN VRAI DÉSERT BLANC, SANS UNE ONDULATION. — DESSIN DE GOTORBE.

glace en poudre qui enveloppe toute la base de la digue; les craquements de la pression sont couverts par le grondement de cette cascade de blocs. La glace en est ébranlée tout autour. Nous nous hâtons d'échapper à cet imposant, mais dangereux spectacle.

Cette digue atteint bien une hauteur de 15 mètres; en général les plus élevées varient de 8 à 10; mais le plus souvent le mouvement avorte et produit un simple renflement de 2 à 3 mètres. S'il n'en était ainsi le passage des digues serait un obstacle insurmontable.

Aujourd'hui, nous avons accompli une étape exceptionnelle, 35 kilomètres! Nous les avons faits en grande partie sur un lac de formation récente, dont la présence nous a étonnés. N'importe! il fut le bienvenu. Mais, si nous avions été surpris par une pression, sur cette glace relativement fragile, notre position eût été critique; la crainte nous donnait des ailes et une extraordinaire vigueur. Nous poussions les traîneaux avec nervosité, tapant sans pitié sur nos pauvres chiens exténués, et le soir nous campions par 84°40 de latitude. Enthousiasmé de ce résultat, j'acquiesce à la demande de Petigax, qui propose de fêter cette belle étape avec une goutte de rhum.

Vendredi 13 avril. — C'est la journée des bains. Petigax l'inaugure en s'enfonçant jusqu'aux aisselles dans une crevasse pleine d'eau que dissimulait la neige. Sans Fenoillet, je ne sais s'il aurait pu s'en tirer. Une heure après, je l'imite en tombant dans un canal; mais j'en sors avant que l'eau ait eu le temps de pénétrer mes vêtements. Enfin, pendant une halte opérée devant un canal qui s'ouvre et se ferme comme un soufflet, et nous contraint ainsi d'attendre le moment opportun pour faire successivement passer chaque traineau, Fenoillet enfonce à son tour et se mouille les jambes; mais il ne s'arrête pas pour si peu.

A part ces incidents, la route a été presque aussi bonne qu'hier; nous avons avancé à grands pas jusqu'à neuf heures; je crois être au-dessous de la réalité en estimant à 20 kilomètres le chemin parcouru et en évaluant notre latitude à 84°50' environ; hier, en plaisantant, j'avais dit à mes hommes que nous atteindrions le 85° parallèle en trois jours; ma prédiction se réaliserait-elle? Nous campons près d'un gros bloc et passons la soirée à racler nos vêtements qui se sont couverts de glace à la suite de nos bains. La soupe est excellente et la vapeur qui s'en échappe monte vers le ciel avec notre espérance.

Samedi 14 avril. — Belle journée, mais le chemin est exécrable à cause de la neige qui est tombée toute la nuit. Les chiens, déjà si fatigués, s'arrêtent tous les cinquante pas. A chaque halte, les patins s'attachent immédiatement à la neige et les chiens ne peuvent démarrer sans que nous soulevions l'avant du traîneau. Si l'on réfléchit que Canepa et moi en avions cinq à diriger, on imagine aisément à quel travail nous devions nous livrer. Aussi bêtes et gens, tous étaient hors d'haleine au bout de 5 malheureux milles.

Dimanche 15 avril. — Temps obscur avec tempête de neige; il est impossible de se mettre en marche. Je n'en suis pas trop mécontent, car nous avons besoin d'un jour de repos; les chiens, hier soir, étaient si fatigués qu'ils n'ont presque pas touché à leur pemmican.

Nous en profitons pour réparer les traîneaux et les harnais, je me décide à débander mon doigt qui ne me laisse plus dormir. Il est à moitié gangrené et l'ongle m'entre dans les chairs; avec une pince j'enlève tout ce que je peux; je fais un lavage au sublimé.... et je souffre beaucoup plus qu'auparavant.

En préparant notre dîner, je m'aperçois que le fond d'une de nos deux casseroles vient de se trouer. Nous sommes atterrés de ce ridicule accident et pendant tout le repas nous nous demandons, penauds : « Comment faire pour la réparer? » Fenoillet eut une inspiration, simple comme toute idée de génie; avec le couvercle de la casserole il confectionna un fond en rabattant les bords tout autour du récipient. Pour inaugurer la nouvelle casserole j'offre un punch d'honneur à Fenoillet : un litre d'eau, une demi-cuillerée de rhum, quinze grammes de sucre et trois gouttes d'extrait de citron. Nous poussons des cris de joie en voyant que de rares gouttes seulement tombent de notre double fond.

NOUS PLANTÂMES LE DRAPEAU DEVANT LA TENTE. — DESSIN DE GOTORBE.

Lundi 16 avril. — Neige épaisse et forte brise du sud-est; c'est une journée perdue pour la marche. Nous nous livrons à nos travaux habituels : raccommodage sans fin. Cependant nous parlons de l'avenir. Mes hommes sont prêts à tous les sacrifices. Qu'importe deux jours de plus ou de moins s'ils me suivent avec enthousiasme! Il faudra bien que le beau temps revienne, et tout espoir n'est pas perdu.

Mardi 17 avril. — La neige tombe toujours et l'obscurité est profonde. Partir serait folie; dans quelque canal couvert d'une couche trompeuse nous risquerions de voir disparaître un homme ou un traîneau. Nous devons marcher vers le nord jusqu'au 20 de ce mois; nous avons donc encore trois jours devant nous; mais si dans trois jours nous sommes encore ici..... Plus notre départ sera différé, plus la neige formera un obstacle difficile à surmonter; il ne nous reste que la triste perspective d'une lutte inutile, et toutes les espérances qui naguère relevaient notre courage s'évanouissent devant l'excès de notre malheur.

Nous sommes entassés, silencieux, dans le fond de la tente; parfois l'un de nous se détache pour examiner le temps. A deux heures, se produisit une éclaircie; en quelques instants nous fûmes debout, les chiens attelés, les traîneaux en marche. La neige est molle, mais nos bêtes, bien reposées, filent comme le vent. Seul un canal nous arrête; il est couvert de neige et il faut, avec le piolet, tâter le chemin avant de s'y engager. Puis nous repartons sur un magnifique plateau où nous marchons jusqu'à dix heures du soir sans nous arrêter, sauf un quart d'heure parfois, pour reprendre haleine. Le ciel s'est éclairci, l'air est limpide, le thermomètre marque — 31 degrés; nous sommes au comble de la joie : nous avons passé le 85e degré!

Du mercredi 18 au jeudi 19 avril. — Nouvelle saute du vent : de la neige et l'obscurité. Quelles horribles journées! Nous n'osons plus nous regarder ni nous entretenir de nos espérances. Pendant quarante-huit heures, la tempête semble s'acharner contre nous; cependant nous restons à l'affût des courts instants de répit qu'elle nous laisse, et nous en profitons, quelle que soit l'heure, pour avancer, à tâtons et empêtrés dans la neige, de quelques milles vers le nord. La fin de la seconde journée a été moins mauvaise; mais nous avons rencontré un large canal qui nous arrêta longtemps....

Vendredi 20 avril. — Le temps est meilleur; après le passage d'un nouveau canal, nous rencontrons un vieux pack uni, parsemé de hummocks isolés, entre lesquels nous glissons commodément. Nous traversons sans peine deux ou trois digues de pression où la neige, accumulée des deux côtés, nous a ménagé deux pentes douces sans la moindre aspérité. Une plaine nous apparaît : immense désert blanc, sans un bloc de glace, sans une ondulation, sans limites! La neige est bonne et nous faisons une étape de 28 kilomètres. Demain, je déciderai s'il faut nous en retourner ou tenter un dernier effort.

Samedi 21 avril. — Le beau temps et la belle route ont réchauffé notre espérance; nous trouvons une plaine aussi grande que celle d'hier et nous la parcourons avec un entrain que semblent partager nos chiens. A midi, pendant que les hommes préparent un peu de café, je prends la hauteur méridienne : nous sommes à 85°29′! Fenoillet lui-même, si avare de manifestations, m'en exprime sa joie. Nous marchons toute la journée à pas de *bersaglieri;* depuis midi, nous avons certainement fait 12 milles; nous devons être campés par 85°44′; la température est de — 29 degrés; le ciel est pur, le vent au nord, et la glace unie s'étend à perte de vue.

Je ne songe guère au retour; mais il me faut consulter mes compagnons. Je leur expose que nous pouvons marcher huit jours de plus vers le nord en diminuant les rations et en escomptant une température normale; je ne leur dissimule pas les difficultés, les dangers qui nous attendent, si la tempête s'élève contre

NOTRE CAMPEMENT PAR 86°34′ DE LATITUDE NORD LES 24-25 AVRIL 1900. — DESSIN DE GOTORBE.

nous et déjoue nos prévisions. Discuter le retour avec de pareils hommes c'était en écarter l'idée. Ils me laissent à peine finir et s'écrient : « En avant! Allons jusqu'au 87ᵉ degré! »

Dimanche 22 avril. — J'ai beaucoup réfléchi cette nuit à notre résolution d'hier. Atteindre le 87° degré serait folie. Il nous faudrait faire 160 kilomètres en une semaine, c'est déjà bien difficile; espérer, si nous y réussissons, la même chance de retour, devient plus que de la témérité. Je décide que nous ne dépasserons pas 86°30′, même si nous y arrivons rapidement.

Nous partons à neuf heures sur de belle glace; un fort grand lac que nous baptisons *lac de Côme,* très bien gelé, nous offre une bonne heure d'excellent chemin. Nous avons si bien marché que je cède, malgré la perte de temps, à la tentation de prendre la hauteur méridienne : 85°48′! Après le lac, deux petites digues de pression et un pack magnifique; le cri que pousse Fenoillet pour exciter son attelage trahit la joie de son cœur. Nos braves chiens semblent comprendre qu'ils approchent du 86° degré et tirent leurs traîneaux à rompre les harnais. Tout sourit à nos efforts, si bien qu'une digue un peu large nous parait une injustice du sort.

A sept heures et demie, nous nous arrêtons; nous devons avoir largement fait les 26 kilomètres qui nous séparaient du 86° degré. Et sous la tente nous triomphons doucement, silencieusement....

Lundi 23 avril. — A peine debout, je vis Petigax qui préparait ses casseroles; en lui serrant la main, j'essayai de le remercier de son énergique dévouement; je bégayai quelques paroles sans suite; il répondit confusément qu'il n'avait fait que son devoir, et nos yeux étaient remplis de larmes. « Le drapeau! » m'écriai-je, et le fixant à un bambou, je l'agitai dans l'air en hurlant pour calmer mon émotion : « Vive l'Italie! Vive le Roi! Vive le duc des Abruzzes! » Mes hommes émus répondaient à mes cris par une sorte de rugissement....

Puisse ce cri sublime traverser ces déserts de glace éternelle! Ni les conquêtes des armées, ni les faveurs de la fortune ne donneront jamais un plus brillant fleuron à la couronne de la maison de Savoie!...

Nous étions partis, vers dix heures, et avancions assez rapidement quand, après une courte halte, à midi, nous nous trouvâmes au milieu de pressions qui semblaient se former dans toutes les directions. La glace craquait, les blocs s'amoncelaient, des digues se soulevaient; des canaux s'ouvraient et se fermaient. Jamais la glace ne m'était apparue aussi vivante, aussi palpitante, aussi menaçante! Engagés dans un canal, sur un bloc qui se détacha soudain du bord, nous restâmes prisonniers sur cette île flottante qu'une pression un peu forte pouvait briser. Heureusement le canal se ferma lentement du côté du nord, et, quand notre île en toucha la rive, d'un vigoureux élan, nous nous élançâmes tous, hommes et traîneaux, sur le pack résistant.

Il était à peine trois heures; la hauteur méridienne accusait 86°4'; il s'en fallait de 10 milles que nous fussions à la latitude de Nansen. Nous décidâmes de faire tous nos efforts pour arriver le soir même à 86°16'.

Le temps était menaçant, mais la glace facile, et nous avancions rapidement. Sept heures passèrent, huit heures, et nous marchions toujours. Certainement nous avions dépassé les 10 milles que nous nous étions fixés, mais je ne m'en rendais pas compte, je n'y pensais pas.

Neuf heures passèrent encore; en levant la tête, j'aperçus, au loin, Petigax qui semblait se hâter vers un but qui l'hypnotisait. Dix heures! Il faut pourtant s'arrêter. J'appelle les guides et nous installons le campement. Alors sous la tente, quand les nerfs se détendent, la perception des choses me vient subitement à l'esprit. Nous avons vaincu! Nous avons surpassé le plus grand explorateur du siècle!....

Nous plantâmes le drapeau devant la tente. Je fis une soupe extraordinaire dans laquelle entra un peu de tous les vivres que nous avions; ensuite nous fîmes du punch, un vrai punch avec du cognac; nous bûmes à la santé du duc des Abruzzes, à la prospérité de notre pays et aux absents.

Mardi 24 avril. — Je décide que nous marcherons pendant toute la journée et demain jusqu'à midi; ensuite commencera le retour. Mes compagnons voudraient bien atteindre le chiffre rond de 87 degrés; mais, aux 250 milles qui nous séparent de l'île Rodolphe, il faudrait en ajouter 60 et c'est trop. Nous filons pleins d'ardeur sur une glace polie. Quand, à cinq heures, nous rencontrons une digue, nous en sommes tout étonnés; il nous semblait qu'il ne dût plus y en avoir. Un peu après six heures, la route est encore barrée par un large canal derrière lequel se trouve une vaste étendue de jeune glace, toute bouleversée et sillonnée de canaux. Y pénétrer n'est pas sans risques; nous gagnerions peut-être 2 ou 3 milles et pourrions y perdre quelque traîneau. Les chiens sont éreintés, les hommes aussi. Je crois sage de m'arrêter définitivement.

Nous avons répété notre petite fête d'hier. Je veux porter un toast au duc des Abruzzes; mais en le prononçant je me trouble et je m'aperçois que mon émotion est partagée par mes fidèles camarades. Après un moment de silence, la conversation s'engage, pleine d'espérance et de gaieté, sous notre pauvre tente en lambeaux. Ah! projets fous! Enthousiasmes d'enfants! Comme l'avenir nous paraît glorieux et souriant!

L'air est extrêmement limpide. Entre le nord-est et le nord-ouest se détachent obscures, blanches ou couleur d'azur, les innombrables pointes, aux formes étranges, des blocs de glace qu'a soulevés la pression. A l'horizon limpide, une muraille bleuâtre s'étend de l'est à l'ouest : c'est notre « Terræ ultima Thule. »

Mercredi 25 avril. — Nous abandonnons un traîneau, et nous organisons le retour!

Je dépose sur la neige trois tubes de fer-blanc emboîtés l'un dans l'autre et contenant une des cartes de correspondance préparées pour être expédiées au Bureau hydrographique de la Marine royale. Sur cette carte, j'ai écrit ce qui suit : « 25 avril 1900. Latitude 86°31' nord. Longitude 68 degrés est Greenwich. Etant arrivé à cet extrême point nord, je m'en retourne avec des vivres pour trente jours, deux cents rations de pemmican, quatre traîneaux et trente-quatre chiens. Nous sommes tous en parfaite santé. Cagni. » A onze heures, la caravane s'ébranle et suit les traces que nos traîneaux ont laissées hier sur la neige....

(A suivre.)

INSTALLATION DE LA TENTE. — DESSIN D'OULEVAY.

DANS LA NEIGE JUSQU'AUX GENOUX NOUS AVANÇONS A GRAND'PEINE. — DESSIN DE J. LAVÉE.

A PIED ET EN TRAINEAU VERS LE POLE NORD

PAR LE COMMANDANT UMBERTO CAGNI

Traduit et résumé par M. HENRY PRIOR.

V. — Le signal du retour. — En pleine dérive. — On commence à compter les vivres. — La question du combustible. — Épuisement physique et moral. — Affamés. — Fausse joie. — Nous lutterons jusqu'à la mort !

LES CHIENS ARRIVÈRENT
SUR UN PLATEAU SANS LIMITES. — DESSIN DE J. LAVÉE.

IL fallut au commandant Cagni une grande force de caractère, une vraie sagesse, pour donner le signal du retour : avec un temps splendide, une glace unie, des hommes en bonne santé, trente-quatre chiens vigoureux, des vivres pour 360 milles, alors que 250 seulement les séparaient de l'île du Prince-Rodolphe, comment résister à la fascination du pôle, à l'ambition bien naturelle d'ajouter au moins un degré aux étapes de leur brillante expédition? L'avenir devait lui donner amplement raison. Le retour s'effectua d'abord d'admirable façon. La route est toute tracée; l'habitude et l'entraînement triomphent facilement d'obstacles connus; sur leurs traîneaux allégés les voyageurs s'installent et se font tirer par leurs chiens; ils additionnent des étapes de 45 kilomètres, et le 7 mai, la caravane avait parcouru la moitié du chemin.

Mais bientôt se manifestent les signes précurseurs des tourments qui leur sont réservés : ils surmontent avec peine une fatigue invétérée; des troubles intestinaux les épuisent; le commandant Cagni est obligé, avec des instruments insuffisants, de s'amputer d'un doigt gelé....

Au passage d'une profonde digue, nouvellement formée, ils ont perdu les traces qu'avaient laissées leurs traîneaux à l'aller; enfin et surtout, un fort vent d'est-nord-est soufflera avec opiniâtreté et contribuera à la dérive du pack

1. *Suite. Voyez pages* 229 *et* 241.

entraîné à l'ouest par un courant sous-marin. Alors commencera pour les explorateurs une phase de luttes terribles dont nous empruntons encore le récit au journal du commandant....

Vendredi 11 mai. — Le calcul de longitude me donne un écart d'un degré; ajouté aux 8 degrés constatés hier, cet écart, vu la latitude où nous nous trouvons (83°5′ environ), correspond à 63 milles géographiques à l'ouest du méridien de Teplitz. A sept heures, nous nous mettons en route sur une immense plaine, recouverte de neige battue. Nos guides semblent être en proie au délire de la marche; je ne sais comment ils peuvent, depuis plusieurs jours, conserver cette allure. Mais, le soir, ils sont brisés et commencent à dormir en avalant leur soupe. La plaine est unie comme un désert, nous marchons sans interruption jusqu'à onze heures; puis d'une heure à six. Les guides s'obstinent à dire que nous avons fait 11 milles; je n'en trouve que 10.

Samedi 12 mai. — La longitude est de 46°20′ E. Cette nuit, j'ai profité d'un moment d'insomnie pour repasser tous mes calculs : ils sont exacts. Il est certain que le pack s'est mû et continue à se mouvoir vers l'ouest-sud-ouest. Le fait est étrange puisque, depuis plusieurs jours, le vent souffle du nord. Ce phénomène m'inquiète extrêmement. Si le pack dérivait sous l'action du vent, la dérive cesserait avec le vent; mais si la dérive est causée par quelque courant, nous aurons fort à faire pour gagner le 56e méridien, car en deux jours nous avons été entraînés vers l'ouest de 12 milles environ.

D'autre part il est possible que la diminution du froid ait ralenti la marche des chronomètres; nous serions dès lors beaucoup moins à l'ouest. Dans cette hypothèse et vu la latitude où nous sommes, je ne peux pas encore marcher directement vers l'est; je risquerais de dépasser le méridien du cap Fligely sans apercevoir la terre; quand j'aurai atteint le 82e parallèle, si la terre n'est pas en vue, alors seulement je me dirigerai vers l'est. Nous partons avant sept heures, juchés sur nos traîneaux qui glissent dans le brouillard sur la neige dure et unie. A onze heures, un large canal nous contraint à stopper. Quatre phoques sortent de l'eau leur museau; deux guillemots prennent leur vol : c'est le retour à la vie!

Ce canal est le premier d'une série de canaux qui nous fait la route difficile; après les avoir franchis, ainsi qu'une digue qui marque la fin de cette zone entrecoupée, nous entrons dans une plaine dont nous n'apercevons pas les limites. Nous en sommes stupéfaits! Où donc se trouvait ce pack splendide quand nous marchions vers le nord? Au campement, j'estime que nous avons fait 20 milles dans la bonne direction.

Dimanche 13 mai. — Après notre déjeuner, je fais une minutieuse inspection des vivres; nous en avons encore pour dix-sept jours à ration complète, soit environ vingt-trois jours à trois quarts de ration. Nos chiens ont encore 100 kilogrammes de pemmican (deux cents rations); en outre il nous reste 38 kilogrammes d'un pemmican supérieur destiné, suivant les circonstances, soit aux chiens, soit à nous. Nous ne sommes plus qu'à 80 milles de l'île, et nous arriverons avant quinze jours! Nous nous proposons de faire un gigantesque festin dès que nous serons sur la terre ferme, pour ne pas avoir l'air d'affamés en arrivant à la cabane.

Un vent de nord-ouest s'est levé dans l'après-midi, et les pressions commencent de tous côtés. Des canaux et des crevasses s'ouvrent dans tous les sens.

Lundi 14 mai. —Après minuit nous avons très bien marché jusqu'à cinq heures du matin. Nous déjeunons;

LA PLAINE ÉTAIT PARFOIS UNIE COMME UN DÉSERT. — DESSIN DE SLOM.

puis, afin de tourner un champ de glace trop peu forte, nous nous engageons dans une zone de séracs extrêmement difficile, où la neige est si abondante et si molle que nous enfonçons jusqu'à la ceinture. A neuf heures,
nous avions fait à peine 3 ou 4 milles et nous nous arrétions exténués.

Une observation d'angle horaire faite dans la soirée me donne 47°55′ de longitude; nous sommes à 82°34′
de latitude. Je mar-
cherai encore ainsi
pendant quelques
jours; puis, s'il
n'est pas possible
de vaincre la dé-
rive, je me dirige-
rai vers le sud pour
m'abriter derrière
les îles : le courant
qui nous entraîne
ne peut avoir d'ac-
tion dans la zone
comprise entre ces
îles et une ligne
qui relierait le cap
Fligely à l'extré-
mité orientale de
la terre Alexan-
dra. Nous devrons
ensuite remonter
au nord en cô-
toyant la terre.

A sept heures,
nous recommen-
çons à lutter avec
des séracs qui ap-
partiennent à la

DERRIÈRE LES BLOCS DE GLACE L'EAU SE MONTRAIT DE TOUTES PARTS. — DESSIN D'OULEVAY.

même zone que ceux de ce matin. En deux heures, à coups de piolet, nous n'avançons que de 2 milles vers
l'est-sud-est; à minuit, nous ne sommes pas à plus de 5 milles de notre dernier campement.

Du mardi 15 au mercredi 16 mai. — Après une étape de 8 ou 9 kilomètres à travers des plateaux
encombrés çà et là de séracs, il me semble, du côté sud-est, entrevoir une ombre qui a la forme de notre île.
Mais le calcul me donne un résultat décourageant; il est impossible que nous puissions apercevoir la terre.
Nous marchons désormais à l'allure d'un mille à l'heure. Une série de plateaux qui nous rappellent le bon
pack du 84e degré est trop tôt suivie d'une zone extrêmement difficile, entrecoupée de lacs, de canaux grands
et petits, qui nous obligent à marcher en zigzags. Quand, dans l'après-midi (du 16), nous installons notre
campement, nous sommes exténués. Je prends une hauteur de soleil; nous sommes en pleine dérive
(47°22′15″ E.). De six à onze heures, nous marchons encore à travers un dédale de canaux qu'il faut bien
tourner, car avec une température de — 10 degrés nous ne pouvons plus compter sur le gel.

Jeudi 17 et vendredi 18 mai. — J'espère encore arriver à l'île dans une dizaine de jours, il suffirait d'une
série de bons plateaux et d'un vent de nord-ouest; mais même s'il nous fallait rester un mois sur le pack nous
pourrions à la rigueur lutter contre la faim. La plus grande difficulté serait la question du combustible, indispensable au moins pour nous procurer de l'eau; j'essaierai de remplacer le pétrole par la graisse de chien.

Un canal qui nous arrêtait ce matin s'est rétréci, et à trois heures nous pouvons le traverser. Nous
entrons dans une zone de petits plateaux séparés par des canaux où nous manquons de perdre un traîneau.
Après une halte, Fenoillet était parti de l'avant, quand le premier traîneau démarra. Tout à coup, les chiens,
en apercevant le guide au loin, se lancent d'une course folle dans sa direction; au lieu de suivre les zigzags
de sa piste, ils filent en ligne droite et passent sur un plateau de glace fragile, où s'enfoncent aux trois quarts
bêtes et traîneau. Nous accourons tous et réussissons à les tirer d'affaire; mais dans quel misérable état! Le
chargement du véhicule comprenait la galette et le pemmican; et comme les caissons en étaient ouverts, nos
provisions ne furent plus qu'une informe bouillie.

Après avoir refait le chargement, nous marchons assez bien pendant 8 milles dans la bonne direction.
Mes calculs cependant me découragent de plus en plus; nous sommes encore retombés sur le 47e méridien.
Après neuf jours de marche vers le sud-est, nous sommes à peu près sur le même méridien, et les espérances

que je fondais sur le vent d'ouest, sur la glace unie et l'arrêt momentané de cette implacable dérive commencent à s'évanouir. Le pain que je distribue à mes hommes n'est qu'une pâtée salée; nous nous offrons en compensation du pemmican supérieur : il renferme 50 0/0 de graisse (au lieu de 40 0/0).

Samedi 19 mai. — Le pack est bon, la température douce (— 10 degrés). Mais ces avantages ne balancent pas dans mon esprit les tourments que me cause l'avenir.

Les longues étapes ont épuisé mes hommes et mes chiens; la caravane s'arrête sous le premier prétexte venu. Elle se remet en marche avec lenteur; les hommes sont comme endormis, leurs mouvements pesants. Devant les difficultés d'un canal ils retrouvent leur énergie, mais à peine passés ils reprennent leur allure fatiguée. Dans l'espace d'une heure et sur un plateau sans obstacle, j'ai compté jusqu'à huit arrêts!

Cette détente physique de mes hommes, à laquelle contribue l'abattement moral que leur a causé la dérive, est pour moi un nouveau sujet de grave préoccupation. Il ne faut pas songer à leur dissimuler la vérité; je puis leur manquer d'un moment à l'autre, et il est absolument nécessaire qu'ils sachent où ils se trouvent et dans quelle direction ils peuvent, même sans mon aide, espérer se sauver. C'est pourquoi je leur montre très souvent la carte sur laquelle je marque notre position approximative. Il est minuit; le brouillard et le drift épaississent de plus en plus; à quoi servirait-il de vouloir prolonger la marche?

Dimanche 20 mai. — Le temps est pire encore; je décide qu'aujourd'hui nous nous reposerons. Je fais l'inventaire de nos vivres : il nous en reste pour onze jours à ration entière et quinze à deux tiers de ration; nous avons en outre 24 kilogrammes de pemmican, avec lesquels nous pourrons subsister jusqu'au 7 juin. Nous avons encore vingt et un chiens; en en tuant une partie, nous pouvons en nourrir seize jusqu'à la fin de mai. Nous ouvrirons demain notre dernier caisson de pétrole; en renonçant à boire après avoir mangé, le combustible pourra durer à peu près jusqu'au 10 juin. Ce serait une fatalité que le mauvais temps continuât, ainsi que la dérive, pendant dix ou quinze autres jours!

La journée se passe tristement; nos pauvres chiens semblent morts; depuis quinze heures ils sont silencieux, immobiles, à l'endroit même où ils se sont couchés en s'arrêtant. Mes hommes dorment profondément; moi, je ne puis en faire autant, torturé par les inquiétudes que me cause l'avenir.

Il me semble parfois que tout doit finir par une catastrophe. Une fois nos vivres épuisés, comment continuer cette horrible lutte contre la dérive? Devant moi se dresse lentement le spectre de la faim et du gel.

L'horrible fin de De Long et surtout celle de l'expédition Greely me reviennent à l'esprit avec leurs épouvantables détails, et dans le silence infini qui m'entoure, le cœur gonflé de pitié, je cherche des yeux les généreux compagnons qui dorment à côté de moi....

Comme moi ils ont une famille, qui peut-être à cette heure prie pour nous! A la pensée de ceux que j'aime, mon âme s'élève jusqu'à Dieu; je reprends courage, et mon esprit ranimé sort vainqueur de ce moment d'abattement. Nous lutterons jusqu'à la fin : que Dieu nous protège!

Lundi 21 mai. — Depuis minuit une lumière blafarde éclaire confusément la route; mais il faut marcher, toute halte prolongée correspondant à une consommation inutile de nos vivres. Aidés de la boussole, nous nous dirigeons à travers des plateaux encombrés de séracs, couverts d'une neige difficile, entrecoupés de canaux qui nous permettent rarement de suivre le bon chemin. Petigax est très fatigué; sa haute taille, qui naguère se profilait si droite sur l'horizon, s'est maintenant voûtée. Fenoillet n'est plus le même homme non plus. Comment ferons-nous pour franchir les 50 milles qui nous séparent de la terre?

J'aperçois maintenant dans la direction du nord cette tache obscure qui, récemment encore, teintait le

LA CARAVANE ÉPUISÉE S'ARRÊTAIT A TOUT PROPOS. — DESSIN DE MASSIAS.

EXTÉNUÉS DE FATIGUE, NOUS NE SAVONS PLUS COMMENT PRENDRE LE TRAÎNEAU. — DESSIN DE J. LAVÉE.

ciel vers le sud et me faisait concevoir des espérances envolées aujourd'hui. Le vent a tourné au sud; risquerions-nous d'être repoussés vers le nord? Pas le moindre rayon de soleil qui nous permette de constater de combien nous a entraînés la dérive. Où sommes-nous aujourd'hui?

A six heures et demie, un large canal arrête notre marche déjà si lente; nous n'avons pas fait 3 milles dans la direction de l'est-sud-est. Nous dressons la tente et mes hommes s'endorment d'un profond sommeil.

Mardi 22 mai. — C'est aujourd'hui que nous devions arriver à la cabane. A quelle distance sommes-nous de cet Eden rêvé? Nous mangeons un peu (nous jeûnions depuis vingt-quatre heures) et, le canal s'étant rétréci, nous le franchissons vers trois heures du matin. Nous traversons une zone de séracs et de neige molle où nous devons faire des efforts inouïs pour avancer de 20 mètres. Jamais le pack n'a été plus mauvais. Le temps semble vouloir s'éclaircir et le thermomètre qui monte depuis quelques jours marque, pour la première fois depuis notre départ. 1 degré au-dessus de zéro. A cinq heures et demie, je puis enfin prendre une bonne hauteur de soleil; ma main tremble en calculant la longitude; mais notre écart vers l'ouest est moins considérable que je ne le craignais (49°11′30″ E.); nous avons gagné plus d'un degré et demi dans la direction de l'est.

Mercredi 23 mai. — A minuit, j'ai pu prendre la latitude. Nous sommes à 82°1′6″; nous nous trouvons par conséquent à 40 milles de l'île. Une joie excessive succède aux tourments de la veille.

. Nous repartons, pleins de courage, à travers un vieux plateau encombré de séracs. Un vent d'est s'est levé qui, s'il rend la marche encore plus pénible, a du moins l'avantage de fermer les canaux qui sillonnent notre route. Vers neuf heures du soir, les guides demandent à camper : ils prétextent que l'endroit est particulièrement favorable. Je comprends à demi-mot. C'est la première fois que ces hommes de fer sont vaincus par la fatigue et me le laissent voir d'une manière détournée.

Jeudi 24 mai. — Après deux heures de bon chemin, nous retrouvons d'horribles séracs avec de la neige haute et molle, tandis qu'un fort vent d'est soulève des tourbillons de drift; le drift pénètre dans ceux de nos vêtements que ne recouvre pas la neige. Nous avançons pied à pied, et mettons plus d'une heure et demie pour parcourir 1 kilomètre. A minuit la latitude était de 82°3′. Nous avons été entraînés de 2 milles vers le nord. Si cet horrible vent d'est continue, il nous fera perdre plus de 10 milles!

Nous n'avons plus que deux jours de vivres pour les chiens et dix pour nous, à portions très réduites. Mes hommes sont découragés et n'ouvrent plus la bouche.

Vendredi 25 mai. — Nous marchons sans trêve jusqu'à sept heures du matin, à travers canaux et séracs, nous frayant un chemin à coups de piolet; le vent violent, qui hier fermait les canaux, les ouvre maintenant; en dix heures nous faisons de 4 à 5 milles.

Je fais abattre *Pecora* : de sa pauvre carcasse nous tirons dix-huit portions, car il nous reste dix-huit chiens. A rations réduites et en tuant deux bêtes, j'ai de quoi en nourrir seize jusqu'à la fin du mois. Notre galette, gonflée par le bain qu'elle a pris jadis, nous a trompés sur sa quantité par son volume apparent; nous en avons à peine pour cinq ou six jours; nous mangerons la viande et la soupe sans pain.

Samedi 26 mai. — Le mauvais temps continue; sauf de rares intervalles, nous avons depuis vingt-huit jours la neige, le brouillard et le vent. Nous faisons péniblement 5 milles et nous nous arrêtons pour confectionner notre première soupe sans galette.

Après le repas, j'entretiens mes hommes de la situation : si, à la première observation de longitude, je constate que la dérive nous a entraînés au-delà du 49e méridien, nous nous dirigerons vers le sud pour atterrir à l'une des iles Albert-Édouard ou Harmsworth, situées entre le 47e et le 49e méridien, à 30 milles de notre position actuelle. Nous profiterions ainsi de cette dérive persistante. En nous habituant peu à peu à de nouvelles privations, nous pourrions tenir vingt jours. Nous aurons ensuite la ressource de manger nos pauvres chiens; nous aurons bien la chance de tuer quelque ours ou quelque phoque...

Dimanche 27 mai. — Nous abandonnons un traineau, nous réparons les autres et refaisons notre chargement. Nous nous reposons tout le jour après avoir dit la prière dominicale suivie du cri de « Vive le Roi! »

Lundi 28 mai. — Nous sommes partis un peu avant minuit; nous perdons une heure à traverser un grand canal inégalement gelé, puis nous trouvons un assez bon pack, où nous faisons courageusement deux bonnes étapes. Avec cinq ou six journées comme celle-ci, nous serions sauvés.

Mardi 29 mai. — Nous avançons facilement jusqu'à deux heures, quand soudain nous sommes arrêtés par un lac immense; en essayant de le tourner, nous trouvons un large canal qui se prolonge à perte de vue au milieu de séracs amoncelés. Ne sachant trop où nous engager, nous campons.

Je calcule immédiatement la longitude que je feins de trouver satisfaisante (50°26′30″ E.). En six jours nous n'avons pas même gagné du côté de l'est un degré qui, à cette latitude, équivaudrait à environ 16 kilomètres. Un peu avant six heures, la masse d'eau a presque complètement disparu. Nous nous acheminons vers l'est à travers un réseau inextricable de petits canaux. De tous côtés s'ouvrent des crevasses qui menacent de séparer les guides du groupe des traineaux; l'eau se montre dans toutes les directions; nous passons de glaçon en glaçon, flottant sur des radeaux que nous faisons avancer en les tirant de la corde ou les poussant de la gaffe. Mes admirables hommes semblent s'amuser de cette nouvelle navigation!

Mercredi 30 mai. — Les fantaisies de la glace commencent à nous exaspérer; son mouvement perpétuel démolit en quelques minutes le travail de plusieurs heures, tandis qu'elle aménage, à quelque cent mètres de nous, un passage dans un endroit qui paraissait infranchissable. Le pack semble tourner sur lui-même et nous n'avançons pas.

Nous traversons un canal et nous arrivons sur un plateau où nous retrouvons, hélas! la trace de nos traineaux! Au bout du plateau se présente un nouveau canal, derrière lequel s'étend une belle zone de glace unie. Pour le traverser, nous nous embarquons sur un ilot flottant. Petigax et Canepa, du bord opposé, tirent la corde; Fenoillet, à genoux à l'avant de cette bizarre embarcation, repousse les blocs de glace qui obstruent le chemin. Quand tout mon monde a passé du radeau sur la glace solide, subitement notre bloc se détache et nous voici de nouveau prisonniers sur un espace de 30 mètres carrés.

Jeudi 31 mai. — Nous restons là de longues heures accroupis, attendant la délivrance. Enfin passe un bloc qui, harponné, nous permet d'atteindre le plateau vers lequel tendent tous nos efforts.

Nous le trouvons sillonné de canaux dans lesquels, après notre expérience d'hier, je n'ose m'engager. La glace

se meut, et j'espère que le vent d'ouest finira par les rétrécir. Nous campons.

À trois heures de l'après-midi, la glace se resserre : en route! Profitant tantôt des glaçons, tantôt du mouvement des glaces, nous parvenons à nous dégager de ce réseau de canaux et traversons quatre plateaux splendides séparés par des canaux faciles à franchir. La neige est meilleure et nous faisons une bonne petite étape avant de nous livrer au sommeil.

PETIGAX ET CANEPA HALAIENT DE TOUTES LEURS FORCES ; FENOILLET ÉCARTAIT LES GLAÇONS DANGEREUX. — DESSIN DE A. PARIS.

Vendredi 1er juin. — La série des canaux recommence et recommencent aussi nos expériences de navigation. En somme, nous n'avançons pas : depuis mardi soir nous avons fait 4 milles!

A partir de lundi, si les conditions de la glace ne se modifient pas, nous ne ferons plus qu'un repas chaud toutes les vingt-quatre heures. Nous ne prenons déjà plus ni thé, ni café, après avoir mangé le pemmican; mais un peu d'eau fraîche, quoiqu'elle ne soit guère propre à enlever de la bouche le gras qu'y laisse cet aliment. En ne faisant la cuisine qu'une fois par jour, nous aurons du pétrole jusqu'à fin juin.

Samedi 2 juin. — Vent du nord, ciel couvert, atmosphère brumeuse, comme d'habitude. Mais les canaux commencent à se rétrécir, et quelques heures de bonne marche nous redonnent du courage. Depuis quarante heures nos chiens n'ont rien mangé. Nous leur sacrifions Gianduia qui est encore assez gras.

Dimanche 3 juin. — Nous traversons un canal près duquel nous avions campé et nous retrouvons sur le plateau nos traces d'hier. Ces surprises nous coupent bras et jambes! Après une marche de six heures vers l'est nord-est nous dressons notre tente, accablés de fatigue. Comme c'est aujourd'hui la fête du Statut, nous hissons au haut d'une gaffe notre beau drapeau pour célébrer cette réjouissance nationale de l'Italie.

Le pemmican est devenu notre unique nourriture. Si nous pouvions tuer un ours ou un phoque! Nous voyons souvent des traces d'ours, jamais la bête elle-même. Nous voyons au contraire de nombreux phoques; mais, toujours dans l'eau, ils plongent dès qu'ils sont touchés.

Lundi 4 juin. — Il a neigé toute la nuit; nous partons de bonne heure sur une glace assez facile, traversant les canaux avec une habileté dont nous sommes nous-mêmes étonnés.

Une assez bonne étape nous remonte le moral; et pourtant notre état d'âme est bien différent de ce qu'il était il y a un mois. Alors nous ne parlions que de bombance à faire avant d'arriver à la cabane; aujourd'hui, nous nous demandons s'il faut réserver notre pemmican et faire cuire de la viande de chien ou faire cuire le pemmican et manger ensuite le chien cru. Nous avons fait quatre milles dans la journée; c'est la moyenne à laquelle nous devons nous habituer, un minimum d'ailleurs auquel il faut nous tenir, car dans onze jours nous en serons à notre dernier morceau de pemmican, à notre dernière goutte de pétrole.

Mardi 5 juin. — Nous avons avancé de trois milles aujourd'hui! Le pemmican, que nous ne faisons plus bouillir pour économiser le pétrole et que nous avalons délayé dans un peu d'eau, me rappelle l'infusion de peau de renne et de lichens dont se composaient les derniers repas des survivants de l'expédition Greely. Nous souffrons beaucoup de la soif et nous nous ingénions à empêcher l'eau de geler dans nos gourdes.

Mercredi 6 et jeudi 7 juin. — Le temps est obstinément sombre; mais le pack un peu meilleur. Mon désir présent serait d'arriver à l'une des trois îles qui sont au nord de l'île Jackson. Bientôt la route redevient impraticable : nous n'avançons qu'à l'aide des piolets et sommes souvent obligés de transporter nos traineaux à force de bras. Le soleil apparaît un instant, je peux prendre une hauteur. Je me sens envahi d'un immense découragement : en sept épuisantes journées nous n'avions pas gagné un mètre dans la direction de l'est!

Vendredi 8 juin. — Il faut envisager froidement la situation : nous avons encore 25 kilogrammes de pemmican et huit chiens; c'est de quoi ne pas mourir de faim avant un mois. Puisqu'il semble désormais impossible d'avancer vers l'est, nous irons vers le sud; la dérive nous poussera sur l'île Harmsworth ou l'île Albert-Édouard et de là, en suivant la côte du Prince Georges et en traversant la glace du canal Britannique, nous atteindrons l'île Northbrook.

A sept heures, nous nous acheminons vers le sud au milieu de séracs qui forment, de l'est à l'ouest, des lignes parallèles séparées par des canaux; nous devons renoncer bientôt à cet infernal chemin; à l'est, nous trouvons une zone de glace hachée en petits morceaux sur laquelle il est impos-

EN MARCHE SUR LA GLACE UNIE. — DESSIN DE SLOM.

sible de s'aventurer; au nord et au nord-ouest, des canaux. Il nous faut camper et attendre! Nous mangeons pour la première fois la cuisse d'un chien, viande dure et fade que nous nous efforçons de trouver excellente. Pour nous procurer de l'eau, nous usons comme combustible de graisse de chien dans laquelle nous plantons un morceau de toile en guise de mèche. L'eau sort de la casserole toute noire, avec une odeur

IL FALLUT TRANSPORTER LES TRAÎNEAUX A FORCE DE BRAS. — DESSIN DE J. LAVÉE.

écœurante; mais nous en avons à discrétion. J'ai calculé que depuis le 9 mai nous avons dérivé vers le sud-ouest de quatre milles par jour. Dans trois ou quatre jours nous devrions passer près de l'île Harmsworth.

Samedi 9 juin. — Le vent a rétréci les canaux et à neuf heures nous partons. Nous marchons vers l'est et le sud-est; impossible d'aller au sud. C'est comme un fait exprès : quand nous voulions aller à l'est, la meilleure glace était toujours au sud; elle ne s'y trouve jamais plus maintenant.

Vers deux heures du matin, Petigax, monté sur un hummock, m'appelle et me crie d'apporter ma jumelle. Au sud-ouest, on aperçoit deux iles à l'horizon — les iles Neale et Harley probablement — et à gauche de ces iles un cap élevé dont la cime est couverte de neige : le cap Mill. La terre! Jamais marin ne ressentit plus forte émotion. Grimpés tous quatre sur le hummock, nous ne nous lassions pas de la regarder, nous sentant renaître à la vie. Nos chronomètres ont dû avoir un retard quotidien et nous sommes d'un bon degré de plus à l'est. Pesanteur des jambes, détresse de l'estomac vide, torture de la soif, tout disparaît et nous reprenons la route avec autant d'entrain qu'au départ de la cabane.

Depuis la veille l'atmosphère était humide et sombre, chargée de drift et de brouillard, avec parfois de rares éclaircies. Vers trois heures après midi, le soleil éclaire mieux l'horizon et nous montons sur un hummock, pour revoir la terre bénie, aperçue ce matin : les iles et le cap ont disparu!

Ce n'est plus à l'est que séracs et canaux jusqu'au point où le ciel touche au pack. Aurions-nous été tous quatre, à la fois, victimes d'une hallucination? S'est-il produit une réfraction assez forte pour que nous puissions apercevoir si distinctement des terres situées encore au-dessous de l'horizon?...

A six heures, il neige à flocons; nous faisons une soupe maigre aux chiens et gardons pour nous la graisse relevée de jus de citron. La lutte entre le doute et l'espérance engourdit notre pensée....

VI. — En vue de la terre. — Sur l'île d'Ommanney. — Marche à travers les blocs flottants. — Une étrange navigation.
Sur l'île du Prince-Rodolphe. — Victoire!

Dimanche 10 juin. — Après la prière dominicale, nous partons. Vers dix heures, Petigax, perché sur un bloc, m'appelle à grands cris. C'est la terre! ce sont les iles qui ont reparu plus clairement qu'hier! Nous en apercevons les roches tachées de lichens et couronnées de neige. Nous devons être à quinze milles de l'île Harley. A notre cruelle incertitude succède une joie immense, et nous faisons du café!

La route est horrible et nous faisons avec peine 500 mètres à l'heure. Nos pauvres chiens, qui n'ont rien mangé depuis cinquante heures, avancent à coups de bâton. Mais qu'importe maintenant!

Au campement, nous tuons Ladro et en faisons cuire le cœur, les rognons et une cuisse; jamais plat ne parut plus succulent! Puis nous arrosons ce repas de notre dernière tasse de thé.

Lundi 11 juin. — Nous abandonnons un traineau; il nous en reste encore deux, chargés chacun d'environ 100 kilogrammes et tirés par six chiens. Le chemin est difficile, mais la terre semble se rapprocher. Le vent d'ouest pousserait-il enfin le pack vers la côte? A la fin de la journée, la route est meilleure, et Petigax, joyeux, partage entre nous cinq cigarettes retrouvées par hasard et avec lesquelles nous fêtons cet heureux jour.

Mardi 12 juin. — La neige est bonne, et nous marchons assez vite dans la direction d'un grand iceberg que nous nous promettons d'atteindre dans la journée. A sept heures, nous l'avons dépassé; il se dresse au milieu d'un lac de forme oblongue dont nous longeons la côte sur une glace unie, au bout de laquelle se profile l'île de Harley. Nous sacrifions Fido, le moins maigre de nos chiens, et, brisés de fatigue par une marche forcée, nous nous jetons dans nos sacs. Mais soudain une brise de sud-est, qui soufflait depuis six heures, devient plus forte et la glace entre en mouvement. A l'idée que le pack pourrait se détacher de la côte et être repris par la dérive, nous sautons hors de nos sacs, nous attelons de nouveau les chiens et, sans penser à la fatigue, nous marchons à grande allure dans la direction du sud-est; la glace est en plein travail, l'eau apparaît de tous côtés. Mais excités par la vue de la terre, nous faisons des efforts surhumains.

Mercredi 13 juin. — A une heure et demie du matin, nous nous trouvons sur une belle glace unie et plate, le *bay-ice* de l'île! Elle est bien fragile, et nous risquons des bains continuellement; mais elle devient progressivement plus résistante, et vers quatre heures du matin, nous sommes hors de danger. Exténués par une marche de vingt heures, nous dressons la tente, quoique l'emplacement ne s'y prête guère, et nous nous endormons d'un sommeil de plomb. Notre campement est situé à trois milles de l'île Harley. Vers trois heures de l'après-midi, nous nous mettons en route pour en atteindre la côte escarpée, que nous longeons afin de gagner l'île d'Ommanney où nous voulons arriver aujourd'hui; de là, nous irons au cap Mill ou au Karl Alexander Land, suivant la glace que nous rencontrerons.

Jeudi 14 juin. — A minuit, nous avons mis le pied sur la terre d'Ommanney, et le soleil, que nous n'avions pas vu depuis trois jours, sort des nuages pour éclairer notre victoire. Nous grimpons sur les flancs de l'île; à une soixantaine de mètres d'altitude, nous trouvons un beau plateau formé de pierres et de boue, et nous éprouvons une joie enfantine à toucher la terre avec nos mains. A l'est, nous apercevons le cap Mill; au nord-est, Karl Alexander, et de ce côté la glace paraît unie et facile; vers le sud-sud-est, l'île Neale.

A midi, nous nous mettons en route vers Karl Alexander; mais l'état de la glace s'est modifié; elle s'est mise en mouvement et nous oblige à revenir sur nos pas. Nous campons de nouveau sur l'île Ommanney, très déçus de n'avoir pu gagner aujourd'hui la côte des grandes îles.

Vendredi 15 juin. — Nous devons attendre un mouvement favorable des glaces. A deux heures, se produit une belle éclaircie, et nous distinguons le cap Germania semblable à un petit écueil isolé. Quel stimulant! Nous nous mettons en route, et à travers blocs, canaux et icebergs, nous nous éloignons de l'île d'un bon mille vers l'est. Un canal nous barre le chemin, et nous campons avec l'espérance de dormir dans la cabane dans une huitaine de jours.

Samedi 16 juin. — Le canal s'est fermé; nous avançons sur la glace en mouvement, ayant parfois de

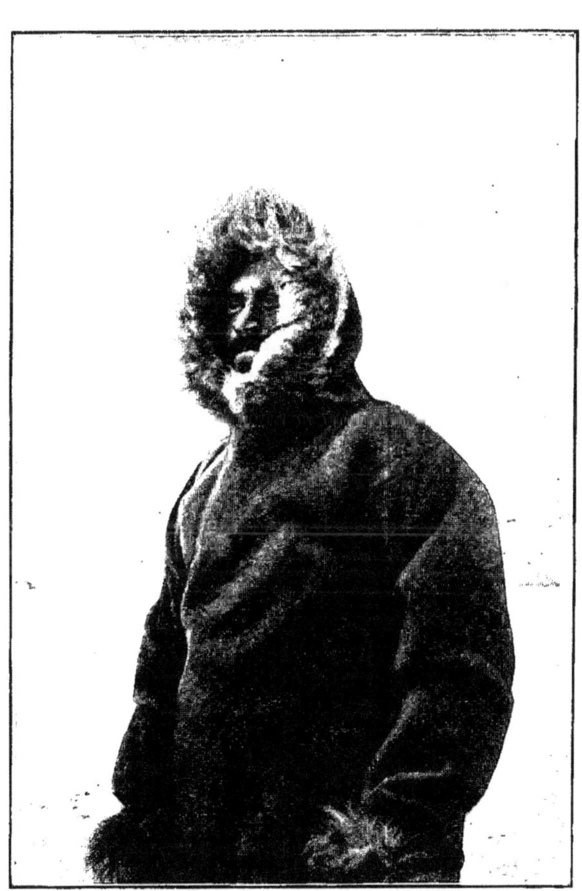

LE DOCTEUR CAVALLI MOLINELLI. — DESSIN DE MIGNON.

UN BRAS DE MER S'ÉTENDAIT EN TRAVERS DU PACK. — D'APRÈS UNE PHOTOGRAPHIE.

l'eau jusqu'à la ceinture. Aujourd'hui, nos traineaux se sont bien renversés quarante fois. Canepa et son véhicule ont pris un bain complet, notre pemmican aussi; mais il n'aura plus le temps de moisir!

Dimanche 17 juin. — La route est dure; nous sommes dans l'eau presque autant que sur la glace; mais nous avançons vers l'île du Prince-Rodolphe, qui se dessine tous les jours plus nettement sur l'horizon. Il faut se hâter d'ailleurs; nous n'avons plus que 9 kilos de pemmican et neuf chiens.

Lundi 18 juin. — Nous marchons avec une âpre obstination dans notre marécage de glace, accomplissant des miracles d'équilibre sur les blocs flottants. L'espérance du succès nous empêche de comprendre que jamais nous n'avons couru d'aussi grands dangers; la noyade nous guette à chacun de nos pas.

Mardi 19 juin. — La route devient toujours plus mauvaise; mais il faut aller de l'avant; reculer pour aller où? Notre passage a désagrégé les glaces davantage encore; et puis samedi nous n'aurons plus que six chiens et du sel. Notre unique casserole n'en peut plus; elle fuit de tous les côtés....

Mercredi 20 juin. — Le bloc sur lequel nous avons campé est complètement entouré d'eau; nous sommes prisonniers sur une île à peu près circulaire, qui n'a pas 60 mètres de diamètre. Il faut attendre le bon plaisir des glaces! La réparation de nos kayaks prendrait bien trois jours; il faudrait tuer nos chiens et nous risquerions, après ce laps de temps, de trouver un chemin parfait pour le traînage.

Jeudi 21 juin. — Pendant l'insomnie fiévreuse, l'agitation famélique dont je suis tourmenté, j'entrevois des plats chargés de filets de bœuf, de côtelettes, de risotto. Avec une précision incroyable me reviennent à l'esprit les menus faits de mon enfance.... Est-ce que se manifeste déjà cette lucidité extraordinaire, dont on prétend que sont doués les moribonds? Nous sommes encore cernés dans notre île; un épais brouillard nous enveloppe; à tout hasard nous réparons le moins mauvais de nos kayaks.

Soudain, vers quatre heures, le vent nous pousse, et nous accostons, à l'est de notre îlot, une étendue de glace fort escarpée, sur laquelle nous apercevons quelques plateaux. En un clin d'œil nous plions bagage; après une lutte acharnée, nous nous éloignons de notre prison flottante et poussons un soupir de soulagement en nous retrouvant sur le pack, si mauvais qu'il soit.

Nous marchions depuis quelques heures, quand Petigax à l'avant-garde poussa un cri : « Vite! vite! le canal qui s'ouvre! » Nous accourons et faisons un effort surhumain pour le traverser à temps ; mais le bloc qui nous soutenait se détache du bord, et tandis que le canal s'élargit comme un lac, nous sommes de nouveau captifs sur une île de glace, plus étroite et plus fragile que celle où nous avions séjourné d'interminables heures! Alors se passa quelque chose d'étrange : poussés par un fort courant, qui devait être très profond, le champ de glace que nous venions de quitter et celui que nous voulions atteindre se mettent à filer avec rapidité vers le sud, tandis que notre îlot, trop mince pour donner prise au courant et poussé par un vent de sud-ouest, vogue doucement vers le nord. Pour profiter de cette brise bénie, qui nous arrache à la dérive vers le sud et aux dangers mortels de la mer libre, nous tendons les voiles de nos kayaks à l'extrémité d'un pieu de la tente ; cette étrange navigation durait depuis deux heures, lorsque nous vîmes le lac se fermer devant nous avec une effrayante rapidité. Nous jetons pêle-mêle voile et mât dans un kayak, et nous nous disposons à gagner le pack avant que notre misérable embarcation en ait reçu le choc. Quand le champ de glace arrive à portée, nous sautons dessus en tirant après nous chiens et traîneaux. Au même moment, notre îlot écrasé par le pack se brise en mille morceaux.... Le champ de glace s'est arrêté, s'étant probablement heurté à quelque pointe de la côte. Nous nous dirigeons le plus rapidement possible sur le cap Böhm.

Vendredi 22 juin. — A onze heures, nous nous mettons en marche vers le cap Brorok ; la glace nous a paru de ce côté unie et adhérente à la terre. Nous avançons péniblement néanmoins, car la neige et le drift nous aveuglent et rendent le traînage difficile pour nos pauvres chiens. Vers sept heures, une éclaircie nous permet de voir le cap Habermann et le cap Brorok. Puis la neige retombe, avec le brouillard et l'obscurité. Nous campons pour prendre notre dernier morceau de pemmican, et à minuit nous atteignons le cap.

Samedi 23 juin. — Nous nous sommes arrêtés, pénétrés de la plus violente émotion ; nous sommes donc réellement à l'île du Prince-Rodolphe, à quelques milles de la cabane!

Pour atteindre la baie de Teplitz, il nous faudrait longer la côte en marchant sur le pack ; mais nous préférons sentir sous nos pas le bon sol de l'île et traverser le glacier. Nous nous hissons sur la crête à grand' peine ; mais là, un brouillard dangereux nous oblige à nous arrêter. A huit heures, il se dissipe, et Fenoillet pousse un cri : « La cabane! » Nous accourons tous ; nous voulons tous la voir. Nous avons la fièvre ; nos mains tremblent en roulant la tente, tremblent encore en attachant notre drapeau à un pieu que nous fixons à un des kayaks. Nous voulons arriver bannière déployée. Nous descendons le glacier tout crevassé ; nous apercevons des points qui se meuvent ; déjà nous distinguons des hommes. Tout à coup, en regardant avec ma jumelle, je les vois qui se mettent tous à courir dans notre direction!

Le docteur est là, à la tête de ses hommes ; en agitant son bonnet comme eux, il nous crie : « Hurrah! » Quelques instants après, nous sommes dans les bras l'un de l'autre. Je serre la main à tous les hommes, et Hans me dit : « Vous savez, Querini pas revenu! » Je regarde Cavalli ; il baisse la tête....

UN PALE SOLEIL ÉCLAIRANT LA VASTE PLAINE. — DESSIN DE WEISSER.

LA COLONNE SE MIT EN MARCHE VERS L'ALLÉE DES TOMBEAUX. — DESSIN DE MASSIAS.

JOURNAL D'UN OFFICIER DU CORPS EXPÉDITIONNAIRE DE CHINE[1]

III. — Colonne des Tombeaux de l'Est. — En route. — Le Sous-Préfet de San-Ho. — Ordre de revenir en arrière. — Le combat de Pang-Tsoum. — Entrée triomphale à Ki-Tchéou. — Tou-Ling : l'avenue des Tombeaux. — La profanation ! — Retour de la colonne.

STÈLE SUR LA ROUTE DE TONG-TCHÉOU.
DESSIN DE MASSIAS.

LA colonne destinée à se rendre aux Tombeaux Impériaux était ainsi composée : un bataillon du 4e zouaves; deux compagnies du 8e bataillon du 18e d'infanterie de marine; un escadron du 6e chasseurs d'Afrique; deux sections de la 2e batterie d'artillerie de marine (80 de montagne); une section de la 6e batterie d'artillerie de marine (80 de campagne); une section de 75 $^{m/m}$ (14e batterie du 20e régiment) des troupes métropolitaines; la troisième section de la 2e batterie restait à Tong-Tchéou avec une compagnie d'infanterie de marine pour y tenir garnison et constituer le dépôt. Un immense convoi de chameaux, descendu de Pékin, devait nous rejoindre au lieu de concentration pour porter les approvisionnements.

L'occupation des Tombeaux avait été demandée au général Voyron par M. Pichon, pour secouer l'apathie de la Cour et lui porter un coup sensible, en lui prouvant que rien ne nous arrêterait et que les lieux sacrés mêmes étaient à notre merci.

Deux autres colonnes, l'une allemande, l'autre japonaise, parties de Yang-Tsoum quelques jours auparavant et par deux routes distinctes, avaient aussi le même but. Nous devions arriver les premiers.

Le soir du 5 novembre, je fus appelé chez le commandant de Tong-Tchéou pour revoir avec lui l'itinéraire adopté. Il fut convenu que je partirais le lendemain matin à deux heures avec un détachement de marsouins pour arriver à Pau-Tsoa avant le jour, m'emparer des sampans et des sampaniers, assurer ainsi le passage des troupes et commencer à faire le logement à Ping-Tcha-Tchoan; je donnai aussi un guide à chacune des troupes qui devaient nous suivre.

Le lendemain, 6, je pars à deux heures du matin, accompagné de mon ordonnance, qui ne se possède plus de joie et ne parle que de combats et de pillages; je prends en passant vingt hommes d'infanterie de

1. *Suite. Voyez année 1902, livraisons 6 et 7, pages 64 et 73.*

marine et m'enfonce dans une nuit des plus noires, sans le moindre rayon de lune. — Il fait tellement froid que je suis obligé de marcher tout le temps, en traînant mon cheval à la remorque.

Le passage du Cha-Ho s'effectue sans difficultés, le pont ayant été consolidé quelques jours auparavant;

UN PONT PRÈS DE TSOUI-HOANG-HO. — DESSIN DE BOUDIER.

j'ai toutes les peines du monde à m'y reconnaître dans ces épaisses ténèbres, et c'est après quelques hésitations que j'arrive à me maintenir dans la bonne route.

Nous sommes vite à Phu-Ho, où nous prenons quelque repos; de cet endroit dominant la plaine, nous voyons au loin des villages entiers en flammes; le canon tonne sourdement — et cette marche de nuit, éclairée par moments de vifs éclairs, a quelque chose de lugubre et de fantastique. Après Phu-Ho, suivant un simple sentier menant à Pau-Tsoa, je suis tout surpris d'apercevoir des feux de broussailles à droite et à gauche; de grandes ombres se découpent dans un fond plus clair d'épis encore debout. Je m'approche avec quelques hommes, baïonnette au canon, et trouve des familles entières de Chinois qui ont fait de la nuit le jour, et réciproquement, vivant au dehors dès que le calme et la tranquillité ont fait place au mouvement et à la vie; nous les laissons en paix, les rassurant d'un mot, et continuons notre marche silencieuse à travers les champs.

Notre approche n'est signalée nulle part à cette heure si matinale, et nous arrivons à Pau-Tsoa avant le jour, à quatre heures et demie. Je fais dissimuler les marsouins derrière un mamelon situé sur la berge. Les sampaniers sont là, sur la rive, se chauffant autour d'un énorme feu et fumant la pipe.

M'avançant avec cinq hommes, pour ne pas les effrayer, j'arrive à les mettre en confiance et à pouvoir faire passer la moitié du détachement. Les deux rives sont occupées, les sampaniers et leurs sampans gardés. Une demi-heure après, arrivent les deux compagnies d'infanterie de marine; je passe la consigne à un des officiers et continue sur Ping-Tcha-Tchoan, que je surprends en plein sommeil. Ayant organisé le cantonnement de la batterie chez l'un des notables du village, je retourne à sa rencontre et attends un bon moment au bac. Le guide s'était égaré dans la nuit et avait été à cinq ou six kilomètres en amont.

En rentrant à Ping-Tcha-Tchoan, on nous amène cinq Boxers pris, non les armes à la main, mais en train de piller. L'interprète de la colonne les interroge et nous apprend qu'ils font partie d'une bande organisée qui opère dans les environs, rançonnant, pillant et brûlant les maisons. — On décide de battre la région dès le lendemain en attendant les troupes de la guerre, et les cinq prisonniers sont condamnés à mort séance tenante. — Leur impassibilité à l'annonce de la sentence et devant le peloton d'exécution nous étonne beaucoup, car un peuple qui professe un tel mépris de la mort aurait dû se défendre avec un acharnement sans pareil: or, nulle part, nous n'avions trouvé de résistance.

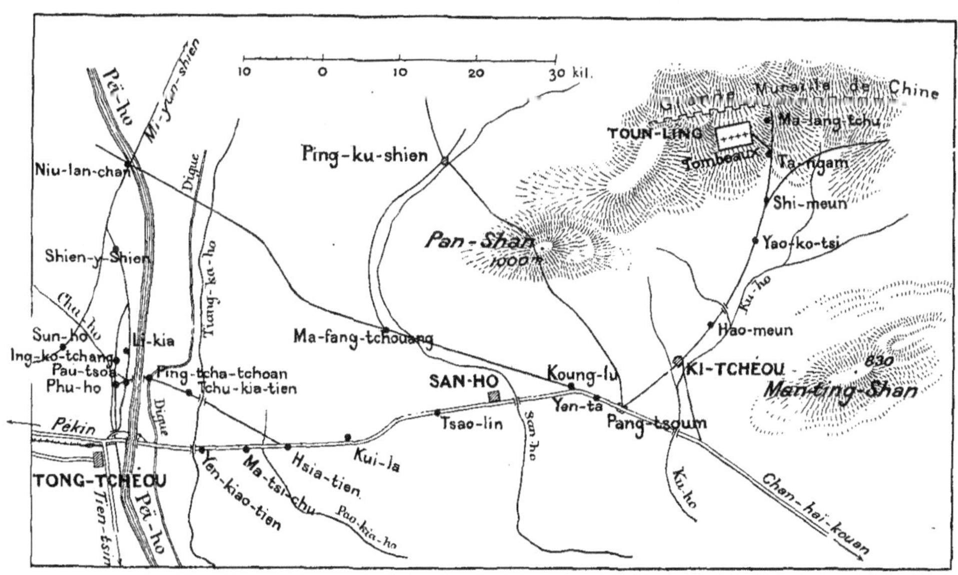

ITINÉRAIRE DE LA COLONNE DES TOMBEAUX.

Le lendemain 7, notre petite excursion est contremandée, un cavalier étant arrivé à fond de train nous annoncer la jonction imminente du reste des troupes et nous porter l'ordre de préparer le passage pour le 75e et les voitures de l'escadron de chasseurs.

On fait assembler les sampans deux à deux, les jumelant pour le mieux, — les chasseurs arrivent les premiers. Je commençais à les installer dans leur cantonnement et donnais quelques renseignements au commandant de l'escadron, quand retentissent les cris : au feu ! Je me précipite au pas de course, cherchant le lieu du sinistre pour en écarter nos munitions ; le feu avait pris sur la lisière du village en cinq endroits différents, mis certainement par malveillance à d'immenses tas de sorgho, et de telle façon qu'un quart d'heure plus tard, il aurait été impossible d'apporter le moindre secours.

Nous réquisitionnons tous les hommes disponibles, tous les Chinois bayant au soleil, et faisons abattre les cases les plus proches de l'incendie pour lui enlever tout aliment. L'eau se trouvait heureusement à proximité dans une mare infecte, et nous pûmes conjurer le danger ; cependant, à onze heures du soir, nous faisions encore des rondes pour nous assurer que tout était bien éteint et qu'il n'y avait plus rien à craindre.

Entre temps, étaient arrivés le bataillon de zouaves, la section du 8e de campagne et celle du 75e de la guerre. Le dîner rassemble de joyeux camarades avec qui nous faisons vite connaissance ; nous dégustons ensemble une jarre d'hydromel trouvée dans un coin de notre logement. Nul ne se méfie de cette boisson très agréable, qui nous grise parfaitement et nous fait passer une nuit blanche.

UNE PORTE A SAN-HO. — DESSIN DE SLOM.

Le départ par fractions constituées étant fixé pour onze heures, le lendemain 8, nous déjeunons rapidement, et nous nous préparons à filer, à la grande satisfaction des Chinois qui nous voyaient, non sans crainte, nous installer en leurs cases, se demandant quel sort leur serait réservé dans la suite.

Je quittai la batterie pour partir en avant avec les troupes du campement et assurer le logement de l'artillerie. Nous suivons à quelque distance l'escadron de chasseurs chargé du service d'exploration et arrivons, vers trois heures et demie de l'après-dîner, à un groupe de villages où nous nous arrêtons ; nous étions dans les environs de Tchu-Kia-Tien, sur l'autre rive du Tiang-Ka-Ho, dont le passage s'était effectué à gué. Le soir, nous nous trouvions assez ennuyés au moment du dîner, le convoi de vivres transportés à dos de chameau n'ayant pas encore rejoint la colonne ; heureusement, les œufs et les poulets ne manquent pas.

Vers minuit, une alerte : quarante Boxers environ attaquent le poste des zouaves ; les coups de fusil et les cris : « Aux armes » ! viennent nous arracher à notre sommeil ; quelques Chinois sont restés sur le carreau. Depuis ce jour, de semblables alertes devaient venir troubler toutes nos nuits ; d'ailleurs, redoublant de précautions et de surveillance à mesure que nous nous enfoncions plus avant, nous en arrivions à faire trois et quatre rondes entre dix heures du soir et quatre heures du matin.

Le 9 novembre, sitôt le réveil, nous avons la satisfaction d'apprendre que le convoi est enfin arrivé et que, pour le moment du moins, nous n'aurons plus besoin d'avoir recours aux boissons trop spiritueuses des Chinois. A six heures et demie, nous sommes tous réunis en masse serrée dans la plaine ; il fait un froid terrible et nous battons la semelle en attendant l'heure du départ.

A sept heures enfin, la colonne se met en marche, et nous nous engageons sur une route interminable, poussiéreuse à l'excès, avec des lacets sans fin qui nous font perdre pas mal de temps en tours et en détours. — Le long serpent se déroule, occupant une longueur de plusieurs kilomètres, ondulant à travers les champs, les bouquets d'arbres et les villages.

Nous traversons le gros bourg de Hsia-Tien où nous reprenons la route mandarine de Chan-Haï-Kouan ; les habitants sont massés sur une place et nous présentent une mine renfrognée, désireux de nous voir partir au plus vite et disparaitre loin d'eux. On satisfait le désir qu'ils semblent exprimer, et nous nous arrêtons au sortir du village pour la grand'halte ; le soleil commence à se montrer ; il est onze heures environ, et nous prenons un déjeuner froid emporté dans nos sacoches.

Je repars cinq minutes après avec le campement, et nous nous arrêtons à Kui-la, vers trois heures de l'après-diner. Le village se compose uniquement d'une rue bordée de maisons sur une longueur d'environ 800 mètres ; les habitations sont ignobles, et, pour ne pas nous y entasser, nous couchons tous sur des bottes de paille en plein air.

D'ailleurs nous dormons peu, sans cesse réveillés par des coups de feu : des Chinois tentent à plusieurs reprises d'escalader les murs, et deviennent le point de mire des sentinelles. Toute cette nuit le canon tonne au loin, et nous apercevons de vives lueurs déchirant la nuit.

Le 10, de bon matin, les cavaliers d'exploration en flanc-garde sur notre droite viennent signaler la présence d'une grosse colonne allemande à 15 kilomètres de là, suivant un chemin parallèle à la route mandarine. Nous levons le camp, à six heures, laissant la moitié du cantonnement en flammes ; l'incendie avait été allumé juste au moment du départ, on n'a jamais su comment, ni par qui. La campagne est toujours aussi plate, mais le froid encore plus rigoureux que la veille ; le vent de Sibérie, glacial, souffle avec fureur,

UNE PORTE A KI-TCHÉOU. — DESSIN DE BOUDIER.

soulevant une poussière fine qui nous aveugle. Nous nous encapuchonnons de notre mieux et nous traversons Tsao-Lin à bonne allure.

Nous laissons sur notre gauche San-Ho, sous-préfecture assez importante (quarante mille habitants environ), fortifiée d'une façon formidable.

Le tao-taï (sous-préfet) était venu sur la route au-devant de nous, escorté de tous ses mandarins, nous demandant de nous arrêter en sa ville et d'accepter un déjeuner préparé depuis deux jours. Nous étions signalés bien longtemps à l'avance dans tous les endroits que nous devions traverser, et les Chinois qui nous précédaient en fuyant disaient partout : Ils sont des mille et des mille.

On refusa l'offre du tao-taï, qui se confondit en génuflexions, prosternations et autres salams du même genre, tandis que ses coadjuteurs et administrés baisaient humblement la terre sur notre passage, gardant cette position pendant le défilé de toute la colonne.

La traversée du San-ho à 1 kilomètre au delà, s'effectue sans trop de difficultés, un vieux pont ayant été consolidé à la hâte. Grand'halte et déjeuner rapide à Koung-Lu ; je quitte la batterie et repars de suite avec le campement.

Les chasseurs d'Afrique ayant filé en avant depuis le petit jour, nous n'avons pour nous guider que les traces de pas des chevaux, et nous marchons sur Yen-ta au petit bonheur, les traces s'éloignant en cet endroit dans quatre ou cinq directions différentes ; la route mandarine n'existe guère que de nom dans toute cette région, où l'on trouve surtout de nombreuses petites pistes à travers champs, reliant entre eux les nombreux villages.

Nous traversons Pang-Tsoum au pas, salués par les Chinois sortis sur le seuil de leurs portes, et sans rien remarquer d'anormal. Nous sommes juste six cavaliers complètement isolés et serions facilement attaqués par une troupe quelconque, s'il en existait une dans le village.

Nous avions fait environ 40 kilomètres depuis le matin et jugions cet endroit très convenable pour y cantonner; mais n'y trouvant pas l'escadron, nous poussons jusqu'à 6 kilomètres plus loin, en une charmante petite oasis. Le capitaine commandant l'escadron est en grande conférence avec un missionnaire, le Père Tison, l'un de ceux qui nous avaient précédemment écrit à Tong-Tchéou pour nous demander des secours immédiats. La situation ne devait pas être si désespérée qu'il vou-lait bien le dire, puisque quinze jours après le délai qu'il se fixait alors pour être brûlé et massacré, nous le trouvions se promenant seul et sans armes, gras et bien portant, dans les environs de l'endroit où il se disait assiégé.

TOUR DE KI-TCHÉOU. — DESSIN DE BOUDIER.

Il nous raconte que, le matin même, plusieurs milliers de Boxers sont passés dans les villages voisins, pillant et enlevant toutes les femmes, que d'ailleurs ils ont pris la route des Tombeaux, où ils vont se joindre à l'armée tartare, prêts à nous ré-sister et à défendre leurs lieux sacrés. Il ajoute enfin que des ré-guliers, au nombre de mille cinq cents à deux mille, tiennent Pang-Tsoum et doivent nous y attendre, chose qui nous parait au moins extraordinaire, puisque nous venons de traverser cette ville sans y rencontrer la moindre résistance. Nous nous dispo-sons à faire le cantonnement, quand arrive une estafette du colonel nous portant l'ordre de revenir à Pang-Tsoum, où nous devons passer la nuit.

Donc machine en arrière : le froid se faisant encore plus violent, je pars au trot avec mon ordonnance, laissant les autres par derrière. Je contemplais le paysage assez agréable, une chaîne de montagnes commençant à se former à quelques kilomètres de là, se poursuivant dans le lointain jusqu'à se perdre dans les nuages, quand, en arrivant à Pang-Tsoum, derrière un mamelon qui nous dérobait la ville et à un coude de la route, nous entendons une fusillade des plus vives à 500 mètres de là.

Ne voyant rien et ne sachant au juste ce qui se passait, je prends le galop et débouche dans un chemin creux conduisant à l'une des portes de Pang-Tsoum ; là, j'ai sous les yeux le spectacle le plus inattendu.

Des chasseurs, des zouaves, ma batterie elle-même en position d'attente, et, sur le mirador surmontant

PROLÉTAIRES CHINOIS DANS LA GRANDE RUE DE KI-TCHÉOU. — DESSIN D'OULEVAY.

la porte, d'autres zouaves qui dominent la position. Je ne me rends compte que d'une seule chose en ce moment : c'est que l'endroit où je me suis arrêté me semble le point de mire des balles, qui sifflent par volées tout autour de moi.

En quelques secondes, je rejoins mon poste et me fais rapidement expliquer la situation : au moment où la tête de colonne sortait du village, un coup de feu avait été tiré sur elle, partant d'un bâtiment ayant l'aspect d'une caserne, et à ce coup de feu avaient répondu bien d'autres de notre part.

On fusilla à bout portant les Chinois dont on put s'emparer; on fusilla ceux qui tentaient de s'enfuir; on emporta d'assaut la fameuse caserne qui était, en effet, un repaire de Boxers; les cadavres s'entassaient et le sang coulait.

Le massacre terminé, nous rentrons à l'intérieur des murs et nous nous logeons au petit bonheur; il faisait alors nuit noire et nous ne demandions qu'un peu de repos et de feu pour nous réchauffer. Au milieu du dîner, le cri : « Aux armes » se fait entendre dans la rue — nous nous précipitons tous dehors; on s'empresse, on se bouscule, on crie de tous les côtés, sans pouvoir se reconnaitre dans cette profonde obscurité ni savoir ce dont il s'agit; nous suivons le mouvement et arrivons à une pagode, où l'on venait de mettre la main sur une bande de réguliers tous montés et prêts à nous brûler la politesse.

En rentrant au cantonnement, nouvelle histoire : complètement affolée par les coups de feu qui se succédaient sans interruption, et sans doute sous l'influence d'une hallucination, la sentinelle des chasseurs tire sur la nôtre et provoque une nouvelle alerte.

Toute la nuit se passe dans des conditions anormales; à chaque heure nous faisons des rondes pour notre sécurité et aussi pour calmer les hommes, très surexcités par cette fin de journée. Mais il était bien facile maintenant de comprendre l'amabilité si extraordinaire du tao-taï de San-Ho et son empressement à nous retenir quelques heures chez lui. Il voulait donner aux réguliers des environs le temps de s'enfuir et de nous échapper. Nous avions déjoué son plan, sans cependant nous en douter le moins du monde.

Le lendemain matin 11, on met la main sur de nouveaux réguliers qui avaient réussi à se dissimuler depuis la veille; ils sont passés par les armes, et parmi eux un mandarin de classe assez élevée, qui fut reconnu comme tel un peu tard et que l'on trouva porteur d'une commission de Li-Hung-Chang!

Des caisses de poudre et de cartouches furent trouvées dans chaque maison, jusqu'à une mitrailleuse en parfait état, qui fut accrochée à un canon et emmenée avec quelques pavillons chinois enlevés aux réguliers.

Au moment de partir, on met le feu au groupe de maisons où l'attaque s'était produite; nous nous en éloignons au plus vite sur la route de Ki-Tchéou, déjà entamée la veille. Nous quittons alors la route

L'ALLÉE DES TOMBEAUX : STÈLE ET MONUMENTS FUNÉRAIRES ; ANIMAUX DE PIERRE ; CHEVAUX DE PIERRE GIGANTESQUES ; COLOSSES DE PIERRE.
UN TOMBEAU IMPÉRIAL. — DESSINS DE MASSIAS.

mandarine qui s'infléchit vers le sud-est et nous nous engageons sur celle des Toun-Ling, entre deux groupes de collines, le Pan-Shan et le Man-Ting-Shan. Le chemin promet de devenir plus intéressant et moins monotone que cette éternelle plaine du Pe-Tchi-Li que nous commençons à trop connaitre.

A onze heures, je me détache de la colonne pour prendre les devants avec le campement et l'escadron ; nous arrivons rapidement devant Ki-Tchéou, préfecture très solidement fortifiée et dont les hautes murailles se détachent en blanc sur un admirable carré de verdure.

La nouvelle de la bataille de Pang-Tsoum est déjà arrivée jusque là : nous trouvons les portes grandes ouvertes, et dans la rue principale une haie de réguliers l'arme au pied.

Les premiers chasseurs qui débouchent dans cette rue, se méprenant sur cette troupe en ligne, tirent quelques coups de carabine sur les Chinois, qui s'enfuient à toutes jambes.

Le mandarin s'avance en tremblant et, malgré le froid glacial, de grosses gouttes de sueur perlent à son front ; nous le rassurons vite sur nos intentions, qui n'ont rien que de pacifique, et il nous offre de suite une large hospitalité avec du thé, des fruits et des gâteaux.

Un capitaine mandarin, chef de réguliers, paraît à son tour, suant sang et eau, et déclare, par l'intermédiaire de l'interprète, qu'il a plus de cinq cents réguliers armés sous ses ordres et qu'il vient nous demander ce qu'il doit faire pour avoir la vie sauve ; on lui fait dire de rendre les armes et d'aller se faire pendre ailleurs, ce qu'il exécute de la meilleure grâce du monde.

La colonne arrive à son tour : les tambours battent, clairons et trompettes sonnent une marche très réussie — en somme, entrée des plus triomphales.

Le 12, repos à Ki-Tchéou, où l'on doit laisser le convoi avec un dépôt. On en profite pour revoir le matériel et les animaux et pour organiser la colonne légère qui montera aux Tombeaux. Nous terminons notre après-dîner en visitant la ville, qui présente quelques curiosités, entr'autres une pagode impériale absolument merveilleuse, où nous pouvons admirer un immense bouddha pouvant rivaliser de hauteur avec celui du temple des lamas à Pékin.

Le 13, de bon matin, nous nous remettons en marche dans une vallée qui aboutit à Shi-Meun ; le terrain devient très dur pour les animaux et nous n'avançons pas très vite. A Shi-Meun, où nous cantonnons le soir, nous sommes au pied des montagnes : les quelques Chinois catholiques nous signalent un grand rassemblement de Tartares qui doivent se trouver actuellement aux Tombeaux et ont l'intention de résister jusqu'au bout. Le village est tellement exigu que nous avons peine à nous mettre tous à l'abri ; on nous donne une vieille pagode toute délabrée, dont il ne reste guère que les quatre murs et où le vent souffle toute la nuit.

14 novembre. — C'est le grand jour ; la cavalerie a poursuivi son chemin la veille afin d'aller reconnaitre le terrain ; on n'en a eu encore aucune nouvelle. Je pars avec l'avant-garde, devançant seulement d'une heure le gros de la colonne ; au sortir de Shi-Meun, le sentier pénètre dans une gorge sauvage où règne le plus grand calme ; des deux côtés, des rochers abrupts surplombent de profonds ravins où roulent des torrents. — Nous traversons, par un col assez élevé, la première chaine de montagnes, et arrivons sur un verdoyant et riant plateau, qui forme un étrange et heureux contraste avec le paysage vu jusqu'ici ; nous pénétrons en ce moment sur le territoire sacré des Chinois, dérobé à la vue par le rideau des montagnes traversées. — Dans le lointain et tout contre de nouvelles hauteurs, nous découvrons à la jumelle de massives constructions qui nous donnent la direction à suivre.

Mais toujours aucun renseignement sur la cavalerie, pas la moindre estafette venant nous dire le résultat de la reconnaissance de la veille ; nous devenons même tout à fait inquiets et nous nous arrêtons net au bruit d'une fusillade assez éloignée sur notre gauche. Comme elle ne se renouvelle pas, nous poursuivons notre route.

Nous traversons Ta-Ngam, où quelques indigènes viennent nous regarder comme des bêtes curieuses ; nul Européen n'a encore pénétré jusque là,

LE MANDARIN ET LE MISSIONNAIRE DE KI-TCHÉOU EXAMINANT UN BIBELOT.
DESSIN DE MIGNON.

et tout les étonne, depuis nos montures jusqu'à nos armes et à notre habillement.

Petit à petit, les détails se dessinent et se manifestent plus clairement ; nous saluons avec joie la Grande Muraille, encore éloignée de 10 kilomètres au moins, mais déjà imposante, majestueuse, grimpant audacieusement sur le flanc de massifs dénudés et courant ensuite le long de leur cime ; puis l'enceinte mystérieuse

LA GRANDE MURAILLE DE CHINE GRIMPE SUR LE FLANC DE MASSIFS DÉNUDÉS. — DESSIN DE TAYLOR.

adossée à la Grande Muraille, immense rectangle dont les murs ne laissent voir que des massifs touffus. L'entrée est vite trouvée; nous y pénétrons comme chez nous; des enceintes partielles se dessinent çà et là sur cet immense terrain, entourant chacune de quatre à cinq cents cases symétriquement placées et donnant l'aspect d'un camp.

Pas le moindre signe de vie; c'est à se croire au château de la Belle-au-Bois-Dormant; les portes de ces petites villes sont fermées, barricadées à l'intérieur, et c'est en vain que nous tambourinons de toutes nos forces pour nous faire ouvrir. On fait sonner par un trompette les quatre appels dans toutes les directions, afin de rallier l'escadron. Aucune réponse.

La colonne étant arrivée, elle s'arrête aux pieds de la muraille; le colonel, faisant venir quelques sapeurs du bataillon de zouaves, obtient vite l'ouverture d'une des portes rebelles, et nous pénétrons en bande dans un camp tartare. Tout y a été récemment déménagé; nous n'y trouvons plus que des femmes et des enfants qui s'enfuient épouvantés.

On fait alors entrer une partie des troupes, et nous nous dirigeons vers le premier tombeau, celui du dernier empereur, T'oung-Tche, d'après ce que nous explique l'interprète qui déchiffre les hiéroglyphes placés le long de la route.

Un sentier ravissant, tout sablé et courant dans une véritable forêt de pins, nous conduit, en un quart d'heure, à un splendide pont de marbre.

De part et d'autre de ce pont, s'étend une immense avenue dallée de marbre, large d'environ 30 mètres, orientée nord-sud, offrant en avant une perspective de toute beauté sur le plateau et la première chaîne de montagnes à l'horizon, et donnant en arrière accès à une immense construction en briques impériales jaunes d'or. Tous les 100 mètres, le long de cette avenue, d'immenses statues en pierre représentent des guerriers, des mandarins, des animaux : chevaux, chameaux, tortues, etc.

Le soleil, qui se lève juste à ce moment, donne des tons admirables à ce paysage, dont je me souviendrai longtemps. Le mandarin, gardien du tombeau, et ses acolytes sont sortis au-devant de nous, tous en tenue de gala, et nous attendent en avant du pont de marbre. Ils ont une mine déconfite, terrifiés par l'idée de cette violation du territoire sacré.

Le pont se divisait en trois ponceaux dont l'un, celui du milieu, était fermé par une lourde grille; nous nous faisons donner des explications par le mandarin lui-même; le passage du milieu est, paraît-il, réservé au cercueil du souverain; nul mortel ne doit le franchir sous peine des plus grandes tortures, et, une fois le cercueil entré, on ferme cette porte pour toujours. Nous nous pressons tous d'un commun accord en cet endroit; quelques coups de masse font sauter les chaînes et les cadenas, et nous pénétrons ainsi par l'entrée interdite, au grand désespoir du mandarin, dont les idées sont complètement bouleversées à partir de ce moment. Rien, ni prières, ni menaces, ne peut le décider à suivre notre exemple; il nous fait comprendre qu'il y va de sa tête s'il nous obéit, et nous n'en demandons pas tant.

La même scène se renouvela à chacun des portiques : une seule des trois portes était ouverte, celle de droite ou de gauche, mais jamais celle du milieu, dont il fallut à chaque fois briser les énormes cadenas.

Un premier portique, Ta-houng-meu, est de toute beauté, tout en marbre blanc, surmonté de tuiles jaunes et sculpté d'admirable façon. Dans une première cour, trois urnes funéraires très hautes, représentent en relief les scènes principales de la vie du défunt; à droite et à gauche, se dressent deux petits pavillons hermétiquement clos et dont il nous est très difficile de nous faire ouvrir les portes; ce sont les musées contenant les objets précieux ayant appartenu à l'empereur et les accessoires des cérémonies funèbres.

Le mandarin, poussé dans ses derniers retranchements, nous déballe les tapis impériaux en soie jaune, brodés d'or, de toute beauté, les deux tablettes en or de l'empereur, ses bouddhas favoris et une collection assez importante de pierres précieuses. Ensuite s'ouvre un deuxième portique identique au premier.

Dans la deuxième cour, s'élève le monument funéraire proprement dit, composé d'un massif de maçonnerie de 20 mètres de haut, auquel on accède par de larges escaliers en marbre; en avant, nous remarquons un petit pavillon contenant une stèle en marbre blanc; en arrière, le tertre sous lequel repose la bière.

Toute cette partie est interdite au mandarin, qui nous y laisse monter seuls, profondément navré, mais après avoir reçu l'assurance que nous n'allions pas déterrer et profaner les ossements qu'il gardait si fidèlement. A gauche, se trouvait le logement du mandarin; à droite, les cuisines et les communs.

Ayant visité ce premier tombeau, on y fait défiler successivement toutes les troupes et on se prépare à aller plus loin, laissant le mandarin avec son déshonneur.

A ce moment arrive enfin un officier de l'escadron tant recherché, qui nous apprend que toute l'armée tartare s'est enfuie dans les montagnes, par une brèche de la Grande Muraille, et qu'on nous attend à Ma-Lang-Tchou, où le grand mandarin nous a préparé une splendide réception, à la condition qu'on ne l'ennuie pas trop longtemps.

Nous nous y rendons en toute hâte; Ma-lang est perché en haut d'un piton très boisé rappelant certaines contrées de la Suisse. Des mandarins de tout rang, à boutons de cristal, d'opale, de jade, de corail, nous attendent à l'entrée du village et se mettent à notre disposition en nous envoyant des quantités de poulets et de fruits. Sitôt après le déjeuner, nous nous réunissons en bande et faisons une excursion délicieuse aux autres tombeaux. C'est une véritable promenade en forêt; nous visitons le monument que l'on construit pour l'impératrice actuelle, puis celui de Choun-Tche, premier empereur de la dynastie régnante des Ts'ing.

Là, nous attend une agréable surprise; le mandarin nous a fait préparer dans son logement une collation tout à fait copieuse, et, pour nous mettre en confiance, commence par goûter lui-même aux fruits, gâteaux et boissons qu'il nous sert; — nous avons la chance de rencontrer en lui un des plus grands lettrés de la Chine, qui nous intéresse pendant de longues heures par ses récits et ses anecdotes sur la Cour.

Le lendemain 15, on organise une excursion à la Grande Muraille, dont nous ne sommes plus qu'à 4 ou 5 kilomètres. Nous suivons un étroit vallon qui nous mène rapidement à une brèche immense faite par un torrent, à sec aujourd'hui,

TOMBEAUX VIOLÉS. — DESSIN DE MASSIAS.

après avoir traversé une vingtaine de camps tartares, analogues aux précédents et aussi déserts.

Nous franchissons d'abord la brèche pour faire une petite randonnée en Mongolie; puis, laissant nos chevaux sous la garde de quelques Chinois accourus des environs, nous gravissons, mais combien péniblement, les pentes abruptes que suit la muraille de Chine.

Bien des chutes et des découragements pendant cette rude ascension de trois heures; il fallait nous exciter sans cesse l'un l'autre pour raidir nos jarrets et reprendre le mouvement en avant.

Nous sommes d'ailleurs pleinement récompensés de nos efforts par l'admirable panorama qui se déroule sous nos yeux : vers le sud, tout le terrain des tombeaux, moyennement accidenté, mais merveilleusement boisé, avec le plateau tout verdoyant, la première chaîne de montagnes et, dans le lointain, l'immense plaine, du Pe-Tchi-Li; vers le nord, la région mongole et sibérienne, uniquement composée de pics menaçants couverts de neiges et de glaces, entièrement déserte.

Et au milieu, la Grande Muraille, majestueuse, imposante, tout à fait intacte en ces sommets.

LE CONVOI S'ENGAGEA SUR UN PONT DE BATEAUX A PING-TCHA-TCHOAN. — DESSIN DE GOTORBE.

C'est un véritable monstre, formé de briques impériales aux dimensions fantastiques; elle court, agile et gracieuse, le long des montagnes, escalade les plus hauts sommets, se faisant un jeu de ces montées pénibles qu'elle semble franchir d'un seul bond. Nous la voyons tout au loin former un immense arc de cercle enserrant d'une façon formidable toute la plaine du Peï-Ho, avec Pékin que nous devinons à l'extrémité ouest. L'origine de ce fantastique travail remonte à l'an 247 avant J.-C., sous Ts'in-Che-Hoang, l'un des premiers empereurs Ts'in. Ce fut le général Moung-T'ien qui en dirigea la construction, après avoir refoulé les Tartares dans le nord; elle fut terminée en 205, sous Tch'ou-Pa-Ouang.

Sa hauteur, d'après les Chinois, est de vingt-cinq pieds, non compris deux pieds de pierre de taille formant soubassement; l'épaisseur du mur est de vingt-cinq pieds à la base et seize pieds au sommet.

Tous les cent pas, on trouve une tour carrée formant réduit, qui avance de dix-huit pieds en dehors de la muraille du côté de la Mongolie.

Son but était de réunir les différentes petites murailles construites par les principautés du nord-est de la Chine, constituées en royaumes indépendants, pour se protéger contre les incursions des Tartares.

16 novembre. — Le but de la colonne était atteint : nous avions occupé et visité en détail les Tombeaux impériaux, montrant ainsi à la Cour que nous pouvions pénétrer dans les endroits les plus sacrés. On jugea la leçon suffisante sans la pousser plus loin, car il paraîtrait que la destruction plus ou moins complète de l'un de ces monuments aurait été le signe fatal marquant la fin de la dynastie actuelle; et au reçu de cette nouvelle, tous les rejetons des T'sing auraient été capables de s'empoisonner pour ne pas faire mentir le destin. Le retour fut moins intéressant que l'aller, sur une route déjà parcourue, n'ayant plus l'attrait de l'inconnu et de l'imprévu.

Nous traversons Shi-Meun sans nous y arrêter; en ce lieu, comme en tous les villages par où nous devions repasser, les Chinois sont sur le devant de leurs portes, nous offrant du thé, des gâteaux et des fruits, et de l'eau pour nos montures. Nous cantonnons le même soir à Yao-Ko-Tsi, où l'on nous loge dans le Mont-de-Piété.

Le propriétaire de la maison nous en fait les honneurs, nous servant à table, faisant chauffer de l'eau, etc. Il se permet même certaines privautés dénotant un sans-gêne et un manque absolu d'éducation occidentale, me caressant la barbe et me passant la main dans les cheveux. Au bout d'une heure nous sommes devenus une paire d'amis et nous nous traitons réciproquement des plus doux noms.

Il passe toute la nuit à mon chevet, malgré mes supplications pour l'en éloigner, s'empressant à me couvrir et à entretenir le feu sous le lit de camp pour m'empêcher d'avoir froid.

Le lendemain, je croyais assister à une scène de larmes au moment des adieux; il n'en fut rien et le brave Chinois se contenta de me tendre la main. Je la lui serrai avec émotion, croyant lui faire un grand plaisir par cette marque de sympathie; ce n'était pas là son affaire; il me fit comprendre très clairement que s'il me tendait la main vide, c'était dans l'espoir de la retirer pleine. Complètement édifié sur ses sentiments à mon égard, je m'empressai de satisfaire à sa demande en lui donnant un large pourboire.

A Ki-Tchéou, nous retrouvons nos bagages et les camarades laissés à la garde du convoi.

Le capitaine commandant le dépôt avait découvert, pendant notre absence, des canons Krupp profondément enterrés dans une pagode; se voyant pris dans une affaire compromettante, le mandarin avait tenté de s'empoisonner, et les médecins de la colonne arrivèrent à temps pour le sauver et le rassurer.

Le 18, nous allons coucher à Yen-Ta, après avoir traversé Pang-Tsoum, dont il ne reste guère que des ruines. Le 19, nous poussons jusqu'à San-Ho pour remercier le tao-taï de son aimable invitation d'il y a douze jours; mais nous y rencontrons un personnage tout différent de celui vu à l'aller, soit que le précédent ait disparu, soit qu'on nous l'ait changé pour la circonstance.

Nous ne nous arrêtons pas à ce détail et filons le lendemain jusqu'à Ma-Tsi-Chu; nous poursuivons sur la route mandarine au lieu de reprendre le chemin de Ping-Tcha-Tchoan, le tao-taï nous ayant donné l'assurance que le pont sur le Peï-Ho à hauteur de Tong-Tchéou avait été rétabli sur ses ordres depuis quelques jours. Faisant le logement à Ma-Tsi-Chu, deux heures environ avant l'arrivée du gros de la colonne, je suis surpris, en sortant d'une maison, par une bande de cavaliers réguliers armés de lances et traversant les rues au grand galop. La sentinelle, prise également à l'improviste, n'a pas le temps d'épauler et de faire feu, et les Chinois disparaissent à un tournant de la route sans que nous ayons jamais pu savoir ce qu'ils étaient devenus.

Le 20, enfin, la dernière étape nous ramenant à Tong-Tchéou, nous traversons une grosse bourgade, Yen-Kiao-Tien, occupée tout récemment par les Japonais, et arrivons au Peï-Ho, à l'endroit où devait se trouver le pont. Nous avons beau longer le fleuve sur plusieurs kilomètres en amont et en aval de ce point, le fameux pont reste introuvable; heureusement, quelques sampans rencontrés à proximité nous épargnent la peine de remonter jusqu'à Ping-Tcha-Tchoan, où nous aurions dû cependant aller, les troupes de Tong-Tchéou ayant établi un pont de chevalets sur l'emplacement de l'ancien bac.

Une autre surprise nous était réservée à l'arrivée; nous comptions nous retrouver chez nous, tout à notre aise et nous reposer un moment.

Les abords du cantonnement sont déserts, les écuries vides; pénétrant à l'intérieur des cours, nous voyons un monceau de décombres; les portes et les croisées sont brisées; plus un meuble dans les chambres, dont les papiers recouvrant les murs sont arrachés et pendent lamentablement.

C'est à croire qu'une bande de Boxers a passé par là, ayant surpris et massacré le détachement que l'on y avait laissé. Nous nous rendons à la place pour avoir le mot de cette énigme, et on nous apprend que le reste de la batterie a été appelé à Pékin deux ou trois jours auparavant, et que nous-mêmes devons nous y rendre sitôt notre retour pour y tenir garnison. Bon gré, mal gré, il faut nous résigner à passer la nuit dans ce qui reste de notre ancien logement, prolongeant ainsi d'un jour la vie de colonne que nous venons de mener pendant trois semaines.

(A suivre.) X....

EN PROMENADE SUR LES MURS DE KI-TCHÉOU. — DESSIN DE MIGNON.

ZOUAVES TRAVERSANT LA COUR DU PALAIS IMPÉRIAL DE PÉKIN. — DESSIN DE GOTORBE.

JOURNAL D'UN OFFICIER DU CORPS EXPÉDITIONNAIRE DE CHINE[1]

IV. — La vie à Pékin. — Pékin. — Visite au Palais impérial. — Les lacs impériaux. — Le Pont de Marbre.
La Montagne de charbon. — Temple de Confucius.

MARIN ITALIEN MONTANT LA GARDE PRÈS D'UN
LION EN BRONZE. — DESSIN DE GOTORBE.

A vie de colonne se termina par notre retour à Tong-Tchéou, le 20 novembre 1900. Là, ma batterie reçut l'ordre d'aller tenir garnison à Pékin : nous nous mettons en marche vers la capitale en prenant la route la plus facile pour nos mulets, celle qui, suivant le bord du canal jusqu'à Pa-li-kao, s'y croise avec la route dallée, et longe la rive jusqu'aux murs de Pékin.

Nous avons tout au plus 25 kilomètres à faire ; aussi arrivons-nous de bonne heure en vue de la ville : une immense masse grise qui se dégage d'un fouillis de verdure et semble une énorme citadelle émergée brusquement du sol. Les murs sont, comme toujours, semblables à ceux des villes chinoises fortifiées, mais formidables cette fois avec leurs grosses portes massives, qui se détachent çà et là sur le bleu du ciel. Ils ont 41 pieds de haut ; leur épaisseur est de 60 pieds à la base et de 54 au sommet. Deux voitures peuvent aisément se promener de front tout autour de Pékin, sur le chemin des murs, auquel on accède par des rampes placées de distance en distance.

Pékin se compose de trois villes bien distinctes : 1° la ville tartare (Née-tcheng) au nord, dont les dimensions approximatives sont 7 kilomètres de large sur 6 kilomètres de long ; 2° la ville chinoise (Nan-tcheng), au sud, et ajoutée à la précédente en 1524 : environ 8 kilomètres de large sur 4 kilomètres de long ; 3° la ville impériale (Mang-tcheng) au centre de la ville tartare et qui renferme elle-même le

palais. On l'appelle encore ville violette ou cité interdite (Tse-kin-tcheng).

Nous pénétrons dans la ville chinoise par la porte Tung-pien-men ; chaque porte chinoise est flanquée d'une demi-lune et d'une avant-porte en maçonnerie, à angle droit sur la porte principale, le tout percé de meurtrières pour les canons. La porte franchie, et le salut rendu aux Allemands qui occupent cette partie de Pékin, nous longeons la muraille de la ville tartare pour y pénétrer par la porte Ha-ta-men.

Cette partie entrevue de la ville chinoise ne forme plus qu'un monceau de ruines. A notre gauche, un

1. Suite. Voyez année 1902, livraisons 6 et 7, pages 61 et 73 ; année 1903, livraison 23, page 265.

canal aux eaux croupissantes et sales..... Nous débouchons dans une grande rue orientée nord-sud, nommée la Ketteler Strasse, en souvenir de l'ambassadeur d'Allemagne, massacré en ces lieux quelques semaines auparavant. Nous trouvons non loin de là des camarades qui sont venus nous guider à travers ce dédale de rues, où nous n'aurions fait qu'errer si nous avions été abandonnés à nous-mêmes.

On nous fait prendre la rue des Légations à gauche, et nous traversons dans toute sa longueur le théâtre du siège : partout et toujours des décombres ; encore des restes de barricades élevées en pleine rue. Nous passons sur la rivière de Jade qui alimente les fossés de la ville impériale, dont nous longeons le mur est sur toute sa longueur, après avoir salué la légation anglaise. A droite et à gauche, des murs à perte de vue nous dérobent les palais des mandarins et les jardins merveilleux de la cité impériale. Nous entrons successivement, dans la ville impériale par la porte nord-est et dans la ville interdite par une brèche faite dans le parc du Mei-shan (Montagne de Charbon). Une très jolie avenue de pins aux abords de laquelle on aperçoit encore les traces du campement des troupes françaises lors de la prise de Pékin, nous fait traverser la ville violette

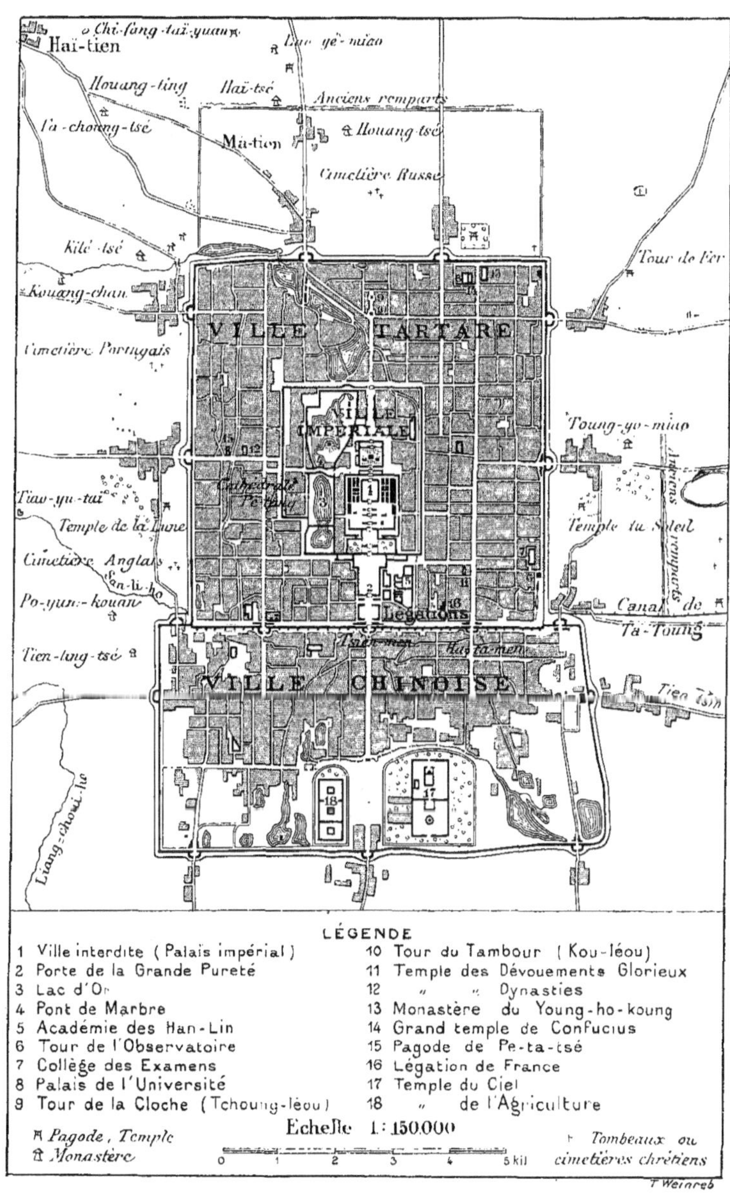

LÉGENDE

1	Ville interdite (Palais impérial)	10	Tour du Tambour (Kou-léou)
2	Porte de la Grande Pureté	11	Temple des Dévouements Glorieux
3	Lac d'Or	12	„ „ Dynasties
4	Pont de Marbre	13	Monastère du Young-ho-koung
5	Académie des Han-Lin	14	Grand temple de Confucius
6	Tour de l'Observatoire	15	Pagode de Pe-ta-tsé
7	Collège des Examens	16	Légation de France
8	Palais de l'Université	17	Temple du Ciel
9	Tour de la Cloche (Tchoung-léou)	18	„ de l'Agriculture

⚑ Pagode, Temple
⚑ Monastère

Échelle 1 : 150.000

0   1   2   3   4   5 kil

⊢ Tombeaux ou cimetières chrétiens

T. Weinreb

PLAN DES TROIS VILLES DE PÉKIN.

dans toute sa largeur ; nous retombons dans la partie ouest de la ville impériale, où nous admirons successivement le Peï-ta, sorte d'immense bouteille en pierre surmontant l'île des Jades, les lacs impériaux, le pont de marbre et surtout l'admirable panorama dont on jouit du milieu de ce pont, découvrant au nord et au sud la succession des lacs bordés d'une ravissante verdure ; ensuite, à gauche, le vieux Peï-tang, où l'on a établi le quartier général ; à droite, le nouveau Peï-tang, résidence de la mission catholique lazariste, ces deux monuments au milieu de ruines et d'amas de décombres.

Nous quittons alors la ville impériale pour retrouver la ville tartare, et arrivons enfin au Peï-ta-sou, notre nouveau casernement, dans la rue de l'Ouest, à une centaine de mètres de la porte Ping-too men. C'est une immense pagode appartenant au culte thibétain et possédant, elle aussi, une seconde bouteille en pierre que l'on aperçoit de loin, sorte de monument mégalithique dont le sens échappe, dont l'utilité est un mystère. On peut croire tout d'abord que ce bloc énorme renferme des trésors ; mais qu'on déblaie, qu'on fouille, on ne trouvera même pas de chétifs et insignifiants objets en rapport avec l'immensité de l'appareil qui les couvre. Il contient pourtant, au dire des Chinois, de précieuses reliques ; des cheveux et des os de Bouddha.

Quelques heures après notre arrivée, l'installation est presque terminée ; les animaux sont à la corde dans deux immenses pavillons regorgeant de magnifiques bouddhas en bronze et en bois. Les plafonds seuls en sont des merveilles : d'un appareil assez simple, ils sont ornés d'admirables caissons où grimacent, sculptés, des dragons et des chimères. Les hommes occupent de petites cases à droite et à gauche de ces pavillons ; et nous nous logeons dans les appartements des bonzes, un peu en retrait sur la gauche, et où rien ne nous manque pour nous organiser une installation plus que luxueuse.

Nous nous mettons en popote avec les officiers d'une autre batterie, occupant le palais Cheng, sis à 500 mètres de là, et la vie recommence, comme à Tong-tchéou, avec l'agrément supplémentaire d'une ville nouvelle et intéressante à visiter. Ce ne sont plus les distractions qui nous manquent, car nous sommes dehors toute la journée et parcourons les trois villes dans tous les sens, malgré la neige et le froid.

Les rues. — Rien de plus infect que les voies à suivre pour se rendre d'un point à un autre : très larges dans la ville tartare, elles seraient cependant faciles à entretenir si les Chinois possédaient un plus grand souci de la propreté. Les habitants y jetant chaque matin, et depuis un temps infini, tous les détritus ménagers, la chaussée a fini par s'exhausser petit à petit et aujourd'hui atteint le niveau des toits qui la bordent. En hiver et en été cette chaussée, ainsi surélevée de 2 à 3 mètres, est couverte de plusieurs pieds d'une poussière qui aveugle piétons et cavaliers; pendant la saison des pluies ce n'est plus qu'un immense cloaque dont l'eau vient inonder les maisons et dans lequel il est à peu près impossible de marcher. Enfin, malheur au passant qui s'aventure la nuit sans s'être muni d'un falot quelconque : l'éclairage — malgré les ordres de l'empereur exigeant que chaque maison soit munie d'une lanterne allumée toute la nuit — en est réduit aux seuls lampions des rares maisons de bains, et cela jusqu'à onze heures du soir seulement! L'éclairage de ces établissements indique qu'il y a encore de l'eau chaude. Avec une pareille voirie, il arrive fréquemment d'être précipité à bas de la chaussée plus vite qu'on ne le désirerait, au risque de se casser la tête contre un tas de pierres ou les décombres d'une maison.

Les boutiquiers, marchands nomades et autres, viennent s'installer sous des tentes ou en plein air, le long de la voie, formant ainsi un immense marché qui tient plusieurs kilomètres de longueur; peu à peu ces tentes, d'abord provisoires, se transforment en abris plus fixes et bientôt en maisonnettes qui finissent par obstruer la rue et rendre la circulation impossible. Inutile d'essayer de parlementer avec les naturels pour se frayer un passage; il faut s'armer d'une canne ou d'un long fouet pour faire une trouée qui se referme aussitôt après.

Notre plus grande distraction était d'aller passer des heures sur ces marchés, à la recherche de quelque curiosité, cloisonnés, laques ou broderies sur soie. A côté du plaisir causé par le bibelot précieux, découvert au milieu des loques et des vieilles ferrailles, nous avions le spectacle des mille métiers bizarres des Chinois. Ici des barbiers, parcourant les rues avec tout un attirail de réchauds, plats à barbe, rasoirs, et opérant sur la chaussée même, moyennant quelques sapèques; toujours le rasoir à la main, ils doivent faire de vraies petites fortunes, les Chinois se rasant la figure et le sommet du crâne, depuis l'âge où la queue commence à avoir des dimensions respectables. Seule, la mort de l'empereur est un désastre pour cette petite industrie : pendant cent jours, aucun Chinois ne doit se raser, en signe de deuil. Plus loin, c'est un pédicure qui, assis sur un seuil de porte, l'air grave, et pénétré de la responsabilité qu'il encourt, extirpe avec une merveilleuse adresse, oignons, cors, etc., aux passants qui veulent bien lui confier leurs pieds, massant ensuite et polissant à la pierre ponce ces extrémités, qu'il semble contempler avec amour. Des montreurs de panoramas pour une ou deux sapèques, font défiler, sous les yeux des populations ébahies, toute une série de tableaux représentant des batailles où les Chinois sont toujours vainqueurs des Européens, et plus généralement des scènes animées de la vie chinoise. Moyennant un petit supplément, le montreur exhibe même certaines scènes invraisemblables, impossibles à concevoir pour tout autre esprit qu'un esprit chinois.

Avions-nous faim, quelques pas nous conduisaient au marchand de friture voisin, où nous pouvions organiser à la hâte un « five o'clock » composé de beignets roulés entre deux mains graisseuses et frits dans une mixture, dont il était préférable d'ignorer la provenance; une tasse de thé, et nous reprenions notre promenade à travers les différents groupes.

Nous ne manquions jamais de nous arrêter un moment pour écouter un conteur qui, installé sous une grande tente, réunissait autour de lui un public varié, suspendu à ses lèvres, frémissant des heures, des après-midi entières. L'interprète qui nous accompagnait toujours, nous racontait à son tour ce qui excitait le rire ou les larmes de l'auditoire : fables

LA RUE DE L'OUEST,
UNE DES PRINCIPALES AVENUES DE PÉKIN.

grossières, récits mythologiques, et plus souvent encore la future guerre où les Chinois extermineront toute la légion des diables d'Occident, venus pour enlever ou tuer les femmes et les enfants.

Mais nous aimions surtout à nous arrêter devant des acrobates et des prestidigitateurs vraiment merveilleux, et qui n'auraient pas été déplacés sur la scène d'un music-hall

LA RIVIÈRE DE JADE. — DESSINS DE MASSIAS.

parisien. Remarquables comme jongleurs, les Chinois excellent dans l'art de la prestidigitation : ils n'ont aucun truc machiné, et réussissent par la seule habileté de leurs mains les tours les plus extraordinaires. Sans parler de la plante qu'ils font pousser instantanément sous les yeux émerveillés du public, je citerai entre autres les tours les plus étonnants.

J'ai vu à plusieurs reprises l'un d'eux avaler successivement une douzaine d'aiguilles en acier, un mètre ou deux de fil, un grelot et deux billes de jade; il frappe à plusieurs reprises sur son estomac, pour faire tinter le grelot et entrechoquer les deux billes, ouvre la bouche et tire délicatement un bout de fil portant les douze aiguilles enfilées et le grelot suspendu à l'extrémité; les deux billes arrivent ensuite.

Un autre, après avoir fait mille jongleries, et exécuté une dizaine de sauts périlleux, sortait je ne sais d'où un vase immense rempli d'eau et contenant des poissons! Un autre encore, son bras nu étendu vers l'orient et tenant à la main une petite soucoupe ou une tasse de porcelaine, implorait le dieu de la pluie; et l'on voyait l'eau suinter à l'extérieur de la tasse, et la tasse se remplir.

Dès notre sortie du cantonnement, nous étions assaillis par une horde de mendiants qui se traînaient lamentablement, se cramponnant à nos vêtements et ne nous lâchant qu'après avoir obtenu quelque menue monnaie. Hideusement sales, déguenillés ou nus, ils exercent une véritable industrie, avec un grand chef, une organisation complète, une vraie Cour des Miracles.

Quelques-uns essaient d'exciter la pitié des passants en prenant et gardant des journées entières les poses les plus invraisemblables et les plus fatigantes. Dans la rue de l'Ouest, nous pouvions voir journellement accroupie une vieille Chinoise aveugle, qui, à chaque bruit de pas, se cognait vigoureusement le front contre le pavé; aux légations, c'était un mendiant qui passait sa journée entière à manger des poignées de poussière... Des bonzes exercent aussi cette industrie, mais d'une façon moins banale, probablement pour relever le chiffre de leurs affaires, souvent en baisse. L'un d'eux avait eu l'idée de s'enfermer dans une cabane en planches, traversée par de gros clous faisant saillie à l'intérieur et à l'extérieur : chaque clou était taxé d'après sa position et selon son degré de pénétration dans la chair du bonze...... En passant, on faisait son choix, on payait la somme fixée et on emportait le clou comme précieux souvenir.

Débarrassés des mendiants qui nous lâchaient pour aller disputer aux chiens errants des morceaux de viande pourrie, nous tombions sur un troupeau de porcs, de poules, ou sur des bandes interminables de chameaux qui nous crachaient à la figure une bave immonde, en poussant de petits grognements de satisfaction, fort réjouissants d'ailleurs. Nos pauvres chevaux avaient une telle peur de ces animaux qu'ils s'affolaient en les voyant.

Ajoutez à cela des Chinois accroupis dans tous les coins, en des postures qui ne laissent aucun doute sur le genre d'occupation auquel ils se livraient, et s'en acquittant avec le plus grand calme, sans s'interrompre le moins du monde quand nous passions, et vous aurez une idée de la vie en plein air sur la voie publique.

Quand nous avions assez de la distraction des rues, nous employions nos journées entières à visiter les palais et les temples dont regorge Pékin.

Visite au Palais impérial. — Deux ou trois fois par semaine, on organise une visite au Palais d'hiver, sous la conduite des Américains qui en gardent les bâtiments. On y accède par la porte sud, Ou-men où se trouve le poste américain, après avoir traversé un fossé de 60 mètres de large, rempli d'eau. Franchissant un nouveau mur d'enceinte qui fait le tour des appartements réservés, nous passons sous une seconde porte, T'ai-ho-men et arrivons à une cour magnifique, toute dallée : les herbes y poussent en quantité, montrant la négligence des Chinois. — Un immense escalier de marbre de toute beauté nous conduit au T'ai-ho-tien, la salle du Trône des grandes cérémonies impériales. C'est dans cette salle que sont reçus les ambassadeurs ; c'est là que l'empereur se rend le jour de sa naissance et le jour de l'an. — L'intérieur en est vraiment grandiose : d'énormes colonnes font ressortir davantage le caractère de cet édifice imposant et sobre ; le trône impérial et quelques cloisonnés d'une finesse admirable ; quelques sièges ; aux murs, des inscriptions chinoises — et c'est tout. Dans une nouvelle cour toute semblable à la première, s'avance un escalier de marbre qui donne accès au Tchoung-ho-tien, grande salle des Cérémonies où les prêtres viennent présenter à l'empereur les instruments d'agriculture, les grains, les récoltes ; salle d'aspect toujours grandiose, mais très sévère.

De la porte centrale, on voit toute l'enfilade des cours, des portiques et des palais, dans une admirable perspective ; vient ensuite le pao-to-tien salle du Conseil de l'empereur.

Tous les précédents bâtiments sont enclos et situés dans une première enceinte encore accessible à un certain public ; nous pénétrons alors par la porte Ts'ien ts'nigmen dans la seconde enceinte, réservée aux appartements particuliers du souverain. Là, nous attend toute une troupe d'eunuques qui ne nous lâchent plus d'une semelle et épient les moindres de nos gestes : leur chef nous fait offrir le thé sous le premier portique, et nous continuons notre promenade. Dans les appartements privés de l'empereur, il reste vraiment fort peu de choses intéressantes : des pendules de tout modèle et de tout calibre ; des boîtes à musique serinant tous les airs européens que l'on peut imaginer ; des vases à fleurs tout à fait communs et quelques bibelots insignifiants, devant lesquels nous passons sans nous arrêter. Tout ce qu'il y avait de curieux et de vraiment chinois a dû être déménagé depuis quelque temps.

On ne peut cependant toucher à aucun objet sans qu'immédiatement un eunuque se précipite ; il

TYPE DE MENDIANT A PÉKIN. — DESSIN DE Mlle BARDOU.

ne vous lâche qu'après avoir vu l'objet remis en place. Des bouddhas dans tous les coins, des morceaux de jade finement et curieusement travaillés — rien de plus.

Vient ensuite le Kiao-tac-tien, salle des Noces ; le K'oung-ning-k'oung, admirable petit temple où l'empereur vient faire ses dévotions et où nous pouvons voir encore d'admirables tentures de soie, brodées de délicieuse façon; enfin, la porte Koun-ning-men, qui donne accès au Yu-hoa-yuen, jardin des fleurs : à côté de bosquets arrangés avec beaucoup de goût, s'élèvent des rochers, bruissent des cascades, dans un paysage peut-être un peu trop tourmenté. Plus une fleur malheureusement : des arbres seulement et des arbustes dépouillés de leurs feuilles.

UNE BATTERIE DES TROUPES D'OC-
CUPATION DANS LA COUR D'UN
TEMPLE.

Au bout, la porte nord, Chen-ou-men, donnant sur le Mei-shan.

A l'est et à l'ouest de ces deux rangées de palais, se trouvent le Toung-leou-koung et le Si-leou-koung, appartements des deux impératrices : Toung-t'ae-heou (impératrice de l'est) et Si-t'ae-heou (impératrice de l'ouest). A proximité, se succèdent les appartements des femmes, des eunuques, des domestiques; différents magasins et les communs.

Toutes les femmes ayant été reléguées dans le Toung-leou-koung, on ne nous permet de visiter que les appartements de l'ouest. Nous n'y voyons rien de vraiment curieux, comme dans les appartements de l'empereur, encore et toujours des pendules, immenses cette fois, un harmonium, des boîtes à musique,

UNE DES SALLES DES APPARTEMENTS IMPÉRIAUX. — D'APRÈS DES PHOTOGRAPHIES.

des pianos sur lesquels nous jouons une *Marseillaise* effrénée, à la grande stupeur des eunuques.

Le cabinet de toilette nous arrête un moment, car il s'y trouve encore toute une collection de parfums des meilleures marques; nous en inondons nos mouchoirs pour combattre les senteurs ignobles des rues que nous allons traverser à nouveau pour retourner au Peï-ta-sou.

Le Palais impérial, que nous avons vu et revu en détail et sous toutes ses faces, nous a initiés à l'art architectural chinois. Nous étendons petit à petit nos connaissances de la grande ville en la parcourant dans tous les sens.

Quittant le Peï-ta-sou pour prendre la rue de l'Ouest, nous pénétrons dans la ville impériale par la porte Jaune, après avoir traversé une très longue rue orientée nord-sud, emplacement d'un marché assez important. Au sortir de la porte Jaune, nous trouvons, à gauche de l'avenue du Général-Voyron, la mission catholique dite « Nouveau Peï-tang ». Une large avenue de 100 mètres de long mène à la cathédrale, qui date de 1886 et qui porte sur son fronton des caractères signifiant : bâtie par ordre de l'empereur. Le portique sous lequel nous traversons le mur d'enceinte est à moitié détruit par les boulets; l'édifice lui-même a beaucoup souffert pendant le siège. A gauche, le palais épiscopal et les appartements des missionnaires, avec un immense jardin complètement dévasté; à droite, le séminaire; derrière et contre l'église, l'imprimerie des lazaristes et divers magasins. Encore plus en arrière, l'établissement des sœurs avec les écoles des orphelins, les dortoirs, les infirmeries. C'est la partie de la mission qui a été le plus vigoureuse-

LE PÉÏ-TA, MONUMENT EN FORME DE BOUTEILLE, DANS LA VILLE IMPÉRIALE.
LA VILLE TARTARE : VUE DU HAUT DE LA MURAILLE DE LA PORTE HA-TA-MEN, MONTRANT LES RUINES DES BOMBARDEMENTS.
DESSINS DE BOUDIER.

ment attaquée; plusieurs dortoirs sont détruits, et nous voyons à proximité la mine établie par les Boxers et qui a englouti soixante cadavres d'enfants, profond entonnoir à moitié comblé par des matériaux de toutes sortes provenant de l'écroulement des bâtiments voisins; çà et là un bras, une jambe, une petite main que l'on retire au fur et à mesure.....

Depuis le nouveau jusqu'à l'ancien Peï-tang, ce n'est qu'une succession de masses informes : pierres, bois, tuiles, dans lesquelles on aurait peine à retrouver les traces d'anciennes habitations. C'est tout le quartier catholique qui, avec celui des légations, a supporté les rigueurs et les cruautés du siège.

Toung-tang. — Le Toung-tang ou ancien Peï-tang est une église édifiée en 1880 dans l'enceinte du jardin zoologique; sa proximité du mur impérial et surtout du palais de l'impératrice, fut la cause de son abandon.

L'empereur allait atteindre, en 1885, sa majorité, prendre femme et recevoir le pouvoir des mains de la régente. Or l'usage voulait que l'impératrice mère Si-taé-heou (ou impératrice de l'ouest) quittât le palais impérial pour céder la place à la nouvelle venue et se retirât dans une retraite à son choix, en dehors des murs de Pékin. Il fut fait exception pour elle, car ni les mandarins, ni l'empereur ne voulurent éloigner à tout jamais une femme qui leur avait déjà rendu tant de services et dont ils pourraient avoir besoin dans la suite. Il lui fut donc permis de choisir une résidence à proximité du palais, et l'impératrice mère se retira au Shan-hae, petit pavillon à droite du pont de marbre, au bord du lac du centre, et noyé dans un massif de verdure. Mais, du haut des tours de l'église du Toung-tang, des regards indiscrets pouvaient fouiller ces massifs et se rendre compte de ce qui se passait, et de plus il était dans l'idée de l'empereur de réunir prochainement le nouveau palais au jardin zoologique. Les missionnaires furent forcés d'évacuer l'ancien Peï-tang, le Gouvernement chinois leur accordant en compensation un emplacement plus vaste, encore situé dans la ville impériale, et leur promettant les sommes nécessaires à la reconstruction des bâtiments et de la cathédrale.

Aujourd'hui, la vieille église, complètement abandonnée, sert de magasin. Des bâtiments du jardin zoologique on a fait le quartier général français, ainsi que l'hôpital militaire, installé d'une façon vraiment merveilleuse : un immense parc permet aux convalescents de se promener et de respirer un air relativement pur, étant donnée la légère élévation du jardin au-dessus du niveau des rues.

Nous franchissons la seconde muraille jaune par une porte qu'occupent les Allemands : leur quartier général se trouve au Shan-hae, l'ancienne résidence même de Si-taé-héou.

Les lacs impériaux, le Pont de Marbre. — Nous jouissons alors du coup d'œil le plus ravissant qui se trouve à Pékin et dans ses environs : un pont splendide en marbre blanc traversant les lacs impériaux : c'est le Yu-ho-k'iao. Les trois lacs formant une immense nappe d'eau de plus de 4 kilomètres de longueur, pendant l'été, ils sont embarrassés de lotus à tel point qu'on n'y peut plus circuler en barque; mais, actuellement, c'est plutôt une grande mare complètement gelée, d'où émergent quelques tiges penchant lamentablement la tête. Leur largeur moyenne est d'environ 400 mètres, mais ils présentent d'étranges renflements et étranglements, leur don-

AVENUE DU PEÏ-TANG AVEC LES CLOCHETONS DE LA CATHÉDRALE CATHOLIQUE AU DERNIER PLAN.
DESSIN DE MASSIAS.

nant une forme tout à fait chinoise. Creusés sous la dynastie des Yuen, ils ont été achevés et embellis sous les Ming; les terres provenant de l'excavation ont servi à faire les montagnes artificielles du Peï-ta et du Mei-shan. On les nomme vulgairement les King-trae; ils se divisent en trois portions bien distinctes : Pé-hae ou lac du nord, dans lequel se trouve l'île des Jades, Tchoung-hae ou lac du centre, le plus grand des trois, et enfin Nan-hae ou lac du sud. Tout autour de ces petites mers serpente une allée dans laquelle se plaisait l'impératrice : on y remarque encore une voie ferrée et un petit train-tramway de trois wagons desservant les nombreuses pagodes, qui mêlent leurs tuiles jaune doré au vert des arbres, formant ainsi un fond magnifique à cet admirable tableau.

Les principaux de ces temples sont : près du lac nord, le Ki-lo-che-kie, avec plusieurs portiques en tuiles jaunes, délicieusement décorés ; outre les bouddhas énormes qu'il renferme, nous y admirons toute une immense construction de bois sculpté, représentant une montagne avec grottes, sentiers, arbustes, bonzes, ermites et animaux ; — un détachement de marins italiens y tient résidence, et le factionnaire qui monte la garde à l'entrée de cette pagode est aidé dans cette

LE PALAIS IMPÉRIAL :
UNE SALLE DU TRÔNE.

LE PALAIS IMPÉRIAL : UNE CHAMBRE A COUCHER. — D'APRÈS DES PHOTOGRAPHIES.

besogne par deux immenses lions en bronze doré, montés chacun sur un piédestal, et de dimensions fantastiques ; le Ouan-fo-leou (temple des 10 000 Fo), qui contient à l'intérieur dix mille statues et statuettes en bronze, et est occupé par le détachement du génie du corps expéditionnaire français ; le To-fo-leou (pagode du grand Fo), où se trouve une statue de Fo de 25 mètres de hauteur. Mais ce n'est pas le temple lui-même qu'il convient d'admirer le plus en cet endroit : derrière une butte de terre assez élevée et dérobant la pagode entière aux yeux des passants, se trouve la merveille des merveilles, un véritable bijou de céramique, l'unique échantillon de ce genre dans l'art chinois. C'est le mur de faïence servant d'inévitable écran à l'entrée de la pagode : haut d'environ 4 mètres, long d'une vingtaine de mètres et large de 0m60, ses deux faces sont des plaques de faïence de différentes couleurs représentant en relief de magnifiques dragons et chimères ; le travail est d'une finesse remarquable, et l'on ne se lasse point de l'admirer.

A l'est du Pé-hae se trouve le Tian-tan, palais des Vers à soie, où sont installés les bureaux de la première brigade. L'on y soignait autrefois les vers à soie de l'impératrice.

Près du lac du centre, on voit beaucoup moins de pagodes : les abords ne sont qu'un immense parc où s'élèvent des arbres plusieurs fois centenaires ; nous n'y trouvons que les palais de repos de l'empereur et de l'impératrice ; ils s'y arrêtaient dans leur promenade pour boire le thé.

Le pont de marbre franchi, nous arrivons au Tch'eng-kouang-tien, connu sous le nom de Rotonde, et où sont installés les bureaux de la place ; c'est une série de pavillons entourés d'un mur circulaire ; on y accède par deux rampes assez raides, et l'on arrive à un grand terre-plein formant une très jolie esplanade,

où l'on se trouve à l'abri et au frais. Le pavillon central, où l'on peut voir une très jolie statue de Fo, servait à l'empereur pour se couvrir de ses vêtements de deuil quand le rite le lui ordonnait.

Ile des Jades. — Laissant le Tch'eng-kouang-tien à notre droite, nous passons sur un second pont de marbre, plus petit que le premier et conduisant à l'île des Jades ou

UN PONT DE MARBRE BLANC
TRAVERSE LES LACS IMPÉRIAUX.

K'ioung-hoa-tao. Cette montagne artificielle, dont la provenance probable a été indiquée plus haut, est très ancienne et était de tout temps le lieu favori de la promenade des empereurs. Elle est surmontée par le Peï-ta, immense tour blanche en forme de bouteille à liqueur que l'on surnomme la bouteille de pippermint. C'est une sorte de reliquaire et de niche pour une très jolie statue

LE TEMPLE DES CLASSIQUES. — D'APRÈS DES PHOTOGRAPHIES.

de Fo en terre cuite vernissée. Devant elle, un petit pavillon tout entier en bronze contient un poussah terrible, en bronze également, et qui foule aux pieds des corps humains, avec, autour du cou, un collier de têtes de morts ; il roule des yeux farouches. Cette tour est regardée par les Chinois comme le palladium de l'empire ; et même dans les premiers temps, les interprètes prétendaient qu'il y existait une porte secrète permettant d'arriver jusqu'à une statue dont la chute serait le signe de la fin de la dynastie.

La montagne est toute boisée, le sol couvert de rochers au milieu desquels serpentent d'agréables petits sentiers, quelquefois assez raides. Sur le côté nord, regardant le lac Pé-hae, une très belle balustrade en marbre blanc borde une longue galerie, et forme plusieurs embarcadères pour les promenades en gondole.

On traverse tout un quartier de la ville impériale occupé par des individus dont il est aussi difficile de définir la race que l'état civil, et l'on arrive dans le parc de la Montagne de charbon.

Mei-shan. — C'est une montagne artificielle, elle aussi, et de même origine que l'île des Jades ; on l'appelle ainsi (Montagne de charbon), parce que les Chinois prétendent qu'elle contient un amas de charbon préparé en vue d'un siège prolongé ; elle a environ 220 pieds de haut et 1 kilomètre 1/2 de tour ; cinq kiosques aux tuiles impériales la dominent, chacun d'eux perché au sommet d'un tertre, de sorte que la montagne a vaguement l'air d'un chameau à cinq bosses. Le coup d'œil que l'on a du pavillon central vaut bien l'ascension, facile d'ailleurs, de ses pentes boisées. C'est de là qu'il faut voir Pékin, dont on ne saurait, quand on se promène dans les rues, pénétrer les secrets qui se dérobent derrière tant de murs ! Du haut du Mei-shan, on découvre une forêt d'arbres dont il était impossible de soupçonner l'existence, et, émergeant de ce fouillis de verdure, des taches jaunes formées par les nombreux toits impériaux ; ce spectacle justifie pleinement la boutade d'un voyageur : « Pékin présente l'aspect de jaunes d'œufs sur un plat d'épinards. »

Sous un beau soleil, tous ces toits envoient mille rayons dans tous les sens et font voir la ville sous un nouvel aspect : on oublie l'ignoble des rues, la foule sale et grouillante, les maisons basses et puantes, quand les heures s'écoulent en cet endroit délicieux.

C'est tout d'abord, aux pieds mêmes de la montagne, tout le palais impérial qui étincelle et s'allonge démesurément vers le sud, presque jusqu'à la muraille qui sépare les villes tartare et chinoise; puis la grande avenue de la cité chinoise qui va, se rétrécissant, jusqu'au mur sud et s'arrête devant le temple du Ciel, dont le toit conique fait deviner la pagode principale.

Les deux murs est et ouest, dont on aperçoit les immenses portes, se détachent sur un horizon tout bleu; à droite, la montagne sœur du Péï-ta, les lacs impériaux, le Peï-tang, le Peï-ta-sou; en arrière, une immense avenue formant l'axe de la ville, avec, au loin, la tour du tambour et celle de la cloche; le mur nord, et bien loin, bien loin, des montagnes toutes bleues, qui forment la toile de fond de ce délicieux décor.

L'ensemble est d'une régularité surprenante : toutes les rues à angle droit, palais et maisons symétriques et semblables..... Au nord de la montagne, s'étend un très joli parc de sapins dans lequel se trouve le Sho'a-houang-tien ou palais des Ancêtres, qui a près de 40 mètres de long. Le cercueil de l'empereur y est déposé après sa mort, avant d'être porté à la sépulture des souverains. Nous ne pouvons malheureusement le visiter : il contient des trésors importants (fourrures, soieries, bijoux, cloisonnés, etc.), ayant appartenu aux différents empereurs, et. enfermés dans des chapelles séparées; on a mis les scellés sur les portes, et une garde d'infanterie de marine y veille jour et nuit.

On nous fait remarquer, dans le parc, un acacia duquel pend une énorme chaîne; c'est l'arbre auquel l'empereur Tch'oung-tchen s'est pendu.

Tour du Tambour (Kou-leou). — Remontant l'avenue centrale nord-sud au nord du Isseï-Shou, nous passons près de deux colonnes, sur chacune desquelles se trouvait jadis une boule d'or (il aurait été très surprenant de les retrouver encore à leur place) et nous arrivons à la tour du Tambour, grosse masse de briques sans le moindre cachet artistique. Cet édifice, de cent pieds de haut, renferme les instruments destinés à régler le temps pendant la nuit, partagée en quatre veilles. Sous la dynastie des Yuen, ces instruments consistaient en vases de bronze, remplis d'eau et percés d'un petit orifice à leur partie inférieure. Le niveau de l'eau baissait progressivement, et atteignait des traits convenablement espacés qui indiquaient la veille correspondante. Aujourd'hui, les Chinois, passés maîtres en l'art de la pyrotechnie, ont remplacé les vases par des bâtons d'une certaine composition et qui brûlent d'une façon régulière. Dans un étage supérieur, se trouve un immense tambour, sur lequel le veilleur frappe à tour de bras à chaque veille, en même temps que sonne la cloche de la tour voisine.

Tour de la Cloche (T'choung-leou). — A une centaine de mètres au nord de la tour du tambour, nous trouvons, la tour de la cloche, d'aspect tout à fait semblable. Elle renferme une immense cloche pesant 20 000 livres, sur laquelle on sonne les veilles de la nuit.

Suivant la partie est de la muraille nord, nous trouvons dans l'angle nord-est de la ville, trois bâtiments assez curieux.

Temple des Classiques et temple de Confucius. — Ces deux palais se touchent et sont précédés d'un grand jardin mal entretenu, où l'on respire l'ennui et la solitude. Le premier, Kouo-tse-kien, se compose d'un pavillon central dressé au milieu d'une cour dallée de marbre et entouré d'un fossé que l'on franchit par de nombreux ponceaux de marbre également. L'intérieur du pavillon est tout délabré; nous n'y voyons qu'un vieux trône en bois sculpté et tout couvert de poussière. Tout autour de la cour, des multitudes de hangars grillagés par des lattes de bois; à l'intérieur, des bancs, et sur les murs une quantité de caractères chinois : c'est là que les docteurs finissent de préparer leurs derniers examens.

COUR DU TEMPLE DES LAMAS. — DESSIN DE MASSIAS.

Le second, T'a-tch'eng-tien, communique avec le précédent par une petite porte percée dans un mur de séparation; nous traversons toute une allée peuplée d'immenses stèles, portant de très vieilles inscriptions et ayant l'allure d'un cimetière européen, et nous arrivons au temple de Confucius. L'intérieur est d'un aspect funèbre : pas de statue de Bouddha ou de poussah; dans une immense salle vide et triste, une table, des étagères courant autour des murs, et qui portent toutes les tablettes de Confucius, et c'est tout!

Grande lamaserie. — En face, s'élève le Tchan-t'an-se ou temple des Lamas, habité par des centaines de bonzes et de lamas payés par l'empereur. C'est l'une des plus riches pagodes de Pékin. Nous descendons de cheval dans la première cour, et sommes reçus à l'entrée du temple par toute une légion de bonzes à la tête entièrement rasée, qui nous escortent durant toute notre visite, récitent devant nous leurs prières à Bouddha, et finalement nous extorquent quelques piastres. Dans les trois grands pavillons de cette pagode, nous remarquons une variété infinie d'idoles très bizarres et quelquefois même des plus suggestives; dans le dernier bâtiment se trouve la grande statue miraculeuse de Fo, mesurant plus de 6 pieds de haut. La légende raconte qu'elle est venue toute seule de l'Inde, dès l'apparition du dieu sur la terre, et qu'elle n'a élu domicile au Tchan-t'an-se qu'après force voyages tout autour de Pékin. Une immense coupole à plusieurs étages s'élève autour de ce bloc, et nous contemplons la statue à différentes hauteurs en nous donnant la peine de gravir quelques marches. Devant elle est l'urne pour les offrandes, dans laquelle les fidèles déposent quelques graines, des sapèques ou des pièces d'argent, selon leur générosité.

Dans une petite chapelle fort retirée, se voit un crâne humain renversé, recouvert d'une cloche en or massif; c'est une lampe servant à la célébration des offices quand le Bouddha vivant vient, le huitième jour de la première lune de chaque année, célébrer ses offices en la pagode; la cérémonie est, paraît-il, fort curieuse. Nous demandons à voir ce phénomène, qui réside tout à côté, au Young-ho-koung; mais notre requête n'est pas accueillie favorablement. Nous arrivons seulement à savoir qu'il y a trois individus de cette espèce toute particulière : l'un à Pékin, l'autre à Lhassa, le troisième en voyage et se succédant l'un à l'autre tous les trois ans. Leur chef suprême est le Talé-lama résidant toujours au Thibet.

Nous admirons encore une monstrueuse statue de Lou-ki-fo-eul (Lucifer) et visitons une grande salle où l'on enseigne quelque peu de médecine, du moins de médecine chinoise, dite « acuponcture ». De nombreux tableaux apposés aux murs représentent le corps humain recouvert de petits ronds, indiquant les endroits où l'on peut enfoncer des pointes suivant la maladie.

J'avais exaspéré les bonzes en tapant à tour de bras sur les gongs qui abondent dans tous les pavillons; cela faisait un bruit assourdissant, mais ne les empêchait nullement de pratiquer leurs dévotions; en sortant du dernier édifice, je mis hors de lui un grand bonze en faisant tourner un moulin à prières, sorte de grand tambour ayant assez d'analogie avec les cylindres des marchands d'oublies. J'avais eu le malheur de le mettre en mouvement dans le sens inverse, et tout était à refaire pour conjurer les mauvais sorts.

Descendant la grande rue nord-sud située à l'est, la Ketteler Strasse, nous traversons tout le quartier occupé par les Japonais; c'est le siège du plus grand marché de Pékin, où l'on vient acheter, à des prix fous, des fourrures, des soieries, des cloisonnés, des boîtes de laque et d'autres curiosités.

(A suivre.) X....

COUR DE PEÏ-TA-SOU DEVANT LES APPARTEMENTS DES BONZES. — DESSIN DE MASSIAS.

LE COUPE-COUPE RETOMBE COMME UNE MASSE SUR LE COU DU SUPPLICIÉ. — DESSIN DE COTORBE.

JOURNAL D'UN OFFICIER DU CORPS EXPÉDITIONNAIRE DE CHINE

III. — La vie à Pékin (*suite*). — Le Tsung-li-yamen. — L'Observatoire. — La rue des Légations. — Le temple du Ciel. — Les gares. — Le chemin de fer. — Les environs de Pékin. — Le Palais d'été. — Comment nous passons notre temps. — Mœurs chinoises. — Mariage et enterrement. — Les supplices.

COMÉDIENNE ORDINAIRE
D'UNE MAISON DE CHANT.
D'APRÈS UNE PHOTOGRAPHIE.

TSUNG-LI-YAMEN. — Dans une petite rue à gauche se trouve le Tsung-li-yamen, tribunal spécial où se traitent les affaires de tous les ministères, et où deux membres du Conseil chinois viennent chaque jour recevoir les ministres et interprètes des Légations, qui se présentent. Ce bâtiment n'a rien de remarquable.

Palais des examens. — Un peu plus bas et près de la muraille est, se trouve le Koung-yuen ou Palais des examens, renfermant de magnifiques salles et plus de dix mille chambres pour les bacheliers des provinces qui viennent subir les examens annuels. De superbes et immenses stèles de marbre ornent les cours intérieures, au milieu desquelles se trouve un pavillon consacré à Confucius.

Observatoire. — L'Observatoire, situé un peu au sud du Koung-yuen, fut établi sous la direction des jésuites, qui y installèrent de nombreux instruments. C'est une immense plate-forme de 20 mètres de hauteur, sur laquelle s'élève une tour en bois pour les observations astronomiques. Nous y remarquons, entre autres instruments : un horizon azimutal de 2 mètres de diamètre, supporté par quatre dragons en bronze admirablement ciselés; un quart de cercle de 2 mètres de rayon émergeant d'un fouillis de nuages et soutenu par un superbe dragon; un sextant d'un rayon de 2m50 dont le bâti est formé par des dragons s'entrelaçant; une sphère équinoxiale de 2 mètres de diamètre; elle est soutenue par un formidable dragon dont les griffes forment les extrémités du piédestal; une sphère armillaire zodiacale de 2m50 de diamètre, supportée par les têtes de quatre dragons dont les corps se déroulent jusqu'à la base; un globe céleste de 2m50 de diamètre, tout en fonte; le méridien qui porte l'axe du globe roule par l'intermédiaire d'un mécanisme habilement dissimulé sous des nuages qui lui servent d'appui.

Ces divers instruments, tous des merveilles d'art et de précision, ont été partagés entre les diverses

1. *Suite. Voyez année 1902, livraisons 6 et 7, pages 61 et 73; année 1903, livraisons 23 et 24, pages 265 et 277.*

TOME IX, NOUVELLE SÉRIE. — 25e LIV.   N° 25. — 20 Juin 1903.

puissances; ceux qui nous étaient destinés attendent dans la cour de la légation de France le moment où on les rendra au Gouvernement chinois.

La rue des Légations. — Parallèle au mur sud de la ville tartare, elle prend dans la Ketteler Strasse à quelques mètres de la porte Ha-ta-men, et débouche sur la grande place de Tsien-men. La Légation française, à droite, était surtout remarquable par son jardin, le plus grand et le mieux entretenu de tous, par son superbe portique que rendaient majestueux et imposant deux grands lions qui semblaient en garder l'entrée. Tous les bâtiments situés à l'est ont été complètement détruits; le mur d'enceinte présente de nombreuses traces de boulets et de balles; le jardin est entièrement dévasté et converti en un cimetière où l'on a enterré les officiers, soldats et marins tués pendant le siège. Restent debout, quoique sérieusement endommagés, la petite chapelle et deux ou trois pavillons insuffisants pour le personnel de la Légation.

ENTRÉE DU TEMPLE DE L'AGRICULTURE. — D'APRÈS UNE PHOTOGRAPHIE.

M. Pichon a dû accepter l'hospitalité du ministre d'Espagne, et les interprètes habitent à l'hôtel Chamot, à quelques pas plus loin.

Les autres Légations, surtout celles de Russie et d'Angleterre, sont dans un état analogue.

Arrivés à Tsien-men, nous nous engageons dans la ville chinoise par une superbe et large avenue où se tient encore un marché très important : de nombreuses boutiques aux enseignes bizarres, qui se balancent au vent, bordent cette rue, qui se prolonge jusqu'à la porte Yung-ting-men. Deux kilomètres environ avant cette porte, nous quittons les maisons et boutiques pour tomber sur une vaste esplanade où se trouvent, d'un côté le temple du Ciel, et de l'autre le temple de l'Agriculture.

Temple du Ciel, Tien-t'an. — C'est un immense enclos d'environ 6 kilomètres de pourtour, et composé de plusieurs enceintes. Nous traversons de vastes espaces boisés ou convertis en prairie pour arriver au grand temple, entouré d'une triple rangée de balustrades en marbre blanc; il est circulaire et couronné de trois toitures superposées, en tuiles bleues, surmontées d'une boule dorée. Il n'y a pas de plafond; les colonnes immenses et les poutres apparentes sont peintes en bleu. Aucun Bouddha; au centre, se trouve un trône réservé à l'empereur; ce dernier s'y rend trois fois par an pour adorer le ciel et lui rendre compte de son administration.

L'empereur veut ainsi mériter son titre de « Fils du Ciel ». Ce temple est occupé par les Anglais, qui en ont tiré admirablement parti; profitant des vastes espaces que leur offrait cet enclos, ils y ont établi un très beau champ de courses, où ils donnèrent plusieurs fêtes auxquelles nous fûmes invités. Il y eut des joûtes, des concours, des

SENTINELLE ANGLO-INDIENNE A LA PORTE DU TEMPLE DE L'AGRICULTURE.
DESSIN DE Mlle BARDON.

courses, où un vieux rajah d'au moins soixante ans, possesseur d'un régiment de sikhs, remporta successivement tous les prix et se fit remarquer par son adresse et son agilité.

Temple de l'Agriculture, Sien-noung-t'an. — En face, se dresse le temple de l'Agriculture; à peu près semblable au précédent, mais de dimensions plus petites, il a néanmoins 4 kilomètres de pourtour. Il consiste en une petite pagode et une esplanade très vaste sur laquelle se trouvent un champ de labourage et le temple aux sacrifices.

L'empereur s'y rend une fois par an, dans les premiers jours du printemps, suivi des mandarins et des princes de la cour, et trace lui-même un sillon dans le champ.

Les grains récoltés à l'automne suivant sont conservés soigneusement et réservés pour les offrandes. Ce temple est également occupé par les Anglais, qui y ont installé des jeux de tennis, de foot-ball, etc. De part et d'autre de ces deux enclos, ce ne sont que des terrains vagues avec rizières et marais, occupant tout le sud de la ville chinoise.

LE TEMPLE DU CIEL ET SA TRIPLE BALUSTRADE DE MARBRE. — DESSIN DE MASSIAS.

Palais des éléphants.

— Remontant dans la ville tartare par la grande rue de l'ouest, nous passons d'une ville dans l'autre par Shun-chil-men, et nous trouvons immédiatement à gauche le Siang-fang-tse, ou Palais des Eléphants, destiné aux animaux qui jadis traînaient le char de l'empereur lorsqu'il se rendait au temple du Ciel. Un mandarin spécial était chargé de soigner les éléphants, amenés à grands frais de l'Annam et de la Birmanie. Mais un jour l'Indien, mal apprivoisé sans doute, causa plusieurs accidents en passant dans une rue. L'empereur renonça à employer aucun éléphant à Pékin. Ce palais est vide et ne contient plus que le char impérial et les étoffes précieuses qui couvraient les animaux.

Pékin renferme encore de nombreuses pagodes, toutes ayant leur intérêt particulier. Certains auteurs prétendent qu'il y en a plus de 10 000.

Les gares, le chemin de fer. — De Pékin partent deux lignes se dirigeant, l'une sur Tien-tsin, l'autre sur Pao-ting-fou (ligne d'Han-keou); ces deux lignes se réunissaient à Feug-taï, et ne formaient plus qu'un seul tronçon allant jusqu'à Ma-kia-pou, en dehors et au sud de la ville chinoise. Il fallait donc traverser la ville tartare, la ville chinoise, et faire encore 3 kilomètres dans la campagne pour s'embarquer à destination de Tien-tsin ou Pao-ting; mais l'empereur s'était toujours opposé à ce que la ligne franchît les murs de Pékin et vînt apporter la civilisation occidentale jusque dans le sanctuaire même des mœurs et des coutumes antiques.

Ces deux voies ferrées, détruites en tout ou en partie par les Boxers, furent rétablies et exploitées par les différents corps expéditionnaires dès le commencement des hostilités : la voie Tien-tsin-Pékin appartint successivement aux Russes, qui la rétablirent jusqu'à Feug-taï, aux Anglais qui la prolongèrent jusqu'au temple du Ciel, et enfin aux Allemands, qui l'exploitent actuellement. On profita de l'absence de la cour pour faire une brèche dans le mur sud de la ville chinoise et pour transporter la gare à son emplacement actuel, 4 kilomètres plus haut. Cette gare se transforme de jour en jour; aujourd'hui s'élèvent devant le temple du Ciel de petites habitations portant le pavillon de chaque puissance et où résident des officiers, commissaires chargés de régler les transports pour chaque corps expéditionnaire en particulier.

La ligne d'Han-keou, appartenant à une société franco-belge, nous revenait de droit; elle fut rétablie par les sapeurs du génie, d'abord jusqu'à Feug-taï; puis, pour éviter le tronçon commun *Feug-taï — le temple du Ciel* et pour rapprocher encore le point terminus du quartier des Légations, on le prolongea jusqu'à Tsien-men, en longeant à l'extérieur le mur ouest de la ville chinoise, en pénétrant dans cette ville par une brèche faite dans ce même mur au nord de Chang-i-men et en suivant le mur nord de la ville chinoise jusqu'à Tsien-men.

Un autre projet est à l'étude, concernant la ligne de Tien-tsin qui, dès Lang-fang, serait déviée vers l'est, et irait aussi à Tsien-men en suivant un tracé symétrique à celui de la ligne de Pao-ting; les travaux sont même commencés actuellement et on fait de grands terrassements dans tout l'est de la ville chinoise.

Environs de Pékin. — Chaque matin, nous faisions, en dehors de Pékin, soit une manœuvre au Champ de l'Ouest, soit une promenade à mulet autour des murs; et enfin, une fois par semaine, une marche militaire avec le matériel; ce qui nous permettait de visiter en détail tous les environs de Pékin, surtout la partie ouest et nord-ouest, qui est de beaucoup la plus intéressante.

Pa-li-tchouang. — A l'ouest et au nord de Hsi-hien-men se trouve la tour de Pa-li-tchouang. Elle repose sur un socle en marbre de toute beauté, où sont sculptés les inévitables dragons, et se compose de treize étages successifs, tous en briques, surmontés d'un chapiteau et d'une boule jaune. Selon les livres chinois, cette tour s'élève jusqu'aux nuages; le fait est qu'on l'aperçoit à 30 kilomètres autour de Pékin. Autrefois, on adorait dans une pagode touchant la tour une déesse en or massif, nommée Kouan Im (aux neuf fleurs de lotus). Mais, il y a quelques années, les bonzes, mal payés, ont démoli les bâtiments, vendu le bois et la statue, et se sont enfuis, laissant à deux vieux domestiques les pierres et la tour qui subsiste seule aujourd'hui.

Yueh-t'an. — Plus au nord et à 500 mètres environ de Ping-tse-men, se trouve le Yueh-t'an, temple de la Lune; à côté, le champ de manœuvres de l'ouest. Une large avenue dallée conduit à une vaste esplanade plantée de grands arbres abritant quelques pavillons : celui de la lune, contenant une tablette jaune avec inscriptions blanches; celui de l'empereur, qui vient y sacrifier un bœuf blanc et y faire ses offrandes blanches, telles que perles, jade, pièces de soie, etc.

En remontant toujours vers le nord, nous traversons un immense terrain dénudé qui est le champ de manœuvres des huit bannières impériales et où venaient s'exercer les troupes préposées à la garde du palais. Descendant ensuite vers le sud, en longeant le mur est de la ville tartare, nous arrivons au temple du Soleil.

Jeh-t'an. — Le temple du Soleil ou Jeh-t'an, symétrique au temple de la Lune, présente à peu près la même disposition. L'empereur y va se prosterner devant la tablette du soleil, qui est dorée, avec des inscriptions rouges; il y fait des offrandes rouges, pierres précieuses et pièces de soie, et sacrifie un bœuf rouge.

Au pied du mur sud, se trouve aussi un champ de manœuvres servant aux troupes japonaises.

Nan-haï-tse. — Au sud de la ville chinoise, se trouve un immense espace réservé aux chasses de l'empereur; c'est le vieux parc de Nan-haï-tse. Les villages, très nombreux dans les environs de la capitale, cessent brusquement, et pendant des kilomètres on ne parcourt que taillis, futaies, bois, champs, pièces d'eau, etc., faisant lever au passage des pièces dignes d'un coup de fusil impérial.

Palais d'été. — Mais notre promenade favorite est celle du Palais d'été. On peut s'y rendre par deux routes différentes, d'une longueur de 12 à 15 kilomètres. La route dallée réservée à l'empereur sort par Ping-tse-men ou par Hsi-chib-men; elle traverse de nombreux villages, passe devant d'immenses tombeaux

TSIEN-MEN, PORTE QUI FAIT COMMUNIQUER LA VILLE CHINOISE AVEC LA VILLE TARTARE.
D'APRÈS UNE PHOTOGRAPHIE.

de mandarins et permet d'apercevoir le palais dès le bourg d'Haï-tien; la deuxième quitte bien vite la route dallée pour passer par San-peï-tse et Lan-tien, et arriver au Palais d'été par le sud en longeant un très joli canal qui alimente le lac impérial du palais. Cette deuxième voie est de beaucoup la plus agréable, car on y voit de charmants petits paysages, de superbes monuments : pagodes, tombeaux, tours, etc.

Le palais, œuvre des Ming, était autrefois composé d'une multitude de palais réunis les uns aux autres : le Tch'ang-tch'oun-yuen, le Yuen-ming-yuen et le Ouan-cheou-ouan. L'empereur y résidait toute l'année, sauf deux mois passés à Pékin pour les cérémonies et les réceptions.

L'incendie de 1860 en avait détruit une bonne partie; après l'expédition, la cour donna l'ordre de reconstruire un nouveau palais un peu au sud-ouest de l'ancien; puis, changeant brusquement d'avis, elle fit abandonner les travaux déjà commencés et réédifier le palais sur le versant sud du Ouan-cho-chan, sur l'emplacement du Yuen-ming-yuen de jadis.

Nulle plume ne pourrait décrire les merveilles de ce paysage si frais, si coquet. Toute une série de pavillons et de pagodes y brillent d'un éclat incomparable et envoient de tous côtés des jets d'or parmi le vert du feuillage ; et sur l'argent du lac qui sommeille au pied de la montagne, parmi ce vert et cet or, d'immenses taches blanches qui sont des balustrades, des escaliers en marbre, des stèles se dressant sur un rocher.... Nous contournons un mur qui n'en finit plus, enveloppant les mille et un replis du lac et les bâtiments qui servent d'écuries et de communs.

Un poste de sikhs et un poste d'Italiens gardent concurremment l'entrée du palais ; il nous faut aller de l'un à l'autre, nous présenter aux officiers anglais et italiens pour obtenir l'autorisation de visiter le palais. Le salon de récep-

tion des Anglais est un petit bijou ; ils y ont réuni de très belles pièces provenant des pavillons impériaux, et arrivent ainsi à posséder un appartement chinois du meilleur goût ; partout des laques et des cloisonnés tout à fait délicieux. Dans les cours, des monceaux de caisses s'entassent, attendant le moment de filer sur Ta-kou. Nous longeons le lac pendant près de 1 kilomètre, en suivant une large avenue bordée d'une balustrade de marbre qui conduit à l'entrée centrale du palais. Une succession ininterrompue d'escaliers, de portiques, de cours comme dans tous les palais chinois, et nous arrivons à un immense escalier double que nous gravissons à grand'peine pour escalader les pentes de la montagne. A mi-côte s'élève une pagode hexagonale, contenant encore un grand Bouddha et flanquée, de chaque côté, de deux pagodes tout en bronze, véritable chef-d'œuvre d'art et de travail. Au sommet de la montagne se dresse un temple très vaste, d'où nous découvrons au sud-est Pékin tout entier, et au nord les premières chaînes mongoles.

Nous jouissons d'une très jolie vue sur les jardins impériaux, entrecoupés de canaux qui serpentent entre les montagnes artificielles, rochers, cascades, pièces d'eau, sentiers en zigzag gravissant les pentes, conduisant à une pagode ou à un bosquet. Les canaux sont coupés de distance en distance par des ponts, de formes bizarres et tourmentées. Au milieu du lac se trouve une île ou plutôt un rocher de forme sauvage sur lequel est bâti un petit palais.

DANS LES JARDINS DE LA VILLE IMPÉRIALE. — DESSINS DE MASSIAS.

Tous les appartements, tous les temples que nous venons de traverser rapidement regorgeaient, paraît-il, de tout ce qu'on peut imaginer de plus riche et de plus curieux en fait de meubles, ornements, peintures, porcelaines et soieries. Il n'en reste actuellement plus trace, tout a été soigneusement déménagé, les meubles que l'on n'avait pu emporter ont été brisés et réduits en miettes, les chambres ont été saccagées de triste façon et présentent un aspect lamentable. De ce splendide palais, où tout était à la fois original et imprévu, riche et curieux, régulier et contourné de mille façons, il ne reste à admirer que la vue d'ensemble.

Redescendus dans les jardins, nous poussons plus loin en longeant le lac et nous arrivons à un immense hangar construit sur pilotis et servant de remise pour les jonques impériales, très confortablement aménagées. Il serait délicieux de faire un tour sur le lac dans ces gondoles superbes, quoique n'ayant rien de vénitien. Mais elles sont au repos pour longtemps!

Un peu plus loin, une jonque de marbre de toute beauté, dont la proue pointe vers le large et dont l'arrière est relié à la berge par un petit pont de marbre, porte une petite pagode à deux étages, dont les murs sont finement peints, et où nous passons une heure délicieuse.

Sur l'autre versant du Ouan-cho-chan, s'étalent les ruines de l'ancien palais d'été, et dans le fond du vallon plusieurs petits villages forment des taches blanches dans le vert de la campagne.

Pa-ta-tch'ou. — Dans le fond d'un petit vallon, situé à l'ouest du palais d'été, se trouve Pa-ta-tch'ou, où le personnel des Légations vient passer quelques mois de l'été pour fuir les chaleurs et la poussière de Pékin et respirer un air frais et pur. De très jolies pagodes ornent des bosquets sans nombre, et une grande route blanche, que l'on aperçoit de très loin, permet d'y arriver à travers les champs de toute cette région.

La soirée. — Le soir, après dîner, nous nous rendions en bande dans les maisons de chant où, moyennant quelques piastres, de petites Chinoises, véritables poupées plutôt grotesques que jolies, nous recevaient, le sourire aux lèvres, avec un gracieux : « Bonjour, lieutenant; bonjour, capitaine! » Traversant des enfilades de chambres où dormaient déjà de gros et respectables Chinois, nous nous installions dans l'une des nombreuses petites chambres que possède toute maison chinoise; nous nous couchions sur le lit de camp, recouvert d'une simple natte; puis, après avoir fait venir deux, trois, quatre chanteuses, nous écoutions ces airs sauvages en buvant du thé ou fumant de l'opium.

Pas de rythme, pas de son nettement posé; la voix aigre et chevrotante suit une mélopée bizarre en errant autour de chaque note sans jamais la donner nettement; de temps à autre, un point d'orgue vient agrémenter le chant d'une façon toute particulière, avec une expiration nasale d'un effet charmant.

Et les petites poupées, graves, se regardaient sans faire un seul geste, débitant leurs couplets où elles nous traitaient de belle manière. Tout cela était bien drôle, mais bien monotone aussi.

Quant aux orchestres, réunion d'instruments donnant un son aigre ou faisant un vacarme épouvantable, il faut les avoir entendus pour pouvoir s'en faire une idée. Pas de thème, pas de phrases, pas d'harmonie, pas de modulations. Du bruit seulement. Tous les instruments, jamais d'accord, du reste, partent ensemble, ou du moins à peu près, octavient les uns sur les autres, et l'espèce de mélodie ainsi produite est couverte par la série des cymbales, gongs, tam-tams, castaguettes, etc.

Quand nous sortions de ces éden-concerts, nous trouvions un autre genre de distraction.

Après avoir erré une bonne heure dans le dédale des rues de la ville tartare,

INCENDIE ALLUMÉ PAR LES OBUS. — D'APRÈS UNE PHOTOGRAPHIE.

nous finissions toujours par trouver la police du quartier faisant sa ronde en tapant des bouts de bois les uns contre les autres. Nous rentrions au quartier encore en musique, et bien souvent en jouant notre partie dans cet orchestre ambulant. Et tout le reste de la nuit, nous entendions à chaque heure une nouvelle ronde, annoncée de loin par le battement cadencé de ces sortes de tam-tams.

PAVILLONS ET TEMPLES DU PALAIS D'ÉTÉ. — D'APRÈS DES PHOTOGRAPHIES.

Est-ce pour rassurer les bourgeois de Pékin en leur disant : « Soyez tranquilles et dormez : nous veillons » ; ou pour prévenir les voleurs qui, entendant les veilleurs, se cachent et reprennent, quelques minutes après, leur besogne interrompue ?

La nuit, nous redoutions surtout les incendies ; les maisons, étant toutes en bois et en papier, flambent en un clin d'œil et sans qu'il soit possible d'y porter secours. Que de fois nous avons été réveillés en pleine nuit par un incendie voisin, menaçant de s'étendre jusqu'à notre pagode ! Nous nous contentions de faire la part du feu en démolissant et en nous servant des pompes rudimentaires que nous trouvions dans les postes de police. Les habitants, loin de nous aider en cette circonstance, s'empressaient de déménager leurs objets les plus précieux et de s'enfuir au plus vite. Il fallait presque les rouer de coups pour les forcer à travailler.

En général, les incendiés reçoivent comme secours une forte bastonnade et paient une grosse amende aux tribunaux. Cette coutume rend chacun plus vigilant.

Vivant ainsi en contact permanent avec les Chinois, nous étions arrivés petit à petit à les mettre en confiance en leur montrant que nous n'étions pas les diables terribles qu'on avait dépeints à leurs yeux. Ce qui nous étonnait un peu, c'était de les voir accepter dès le début, avec un calme extraordinaire, que des étrangers, pour qui ils étaient loin d'éprouver de la sympathie, se fussent installés dans les palais et les pagodes. L'explication de cette énigme nous fut donnée quelques jours après par d'immenses affiches jaunes apposées sur tous les murs de Pékin. L'empereur y exhortait la population à se montrer bienveillante envers les étrangers : « Les contrées d'Occident n'étant plus assez vastes ni assez riches pour les loger et les nourrir, disait-il, il avait bien voulu les accueillir, leur ouvrant les portes de sa capitale et de ses palais et les laissant se fixer dans la riche plaine du Pe-Tchi-Li. Pour ne les contraindre en rien, il avait consenti, quoique à regret, à se transporter ailleurs, espérant que désormais tout irait pour le mieux et pour le plus grand bien de tous. » Il réussit ainsi à « sauver sa face » devant son peuple, qui le crut et suivit ses conseils.

Nous fûmes invités plusieurs fois chez divers mandarins à l'occasion, soit d'un mariage, soit d'un enterrement, tous prétextes à festins. Reçus par le maître de la maison, qui est en tenue de gala, nous nous asseyons autour de tables carrées sur lesquelles sont servis tous les desserts : petits pains au maïs, gâteaux, fruits frais ou confits, graines de pastèques, etc. Tout en causant par l'intermédiaire des interprètes, nous buvons un peu de vin ou de thé ; nous nous exerçons à la manœuvre des petits bâtonnets ; mais nos maladresses successives excitent l'hilarité de nos hôtes. Quelques hors-d'œuvre arrivent pour faire prendre patience : œufs conservés durant des années entières dans la chaux, herbes marines, morceaux de viande au caramel, jeunes pousses de bambou, œufs de pigeon au jus, etc.

Chaque convive s'empresse de prendre avec ses bâtonnets quelques morceaux de choix et les dépose délicatement dans la soucoupe de son voisin. Nous nous mettons à causer, à fumer et à boire en attendant le second service, le repas proprement dit : potage aux nids de salanganes, mixture gélatineuse qui n'a de caractéristique que son étrange fadeur, ailerons de requins, graines de nénuphars et de lotus, petits oiseaux au sucre, canards en compote, cochons de lait, poissons, etc., etc. Et toujours du thé ou de l'eau-de-vie.

Je dois avouer que, au début, il nous fallait un appétit formidable et un estomac solide pour ingérer et digérer ces

L'ORCHESTRE ORDINAIRE D'UNE MAISON DE CHANT. — D'APRÈS UNE PHOTOGRAPHIE.

bizarres substances ; bien des fois, nous dînions sérieusement en rentrant sous notre toit. Nous finissions pourtant par nous y habituer et, au bout de quelques mois, nous éprouvions même un certain plaisir à déguster ce qui nous répugnait tant auparavant. Ces festins se renouvelaient chaque jour de la semaine qui précédait la cérémonie, que ce fût pour célébrer une noce ou des funérailles.

DÉFILÉ NUPTIAL D'UN RICHE COUPLE CHINOIS. — DESSIN DE J. LAVÉE.

Je pus suivre en détail toute la cérémonie du mariage du fils du mandarin Taï Pou, le ministre du Commerce à Pékin. Après avoir averti ses ancêtres de ses intentions, le vieux Taï Pou avait adressé par écrit la demande en mariage en l'accompagnant de nombreux présents.

Je dînais un soir chez lui, quand un messager lui apporta la réponse du père de la fiancée. La voici dans toute son intégrité : « Prosterné devant votre bienveillance qui ne m'a pas jugé trop indigne, j'ai appris que vous avez choisi ma fille idiote et veule pour être la femme de votre charmant et adorable fils, et assurer ainsi votre postérité. Moi, imbécile, qui n'ai pas su lui donner une éducation convenable, comment ne vous obéirais-je pas avec empressement? » Huit jours après, je me rendais à nouveau chez mon mandarin ; le trousseau de la jeune fiancée était exposé, chacun venait l'admirer et présenter ses félicitations à la famille.

Le fiancé, montant à cheval, se rendit, précédé de lanternes multicolores, à la demeure de la jeune fille ; celle-ci, installée dans un superbe palanquin richement décoré, le suivit, et le cortège se remit en marche au son de cymbales et de gongs étourdissants, avec de temps en temps un air de trompe ou d'aigre flageolet pour attirer les bons esprits et chasser les mauvais. Le fait est que tous doivent s'enfuir au plus vite pour échapper à cette horrible cacophonie. Quand le palanquin fut arrivé au logis du fiancé, les deux époux pénétrèrent dans la chambre des ancêtres, suivis du cortège de parents et d'amis, burent, mangèrent et se retirèrent en leurs appartements privés, laissant les étrangers se livrer aux plaisirs de la table. Quand nous eûmes reçu et fait suffisamment de saluts à droite et à gauche, nous pûmes nous retirer en laissant un cadeau en argent liquide.

Taï Pou nous intéressait trop pour que nous le délaissions ; nous le recevions fort souvent à notre table, et ses causeries très intéressantes nous mettaient au courant de la vie et des usages chinois. Il nous annonça, un soir, que son fils venait de lui causer la plus grande joie qui lui eût été donné d'éprouver jusquelà. Il lui avait offert le cercueil que tout fils aimant doit donner à son père, de son vivant, en attendant qu'il contienne la dépouille mortelle du maître de la maison. Et comme nous le pressions pour qu'il nous décrivît les funérailles chinoises, il nous convia à assister le lendemain à l'enterrement d'un sien parent, mort depuis plus de cent jours. Durant quatre mois environ, le cercueil, revêtu d'un enduit imperméable et laqué, était conservé dans la salle commune de la maison, et le fils aîné, se libérant de toute fonction publique pendant les trois années de deuil, était tenu d'accomplir les cérémonies funèbres en l'honneur du défunt.

Nous nous rendîmes le lendemain matin à cette invitation. Devant la porte de la maison, une légion de mendiants déguenillés, coiffés d'un feutre à plume et portant une multitude d'insignes, braillaient à tue-tête, pendant que des bonzes, munis d'instruments de musique et de gongs, faisaient un vacarme étourdissant pour éloigner les mauvais esprits.

Nous pénétrons dans une salle basse, enfumée, où parents, amis et pleureuses buvaient du thé, fumaient en causant et riant, et semblant d'une gaieté fort peu en rapport avec la circonstance qui les réunissait en ce lieu. Nous asseyant à une table restée libre, nous suivons l'exemple général.

Soudain, le fils du défunt, resté dans la chambre mortuaire, entra et dit : « C'est le moment de pleurer. » Tous alors se levèrent, se rangèrent autour du cercueil, et se mirent à sangloter à fendre l'âme, jusqu'à ce que le fils leur dit : « Cela suffit. » Les pleurs cessèrent alors et le rire reprit de plus belle.

Le cercueil fut hissé sur un catafalque recouvert de broderies superbes, et le cortège se mit en marche, occupant une longueur de plusieurs kilomètres. D'abord, les porteurs d'insignes, de lanternes, de parasols, répugnants, hideux; puis l'orchestre de bonzes; les enfants du défunt, vêtus de blanc, conduisant le deuil, s'arrêtant pour dire bonjour à un ami, interrompant leurs sanglots pour rire aux éclats ou saluer une personne de connaissance. Venait ensuite le catafalque, soulevé par quatre-vingts ou cent vingt porteurs, suivi de tous les objets ayant appartenu au défunt : son parasol, sa chaise à porteurs, sa voiture, son cheval; enfin tout un défilé de voitures chinoises, contenant les femmes et les amis de la famille.

Le défunt avait, de son vivant, choisi le lieu de sa sépulture en un endroit qu'il affectionnait; dès qu'on y fut arrivé, on déposa la bière sur un lit de pierres, et, laissant le fils aîné dans une baraque dressée tout auprès, on revint à la maison, boire, rire, chanter et fumer jusqu'au soir.

Taï Pou, toujours aimable, se mettant en quatre pour nous procurer toutes les distractions possibles, nous emmena un jour visiter la pagode des suppliciés de Pékin, voulant nous initier à certains rites chinois, pratiqués sur la personne des condamnés : les soufflets appliqués avec une semelle de cuir; les coups de bambou; la cangue, simple, double ou triple; la cage, etc.

Un mois après environ, nous le retrouvions sur une place de la ville chinoise, invité par les puissances à assister à l'exécution de quelques-uns de ses confrères dont la cour avait accordé la tête. J'eus peine à le reconnaître, tant il était pâle et défait. Il est vrai que le spectacle n'était pas des plus rassurants pour lui.

Les trois premiers condamnés, ayant pu donner suffisamment d'argent au bourreau, eurent la tête tranchée net; un aide tirait fortement à lui la natte du supplicié, faisant tendre le cou en avant, tandis que le terrible coupe-coupe s'élevait en l'air et retombait comme une masse. On n'entendait que le han vigoureux du bourreau; — et, dans une rapide vision, on apercevait un éclair, accompagné du sifflement de la lame dans l'air; une pluie rouge qui aspergeait un peu les assistants, quelques derniers soubresauts du corps, et c'était tout. Mais il n'en fut pas de même pour le dernier condamné qui, complètement ruiné, n'avait pu obtenir la dernière faveur du bourreau.

Le premier coup n'ayant pas entamé la colonne vertébrale, la tête fut plutôt sciée que coupée; et je ne sais ce qu'il y avait de plus horrible à voir, la face grimaçante du terrible ouvrier qui semblait éprouver une âpre jouissance à prolonger la torture, ou le rictus effrayant du supplicié.

CORTÈGE FUNÈBRE D'UN RICHE CHINOIS. — DESSIN DE J. LAVÉE.

Les corps et les têtes furent abandonnés aux corbeaux et aux chiens; au retour, Taï Pou ne put trouver une seule parole et nous respectâmes son silence. Ce spectacle l'avait sans doute par trop remué, car huit jours plus tard il quittait Pékin, après nous avoir fait de touchants adieux.

Je ne tardai pas à l'oublier, les distractions affluant avec le retour de la belle saison. Les relations avec les autres puissances devenaient de plus en plus cordiales; les réceptions se suivaient sans interruption et nous passions nos journées à cheval, parcourant Pékin en tous sens, pour nous rendre les uns chez les autres. Les courses du club des Légations nous occupèrent un moment, et je terminai mon séjour à Pékin en assistant à une fête donnée par le général Voyron aux représentants des puissances établis à Pékin.

Pendant huit jours, ce furent des préparatifs monstres pour aménager et décorer la Rotonde et le Lac Impérial, lieu choisi pour cette réunion unique dans les annales de l'histoire.

A six heures du soir, inauguration de l'avenue du Général-Voyron, allant du quartier général au nouveau Peï-Tang; salves de coups de canons toutes les cinq minutes. A sept heures et demie, grand banquet sous une tente construite à la Rotonde, et auquel prenaient part tous les généraux étrangers, le personnel des légations, deux évêques de Pékin, et enfin les deux plénipotentiaires chinois Li Hung Chang et le prince Ching.

Rien de plus curieux que cette assemblée de hauts personnages, représentant les intérêts les plus divers, et réunis pour célébrer le triomphe de la civilisation sur la barbarie d'Orient. De nombreux toasts furent portés; le prince Ching prit, lui aussi, la parole au nom de l'empereur, et remercia les puissances d'être venues à son appel pour débarrasser la Chine des bandes de pillards qui l'infestaient.

La Rotonde, le Palais impérial, le Peï-Ta, et tout le tour du lac étaient brillamment illuminés et

LE SUPPLICE DE LA CAGE. — D'APRÈS UNE PHOTOGRAPHIE.

présentaient un aspect féerique. On sortit pour assister aux illuminations et à la retraite aux flambeaux, pendant que s'apprêtait la salle de bal. Une estrade pavoisée avait été dressée à l'extrémité est de l'avenue du Général-Voyron, juste en face le quartier général, et toutes les troupes de la retraite se trouvaient de l'autre côté de la Porte Jaune, à l'autre extrémité de l'avenue.

Au signal donné par un coup de canon, ce fut une véritable trombe qui envahit la rue, s'enfla et passa au milieu des cris et des vivats enthousiastes, pendant que les musiques du corps expéditionnaire jouaient *la Marche de Sambre-et-Meuse*. Derrière les troupes des soldats français et allemands, bras dessus, bras dessous, marchaient les échassiers chinois escortant d'immenses dragons et serpents lumineux.

La retraite finie, tout le monde se rendit au bord du lac, le Pont de Marbre étant barré par un feu d'artifice offert par les notables de la ville, quatre gondoles impériales richement décorées et splendidement éclairées vinrent prendre les invités pour leur faire faire une promenade sur l'eau, voir les illuminations et assister au feu d'artifice magnifiquement réussi et digne de Ruggieri. On regagna ensuite la Rotonde, où commença un bal avec cotillon et accessoires chinois, qui se prolongea jusqu'à quatre heures du matin.

La fête avait réussi au delà de toutes les espérances, et, suivant la formule, la plus franche cordialité n'avait cessé de régner entre les hôtes et leurs invités. D'ailleurs, les relations avec les armées étrangères furent des plus cordiales dès le début. A Pékin, un cercle international avait été établi à l'angle sud-est du palais impérial, où l'on pouvait se rencontrer journellement; les musiques de chaque puissance y venaient jouer à tour de rôle, et ajoutaient un nouvel attrait à ce lieu assez fréquenté. De plus, nous recevions à notre table nos camarades étrangers, et nous allions très souvent déjeuner chez eux, visitant leurs installations, les accompagnant à leurs manœuvres, à leurs revues et cérémonies diverses.

J'assistai un jour à une grande revue, passée par le maréchal Waldersee aux troupes allemandes, pour la remise des aigles impériales. Ce fut splendide. Raides, leur haute taille sanglée dans un uniforme impeccable, les Allemands exécutèrent, avec une précision automatique, diverses manœuvres; on eût dit qu'une seule âme faisait mouvoir ces centaines de grands corps d'hommes blonds; ou plutôt ils semblaient autant de pièces d'une machine supérieurement agencée et que mettait en mouvement un seul et même moteur central.

Une cérémonie, d'un tout autre genre, nous impressionna tous fortement : le transfert au Peï-Tang des cercueils des soldats et marins, tués pendant le siège des Légations. Quelques Français ayant succombé, et se trouvant enterrés à la légation d'Angleterre, on dut chercher les corps pour les transporter au cimetière catholique, où ils furent déposés, sous un catafalque, en attendant leurs compagnons d'armes.

J'eus, ce jour-là, le plus bizarre commandement de ma vie. Les bières ayant été placées sur des prolonges d'artillerie, nous allions quitter la légation anglaise, quand le ministre envoya un peloton de sikhs, pour servir d'escorte d'honneur. Nul d'entre eux ne connaissant le chemin, je reçus l'ordre de me mettre à leur tête et de les conduire dans le dédale des rues de Pékin, jusqu'à la Porte Jaune.

Deux jours après avait lieu la cérémonie officielle, à laquelle assistaient toutes les troupes françaises, le corps diplomatique et bon nombre de députations étrangères. Nous mîmes près de deux heures pour aller de la Légation de France au Peï-Tang, sous un soleil de plomb, avec une poussière aveuglante, pendant que les clairons, trompettes et tambours sonnaient et battaient lugubrement et que les musiques militaires jouaient une marche funèbre. L'avenue du Peï-Tang, jusqu'au cimetière, était occupée par les troupes n'ayant pas pris part au cortège, formant la haie et présentant les armes. Les dix-sept ou dix-huit cercueils réunis, l'aumônier de l'hôpital militaire officia et donna l'absoute. A l'issue de la cérémonie religieuse, le ministre de France prit la parole, et, en termes éloquents, sut émouvoir toute l'assistance durant trois quarts d'heure. Il retraça les scènes du siège des légations, fit l'éloge des martyrs tombés en défendant leurs compatriotes et remercia les troupes qui étaient venues les délivrer.

Tous étaient émus; beaucoup essuyaient une larme à la dérobée; les bonnes sœurs pleuraient à fendre l'âme, surtout quand M. Pichon, faisant revivre les horreurs du siège du Peï-Tang, parla de la belle conduite et de la mort héroïque du jeune enseigne Henry, qui avait su attirer toutes les sympathies.

De pauvres petites sœurs chinoises, ne comprenant pas grand'chose à ce discours, mais voyant leurs compagnes pleurer, laissaient également couler toutes leurs larmes.

X....

LA BROUETTE UTILISÉE POUR LES PETITS DÉPLACEMENTS. — DESSIN DE M. FOUCHÉ.

L'IRRIGATION DE L'ÉGYPTE
ET LES NOUVEAUX BARRAGES D'ASSOUAN ET D'ASSIOUT

PAR M. GASTON DU BOSCQ DE BEAUMONT.

Assouan; ses différents aspects. — Le rôle du Nil en Égypte. — Inondation et irrigation. — Le barrage français du Caire. — Transformation de l'Égypte depuis un demi-siècle et ses conséquences. — L'œuvre administrative et technique des Anglais : "Irrigation Department". — Barrages d'Assouan et d'Assiout, etc. — Inondation de Philæ; l'avenir de ses temples. — Conclusion.

TYPE NUBIEN (FAMILLE BICHARINE).
CLICHÉ ZANGAKI.

D̲ANS le *hall* immense aux couleurs claires, aux meubles *modern style*, inondé de lumière électrique, une foule silencieuse circule ou est assise par petits groupes sur des sièges de rotin; les hommes sont en *smoking* et cravate blanche, les femmes, décolletées; de grands feux pétillent entre les montants de briques roses des hautes cheminées. Ce décor encadre, à la fois luxueux, simple et confortable, une existence calme et ouatée de sanatorium. Nous sommes, sans doute, au centre de l'Europe, en quelque coin de Suisse, dans l'Engadine ou le Tyrol, peut-être? Ni l'un, ni l'autre, mais bien en plein désert, au seuil de la Nubie, à la première cataracte du Nil, au grand hôtel d'Assouan tenu par un Français, M. Pagnon, de Cavaillon (Vaucluse)!

Et c'est bien, en effet, une sorte de sanatorium que ce nouvel hôtel inattendu en un pareil endroit, car Assouan, point terminus de la voie ferrée, distant du Caire comme à peu près Paris de Nice, passe pour être une des stations climatiques les plus sèches du monde : le vent qui y souffle est celui du désert libyque, il n'y pleut presque jamais; c'est aussi un gîte d'étape très important, trait d'union entre les excursions ordinaires qui s'y arrêtent et celles, plus ambitieuses, qui veulent pousser jusqu'à Ouadi-Halfa, seconde cataracte, ou bien Khartoum, porte du Soudan noir.

Si vous êtes arrivé de nuit par le rapide, dans un confortable « sleeping-car », le lendemain matin, en sortant de « Cataract-hôtel », dont le Nil baigne, en quelque sorte, les fondations, votre premier regard est arrêté par des ruines étranges qui s'érigent sur un monticule, pareilles à des débris de pâtés gigantesques.

Puis c'est le fleuve, père nourricier de l'Égypte entière, roulant ses eaux fécondes entre de grands écueils de granit sombre soulevés comme les dos de monstrueux léviathans. A l'ouest, enfin, vers l'autre rive, on aperçoit l'île d'Éléphantine et ses bouquets de palmiers qui, tout en parant le Nil, lui enlèvent un peu de sa majestueuse grandeur. Partout, au loin, l'horizon est borné par des chaines de montagnes fauves surmontées, çà et là, de forteresses arabes démantelées.

Si l'ensemble du paysage mérite qu'on s'y arrête, la ville, par contre, qui compte environ six mille cinq cents habitants, Nubiens, pour la plupart, n'a pour le touriste qu'un intérêt médiocre. Une promenade à travers ses *souks* est vite terminée : ils passent pour avoir la spécialité des articles soudanais et abyssins; mais ce commerce, qui reprendra peut-être a, depuis l'insurrection du Mahdi, beaucoup diminué. Les Bicharins ou Ethiopiens, que l'on y rencontre, sont, peut-être, ce qu'il y a de plus intéressant à contempler. D'une race tout à fait distincte des Nubiens, ils descendent des hauts plateaux de l'Abyssinie, ont la peau et les cheveux du nègre avec une structure et des traits européens de la plus grande finesse. Demi-nus, couverts de verroteries et de colliers de coquillages, ils quittent leur campement formé de tentes en sparterie, situé dans un cimetière hors la ville, pour vendre leur pacotille aux voyageurs.

Assouan, la Syène des Grecs, l'Yébou, ou pays des Éléphants des anciens Égyptiens, a, grâce à sa situation exceptionnelle qui commande les cataractes du Nil et en fait la porte des pays noirs, joué dans l'antiquité un rôle considérable; cette ville déchue, aux énormes collines de décombres qui en attestent encore la grandeur passée, reprendra-t-elle un jour son rang? Elle vient, en tout cas, d'attirer l'attention du monde entier, en étant le témoin d'un des plus gigantesques efforts du génie moderne, dont le résultat n'a pas été dépassé par les plus grands travaux des Pharaons : le barrage du Nil; la première pierre en fut posée le 12 février 1899, et il vient d'être officiellement inauguré, le 10 décembre 1902.

Ce nom de Pharaons n'a pas été évoqué, simplement parce qu'il s'agit de l'Egypte; ces rois, en effet, se préoccupèrent, les premiers, de régulariser le débit du fleuve et d'en réserver une partie pour la saison sèche. Afin de saisir toute la portée des grands travaux dont l'achèvement va peut-

LA SAKIYÉ, ROUE A POTS POUR PUISER L'EAU.

être ouvrir une nouvelle ère à ce pays si vieux qui doit toute son existence au Nil, il est donc nécessaire d'exposer rapidement le rôle de ce cours d'eau unique en son genre, et le parti que l'on en a tiré à travers les âges.

Comme l'a fort bien fait remarquer M. Brunhes[1], la vallée du Nil, ou Égypte cultivable, n'est qu'une gigantesque oasis en plein Sahara, et

UN « CHADOUF », PUITS A BRAS SUR LES BORDS DU NIL. — PHOTOGRAPHIES DE LA MAISON KUHN, PARIS.

cette oasis qui, sous les Pharaons, était, dit-on, de 175 000 000 hectares depuis Khartoum jusqu'à la Méditerranée, n'est plus aujourd'hui que de 2 500 000, soit sept fois moins[2].

1. *L'irrigation dans la péninsule Ibérique et dans l'Afrique du Nord*, Paris, Naud, 1902. — 2. Cf. *La régénération de l'Égypte. — Le barrage d'Assouan*, par M. A Rieffel. (Revue scientifique, 1er mars 1902).

Dans ce pays où, à l'exception du littoral, il ne pleut, pour ainsi dire, jamais, la circulation de l'eau joue le même rôle que celle du sang dans un organisme humain; c'est une question de vie ou de mort, et dès la haute antiquité, vers 2 500 ans avant notre ère, les Pharaons de la XIIe dynastie avaient déjà conçu un pro-

jet de réservoir analogue à celui que le barrage d'Assouan a permis de constituer. S'il faut en croire M. Gayet[1], les ingénieurs de ce temps auraient eu l'idée de relier au Nil, par un canal s'amorçant un peu en aval d'Assiout, un bassin naturel formé par une dépression du désert libyque. « Connu des Grecs sous le nom de lac Mœris, ce réservoir aurait été, en réalité, l'œuvre des Pharaons » et des travaux d'art, dont quelques vestiges subsistent encore, en répartissaient l'eau à travers tout le Delta. Ce bassin différait cependant essentiellement du

BARRAGE MOUGEL, PRÈS DU CAIRE. — PHOTOGRAPHIE DE LA MAISON KUHN, PARIS.

nouveau en ce sens que, ne comportant pas de barrage, le niveau de l'eau ne pouvait y être maintenu à volonté. Les canaux de dérivation dont il était pourvu, assuraient aux cultures une plus égale répartition de l'eau, mais il était impuissant à emmagasiner des réserves pour les années de « vaches maigres ».

On peut dire, avec M. Brunhes, que l'inondation directe des terres a été le grand procédé de la période pharaonique : « Par un double système de digues, les unes parallèles au cours du fleuve et les autres perpendiculaires, on avait créé et on entretenait de véritables bassins. Au moment de la crue, les eaux pénétraient dans ces bassins échelonnés le long du fleuve ». Ils s'écoulaient tous les uns dans les autres et devenaient ensuite, eux-mêmes, les terrains de culture. Ce mode d'emploi de l'eau s'appelait la submersion, et on l'utilise encore dans plusieurs districts; suffisant pendant les années normales, il devenait illusoire, quand survenaient les périodes de sécheresse, et rien ne pouvait alors conjurer la famine qui sévissait pour tous.

L'ère de l'irrigation, qui vient d'atteindre son point culminant, ne date que de Mohammed Ali. C'est à ce despote de génie qu'est due la rénovation de l'Egypte; ce bon tyran semble avoir eu la vision très nette des destinées de son pays dont il hâta le cours à l'aide d'une autorité sans bornes.

Cette transformation, qui devait avoir des conséquences économiques si grandes, fut tout d'abord expérimentée dans le Delta : « Au lieu de faire recouvrir les terres par les eaux de la crue, puis de laisser ces eaux s'échapper, on devait s'efforcer de les mettre en réserve le plus qu'on pourrait dans un réseau de canaux habilement combinés[2] », ce qui permettait de diriger le liquide vers des régions jusqu'alors désertiques et de le conserver jusqu'au moment de l'année où il deviendrait le plus nécessaire.

Pour pouvoir réglementer à son aise le vaste système d'irrigation qu'il avait rêvé d'étendre, comme un filet, sur l'Egypte entière, Mohammed Ali, en 1808, socialisa, en quelque sorte, dans sa personne, tous les domaines privés en s'en déclarant propriétaire; comme mesure transitoire, il s'engageait seulement à servir une pension viagère à ses sujets dépossédés. Le pacha d'Égypte compléta cette mesure originale qui n'est pas à la portée de tous les souverains, en appelant à son aide deux ingénieurs français du plus haut mérite : Mougel et Linant de Bellefonds. Le premier eut l'idée de construire, au point où le Nil se divise en deux branches, un barrage qui avait pour but de retenir les eaux de la crue à 23 kilomètres en aval du Caire afin de les distribuer ultérieurement à travers tout le Delta.

Ce double barrage, qui, de l'avis même des étrangers, a été jusqu'à ce jour *le plus grand ouvrage hydraulique du monde,* fut commencé en 1835; le pont de la branche de Damiette, long de 500 mètres, a 68 vannes en fer, celui de la branche de Rosette a 440 mètres et 58 vannes. Le plan primitif, dans le style des châteaux-

1. *L'île de Philæ* (La Renaissance latine, 15 février 1903). — 2. Brunhes, *ouvrage cité.*

ROCHERS SUR LE NIL PRÈS DE L'ÎLE DE PHILÆ. — PHOTORAMA LUMIÈRE.

forts normands, semblait un décor d'opéra; bien qu'on ait été obligé de raser les tourillons dont le poids menaçait, dit-on, la solidité des soubassements, les têtes de pont qui subsistent donnent à l'ensemble un aspect fort artistique. Malheureusement, le sous-sol vaseux du Delta provoqua un affaissement des fondations, au point qu'en 1867, on dut renoncer à faire fonctionner régulièrement les écluses. Enfin, un ingénieur anglais, sir Colin Moncrieff, après y avoir dépensé 12 millions de francs, de 1885 à 1890, parvint à rendre au barrage son utilité première en lui permettant de retenir les eaux à une hauteur d'environ un mètre.

Si les ingénieurs français du souverain étaient chargés de la surveillance technique de l'irrigation, on en avait assuré l'exécution matérielle à l'aide des « corvées » fournies par les fellahs que surveillaient toute une armée de fonctionnaires turcs ou arabes, armés de la légendaire « courbache ». Mais, après la mort de Mohammed Ali, survenue en 1849, l'autorité du pouvoir central se relâcha, les propriétés privées se reconstituèrent, et des conflits entre agents du service hydraulique et particuliers surgirent de tous côtés. Les choses allèrent ainsi, tant bien que mal, jusqu'en 1882, époque du bombardement d'Alexandrie qui fut immédiatement suivi de l'occupation anglaise. Presque aussitôt, dès 1883, l'*Irrigation Department* était créé au Ministère des Travaux publics, et les Anglais reprenaient, pour leur compte, l'œuvre interrompue du grand Pacha.

Pour se faire une idée de la situation à cette époque et des besoins pressants auxquels ces nouveaux protecteurs allaient avoir à faire face, il est utile de remarquer que, depuis Mohammed Ali, la population de l'Egypte est, en soixante-dix ans, passée, dit-on, de 2 à 10 millions d'habitants; elle aurait donc, si ces calculs sont exacts, augmenté dans la proportion de 500 pour 100. Si même l'on se borne à comparer les résultats des deux derniers recensements de 1882 et 1897, on constate, pour cette période de quinze ans, une augmentation de 43 pour 100; c'est pourquoi une question se pose : l'Égypte pourra-t-elle toujours, avec ses seules ressources agricoles, suffire à faire vivre ses propres enfants?

Si depuis un demi-siècle, sa population a augmenté dans de telles proportions, les conditions de son agriculture ne se sont pas moins modifiées. Les céréales, qui en étaient jadis la principale production, sont maintenant considérées comme insuffisamment rémunératrices dans un pays où les possibilités de terre arable sont très bornées; aussi ont-elles été, en très grande partie, remplacées, toujours grâce à Mohammed Ali, par le coton et la canne à sucre, qui épuisent le sol et nécessitent une irrigation abondante.

On sait combien le Nil est capricieux : en 1900, sa crue a été inférieure à toutes celles qu'avaient jamais enregistrées les nilomètres dont quelques-uns, pourtant, sont l'œuvre des Pharaons.

Toutes les cultures furent un moment compromises et, malgré les protestations du Conseil législatif, qui redoutait une famine parmi les fellahs, le service anglais de l'irrigation décréta de réserver l'eau pour les champs de coton, à l'exclusion des récoltes alimentaires condamnées à sécher sur pied. Le désastre fut heureusement moins grand qu'on ne pouvait le craindre, grâce, en partie, à l'intelligente intervention du major Peake; de son initiative privée, il employa deux mille prisonniers derviches à couper, sur le Nil Blanc, un énorme *sad*, ou banc de roseaux flottants qui s'y étaient accumulés au point de barrer tout à fait le lit du fleuve. Grâce à cette prompte intervention, l'étiage de la crue se trouva sensiblement relevé.

De ce qui précède, il est facile de conclure qu'il est de première nécessité d'accroître, dans de très grandes proportions, la superficie arable de l'Égypte, et que le problème ne peut être résolu qu'à l'aide d'une irrigation intensive et perfectionnée, permettant d'employer, sans en perdre une goutte, toute l'eau du Nil, sur la plus grande étendue de terres possible. Mais au risque de provoquer des catastrophes, il va de soi que l'accroissement des cultures doit être strictement subordonné aux prévisions hydrauliques, et que tout ce peuple, ces cultivateurs étant, de par le Nil, étroitement solidaires les uns des autres, leur commun intérêt nécessite une organisation d'État, telle que l'avait comprise Mohammed Ali et devant laquelle doivent s'effacer les initiatives privées; l'assolement triennal est déjà de rigueur pour le coton, et des prescriptions analogues régleront, sans doute, dans l'avenir, les autres cultures.

LE NIL PRÈS DE L'ÎLE DE PHILÆ. — PHOTORAMA LUMIÈRE.

Puisque les Anglais devenus, de par la force des choses, les continuateurs du grand pacha d'Egypte, dirigent, depuis vingt ans, cette organisation d'État qu'est le service de l'irrigation, quel parti en ont-ils tiré, au double point de vue de la prospérité du pays et de leur propre influence?

Avant d'examiner ces deux questions, rappelons, en quelques mots, quelles sont les conditions de ce phénomène annuel qui s'appelle la crue du Nil.

Constitué par la réunion, près de Khartoum, du Nil-Blanc et du Nil-Bleu, le fleuve commence, dès le début de juin, à rouler vers l'Egypte ses eaux grossissantes qui, de vertes au début, deviennent rapidement brunes, par l'apport du limon que les pluies ont entraîné des montagnes d'Abyssinie. La crue qui atteint son maximum en septembre, disparait ensuite petit à petit en octobre et novembre. Jusqu'à ce jour, en l'absence de réservoirs, la surabondance de l'eau était presque aussi nuisible que la disette; ces variations d'une année à l'autre avaient pour l'Égypte des conséquences économiques énormes; pour que la récolte fût bonne, il fallait, dans l'inondation, une juste mesure qui ne dépendait pas de l'homme. De plus, le Nil, comme le fait remarquer M. Rieffel, se transforme peu à peu en torrent, de par l'affouillement de son lit; il s'encaisse de plus en plus, son cours est plus rapide et il déborde moins. C'est pourquoi l'Egypte morte, séparée de la vivante par une frontière aussi tranchée que la délimitation politique de deux Etats, tend-elle toujours à empiéter sur la zone cultivable qui, en certains endroits, se réduit à un étroit ruban vert de 5 à 10 kilomètres de large. Parfois même ce ruban se rompt, comme aux environs d'Assouan, pour reprendre un peu plus loin. M. Brunhes, au contraire, semble d'avis que les cultures gagnent sur le désert. Peut-être y a-t-il perte en certains endroits, et gain en d'autres. Il s'agirait de savoir quel est le plateau qui l'emporte.

Jusqu'à ce jour, deux sortes d'irrigation ont coexisté : 1° la Continue, que les Anglais appellent *Perennial Irrigation*, dont le Delta et le Fayoum sont les seuls à profiter; 2° l'intermittente qui fait, pendant l'été, des terres les plus riches, de véritables annexes du Désert; elles se crevassent à tel point qu'il y aurait, pour tout être vivant, danger à y circuler.

Ces deux systèmes d'irrigation ont été définitivement réglementés par un décret du 12 avril 1890. L'article premier déclare que tous les canaux font partie du domaine public et sont entretenus aux frais de l'État. Aux termes des articles 11 et 14, quand une rigole n'est pas assez large pour alimenter une propriété, le Gouvernement a le droit de la faire agrandir, aux dépens du domaine qu'elle traverse, et il peut, inversement, combler un canal reconnu nuisible ou inutile. Si, par exemple, les eaux passent d'une terre à une

ASSOUAN : VUE DU CATARACT-HÔTEL. — PHOTORAMA LUMIÈRE.

autre, située en contre-bas, elles gâtent la seconde, parce qu'elles arrivent déjà chargées de sel. La question du dessalage des terres et de l'évacuation des eaux utilisées est un problème des plus ardus.

Le service hydraulique est assuré à l'aide de ce qu'on appelle les *rotations d'été* et les *rotations permanentes*. Les premières consistent dans une sorte de roulement, établi en avril, mai et juin, c'est-à-dire pendant le trimestre qui précède la crue; chaque canal est alors, à tour de rôle, consigné à ses riverains pour une période plus ou moins longue. Le régime des rotations permanentes s'applique à tous les autres mois. La plupart des travaux, que nécessite l'entretien de tous les ouvrages composant ce vaste système, sont assurés au moyen de prestations plus ou moins gratuites, où la courbache joue encore un rôle important. Tous ces services, des plus coûteux, sont, comme de juste, payés par de l'impôt foncier, égal au tiers de la valeur locative des terres.

Afin que l'on comprenne bien quelle peut être, en ce pays, l'extraordinaire puissance de ceux qui détiennent, entre leurs mains, les rouages complexes du service d'irrigation, il convient d'ajouter que, dans chaque village, ce service possède un représentant, le plus souvent indigène, qui, à la seule condition d'en référer à l'ingénieur européen, a le droit de mettre à l'amende, et même d'emprisonner, pour un jour, tout fellah refusant d'obéir à ses injonctions.

Voilà, dans ses grandes lignes, quelle a été, depuis vingt ans, l'œuvre administrative des Anglais en Egypte; il reste maintenant à examiner la série des travaux techniques qu'ils ont entrepris.

Napoléon s'était préoccupé de la nécessité d'un barrage dans le Delta. C'est ce projet, repris plus tard par Mohammed Ali, qui fut, comme on l'a vu plus haut, exécuté par l'ingénieur français Mougel. Un autre Français, le comte de La Motte, ancien collaborateur de M. de Lesseps, provoqua, après quinze ans de travaux en Egypte, la formation de la Société d'Etudes du Nil, en vue de réaliser l'un de ses plans. Le premier, connu sous le nom de projet du Djebel Silsilé, localité située à 60 kilomètres en aval d'Assouan, s'appuyait sur une barre de grès nubien, perpendiculaire au Nil, et à travers lequel le fleuve s'est frayé un passage. A l'aide d'un barrage qui aurait rétabli la continuité de cet obstacle, M. de La Motte avait proposé de créer, dans la plaine de Komombo, un grand réservoir. Ce projet, auquel M. l'ingénieur Jacquet avait donné tout son appui, était celui que patronnait la Société des Études du Nil.

Le second plan consistait à barrer, à 60 kilomètres en amont de la première cataracte, le défilé de Kalabché au point où un banc de granit, analogue à celui d'Assouan, partage le fleuve en trois bras. (Voir aussi la conception grandiose de M. Prompt, tendant à transformer en immense réservoir les marais de Fachoda — *Bulletin de l'Institut égyptien*, avril-mai 1898, — conception dont les ingénieurs anglais semblent disposés à s'emparer dans l'avenir.)

La Société des Études du Nil, qui avait obtenu du Gouvernement égyptien la promesse qu'on s'adresserait à elle dans le cas où l'établissement d'un réservoir serait décidé, s'est vue évincée, le jour venu, par le service anglais de l'irrigation. Ce litige a suscité un procès qui est pendant, à l'heure actuelle, devant les tribunaux mixtes égyptiens.

Les réservoirs du Nil, qui viennent d'être officiellement inaugurés par le duc de Connaught, frère du roi d'Angleterre, sont donc l'œuvre des ingénieurs anglais, qui ont remplacé les nôtres; ces réservoirs comportent les travaux d'art suivants : 1º Une digue, des écluses de navigation et un canal à Assouan; 2º Un barrage et une écluse à Assiout; 3º Un régulateur et une écluse à la tête du canal Ibrahimiyé à Assiout.

I. — *Digue d'Assouan.* Les études préliminaires et les avant-projets furent faits par M. W. Willcoks, directeur général des réservoirs, de 1890 à 1893, puis soumis à sir William Garstin, secrétaire d'État qui, bien qu'en opinant pour le site d'Assouan, proposa de soumettre toute la question à une commission internationale composée de sir Benjamin Baker, MM. Giacomo Torricelli et Auguste Boulé. Les résultats de cette consulta-

PHILÆ, VUE DES QUAIS DE CHELLAL. — PHOTORAMA LUMIÈRE.

VUE DE PHILÆ INONDÉE. — AU FOND, LE BARRAGE D'ASSOUAN. — CLICHÉ MARQUES, ASSOUAN.

VUE DE PHILÆ AVANT LA CONSTRUCTION DU BARRAGE. — CLICHÉ ZANGAKI.

tion furent consignés dans plusieurs rapports publiés en 1894. Les commissaires anglais |et italien conclurent dans le sens du projet Willcoks; M. Auguste Boulé, inspecteur général des Ponts et Chaussées de France, s'y opposa, au contraire, et déclara qu'à son avis, ce barrage finirait par s'écrouler sous la pression des crues parce que, d'une part, les fonds seraient affouillés peu à peu, en aval, par la chute des eaux tombant des vannes; parce que, d'autre part, les maçonneries devant livrer passage, durant le maximum de la crue, à 14 000 mètres cubes d'eau à la seconde, ne résisteraient pas à la vitesse du courant.

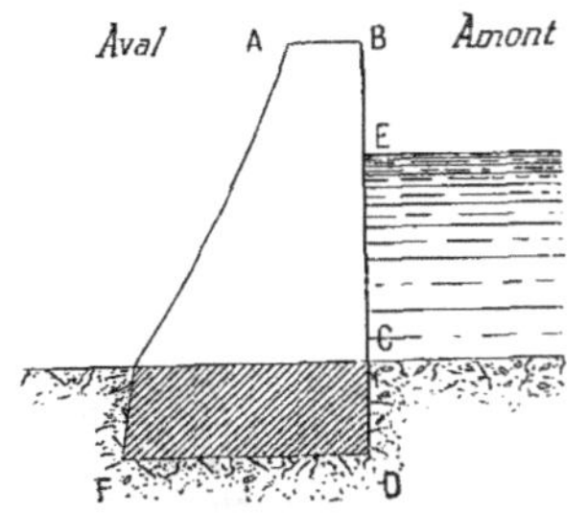

COUPE DU BARRAGE D'ASSOUAN.
A B hauteur du faîte . 7 mètres; B D du faîte aux fondations : 40 mètres; Étiage maximum : 20 mètres; F D largeur à la base des fondations : 25 mètres.

De plus, M. Boulé déclara ne pas vouloir, en approuvant le projet Willcoks, prendre sa part de responsabilité dans l'inondation de Philæ et la destruction de ses temples, qui doit en être, tôt ou tard, la conséquence. Il présenta donc un autre projet de barrage à Kalabché, dont l'emplacement avait été, on s'en souvient, préconisé par M. de La Motte.

A dater des rapports de 1894, jusqu'à l'apparition de celui de 1902 (voir *ouvrages consultés*), aucune publicité ne fut plus donnée à cette entreprise, qu'on mena comme une affaire privée. Il n'y eut pas d'adjudication publique; le projet primitif de Willcoks fut modifié, pour empêcher l'inondation totale des temples et, aux termes d'un contrat passé, le 21 février 1898, entre S. E. Hussein Fakhry Pacha, ministre des Travaux Publics, et MM. John Aird et Cie, ces derniers s'engagèrent à construire la digue d'Assouan, le barrage d'Assiout et les ouvrages annexes, moyennant 2 millions de livres payables en 60 échéances semestrielles de 78 613 livres commençant le 1er juillet 1903, date fixée pour l'achèvement des travaux. Un excès de dépense de 1 340 000 livres a été nécessité ultérieurement, par suite de la mauvaise qualité des roches qui a obligé de creuser des fondations plus profondes.

La digue doit retenir l'eau jusqu'à la cote 106, donnant une profondeur maxima de 20 mètres et une capacité de 1 065 000 000 mètres cubes. Tant que s'écouleront les eaux rouges, chargées de limon, le barrage ne fonctionnera pas. Le réservoir sera rempli, entre décembre et mars, quand la crue aura passé; il sera vidé en mai, juin et juillet, pour permettre d'accroître la réserve d'été, en moyenne et basse Egypte.

La digue, rectiligne, a 2 kilomètres 10 de long; elle est percée de 140 vannes inférieures, de 14 mètres carrés chacune, et de 40 supérieures, de 7 mètres carrés; sa largeur, au faîte, est de 7 mètres et à sa base de 25 mètres; sa hauteur, depuis ses fondations les plus profondes jusqu'à sa plate-forme, est de 40 mètres; son blocage est fait de granit mélangé au ciment, dans la proportion de 4 à 1, et le revêtement extérieur consiste en larges blocs carrés, composés de deux parties de granit pour une de mortier.

Sur le flanc gauche de la digue se trouve un canal de navigation de 2 kilomètres de long comportant quatre écluses, chacune de 70 mètres de long et de 9m50 de large. Les portes glissent en des rainures pratiquées dans les murs des écluses; deux ont 19 mètres de haut, une 15 mètres, une autre 12 mètres et la dernière 11 mètres.

Afin de donner un libre cours à l'eau des vannes, on a creusé une tranchée de 500 mètres le long de la face amont de la digue, partout où le roc a été trouvé plus haut que les embrasures des dites vannes. Du côté de la face aval, on a également défoncé, partout où il a paru nécessaire de diriger la décharge dans les lits

VUE GÉNÉRALE DU BARRAGE D'ASSOUAN, LONG DE 2 KILOMÈTRES. — CLICHÉ MARQUES, ASSOUAN.

naturels du fleuve. L'ensemble de ces excavations a atteint 60 000 mètres cubes. Près de 12 000 ouvriers, pour la plupart indigènes, travaillèrent à la fois sur le chantier d'Assouan.

M. Brunhes fait observer, avec raison, que le nom de réservoir de Chellâl indiquerait mieux la situation exacte de l'ouvrage placé en amont de la cataracte. On peut s'y rendre d'Assouan, en une demi-heure, par la ligne militaire, sorte de Transsaharien en miniature, qui traverse le désert arabique, et aboutit à Chellâl, où des felouques attendent pour vous conduire à Philæ puis de là au barrage.

Il faut maintenant aborder l'épineuse question de Philæ, naguère l'orgueil de la Nubie. A l'exception du grand temple d'Isis, tous ceux qui sont construits dans cette île

LE BARRAGE D'ASSOUAN : CANAL DE NAVIGATION ET ENTRÉE DES ÉCLUSES EN AMONT, PENDANT LA DURÉE DES TRAVAUX.

seront couverts, de l'aveu même de l'administration anglaise, de 3 à 4 mètres d'eau, quand le grand réservoir sera plein. C'est pourquoi, en vue de se rendre compte des précautions à prendre pour assurer, dans la mesure du possible, la stabilité de ces monuments, on résolut, en avril 1901, d'entreprendre des fouilles : cinquante-six puits, sans compter de nombreuses tranchées, furent creusés aux différents points où

FOUILLES DANS LE CHENAL OUEST DU NIL ET PONTS DE SERVICE POUR LA CONSTRUCTION.
D'APRÈS DES PHOTOGRAPHIES.

l'on pensait trouver d'utiles indications ; tous ces puits étaient très fortement boisés et les superstructures supportées par des étais, partout où il semblait qu'il pût y avoir le moindre risque de mouvement. On a déblayé en tout 690 mètres cubes, et les puits sont parfois descendus jusqu'à 13 mètres avant de rencontrer le roc. Le tout fut accompli sans le moindre accident. A la fin de juin, on en sut assez pour pouvoir estimer les travaux de reprise en sous-œuvre, jugés nécessaires. Les puits et tranchées furent alors déboisés et comblés.

Le cadre de cette étude ne nous permet pas d'entrer dans la description des temples, d'ailleurs bien connus, de Philæ. On trouvera sur ce sujet tous les renseignements désirables dans *Égypte*, par M. Georges Benedite, conservateur adjoint des antiquités égyptiennes du Louvre (collection des Guides Joanne), Paris, Hachette, 1900.

L'avenir seul dira si les travaux entrepris auront été suffisants pour protéger ces temples contre les inondations annuelles; mais en admettant même que le côté matériel des édifices puisse être sauvegardé, leur cadre si pittoresque, si identifié avec eux, que temples et paysages semblaient vraiment avoir été créés les uns pour les autres, est désormais perdu. On a rompu l'accord parfait qui existait depuis tant de siècles entre l'œuvre de la nature et celle de l'homme, et cette sorte de crime ne semble avoir d'autre excuse qu'une question d'amour-propre mal placé, puisqu'il paraît admis qu'on pouvait obtenir les mêmes résultats en adoptant l'un ou l'autre des projets présentés par les ingénieurs français, MM. de La Motte et Boulé, projets qui avaient l'inappréciable avantage de respecter Philæ. Mais les Anglais voulaient exécuter un plan qui fût bien à eux, et certes personne ne songera jamais à leur en contester la paternité. A ce propos, il n'est pas indifférent de rappeler comment se comporta un Français dans une circonstance analogue. Quand la construction du barrage du Caire fut décidée, Mohammed-Ali fit venir Mougel et lui annonça qu'il mettait pour ce travail, les pierres des Pyramides à sa disposition. L'ingénieur répondit qu'il n'entendait point passer à la postérité, suivant la méthode d'Erostrate. S'ils ont, dans ce but, noyé une petite île merveilleuse, les eaux qui la recouvrent n'effaceront toujours pas de l'un de ses grands pylones l'inscription suivante :

L'AN VI DE LA RÉPUBLIQUE, LE 13 MESSIDOR — UNE ARMÉE FRANÇAISE — COMMANDÉE PAR BONAPARTE — EST DESCENDUE A ALEXANDRIE. — L'ARMÉE AYANT MIS — VINGT JOURS APRÈS — LES MAMELOUCKS EN FUITE, AUX PYRAMIDES, — DESAIX, COMMANDANT LA PREMIÈRE DIVISION, LES A POURSUIVIS AU DELA DES CATARACTES — OU IL EST ARRIVÉ — LE 13 VENTOSE DE L'AN VII. — LES GÉNÉRAUX DE BRIGADE : DAVOUT, FRIANT ET BELLIARD — DONZELOT, CHEF DE L'ÉTAT-MAJOR — LATOURNERIE, COMMANDANT L'ARTILLERIE — EPPLER, CHEF DE LA 21e BRIGADE. — LE 13 VENTOSE, AN VII DE LA RÉPUBLIQUE — 3 MARS, AN DE J.-C. 1799. — GRAVÉ PAR CASTEIX, SCULPTEUR.

PHILÆ : PYLONES SUBMERGÉS.

Afin d'éviter la disparition totale des ruines, l'ingénieur Willcoks avait, dans un de ses rapports, proposé cette solution, qui prête à la rêverie : « L'aspect général du temple est pauvre, dit-il, bien que les détails en soient magnifiques ; on peut tirer parti de ce fait en tournant la perte de l'Égypte en gain *et en vendant le temple de Philæ en détail aux musées européens (sic)*. On obtiendrait ainsi une somme de l. s. 100 000 qui rembourseraient l'indemnité d'expropriation des terrains à prendre dans la vallée du Nil et réduirait d'autant le coût du travail ».

Sir William Garstin, sous-secrétaire d'État aux Travaux publics, présenta une autre combinaison consistant à transporter tous les monuments sur l'île de Bigeh, voisine et plus élevée ; enfin, M. Baker, un autre ingénieur, estima que l'on pourrait exhausser tout Philæ de 10 mètres. La presse britannique, il faut lui rendre cette justice, ne fut pas la dernière à protester contre tous ces projets : la *Nineteenth Century*, par la voix de M. Frank

PHILÆ : VUE DU KIOSQUE SUBMERGÉ. — D'APRÈS DES PHOTOGRAPHIES.

Dillon, déclara que la construction du barrage d'Assouan stigmatiserait d'infamie l'occupation anglaise en Égypte, et dans un article intitulé *The barrages of the Nile*, M. Cecil Hamilton constate que « l'artiste qui a passé vingt hivers à peindre au milieu de ses colonnes, sait bien que Philæ est perdue pour lui et pour les autres. Tôt ou tard, l'île s'en ira. » Puis il ajoute cette curieuse réflexion : « Pour un esprit philosophique, il est très intéressant de comparer entre eux les barrages du Caire et d'Assouan, œuvre des deux grandes nations qui ont aidé à gouverner l'Égypte. Le barrage du Caire est, au point de vue de l'architecture, un très bel édifice : portes couronnées de tours, élégants ponts suspendus, donnant l'impression de quelque monumentale entrée dans un palais de fées... On dirait que le plus artistique peuple de l'Europe a laissé là son souvenir. — Le barrage d'Assouan n'a pas plus de beauté qu'un mur ordinaire auquel il ressemble beaucoup. Je doute que, dans tout son vaste ensemble, il y ait une seule pierre placée pour l'ornement; on lui cherche en vain quelqu'un des signes de grâce et de légèreté qui caractérisent tant

VUE GÉNÉRALE DU BARRAGE D'ASSIOUT.

le barrage du Caire. Il témoigne mieux en faveur de l'habileté de nos ingénieurs que de notre goût et de notre appréciation du beau. » Le barrage a aussi presque complètement détruit la cataracte et ses rapides, qui étaient une des grandes attractions d'Assouan, où commence, avec ses superbes dunes de sable jaune d'or, le paysage nubien, si différent de ce qu'on a jusqu'alors vu en Égypte. Tous ces écueils de granit, luisants comme de l'émail noir et recouverts d'inscriptions plusieurs fois millé-

VUE PANORAMIQUE DE LA VILLE D'ASSIOUT. — CLICHÉ SEBAH, LE CAIRE.

naires, ont bien perdu de leur aspect étrange depuis que les eaux ne viennent plus se briser avec fracas sur leurs flancs sombres. L'aspect si caractéristique du Nil entre Assouan et Philæ a été admirablement rendu à l'aide des belles photographies que la maison Lumière a, par une faveur toute spéciale, bien voulu mettre à notre disposition. Nous lui en adressons nos plus sincères remerciements.

Assiout, où je m'arrêtai, à mon retour d'Assouan, le 31 décembre 1902, est une grande ville arabe de plus de quarante mille âmes, ombragée de beaux arbres et très pittoresque; ses *souks* sont fort animés et ses environs des mieux cultivés. Qu'il me soit permis d'exprimer ici à M. Magar, notre agent consulaire, toute ma gratitude pour son hospitalité si bienveillante.

Le barrage d'Assiout apparait d'abord comme un simple pont jeté sur le Nil, et ce n'est qu'en l'examinant de plus près qu'on s'aperçoit qu'il est d'une structure tout autre. Il a pour but de répartir dans de justes proportions l'eau du réservoir d'Assouan et d'augmenter le débit du canal Ibrahimiyé, dont l'amorce se trouve à ce point du fleuve. Grâce à cet afflux supplémentaire, la moyenne Égypte et le Fayoum auront, pendant l'été, une irrigation beaucoup plus complète.

Ce barrage consiste en un réservoir muni de cent onze baies, chacune de 5 mètres de large; chaque neuvième ouverture est flanquée de piles épaisses de 4 mètres, les culées intermédiaires ne l'étant que de 2 mètres. Ces piles sont reliées par des arches supportant une voie large de 4ᵐ50, ainsi que les manivelles et les appareils de suspension pour les portes de réglage, qui ont 2ᵐ50 de haut et peuvent contenir de 2ᵐ50 à 3 mètres d'eau pendant l'été. La longueur de ce barrage est de 833 mètres, et sa hauteur, depuis la ligne de terre jusqu'à la voie supérieure, de 12ᵐ50. Sur son flanc ouest, se trouve une écluse de 80 mètres de long et de 16 mètres de large, capable de laisser passer les plus grands vapeurs du Nil.

Les fondations de cet ouvrage consistent en maçonnerie combinée avec un lit de béton, le tout de 3 mètres d'épaisseur sur 26ᵐ50 de large, s'étendant d'une rive à l'autre et conduit au même niveau entre deux lignes de pilotis de fonte qui descendent à 11 mètres au-dessous du béton. Il possède, en amont, un tablier de fer protégé par un perré et, en aval, un talus en perré.

Le voisinage d'Assouan, dont la digue est beaucoup plus considérable, fait du tort à ce barrage qui n'est pas sans intérêt ni sans mérite. Il a, du moins, celui de ne rien détruire.

Régulateur et écluse du canal Ibrahimiyé.

Afin de contrôler le volume d'eau dans le canal Ibrahimiyé, principalement à l'époque des grandes crues et pour assurer la solidité de ses ouvrages en cas d'accident, un régulateur comportant neuf ouvertures de 5 mètres de large et une ouverture de 8m50 en maçonnerie, a été construit à sa tête, immédiatement au sud du barrage d'Assiout. Deux portes, supérieure et inférieure, hautes, chacune de 3m50, complètent le régulateur.

Tels sont les travaux, dignes, on peut le répéter, du royaume des Pharaons, que les Anglais ont entrepris et achevés depuis qu'ils gouvernent en fait, l'Égypte. Cet effort considérable n'a pas été produit sans soulever, comme nous l'avons vu, de très vives protestations dont quelques-unes paraissent justifiées. Si l'œuvre administrative du service de l'irrigation, fortement centralisée, semble bien avoir été menée au mieux des intérêts généraux, l'œuvre technique, par contre, (en admettant — ce que quelques-uns contestent — qu'elle sorte victorieuse de l'épreuve du temps) peut être critiquée à plus d'un point de vue. L'idée maîtresse qui a présidé à tous ces travaux n'appartenait pas aux Anglais; ils s'en sont emparés en la dénaturant, et parmi toutes les solutions qui se présentaient, leurs ingénieurs ont choisi la moins élégante et la plus brutale. Telle quelle, cependant, cette œuvre gigantesque peut avoir une portée économique et politique incalculable. Dans cette vaste oasis où l'eau est la première condition d'existence, les Anglais ont voulu s'en faire les suprêmes dispensateurs, afin de justifier l'adage du fellah : « Le maître du Nil est le maître de tout. » Les employés civils du service de l'irrigation sont leur véritable corps d'armée en Égypte; ils peuvent — on dit qu'ils y songent — envoyer l'autre aux environs de Khartoum, sans inconvénient pour eux.

Si, par surcroît, la prospérité du pays en est assurée, la fin fera pardonner ses moyens à l'Angleterre, et la France sera la première à applaudir à cette œuvre de relèvement où on l'avait conviée.

GASTON DU BOSCQ DE BEAUMONT.

PHILÆ : TEMPLE D'ISIS DANS SON ÉTAT PRIMITIF. — CLICHÉ ZANGAKI.

TABLE DES GRAVURES ET CARTES.

ASSISE

La Patrie d'un Saint

par *le Marquis DEGLI ALBIZZI*

CUBA SOUS L'ADMINISTRATION AMERICAINE

par *M. OTHON GUERLAC*

PROMENADE A L'ILE DE POULO PINANG

PAR M. ÉMILE DESCHAMPS

"L'ÉTOILE POLAIRE"
DANS LA MER ARCTIQUE
(1899-1900)

PAR S. A. R. le DUC DES ABRUZZES

Traduit et résumé par M. Henry PRIOR

A PIED ET EN TRAINEAU
VERS LE POLE NORD

PAR *le Commandant UMBERTO CAGNI*

Traduit et résumé par Henry PRIOR

JOURNAL D'UN OFFICIER

du Corps expéditionnaire de Chine (*suite et fin*) [1]

[1]. Voir *Tour du Monde* 1902, n°s 6 et 7.

L'IRRIGATION DE L'ÉGYPTE

et les nouveaux barrages d'Assouan et d'Assiout

PAR *M. GASTON DU BOSCQ DE BEAUMONT*

TABLE DES MATIÈRES

A PIED ET EN TRAINEAU VERS LE POLE NORD

PAR *le Commandant UMBERTO CAGNI*

Traduit et résumé par M. Henry PRIOR

JOURNAL D'UN OFFICIER

du Corps expéditionnaire de Chine *(suite et fin)*[1]

L'IRRIGATION DE L'ÉGYPTE

et les nouveaux barrages d'Assouan et d'Assiout

PAR *M. GASTON DU BOSCQ DE BEAUMONT*

1. Voir *Tour du Monde* 1902, nᵒˢ 6 et 7.